상공회의소 한자 1급

시대에듀

不患人之不己知, 患其無能也.

남이 나를 알아주지 않음을 걱정하지 말고, 내가 능력이 없음을 걱정하라.

– 《논어》, 〈학이(學而)〉

시대에듀 상공회의소 한자 1급 2주 격파

Always **with you**

사람의 인연은 길에서 우연하게 만나거나 함께 살아가는 것만을 의미하지는 않습니다.

책을 펴내는 출판사와 그 책을 읽는 독자의 만남도 소중한 인연입니다.

시대에듀는 항상 독자의 마음을 헤아리기 위해 노력하고 있습니다. 늘 독자와 함께하겠습니다.

머리말
PREFACE

한자는 왜 이렇게 어려울까?

우리가 한자를 사용한 역사만 무려 2천여 년, 우리말 중 한자어가 차지하는 비율은 약 70%! 이 정도면 우리의 모든 학문과 생활에 한자가 끼치는 영향은 무궁무진하다고 볼 수 있습니다. 그런데 왜 많은 사람이 한자를 어렵고 따분하다고 생각할까요? 공부를 할 때 '한자는 분명히 어려울 거야'라는 고정관념과 걱정에서 출발하기 때문입니다.

편저자 역시 그런 과정을 겪어 온 경험이 있기에 책을 펴기에 앞서 수험생들이 어떻게 하면 한자를 쉽고 효과적으로 공부할 수 있을지 항상 고민하고 연구하였습니다. 그리고 그 결과 가장 효율적이고 체계적인 학습 방법을 구성하여 본서를 출간하게 되었습니다. 그렇다면 한자 시험의 '합격'이라는 여행을 떠나기 전 갖추어야 할 준비물을 알아볼까요?

합격에 필요한 준비물
합 격 = 자신감 + 기출문제 + 예상문제 + 목표의식

❶ 자신감은 기본!
내게 어려운 문제는 다른 사람에게도 어렵습니다. 문제 앞에서 당당한 자만이 합격의 달콤한 열매를 맛볼 수 있다는 점, 잊지 마세요!

❷ 출제 경향 파악은 필수!
기출문제를 통해 출제 경향을 미리 숙지하는 것이 합격의 비법입니다.

❸ 다양한 문제 풀이는 합격의 지름길!
기출문제만으로 방심은 금물! 출제될 만한 다양한 유형의 예상 문제를 많이, 그리고 반복해서 풀어 보는 것이 바람직합니다.

❹ 합격 후의 미래를 꿈꾸자!
최근 중국 시장이 급부상하면서 한자 실력을 요구하는 기업들이 많아졌습니다. 한자 자격증을 통해 남들과 다른 경쟁력을 가지고 인생의 무궁한 가능성을 여는 것이 합격의 최종 관문입니다.

시대에듀에서는 대한상공회의소 한자 시험을 준비하는 수험생들을 위해 단 한 권으로 모든 준비를 완벽하게 마무리할 수 있도록 책을 만들었습니다. 이 책을 통해 수험생이 합격의 영광과 함께할 수 있기를 바라며, 진심으로 여러분을 응원합니다.

편저자 씀

상공회의소 한자 시험이란?

상공회의소 한자 시험은 중국, 대만, 일본 등 한자 문화권 국가와의 수출 및 투자가 증가함에 따라 이에 필요한 기업 업무 및 일상생활에 사용 가능한 한자의 이해 및 구사 능력을 평가하는 시험이다. 또한 대부분 쓰기 위주의 능력을 평가하는 다른 한자검정시험과 달리, 상공회의소 한자 시험은 기업 위주의 실무 능력을 위해 읽기 능력을 중점적으로 평가하는 시험이다.

자격 특징

상공회의소 한자는 부분국가공인 자격이다. 1급, 2급, 3급은 국가 공인자격이지만 나머지 급수는 상공회의소 자격으로 민간자격이다.

❶ 상공회의소 한자 민간 자격: 9급~4급
❷ 상공회의소 한자 공인 자격: 3급~1급

인터넷 접수

대한상공회의소 자격평가사업단(licence.korcham.net)

검정 기준

급 수	한자능력수준에 따른 검정 기준	급수별 배정한자에 따른 검정 기준
1급	전문적 한자어가 사용된 국한혼용의 신문이나 잡지, 서류, 서적 등을 능숙하게 읽고 이해할 수 있는 최상급의 한자 능력 수준	교육부가 제정한 중·고등학교 한문교육용 기초한자 1,800자와 국가 표준의 KSX1001한자 4,888자 및 대법원이 제정한 인명용 한자 3,153자(중복 한자를 제외하면 3,108자) 중 4,908자를 이해하고 국어생활에서 활용할 수 있다.
2급	전문적 한자어가 사용된 국한혼용의 신문이나 잡지, 서류, 서적 등을 별 무리 없이 읽고 이해할 수 있는 상급의 한자 능력 수준	교육부가 제정한 중·고등학교 한문교육용 기초한자 1,800자와 국가 표준의 KSX1001한자 4,888자 및 대법원이 제정한 인명용 한자 3,301자를 이해하고 국어생활에서 활용할 수 있다.
3급	고등학교 수준의 일상적인 한자어가 사용된 국한혼용의 신문이나 잡지, 서류, 서적 등을 어느 정도 읽고 이해할 수 있는 한자 능력 수준	교육부가 제정한 중·고등학교 한문교육용 기초한자 1,800자를 이해하고 국어생활에서 활용할 수 있다.

출제 기준

과 목	중분류	소분류
한 자	❶ 한자의 부수, 획수, 필순	① 한자의 부수
		② 한자의 획수
		③ 한자의 필순
	❷ 한자의 짜임	① 한자의 짜임
	❸ 한자의 음과 뜻	① 한자의 음
		② 음에 맞는 한자
		③ 음이 같은 한자
		④ 한자의 뜻
		⑤ 뜻에 맞는 한자
		⑥ 뜻이 비슷한 한자
어 휘	❶ 한자어의 짜임	① 한자어의 짜임
	❷ 한자어의 음과 뜻	① 한자어의 음
		② 음에 맞는 한자어
		③ 음이 같은 한자어
		④ 여러 개의 음을 가진 한자
		⑤ 한자어의 뜻
		⑥ 뜻에 맞는 한자어
		⑦ 3개 어휘에 공통되는 한자
		⑧ 반의어 · 상대어
	❸ 성어	① 성어의 빠진 글자 채워 넣기
		② 성어의 뜻
		③ 뜻에 맞는 성어
독 해	❶ 문장에 사용된 한자어의 음과 뜻	① 문장 속 한자어의 음
		② 문장 속 한자어의 뜻
		③ 문장 속 한자어 채워 넣기
		④ 문장 속 틀린 한자어 고르기
		⑤ 문장 속 단어의 한자 표기
		⑥ 문장 속 어구의 한자 표기
	❷ 종합문제	① 종합문제

※ 관련 규정 및 세부 내용은 변경될 수 있으며, 자세한 사항은 시행처 홈페이지(license.korcham.net)를 참고하시기 바랍니다.

시험 일정

상공회의소 한자 상시 시험 일정

❶ 시험 일정: 대한상공회의소(license.korcham.net)에서 확인(지역별 일정 관리)
❷ 시험 접수: 선착순 마감(접수일로부터 4일 이내의 일정은 시험장 준비 관계로 자동 마감되어 접수 불가)
❸ 시험 방법: IBT(internet-based testing)
❹ 시험 형식: 상시 시험(시험 개설 여부는 시험장 상황에 따라 다름)
❺ 합격자 발표: 시험일 다음날 오전 10시

합격 기준

급 수	과 목	문항 수	배점	과목별 총점	과목별 최소합격점수	전체 총점	합격 점수
1급	한 자	50	4점	200	120		
	어 휘	50	6점	300	180	900	810
	독 해	50	8점	400	240		

영역별 출제 범위

❶ 한자 영역의 출제 범위

출제 범위	세부 내용	출제 기준별 출제 문항 수						
		1급	2급	고급 누계	3급	4급	5급	중급 누계
한자의 부수, 획수, 필순	한자의 부수	–	–	–	–	–	2	2
	한자의 획수	–	–	–	–	–	2	2
	한자의 필순	–	–	–	–	–	2	2
한자의 짜임	한자의 짜임	–	–	–	–	–	2	2
한자의 음과 뜻	한자의 음	–	11	11	–	–	6	6
	음에 맞는 한자	–	7	7	–	–	5	5
	음이 같은 한자	–	7	7	–	–	5	5
	한자의 뜻	–	11	11	–	–	6	6
	뜻에 맞는 한자	–	7	7	–	–	5	5
	뜻이 비슷한 한자	–	7	7	–	–	5	5
합 계		0	50	50	0	0	40	40

❷ 어휘 영역의 출제 범위

출제 범위	세부 내용	출제 기준별 출제 문항 수						
		1급	2급	고급 누계	3급	4급	5급	중급 누계
한자어의 짜임	한자어의 짜임	1	2	3	–	–	–	0
한자어의 음과 뜻	한자어의 음	1	2	3	–	–	–	0
	음에 맞는 한자	1	2	3	–	–	–	0
	음이 같은 한자어	2	3	5	1	1	3	5
	여러 개의 음을 가진 한자	1	1	2	1	1	–	2
	한자어의 뜻	1	2	3	–	–	–	0
	뜻에 맞는 한자	1	2	3	–	–	–	0
	3개의 어휘에 공통되는 한자	2	6	8	1	1	8	10
	반의어 · 상대어	–	5	5	2	2	4	8
성 어	성어의 빠진 글자 채워 넣기	–	5	5	–	–	5	5
	성어의 뜻	–	5	5	–	–	5	5
	뜻에 맞는 성어	–	5	5	–	–	5	5
합 계		10	40	50	5	5	30	40

❸ 독해 영역의 출제 범위

출제 범위	세부 내용	출제 기준별 출제 문항 수						
		1급	2급	고급 누계	3급	4급	5급	중급 누계
문장에 사용된 한자어의 음과 뜻	문장 속 한자어의 음	3	7	10	–	–	6	6
	문장 속 한자어의 뜻	–	5	5	–	–	6	6
	문장 속 한자어 채워 넣기	–	5	5	–	–	3	3
	문장 속 틀린 한자어 고르기	–	5	5	–	–	3	3
	문장 속 단어의 한자 표기	2	8	10	–	–	3	3
	문장 속 어구의 한자 표기	–	5	5	–	–	3	3
종합 문제	종합 문제	5	5	10	5	5	6	16
합 계		10	40	50	5	5	30	40

🔳 검정 과목 및 검정 방법

급 수	검정 과목별 문항 수			전체 문항 수	시험 시간	비 고
	한 자	어 휘	독 해			
1급	50	50	50	150	80분	국가공인

※ 관련 규정 및 세부 내용은 변경될 수 있으며, 자세한 사항은 시행처 홈페이지(license.korcham.net)를 참고하시기 바랍니다.

2주 격파 플랜

상공회의소 한자 1급 초단기 합격을 위한 2주 필승 전략!

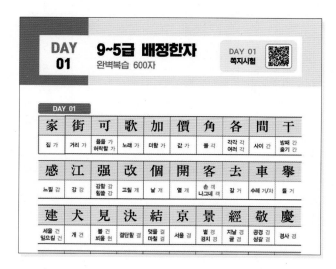

9~2급 배정한자

1급 배정한자 학습 전 하위 급수 배정한자를 완벽히 복습할 수 있도록 DAY 01부터 DAY 04까지 9~2급 배정한자 모두 수록!

1급 배정한자

1급 배정한자의 훈·음뿐만 아니라 육서와 획수, 활용 어휘까지 수록하여 더욱 꼼꼼하게 학습!

출제 유형별 한자

유의자, 동음이의어, 사자성어 등 출제 유형별로 나누어 전략적 학습!

ALL DAY 쪽지시험

각 DAY가 끝나면 PDF로 제공되는 쪽지시험으로 복습&실력 테스트!
(각 DAY 첫 장의 QR코드를 스캔하면 쪽지시험 PDF로 바로 연결됩니다.)

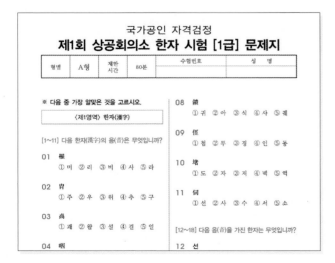

최신 기출 동형 모의고사

최신 기출 동형 모의고사&해설로 출제 경향 완벽히 파악하기!

빈출순으로 정리한 한자어

	한자어	독음	뜻풀이
1	珊瑚	산호	따뜻하고 얕은 바닷속 바위에 붙어서 사는 동물로, 나뭇가지 모양으로 살고 있음.
2	惽惽	팍팍	힘없이 자꾸 쓰러지는 모양.
3	擊毬	격구	말을 타고 달리며 막대기로 공을 치던 무예
4	剛愎	강팍	성격이 까다롭고 고
5	唾罵	타매	아주 더럽게 생각하
6	扈衛	호위	궁궐을 지킴.
7	唾棄	타기	업신여기거나 아주 않고 버림.
8	歆饗	흠향	신명(神明)이 제물을
9	脆弱	취약	무르고 약함.
10	潑剌	발랄	표정이나 행동이 밝

특별 부록

빅데이터 빈출 한자

시험 직전 막판 뒤집기! 빅데이터를 기반으로 시험에 가장 많이 출제된 한자 445자, 한자어 100개, 사자성어 100개 수록!

CBT 모의고사, 이제 선택이 아닌 필수!

17.82%

*2023년 상공회의소 한자 1급 합격률

※ CBT모의고사는 쿠폰 등록 후 30일 이내에 사용 가능합니다.

CBT 모의고사	상공회의소 한자 1급	1회 무료쿠폰	ZZTJ-00000-CABE3
응시방법	01 시대에듀 www.sdedu.co.kr	02 합격시대 CBT 모의고사 우측 상단배너 클릭	03 검색창에 시험명을 입력하세요! 🔍 상공회의소 한자 1급	시대에듀 www.sdedu.co.kr/pass_sidae

CBT 모의고사 1회 무료 쿠폰 제공

시험 당일처럼 생생하게! CBT 모의고사 1회 무료 쿠폰 제공!

CBT 모의고사

CBT 모의고사 응시 방법
① 시대에듀(www.sdedu.co.kr) 홈페이지 접속
② 합격시대 CBT 모의고사 우측 상단 배너 클릭
③ 검색창에 〈상공회의소 한자 1급〉 입력
④ 무료 쿠폰 번호 입력 후 응시(* 무료 쿠폰 번호는 도서 마지막 장 하단에 적혀있습니다.)

상공회의소 한자 1급 2주 격파! SCHEDULE

아래 스케줄에 따라 공부하고, 체크해 보세요.

일정	학습 범위	학습한 날	학습 완료 체크
Day 01	9~4급 배정한자 (900자)	/	☐
Day 02	3급 배정한자 (900자)	/	☐
Day 03	2급 배정한자 (760자)	/	☐
Day 04	2급 배정한자 (741자)	/	☐
Day 05	1급 배정한자 (190자)	/	☐
Day 06	1급 배정한자 (204자)	/	☐
Day 07	1급 배정한자 (204자)	/	☐
Day 08	1급 배정한자 (204자)	/	☐
Day 09	1급 배정한자 (204자)	/	☐
Day 10	1급 배정한자 (204자)	/	☐
Day 11	1급 배정한자 (204자)	/	☐
Day 12	1급 배정한자 (193자)	/	☐
Day 13	출제 유형별 한자	/	☐
Day 14	출제 유형별 한자	/	☐

한자의 부수

❶ 부수의 정의

부수(部首)란 옥편(玉篇)에서 한자를 찾는 데 필요한 기본 글자로서 214자가 있으며, 한자의 핵심 의미이자 한자 분류의 기본 원칙이다. 부수는 그 글자의 뜻을 함축하고 있는 경우가 많으므로 부수만 알아도 모르는 한자의 뜻을 쉽게 추측할 수 있다.

❷ 부수의 분류와 배열

부수는 현재 1획부터 17획까지 총 214자로 이루어져 있다. '상형자(象形字)'가 149자, '지사자(指事字)'가 17자, '회의자(會意字)'가 21자, '형성자(形聲字)'가 27자이다.

❸ 부수의 위치에 따른 명칭

부수는 글자가 놓이는 위치에 따라 변, 방, 엄, 머리, 몸, 받침, 발, 제부수 8가지로 나뉜다.

• 변(邊) : 부수가 글자의 왼쪽에 있는 경우

| 변 |

㉠ 亻(人) : 사람인변(사람 인) → 休(쉴 휴), 信(믿을 신), 伏(엎드릴 복)
㉡ 氵(水) : 삼수변(물 수) → 江(강 강), 河(물 하), 淸(맑을 청)
㉢ 扌(手) : 재방변(손 수) → 技(재주 기), 指(가리킬 지), 打(칠 타)
㉣ 訁 : 말씀 언 → 記(기록할 기), 訓(가르칠 훈, 길 순)

• 방(傍) : 부수가 글자의 오른쪽에 있는 경우

| 방 |

㉠ 刂(刀) : 선칼도방(칼 도) → 別(나눌 별), 判(판단할 판), 利(이로울 리)
㉡ 阝(邑) : 우부방(고을 읍) → 部(떼 부), 郡(고을 군)
㉢ 攵(攴) : 등글월문(칠 복) → 改(고칠 개), 政(정사 정)

• 머리 : 부수가 글자의 위에 있는 경우

| 머리 |

㉠ ⺾(艸) : 초두머리(풀 초) → 花(꽃 화), 草(풀 초), 苦(쓸 고)
㉡ 宀 : 갓머리(집 면) → 宙(집 주), 安(편안 안), 家(집 가)
㉢ 竹 : 대 죽 → 簡(대쪽 간), 筆(붓 필), 答(대답할 답)
㉣ 雨 : 비 우 → 露(이슬 로, 이슬 노), 雪(눈 설)

• 발 : 부수가 글자의 아래에 있는 경우

㉠ 灬(火) : 연화발(불 화) → 烈(매울 렬), 熱(더울 열)
㉡ 儿 : 어진사람인발(어진사람 인) → 元(으뜸 원), 兒(아이 아)
㉢ 心 : 마음 심 → 忘(잊을 망), 思(생각 사), 怨(원망할 원)
㉣ 皿 : 그릇 명 → 益(더할 익, 넘칠 일), 盜(도둑 도)

- 받침 : 부수가 왼쪽과 아래에 걸쳐 있는 경우

받침	

ㄱ 辶(辵) : 책받침(쉬엄쉬엄 갈 착) → 道(길 도), 送(보낼 송)
ㄴ 廴 : 민책받침(길게 걸을 인) → 建(세울 건), 廻(돌 회)
ㄷ 走 : 달릴 주 → 起(일어날 기), 超(뛰어넘을 초)

- 엄 : 부수가 위쪽과 왼쪽에 걸쳐 있는 경우

엄	

ㄱ 尸 : 주검시엄(주검 시) → 居(살 거), 尾(꼬리 미), 屋(집 옥)
ㄴ 广 : 엄호(집 엄) → 店(가게 점), 庭(뜰 정), 府(관청 부)
ㄷ 戶 : 지게호(집 호) → 房(방 방), 扇(부채 선)
ㄹ 虍 : 범호엄 → 虎(범 호), 虐(모질 학)

- 엄 : 부수가 글자를 둘러싸고 있는 경우

몸	

ㄱ 囗 : 큰입구몸(에워쌀 위) → 國(나라 국), 固(굳을 고)
ㄴ 門 : 문 문 → 間(사이 간), 開(열 개)
ㄷ 匸 : 감출혜몸(감출 혜) → 匹(짝 필), 區(지경 구)
ㄹ 行 : 다닐 행 → 街(거리 가), 術(재주 술)

- 제부수 : 부수 자체가 글자인 경우

角	車	見	高	鼓	谷	骨	工	口	金
뿔 각	수레 거	볼 견	높을 고	북 고	골짜기 곡	뼈 골	장인 공	입 구	쇠 금
己	女	大	豆	力	老	里	立	馬	面
몸 기	여자 녀	큰 대	콩 두	힘 력	늙을 로	마을 리	설 립	말 마	낯 면
毛	木	目	文	門	米	方	白	父	比
터럭 모	나무 목	눈 목	글월 문	문 문	쌀 미	모 방	흰 백	아비 부	견줄 비
飛	非	鼻	士	山	色	生	夕	石	小
날 비	아닐 비	코 비	선비 사	뫼 산	색 색	날 생	저녁 석	돌 석	작을 소
水	首	手	示	食	身	臣	心	十	羊
물 수	머리 수	손 수	보일 시	먹을 식	몸 신	신하 신	마음 심	열 십	양 양
魚	言	用	龍	牛	雨	月	肉	瓦	音
고기 어	말씀 언	쓸 용	용 룡	소 우	비 우	달 월	고기 육	기와 와	소리 음
邑	衣	二	耳	人	一	日	入	子	自
고을 읍	옷 의	두 이	귀 이	사람 인	한 일	날 일	들 입	아들 자	스스로 자
長	赤	田	鳥	足	走	竹	至	止	辰
길 장	붉을 적	밭 전	새 조	발 족	달릴 주	대나무 죽	이를 지	그칠 지	별 진
青	寸	齒	土	八	風	行	香	血	火
푸를 청	마디 촌	이 치	흙 토	여덟 팔	바람 풍	다닐 행	향기 향	피 혈	불 화
黃	黑								
누를 황	검을 흑								

한자의 기초 이론 BASICS

* 부수의 변형 – 부수로 쓰일 때 본래의 모양과 달라지는 글자

부수	변형	부수	변형	부수	변형
人 인	亻 사람인변	犬 견	犭 개사슴록변	阜 부	阝 좌부변
心 심	忄 심방변	衣 의	衤 옷의변	刀 도	刂 선칼도방
邑 읍	阝 우부방	卪 절	卪 병부절	辵 착	辶 책받침
肉 육	月 육달월	水 수	氵 삼수변	火 화	灬 연화발
艸 초	++ 초두머리	手 수	扌 재방변	老 로	耂 늙을로엄

❹ 획수별 부수

1획					
一	丨	丶	丿	乙	亅
한 일	뚫을 곤	점 주	삐침 별	새 을	갈고리 궐

2획					
二	亠	人(亻)	儿	入	八	冂
두 이	돼지해머리	사람인(사람인변)	어진사람인발	들 입	여덟 팔	멀경 몸
冖	冫	几	凵	刀(刂)	力	勹
민갓머리	이수변	안석 궤	위튼입구몸	칼 도(선칼도방)	힘 력	쌀포몸
匕	匚	匸	十	卜	卩(㔾)	厂
비수 비	터진입구몸	감출혜몸	열 십	점 복	병부절	민엄호
厶	又				
마늘 모	또 우				

3획					
口	囗	土	士	夂	夊	夕
입 구	큰입구 몸	흙 토	선비 사	뒤져올 치	천천히걸을쇠발	저녁 석
大	女	子	宀	寸	小	尢
큰 대	여자 녀	아들 자	갓머리	마디 촌	작을 소	절름발이 왕
尸	屮	山	巛(川)	工	己	巾
주검시엄	왼손 좌	뫼 산	개미허리(내 천)	장인 공	몸 기	수건 건
干	幺	广	廴	廾	弋	弓
방패 간	작을 요	엄호	민책받침	스물입발	주살 익	활 궁
彐(彑)	彡	彳	忄	氵	犭	阝
튼가로왈	터럭 삼	두인변	심방변	삼수변	개사슴록변	우부방
阝	扌				
좌부변	재방변				

4획					
心(忄)	戈	戶	手	支	攴(攵)	文
마음 심(마음심밑)	창 과	지게 호	손 수	지탱할 지	등글월문(칠 복)	글월 문
斗	斤	方	无(旡)	日	曰	月
말 두	날 근	모 방	이미기방	날 일	가로 왈	달 월, 육달월

木	欠	止	歹(歺)	殳	毋	比
나무 목	하품 흠	그칠 지	죽을사변	갖은등글월 문	말 무	견줄 비
毛	氏	气	水	火(灬)	爪(爫)	父
터럭 모	성씨 씨	기운기엄	물 수	불 화(연화발)	손톱 조	아비 부
爻	爿	片	牙	牛(牜)	犬	王
점괘 효	장수장변	조각 편	어금니 아	소 우	개 견	구슬옥변
礻	耂	++	辶	罒		
보일시변	늙을로엄	초두머리	책받침	그물 망		

5획

玄	玉	瓜	瓦	甘	生	用
검을 현	구슬 옥	오이 과	기와 와	달 감	날 생	쓸 용
田	疋	广	癶	白	皮	皿
밭 전	짝 필	병질엄	필발머리	흰 백	가죽 피	그릇 명
目	矛	矢	石	示	禸	禾
눈 목	창 모	화살 시	돌 석	보일 시	발자국 유	벼 화
穴	立	罓	衤	氺		
구멍 혈	설 립	그물망머리	옷의변	아래물수		

6획

竹	米	糸	缶	网	羊	羽
대 죽	쌀 미	실 사	장군 부	그물 망	양 양	깃 우
老	而	耒	耳	聿	肉	臣
늙을 로	말이을 이	가래 뢰	귀 이	붓 율	고기 육	신하 신
自	至	臼	舌	舛	舟	艮
스스로 자	이를 지	절구 구	혀 설	어그러질 천	배 주	괘이름 간
色	艸	虍	虫	血	行	衣	襾
빛 색	풀 초	범호엄	벌레 충/훼	피 혈	다닐 행	옷 의	덮을 아

7획

見	角	言	谷	豆	豕	豸
볼 견	뿔 각	말씀 언	골 곡	콩 두	돼지 시	갖은돼지시변
貝	赤	走	足	身	車	辛
조개 패	붉을 적	달릴 주	발 족	몸 신	수레 거/차	매울 신
辰	辵	邑	酉	釆	里	
별 진	쉬엄쉬엄갈 착	고을 읍	닭 유	분별할 변	마을 리	

8획

金	長	門	阜	隶	隹	雨
쇠 금	길 장	문 문	언덕 부	미칠 이	새 추	비 우
靑	非					
푸를 청	아닐 비					

9획						
面	革	韋	韭	音	頁	風
낯 면	가죽 혁	가죽 위	부추 구	소리 음	머리 혈	바람 풍
飛	食(飠)	首	香			
날 비	밥 식(밥식변)	머리 수	향기 향			

10획							
馬	骨	高	髟	鬥	鬯	鬲	鬼
말 마	뼈 골	높을 고	터럭 발	싸울 투	울창주 창	솥 력	귀신 귀

11획					
魚	鳥	鹵	鹿	麥	麻
물고기 어	새 조	소금밭 로	사슴 록	보리 맥	삼 마

12획				13획			
黃	黍	黑	黹	黽	鼎	鼓	鼠
누를 황	기장 서	검을 흑	바느질할 치	맹꽁이 맹	솥 정	북 고	쥐 서

14획		15획	16획		17획
鼻	齊	齒	龍	龜	龠
코 비	가지런할 제	이 치	용 룡	거북 귀	피리 약

◤ 한자의 필순

필순(筆順)은 한자를 쓰는 순서, 즉 획(劃)을 말합니다. 필순에 따라 한자를 쓰면 글자 쓰기가 쉽고 빠르며, 모양도 올바르게 됩니다.

三	총 3획					
	一	三	三			
석 삼	예 三, 工, 言, 客, 花, 志					

▶ 상하 구조일 때 위에서 아래로 쓴다.

川	총 3획					
	丿	丿	川			
내 천	예 川, 州, 外, 街, 到					

▶ 좌우 구조일 때 왼쪽에서 오른쪽으로 쓴다.

小	총 3획					
	丿	丿	小			
작을 소	예 小, 水, 山, 樂					

▶ 좌우 대칭될 때는 가운데를 먼저 쓰고 왼쪽, 오른쪽의 순서로 쓴다.

十	총 2획						
	一	十					
열 십	예 十, 木, 支, 干						

▶ 가로, 세로가 겹칠 때에는 가로획을 먼저 긋는다.

中	총 4획						
	丨	口	口	中			
가운데 중	예 中, 事, 手, 平						

▶ 가운데를 꿰뚫는 획은 나중에 긋는다.

女	총 3획						
	𡿨	女	女				
여자 녀	예 每, 母, 子, 舟						

▶ 허리를 끊는 획은 나중에 긋는다.

道	총 13획												
	丶	丷	丷	首	首	首	首	首	首	道	道	道	
길 도	예 道, 近, 建												

▶ 받침은 나중에 긋는다.

犬	총 4획						
	一	犬	大	犬			
개 견	예 犬, 代, 成						

▶ 오른쪽 위의 점은 맨 마지막에 찍는다.

同	총 6획						
	丨	冂	冂	同	同	同	
같을 동	예 同, 固, 內, 因						

▶ 몸과 안이 있을 때는 몸부터 먼저 긋는다.

人	총 2획						
	丿	人					
사람 인	예 人, 文, 六, 其						

▶ 삐침(丿)과 파임(乀)이 만나면 삐침을 먼저 쓴다.

有	총 6획						
	丿	ナ	冇	右	有	有	
있을 유	예 希						

▶ 왼쪽의 삐침이 짧고 가로획이 길면 삐침을 먼저 쓴다.

友	총 4획						
	一	ナ	方	友			
벗 우	예 存						

▶ 왼쪽 삐침이 길고 가로획이 짧으면 가로획을 먼저 쓴다.

也	총 3획						
	乛	也	也				
어조사 야							

▶ 아래를 여운 획은 나중에 쓴다.

한자의 짜임

한자는 처음엔 사물의 모양을 본떠 만들었으나, 생활 영역 확대, 인류 문화 발달에 따라 수많은 사물과 다양한 생각을 나타내기 위해 많은 수의 글자가 필요하게 되자 점차 다양한 방법을 통해 한자가 만들어지게 되었습니다.

❶ 상형(象形) : 그림 한자

눈에 보이는 구체적인 사물의 모양을 본떠서 만든 글자이다.

> **예시** 日(날 일) : 둥근 해의 모양을 본떠 만든 글자, 木(나무 목) : 나무의 모양을 본떠 만든 글자

❷ 지사(指事) : 부호(기호) 한자

눈에 보이지 않는 추상적인 사물의 개념이나 생각을 기호, 부호 등을 사용해 나타낸다.

> **예시** 本(근본 본) : 나무의 아래에 표(一)를 붙여 근본이나 뿌리를 뜻함
> 久(오랠 구) : 엉덩이를 잡아끌고 오랫동안 놓지 않음

❸ 회의(會意)

상형과 지사의 방법으로 이미 만들어진 두 글자 이상을 결합하되, 그 글자의 뜻을 모아 처음 두 글자와는 다른 새로운 뜻을 가진 글자를 만드는 방법이다.

> **예시** 林(수풀 림) → 木(나무 목)+木(나무 목) : 나무가 많이 있는 숲을 뜻하는 한자
> 孝(효도 효) → 老(늙을 로)+子(아들 자) : 아들이 부모를 머리 위에 받들고 있음을 뜻하는 한자

❹ 형성(形聲)

이미 만들어진 두 개의 글자를 하나로 만들되, 한 글자는 소리(聲)를, 다른 한 글자는 뜻(形)을 나타내도록 한다. 약 70%에 달하는 한자가 형성의 원리에 의해 만들어진다.

> **예시** 洋(큰바다 양) → 水(물 수 − 뜻 부분)+羊(양 양 − 소리 부분)
> 聞(들을 문) → 門(문 문 − 소리 부분)+耳(귀 이 − 뜻 부분)

❺ 전주(轉注)

한자의 원뜻이 유추·확대·변화되어 새로운 뜻으로 바뀌는 것인데, 뜻뿐만 아니라 음까지 바뀌는 경우도 있다.

> **예시** 革(가죽 혁) : 원뜻은 가죽이나, 가죽의 털을 벗기면 훌륭한 모피로 변한다는 의미에서 '변화'의 뜻으로 전용되어 改革(개혁), 革命(혁명) 등으로 쓰인다.
> 樂(풍류 악) : 원뜻은 '풍류'이고 음은 '악'이지만 '즐긴다'는 뜻일 때의 음은 '락', '좋아한다'는 뜻일 때는 '요'이다.

❻ 가차(假借)

한자의 원뜻과 소리에 상관없이 소리(음)만 빌려 사용하는 한자이다. 외국어·외래어 표기에 많이 사용하고, 의성어·의태어 같은 부사적 표현에 쓰인다.

> **예시** 堂堂(당당 − 의태어) : 모습이 매우 씩씩한 모양
> 佛陀(불타 − 외래어) : 부다(Budda = 부처)를 한자로 표현

한자어의 구성 관계

두 자 이상의 한자가 결합하여 한 단위의 의미를 형성하는 것을 말한다.

❶ 주술(主述) 관계

'주어+서술어' 관계로 결합된 한자어

예시 日出(일출) : 해가 뜨다, 性急(성급) : 성질이 급하다

❷ 술목(述目) 관계

'서술어+목적어' 관계로 결합된 한자어

예시 讀書(독서) : 책을 읽다, 投票(투표) : 표를 던지다

❸ 술보(述補) 관계

'서술어+보어' 관계로 결합된 한자어

예시 登山(등산) : 산에 오르다, 歸家(귀가) : 집에 돌아가다

❹ 수식(修飾) 관계

'수식어+피수식어' 관계로 결합된 한자어

• 관형어+체언

예시 落葉(낙엽) : 떨어지는 잎, 確答(확답) : 확실한 대답

• 부사어+용언

예시 順從(순종) : 고분고분 따르다, 徐行(서행) : 천천히 가다

❺ 병렬(竝列) 관계

• 대립(對立) 관계

예시 往來(왕래) : 가고 옴, 强弱(강약) : 강함과 약함

• 유사(類似) 관계

예시 道路(도로) : 길, 出生(출생) : 사람이 태어남

• 대등(對等) 관계

예시 父母(부모) : 아버지와 어머니, 富貴(부귀) : 재산이 많고 지위가 높음

• 첩어(疊語) 관계

예시 年年(연년) : 해마다, 正正堂堂(정정당당) : 태도나 수단이 바르고 떳떳함

• 융합(融合) 관계

예시 春秋(춘추) : 나이, 연세, 역사, 矛盾(모순) : 말이나 행동의 앞뒤가 서로 일치하지 않음

이 책의 목차 CONTENTS

DAY 01~02

9~3급 배정한자
완벽복습 1,800자

합격 Tip!

합격을 위한 완벽 복습!
낮은 급수도 두드려 보고 건너자!

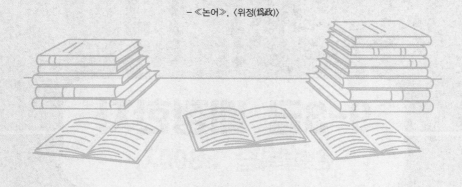

學而不思則罔, 思而不學則殆.

"배우기만 하고 생각하지 않으면 어리석어지고, 생각만 하고 배우지 않으면 위태롭다."

– ≪논어≫, 〈위정(爲政)〉

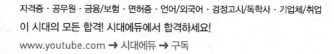

DAY 01

家	街	可	歌	加	價	角	各	間	干
집 가	거리 가	옳을 가 허락할 가	노래 가	더할 가	값 가	뿔 각	각각 각 여러 각	사이 간	방패 간 줄기 간

感	江	强	改	個	開	客	去	車	擧
느낄 감	강 강	강할 강 힘쓸 강	고칠 개	낱 개	열 개	손 객 나그네 객	갈 거	수레 거/차	들 거

建	犬	見	決	結	京	景	經	敬	慶
세울 건 일으킬 건	개 견	볼 견 뵈올 현	결단할 결	맺을 결 마칠 결	서울 경	볕 경 경치 경	지날 경 글 경	공경 경 삼갈 경	경사 경

競	季	界	計	古	故	固	考	高	告
다툴 경 겨룰 경	계절 계	지경 계	셀 계	옛 고 오래될 고	연고 고 옛 고	굳을 고	생각할 고 살필 고	높을 고	고할 고 알릴 고

曲	谷	骨	工	功	空	共	公	果	課
굽을 곡 가락 곡	골 곡 곡식 곡	뼈 골	장인 공 솜씨 좋을 공	공 공	빌 공	한가지 공 함께 공	공평할 공	열매 과 과연 과	부과할 과 과정 과

科	過	官	觀	光	廣	交	校	敎	九
과목 과	지날 과 허물 과	벼슬 관 관가 관	볼 관 관념 관	빛 광 영화 광	넓을 광	사귈 교	학교 교	가르칠 교 종교 교	아홉 구

口	救	究	句	求	久	國	君	軍	郡
입 구	구원할 구	연구할 구 궁구할 구	글귀 구	구할 구	오랠 구	나라 국	임금 군	군사 군	고을 군

弓	權	貴	近	勤	根	金	今	禁	記
활 궁	권세 권	귀할 귀	가까울 근	부지런할 근 근무할 근	뿌리 근 근본 근	쇠 금 성씨 김	이제 금 오늘 금	금할 금	기록할 기

期	基	氣	技	己	起	其	吉	難	南
기약할 기 기간 기	터 기	기운 기	재주 기	몸 기 자기 기	일어날 기	그 기	길할 길	어려울 난	남녘 남

男	內	女	年	念	勞	農	能	多	單
사내 남	안 내	여자 녀	해 년 나이 년	생각 념	일할 노/로	농사 농	능할 능	많을 다	홑 단

短	丹	達	談	答	堂	大	對	代	德
짧을 단 허물 단	붉을 단	통달할 달 이를 달	말씀 담	대답할 답	집 당 당당할 당	큰 대	대할 대 대답할 대	대신할 대 대 대	덕 덕 큰 덕

到	度	道	島	都	刀	圖	獨	讀	同
이를 도	법도 도 정도 도	길 도 도리 도	섬 도	도읍 도	칼 도	그림 도 꾀할 도	홀로 독	읽을 독	한가지 동 화할 동

洞	童	冬	東	動	頭	斗	豆	得	等
동네 동/골 동 밝을 통	아이 동 어린이 동	겨울 동	동녘 동	움직일 동	머리 두 우두머리 두	말 두	콩 두	얻을 득	무리 등 가지런할 등

登	落	樂	卵	來	冷	良	量	旅	力
오를 등 기재할 등	떨어질 락/낙	즐길 락/노래 악 좋아할 요	알 란	올 래	찰 랭	좋을 량 어질 량	헤아릴 량 용량 량	나그네 려 군대 려	힘 력

歷	連	列	令	例	禮	路	老	論	料
지날 력	잇닿을 련	벌일 렬 줄 렬	명령할 령 하여금 령	법식 례 보기 례	예도 례	길 로	늙을 로	논의할 론 논할 논	헤아릴 료

流	留	陸	律	里	理	利	林	立	馬
흐를 류	머무를 류	뭍 륙	법 률 절제할 률	마을 리	다스릴 리 이치 리	이로울 리	수풀 림	설 립	말 마

萬	滿	末	望	亡	每	賣	勉	面	名
일만 만	찰 만 풍족할 만	끝 말	바랄 망	망할 망	매양 매	팔 매	힘쓸 면 부지런할 면	낯 면 얼굴 면	이름 명

命	明	母	毛	木	目	武	務	無	舞
목숨 명 명령할 명	밝을 명	어머니 모	터럭 모	나무 목	눈 목	굳셀 무 호반 무	힘쓸 무 일 무	없을 무	춤출 무

門	問	聞	文	物	美	米	未	味	民
문 문	물을 문	들을 문	글월 문	물건 물	아름다울 미	쌀 미	아닐 미	맛 미	백성 민

密	反	半	發	方	放	訪	防	拜	白
빽빽할 밀 비밀할 밀/친할 밀	돌이킬 반	반 반	필 발/쏠 발 나타날 발	모 방 본뜰 방	놓을 방	찾을 방	막을 방	절 배 공경할 배	흰 백 말할 백

百	番	法	變	別	病	兵	保	步	報
일백 백	차례 번	법 법	변할 변	나눌 별 다를 별	병 병	군사 병	지킬 보	걸음 보	갚을 보 알릴 보

福	服	復	本	奉	夫	父	富	婦	北
복 복	옷 복/일 복 다스릴 복	다시 부 회복할 복	근본 본	받들 봉	지아비 부 사나이 부	아비 부	부유할 부	며느리 부 아내 부	북녘 북 달아날 배

分	不	比	非	備	飛	氷	四	士	史
나눌 분 신분 분	아닐 불/부	견줄 비	아닐 비	갖출 비	날 비	얼음 빙	넉 사	선비 사	역사 사 사기 사

師	死	思	事	仕	使	寺	射	山	産
스승 사 군사 사	죽을 사	생각 사	일 사 섬길 사	섬길 사 벼슬 사	하여금 사 부릴 사	절 사	쏠 사	뫼 산	낳을 산 재산 산

算	殺	三	上	尙	賞	商	相	想	色
셈 산	죽일 살 빠를 쇄	석 삼	윗 상 오를 상	오히려 상 숭상할 상	상 줄 상	장사 상 헤아릴 상	서로 상 재상 상	생각 상	빛 색

生	西	序	書	夕	石	席	先	線	善
날 생 자랄 생	서녘 서	차례 서 실마리 서	글 서 문서 서	저녁 석	돌 석	자리 석	먼저 선 앞설 선	줄 선	착할 선

選	鮮	船	仙	雪	說	設	姓	性	成
가릴 선	고울 선 생선 선	배 선	신선 선	눈 설	말씀 설 달랠 세	베풀 설	성씨 성	성품 성	이룰 성

城	省	星	誠	聲	世	洗	勢	歲	小
성 성 재 성	살필 성 덜 생	별 성	정성 성	소리 성 명예 성	인간 세 대 세	씻을 세	형세 세	해 세	작을 소

少	所	消	素	俗	速	孫	送	水	手
적을 소 젊을 소	바 소 곳 소	사라질 소	본디 소 흴 소	풍속 속	빠를 속	손자 손 자손 손	보낼 송	물 수	손 수

受	授	守	收	數	首	順	習	勝	市
받을 수	줄 수	지킬 수	거둘 수	셈 수 자주 삭	머리 수 우두머리 수	순할 순 순종할 순	익힐 습	이길 승	저자 시

示	是	時	詩	視	始	施	食	植	識
보일 시 지시할 시	옳을 시 이 시	때 시 철 시	시 시	볼 시	처음 시 비로소 시	베풀 시	먹을 식 밥 식	심을 식 식물 식	알 식 적을 지

式	身	神	臣	信	新	失	室	實	心
법 식 예식 식	몸 신	귀신 신 정신 신	신하 신	믿을 신 편지 신	새 신	잃을 실 그르칠 실	집 실	열매 실 사실 실	마음 심

十	氏	兒	安	案	愛	夜	野	約	藥
열 십	성씨 씨	아이 아	편안 안	책상 안 생각 안	사랑 애	밤 야	들 야	맺을 약	약 약

弱	若	羊	洋	養	陽	兩	魚	語	漁
약할 약	같을 약 반야 야	양 양	큰 바다 양 서양 양	기를 양	볕 양	두 양/량	물고기 어	말씀 어	고기 잡을 어

言	業	易	逆	然	研	熱	永	英	榮
말씀 언	업 업	바꿀 역 쉬울 이	거스를 역	그럴 연	갈 연/벼루 연 연구할 연	더울 열	길 영	꽃부리 영 뛰어날 영	영화로울 영 꽃 영

藝	五	午	烏	玉	屋	溫	完	王	往
재주 예	다섯 오	낮 오	까마귀 오	구슬 옥	집 옥	따뜻할 온	완전할 완	임금 왕	갈 왕

外	要	浴	用	勇	容	右	牛	友	雨
바깥 외	요긴할 요	목욕할 욕	쓸 용	날랠 용 용감할 용	얼굴 용 용서할 용	오른 우	소 우	벗 우	비 우

宇	雲	運	雄	元	原	遠	園	願	月
집 우	구름 운	옮길 운	수컷 웅 뛰어날 웅	으뜸 원	근원 원 언덕 원	멀 원	동산 원	원할 원	달 월

位	爲	由	油	有	遺	肉	育	六	恩
자리 위 신분 위	할 위	말미암을 유	기름 유	있을 유	남길 유 따를 수	고기 육	기를 육	여섯 륙(육)	은혜 은

銀	飮	音	邑	應	衣	義	議	醫	意
은 은	마실 음	소리 음	고을 읍	응할 응	옷 의	옳을 의	의논할 의	의원 의	뜻 의

二	耳	移	以	益	人	因	引	仁	一
두 이	귀 이	옮길 이	써 이	더할 익 유익할 익	사람 인	인할 인 까닭 인	끌 인	어질 인	한 일

日	入	子	字	自	者	作	將	長	場
날 일 해 일	들 입	아들 자 사람 자	글자 자	스스로 자 자기 자	놈 자	지을 작	장수 장 장차 장	길 장 어른 장	마당 장

章	材	財	在	再	才	爭	貯	的	田
글 장 무늬 장	재목 재 재능 재	재물 재	있을 재	두 재 거듭 재	재주 재	다툴 쟁	쌓을 저 저축할 저	과녁 적	밭 전

全	前	展	電	傳	典	戰	節	絶	店
온전할 전	앞 전	펼 전	번개 전	전할 전	법 전 법식 전	싸움 전	마디 절 절기 절	끊을 절	가게 점

接	正	政	定	情	庭	精	弟	題	製
이을 접	바를 정	정사 정 다스릴 정	정할 정	뜻 정	뜰 정	찧을 정 정할 정	아우 제	제목 제	지을 제

第	帝	早	造	鳥	調	朝	助	祖	兆
차례 제	임금 제	이를 조	지을 조	새 조	고를 조	아침 조	도울 조	조상 조	조짐 조 조 조

足	族	存	卒	種	宗	左	罪	主	注
발 족	겨레 족	있을 존	군사 졸 마칠 졸	씨 종 종류 종	마루 종 사당 종	왼 좌	허물 죄	주인 주 임금 주	부을 주 물댈 주

住	晝	走	宙	竹	中	衆	重	增	止
살 주	낮 주	달릴 주	집 주	대 죽	가운데 중 맞을 중	무리 중	무거울 중	더할 증	그칠 지 머무를 지

知	地	指	支	志	至	紙	直	眞	進
알 지	땅 지	가리킬 지 손가락 지	지탱할 지	뜻 지	이를 지	종이 지	곧을 직 바로 직	참 진	나아갈 진

質	集	次	着	察	參	唱	窓	責	冊
바탕 질	모을 집	버금 차	붙을 착 이를 착	살필 찰	참여할 참 석 삼	부를 창	창문 창	꾸짖을 책 책임 책/빚 채	책 책

處	千	天	川	靑	淸	體	初	草	村
곳 처	일천 천	하늘 천	내 천	푸를 청	맑을 청	몸 체	처음 초	풀 초	마을 촌

寸	最	秋	追	祝	春	出	充	忠	蟲
마디 촌	가장 최	가을 추	쫓을 추 따를 추	빌 축	봄 춘	날 출	채울 충	충성 충	벌레 충

取	治	致	齒	則	親	七	快	打	太
가질 취	다스릴 치	이를 치	이 치 나이 치	법칙 칙 곧 즉	친할 친	일곱 칠	쾌할 쾌	칠 타	클 태

宅	土	通	統	退	特	波	判	八	敗
집 택 댁 댁	흙 토	통할 통	거느릴 통	물러날 퇴	특별할 특	물결 파	판단할 판	여덟 팔	패할 패

貝	便	片	平	表	品	風	豐	皮	必
조개 패	편할 편 똥오줌 변	조각 편	평평할 평 다스릴 편	겉 표	물건 품	바람 풍	풍년 풍	가죽 피	반드시 필

筆	下	夏	河	學	韓	漢	限	合	海
붓 필 글씨 필	아래 하	여름 하	물 하 강 하	배울 학	나라 이름 한	한수 한 한나라 한	한정할 한	합할 합	바다 해

解	害	行	幸	香	鄕	向	革	現	血
풀 해	해칠 해	다닐 행 항렬 항	다행 행	향기 향	시골 향	향할 향	가죽 혁 고칠 혁	나타날 현	피 혈

協	兄	形	惠	好	號	湖	虎	婚	火
화합할 협	형 형	모양 형	은혜 혜	좋을 호	부르짖을 호 이름 호	호수 호	범 호	혼인할 혼	불 화

化	花	和	話	貨	畫	患	活	黃	皇
될 화	꽃 화	화할 화	말씀 화	재물 화	그림 화 그을 획	근심 환	살 활	누를 황	임금 황

回	會	孝	效	後	訓	休	凶	興	希
돌아올 회	모일 회	효도 효	본받을 효 효과 효	뒤 후	가르칠 훈	쉴 휴	흉할 흉	일 흥	바랄 희

佳	假	脚	看	渴	減	甘	敢	甲	降
아름다울 가	거짓 가 빌릴 가	다리 각	볼 간	목마를 갈	덜 감	달 감	감히 감	갑옷 갑	내릴 강 항복할 항
講	皆	更	居	巨	乾	堅	潔	庚	耕
외울 강	다 개	다시 갱 고칠 경	살 거	클 거	하늘 건 마를 건	굳을 견	깨끗할 결	별 경 나이 경	밭갈 경
驚	輕	溪	鷄	癸	苦	穀	困	坤	關
놀랄 경	가벼울 경	시내 계	닭 계	북방 계	쓸 고	곡식 곡	곤할 곤	땅 곤	관계할 관
橋	舊	卷	勸	歸	均	極	急	及	給
다리 교	옛 구	책 권	권할 권	돌아갈 귀	고를 균	극진할 극 다할 극	급할 급	미칠 급	줄 급
幾	旣	暖	乃	怒	端	但	當	待	徒
몇 기	이미 기	따뜻할 난	이에 내	성낼 노	끝 단	다만 단 거짓 탄	마땅 당	기다릴 대	무리 도 헛되이 도
燈	浪	郎	凉	練	烈	領	露	綠	柳
등잔 등	물결 랑	사내 랑	서늘할 량	익힐 련	매울 렬	거느릴 령	이슬 로	푸를 록	버들 류

倫	李	莫	晚	忙	忘	妹	買	麥	免
인륜 륜	오얏 리 성씨 리	없을 막	늦을 만	바쁠 망	잊을 망	누이 매	살 매	보리 맥	면할 면

眠	鳴	暮	卯	妙	戊	茂	墨	勿	尾
잘 면	울 명	저물 모	토끼 묘 넷째 지지 묘	묘할 묘	천간 무	무성할 무	먹 묵	말 물	꼬리 미

朴	飯	房	杯	伐	凡	丙	伏	逢	扶
성씨 박 순박할 박	밥 반	방 방	잔 배	칠 벌	무릇 범	남녘 병	엎드릴 복	만날 봉	도울 부

否	部	浮	佛	朋	悲	鼻	貧	私	謝
아닐 부	떼/나눌 부 거느릴 부	뜰 부	부처 불	벗 붕	슬플 비	코 비	가난할 빈	사사로울 사	사례할 사

舍	巳	絲	散	常	霜	傷	喪	暑	昔
집 사	뱀 사	실 사	흩을 산	떳떳할 상 항상 상	서리 상	다칠 상	잃을 상	더울 서	옛 석 섞일 착

惜	舌	盛	聖	稅	細	笑	續	松	修
아낄 석	혀 설	성할 성	성인 성	세금 세	가늘 세	웃음 소	이을 속	소나무 송	닦을 수

樹	愁	壽	秀	誰	雖	須	叔	宿	淑
나무 수	근심 수	목숨 수	빼어날 수	누구 수	비록 수	모름지기 수	아저씨 숙	잘 숙	맑을 숙

純	戌	崇	拾	乘	承	試	申	辛	甚
순수할 순	개 술	높을 숭	주울 습 열 십	탈 승	이을 승	시험 시	거듭 신 펼 신	매울 신	심할 심

深	我	惡	眼	顏	巖	暗	仰	哀	也
깊을 심	나 아	악할 악 미워할 오	눈 안	얼굴 안	바위 암	어두울 암	우러를 앙	슬플 애	어조사 야

讓	揚	於	憶	億	嚴	餘	與	余	汝
사양할 양	날릴 양	어조사 어	생각할 억	억 억	엄할 엄	남을 여	더불 여 줄 여	나 여	너 여

如	亦	煙	悅	炎	葉	迎	吾	悟	誤
같을 여	또 역	연기 연	기쁠 열	불꽃 염	잎 엽	맞을 영	나 오	깨달을 오	그르칠 오

瓦	臥	曰	欲	于	憂	又	尤	遇	云
기와 와	누울 와	가로 왈	하고자할 욕	어조사 우	근심 우	또 우	더욱 우	만날 우	이를 운

怨	圓	危	偉	威	酉	猶	唯	遊	柔
원망할 원	둥글 원	위태할 위	클 위	위엄 위	닭 유	오히려 유	오직 유	놀 유	부드러울 유

幼	乙	吟	陰	泣	依	矣	已	而	異
어릴 유	새 을	읊을 음	그늘 음	울 읍	의지할 의	어조사 의	이미 이	말이을 이	다를 이

忍	寅	印	認	壬	慈	姊	昨	壯	栽
참을 인	범 인	도장 인	알 인	북방 임	사랑 자	손위누이 자	어제 작	장할 장	심을 재

哉	著	低	敵	適	赤	錢	丁	頂	停
어조사 재	나타날 저	낮을 저	대적할 적	맞을 적	붉을 적	돈 전	고무래 정	정수리 정	머무를 정

井	貞	靜	淨	除	祭	諸	尊	從	終
우물 정	곧을 정	고요할 정	깨끗할 정	덜 제	제사 제	모두 제	높을 존	좇을 종	마칠 종

鐘	坐	酒	朱	卽	曾	證	只	枝	持
쇠북 종	앉을 좌	술 주	붉을 주	곧 즉	일찍 증	증거 증	다만 지	가지 지	가질 지 유지할 지

之	辰	盡	執	此	借	且	昌	採	菜
갈 지	별 진 때 신	다할 진	잡을 집	이 차	빌릴 차	또 차	창성할 창	캘 채	나물 채

妻	尺	淺	泉	鐵	聽	晴	請	招	推
아내 처	자 척	얕을 천	샘 천	쇠 철	들을 청	갤 청	청할 청	부를 초	밀 추/퇴

丑	就	吹	針	他	脫	探	泰	投	破
소 축	나아갈 취	불 취	바늘 침	다를 타	벗을 탈	찾을 탐	클 태	던질 투	깨뜨릴 파

篇	閉	布	抱	暴	彼	匹	何	賀	寒
책 편	닫을 폐	펼 포/베 포 보시 보	안을 포	사나울 폭/포	저 피	짝 필	어찌 하	하례할 하	찰 한

恨	閑	恒	亥	虛	許	賢	刑	乎	戶
한 한	한가할 한	항상 항	돼지 해	빌 허	허락할 허	어질 현	형벌 형	어조사 호	집 호 지게 호

呼	或	混	紅	華	歡	厚	胸	黑	喜
부를 호	혹시 혹	섞을 혼	붉을 홍	빛날 화	기쁠 환	두터울 후	가슴 흉	검을 흑	기쁠 희

DAY 02

暇	架	覺	刻	却	閣	簡	刊	肝	姦
겨를 가 틈 가	시렁 가	깨달을 각	새길 각	물리칠 각	집 각 내각 각	대쪽/편지 간 간략할 간	새길 간 책 펴낼 간	간 간	간음할 간
幹	懇	鑑	監	康	剛	鋼	綱	介	慨
줄기 간 주관할 관	간절할 간 정성 간	거울 감 살필 감	볼 감	편안 강	굳셀 강	강철 강	벼리 강	낄 개	슬퍼할 개 분개할 개
概	蓋	距	拒	據	健	件	傑	乞	儉
대개 개 절개 개	덮을 개	떨어질 거 상거할 거	막을 거	근거 거 의지할 거	굳셀 건 건강할 건	물건 건 사건 건	뛰어날 걸	빌 걸	검소할 검
劍	檢	格	擊	激	隔	絹	肩	遣	牽
칼 검	검사할 검	격식 격	칠 격 마주칠 격	격할 격	사이 뜰 격	비단 견	어깨 견	보낼 견	끌 견
缺	兼	謙	竟	境	鏡	頃	傾	硬	警
이지러질 결 모자랄 결	겸할 겸	겸손할 겸 사양할 겸	마침내 경 다할 경	지경 경 경계 경	거울 경	잠깐 경 반걸음 규	기울 경	굳을 경	경계할 경 깨우칠 경
徑	卿	系	係	戒	械	繼	契	桂	啓
지름길 경 길 경	벼슬 경	이을 계 맬 계	맬 계	경계할 계	기계 계 틀 계	이을 계	맺을 계	계수나무 계	열 계 인도할 계

階	繫	枯	姑	庫	孤	鼓	稿	顧	哭
섬돌 계 계단 계	맬 계	마를 고	시어미 고	곳집 고	외로울 고 부모 없을 고	북 고 두드릴 고	원고 고	돌아볼 고 생각할 고	울 곡
孔	供	恭	攻	恐	貢	寡	誇	郭	館
구멍 공	이바지할 공	공손할 공	칠 공 닦을 공	두려울 공	바칠 공	적을 과 과부 과	자랑할 과	외성 곽 둘레 곽	집 관
管	貫	慣	冠	寬	鑛	狂	掛	塊	愧
대롱 관 주관할 관	꿸 관	익숙할 관	갓 관 우두머리 관	너그러울 관	쇳돌 광 광석 광	미칠 광	걸 괘	덩어리 괴 흙덩이 괴	부끄러울 괴
怪	壞	郊	較	巧	矯	丘	俱	懼	狗
괴이할 괴	무너질 괴	들 교 교외 교	비교할 교	공교할 교 교묘할 교	바로잡을 교	언덕 구 무덤 구	함께 구 갖출 구	두려워할 구 조심할 구	개 구
龜	驅	構	具	區	拘	球	苟	菊	局
땅이름 구 거북 귀/터질 균	몰 구	얽을 구	갖출 구	구역 구 구분할 구	잡을 구	공 구	진실로 구 구차할 구	국화 국	판 국
群	屈	窮	宮	券	拳	厥	軌	鬼	規
무리 군	굽힐 굴	다할 궁 궁할 궁	집 궁	문서 권	주먹 권	그 궐	바퀴자국 궤	귀신 귀	법 규
叫	糾	菌	克	劇	斤	僅	謹	琴	禽
부르짖을 규 울 규	얽힐 규 모을 규	버섯 균 세균 균	이길 극	심할 극 연극 극	근 근 도끼 근	겨우 근 적을 근	삼갈 근	거문고 금	새 금 사로잡을 금

錦	級	肯	忌	棄	祈	豈	機	騎	紀
비단 금	등급 급	즐길 긍	꺼릴 기 기일 기	버릴 기	빌 기	어찌 기	틀 기 기회 기	말 탈 기	벼리 기 해 기

飢	旗	欺	企	奇	寄	器	畿	緊	那
주릴 기	기 기	속일 기	꾀할 기 바랄 기	기이할 기	부칠 기	그릇 기	경기 기 지경 기	긴할 긴	어찌 나

納	奈	耐	寧	努	奴	腦	惱	泥	茶
들일 납 바칠 납	어찌 내/나	견딜 내	편안할 녕	힘쓸 노	종 노	골 뇌	번뇌할 뇌	진흙 니	차 다/차

旦	團	壇	斷	段	檀	淡	擔	畓	踏
아침 단	둥글 단	단 단	끊을 단	층계 단	박달나무 단	맑을 담 싱거울 담	멜 담	논 답	밟을 답

唐	糖	黨	貸	臺	隊	帶	桃	稻	跳
당나라 당 당황할 당	엿 당/탕	무리 당	빌릴 대	대 대	무리 대	띠 대 찰 대	복숭아 도	벼 도	뛸 도

途	陶	逃	倒	導	挑	盜	渡	塗	毒
길 도	질그릇 도	달아날 도 도망할 도	넘어질 도	인도할 도	돋울 도	도둑 도	건널 도	칠할 도 길 도	독 독

篤	督	豚	敦	突	凍	銅	鈍	屯	騰
도타울 독	감독할 독	돼지 돈	도타울 돈	갑자기 돌	얼 동	구리 동	둔할 둔	진칠 둔	오를 등

羅	絡	諾	亂	欄	蘭	濫	覽	娘	廊
벌일 라 그물 라	이을 락	허락할 락/낙	어지러울 란	난간 란	난초 란	넘칠 람	볼 람	여자 랑	행랑 랑 사랑채 랑

略	掠	梁	糧	諒	麗	慮	勵	曆	鍊
간략할 략	노략질할 략	들보 량	양식 량	살펴 알 량	고울 려	생각할 려 염려할 려	힘쓸 려	책력 력	불릴 련 단련할 련

憐	聯	戀	蓮	劣	裂	廉	獵	零	靈
불쌍히 여길 련	연이을 련	그리워할 련	연꽃 련	못할 렬	찢을 렬	청렴할 렴	사냥 렵	떨어질 령	신령 령

嶺	隸	爐	祿	錄	鹿	弄	賴	雷	了
고개 령	종 례	화로 로	녹 록	기록할 록	사슴 록	희롱할 롱	의뢰할 뢰	우레 뢰	마칠 료

僚	龍	屢	樓	累	淚	漏	類	輪	栗
동료 료 관리 료	용 룡	여러 루	다락 루	여러 루 자주 루	눈물 루	샐 루	무리 류	바퀴 륜	밤 률

率	隆	陵	吏	離	裏	履	梨	隣	臨
비율 률 거느릴 솔	높을 륭 성할 륭	언덕 릉	관리 리	떠날 리	속 리	밟을 리 신 리	배나무 리	이웃 린	임할 림

磨	麻	幕	漠	漫	慢	茫	妄	罔	媒
갈 마	삼 마 저릴 마	장막 막	넓을 막 사막 막	흩어질 만	거만할 만 게으를 만	아득할 망 넓을 망	망령될 망 허망할 망	그물 망 없을 망	중매 매

梅	埋	脈	孟	盲	盟	猛	綿	滅	銘
매화 매	묻을 매 감출 매	줄기 맥 맥 맥	맏 맹 맹랑할 맹	눈 멀 맹	맹세 맹	사나울 맹	솜 면 얽힐 면	꺼질 멸 멸할 멸	새길 명

冥	募	某	謀	貌	慕	模	侮	冒	牧
어두울 명	모을 모 뽑을 모	아무 모	꾀 모 도모할 모	모양 모	그릴 모 생각할 모	본뜰 모 모호할 모	업신여길 모	무릅쓸 모	칠 목 다스릴 목

睦	沒	夢	蒙	墓	廟	苗	貿	霧	默
화목할 목	빠질 몰 잠길 몰	꿈 몽	어두울 몽	무덤 묘	사당 묘 묘당 묘	모 묘	무역할 무	안개 무	잠잠할 묵

微	眉	迷	敏	憫	蜜	泊	博	拍	薄
작을 미	눈썹 미	미혹할 미	민첩할 민	민망할 민 근심할 민	꿀 밀	배 댈 박 머무를 박	넓을 박	칠 박	엷을 박

迫	叛	班	返	盤	般	伴	髮	拔	倣
핍박할 박	배반할 반	나눌 반 반 반	돌이킬 반	쟁반 반 소반 반	일반 반	짝 반 따를 반	터럭 발 머리털 발	뽑을 발	본뜰 방 본받을 방

芳	邦	妨	傍	培	輩	倍	排	配	背
꽃다울 방 향기 방	나라 방	방해할 방 거리낄 방	곁 방	북을 돋울 배	무리 배	곱 배	물리칠 배	나눌 배 짝 배	등 배 배반할 배

伯	煩	飜	繁	罰	範	犯	壁	碧	辨
맏 백	번거로울 번 번민할 번	번역할 번 뒤칠 번	번성할 번	벌할 벌	법 범 한계 범	범할 범 죄인 범	벽 벽	푸를 벽	분별할 변 가릴 변

辯	邊	竝	屛	補	寶	譜	普	卜	複
말씀 변 말 잘할 변	가 변	나란히 병 함께 병	병풍 병	기울 보 도울 보	보배 보	문서 보 족보 보	넓을 보 두루 보	점 복	겹칠 복

腹	覆	蜂	鳳	封	峯	符	簿	賦	赴
배 복	다시 복 덮을 부	벌 봉	봉새 봉	봉할 봉	봉우리 봉	부호 부	문서 부	부세 부	다다를 부

附	付	腐	府	副	負	紛	奮	墳	奔
붙을 부	줄 부 붙일 부	썩을 부 낡을 부	마을 부	버금 부	질 부	어지러울 분	떨칠 분 성낼 분	무덤 분	달릴 분 달아날 분

粉	憤	拂	崩	卑	妃	批	肥	碑	祕
가루 분	분할 분	떨칠 불	무너질 붕	낮을 비 천할 비	왕비 비 짝 비	비평할 비 칠 비	살찔 비 거름 비	비석 비	숨길 비

婢	費	賓	頻	聘	似	捨	斯	沙	蛇
여자 종 비	쓸 비	손님 빈	자주 빈	부를 빙	닮을 사 본뜰 사	버릴 사 베풀 사	이 사 어조사 사	모래 사	뱀 사

詐	詞	賜	寫	辭	邪	査	斜	司	社
속일 사 거짓 사	말 사 글 사	줄 사	베낄 사 그릴 사	말씀 사 사양할 사	간사할 사	조사할 사	비낄 사 기울 사	맡을 사 벼슬 사	모일 사

祀	削	朔	嘗	裳	詳	祥	床	象	像
제사 사	깎을 삭	초하루 삭 북쪽 삭	맛볼 상 일찍 상	치마 상	자세할 상	상서 상 조짐 상	평상 상	코끼리 상	모양 상

桑	狀	償	雙	塞	索	敍	徐	庶	恕
뽕나무 상	형상 상 문서 장	갚을 상 보답할 상	두 쌍 쌍 쌍	변방 새 막힐 색	찾을 색 동아줄 삭	펼 서 차례 서	천천히 할 서	여러 서	용서할 서

署	緒	誓	逝	析	釋	宣	禪	旋	涉
관청 서 서명할 서	실마리 서	맹세할 서 약속 서	갈 서	쪼갤 석 나눌 석	풀 석	베풀 선	좌선할 선 고요할 선	돌 선	건널 섭

攝	召	昭	蘇	騷	燒	訴	掃	疏	蔬
다스릴 섭 잡을 섭	부를 소	밝을 소	되살아날 소 깨어날 소	떠들 소	불사를 소	호소할 소	쓸 소	소통할 소 성길 소	나물 소 채소 소

束	粟	屬	損	訟	誦	頌	刷	鎖	衰
묶을 속 약속할 속	조 속	무리 속 이을 촉	덜 손	송사할 송	외울 송	칭송할 송 기릴 송	인쇄할 쇄 솔질할 쇄	쇠사슬 쇄 잠글 쇄	쇠할 쇠

囚	睡	輸	遂	隨	帥	獸	殊	需	垂
가둘 수 죄수 수	졸음 수 잠잘 수	보낼 수	드디어 수 따를 수	따를 수	장수 수	짐승 수	다를 수 뛰어날 수	쓸 수	드리울 수

搜	孰	肅	熟	循	旬	殉	瞬	脣	巡
찾을 수	누구 숙	엄숙할 숙	익을 숙 익숙할 숙	돌 순 순행할 순	열흘 순	따라 죽을 순	깜짝일 순 잠깐 순	입술 순	돌 순 순행할 순

術	述	濕	襲	僧	昇	侍	矢	息	飾
재주 술 기술 술	펼 술	젖을 습	엄습할 습	중 승	오를 승	모실 시	화살 시	쉴 식 자식 식	꾸밀 식

伸	愼	晨	審	尋	牙	亞	芽	雅	餓
펼 신	삼갈 신	새벽 신	살필 심	찾을 심	어금니 아	버금 아	싹 아	맑을 아	주릴 아

岳	雁	岸	謁	壓	押	央	殃	涯	厄
큰 산 악	기러기 안	언덕 안	뵐 알	누를 압	누를 압 단속할 갑	가운데 앙	재앙 앙	물가 애	재앙 액

額	耶	躍	樣	壤	楊	御	抑	焉	予
이마 액 수량 액	어조사 야	뛸 약	모양 양	흙덩이 양	버들 양	거느릴 어 막을 어	누를 억	어찌 언	나 여 줄 여

輿	域	役	驛	疫	譯	宴	燕	沿	燃
수레 여	지경 역 구역 역	부릴 역	역 역	전염병 역	번역할 역	잔치 연	제비 연	물 따라갈 연 따를 연	탈 연

演	鉛	延	軟	緣	閱	染	鹽	泳	詠
펼 연 넓힐 연	납 연	늘일 연	연할 연	인연 연	볼 열 셀 열	물들 염	소금 염	헤엄칠 영	읊을 영 노래할 영

映	營	影	豫	譽	銳	傲	嗚	娛	汚
비칠 영	경영할 영	그림자 영	미리 예	기릴 예 명예 예	날카로울 예	거만할 오	슬플 오	즐길 오	더러울 오

獄	翁	擁	緩	畏	腰	遙	謠	搖	慾
옥 옥	늙은이 옹	낄 옹 안을 옹	느릴 완	두려워할 외	허리 요	멀 요 거닐 요	노래 요	흔들 요	욕심 욕

辱	庸	偶	愚	郵	羽	優	韻	援	院
욕될 욕	떳떳할 용 쓸 용	짝 우 우연 우	어리석을 우	우편 우	깃 우	넉넉할 우 뛰어날 우	운 운	도울 원	집 원

源	員	越	緯	胃	謂	違	圍	慰	僞
근원 원	인원 원	넘을 월	씨줄 위	밥통 위	이를 위	어긋날 위	에워쌀 위	위로할 위	거짓 위

衛	委	幽	惟	維	乳	儒	裕	誘	愈
지킬 위	맡길 위	그윽할 유	생각할 유 오직 유	벼리 유 맬 유	젖 유	선비 유	넉넉할 유	꾈 유	나을 유

悠	閏	潤	隱	淫	凝	儀	疑	宜	夷
멀 유 한가할 유	윤달 윤	윤택할 윤 젖을 윤	숨을 은	음란할 음	엉길 응	거동 의 본보기 의	의심할 의	마땅 의	오랑캐 이

翼	姻	逸	任	賃	刺	姿	紫	資	玆
날개 익	혼인 인	편안할 일 숨을 일	맡길 임 버려둘 임	품삯 임	찌를 자/척	모양 자 성품 자	자줏빛 자	재물 자	이 자 검을 자

恣	爵	酌	殘	潛	暫	雜	張	粧	腸
방자할 자 마음대로 자	벼슬 작	술 부을 작 잔질할 작	잔인할 잔	잠길 잠	잠깐 잠	섞일 잡	베풀 장 과장할 장	단장할 장	창자 장

莊	裝	墻	障	藏	丈	掌	葬	獎	帳
씩씩할 장 장중할 장	꾸밀 장	담 장	막을 장	감출 장	어른 장	손바닥 장 맡을 장	장사 지낼 장	권면할 장	장막 장

臟	載	災	裁	宰	抵	底	寂	摘	滴
오장 장	실을 재	재앙 재	마를 재	재상 재 주관할 재	막을 저 거스를 저	밑 저	고요할 적	딸 적	물방울 적

績	跡	賊	積	籍	專	轉	殿	折	切
길쌈할 적 공 적	발자취 적	도둑 적	쌓을 적	문서 적	오로지 전	구를 전 옮길 전	전각 전	꺾을 절	끊을 절 모두 체

竊	點	漸	占	蝶	廷	訂	程	亭	征
훔칠 절	점 점	점점 점	점칠 점 점령할 점	나비 접	조정 정	바로잡을 정	한도 정 길 정	정자 정	칠 정

整	際	堤	濟	制	齊	提	弔	照	租
가지런할 정	즈음 제 사귈 제	둑 제	건널 제 도울 제	절제할 제 지을 제	가지런할 제 다스릴 제	끌 제	조상할 조	비칠 조 대조할 조	조세 조

燥	組	條	操	潮	拙	縱	佐	座	周
마를 조 애태울 조	짤 조	가지 조 조목 조	잡을 조 지조 조	밀물 조 조수 조	옹졸할 졸	세로 종	도울 좌	자리 좌	두루 주

舟	州	柱	株	洲	奏	珠	鑄	準	俊
배 주	고을 주	기둥 주 받칠 주	그루 주 주식 주	물가 주 섬 주	아뢸 주 연주할 주	구슬 주	불릴 주 부어 만들 주	준할 준 법도 준	준걸 준

遵	仲	憎	症	蒸	贈	遲	智	誌	池
좇을 준 지킬 준	버금 중	미울 증	증세 증	찔 증	줄 증	더딜 지 늦을 지	지혜 지	기록할 지	못 지

職	織	珍	鎭	振	陳	陣	震	姪	疾
직분 직	짤 직	보배 진	진압할 진	떨칠 진 진동할 진	베풀 진	진칠 진	우레 진	조카 질 조카딸 질	병 질 미워할 질

秩	徵	懲	差	捉	錯	贊	讚	慙	慘
차례 질	부를 징 거둘 징	징계할 징	다를 차	잡을 착	어긋날 착	도울 찬 찬성할 찬	기릴 찬	부끄러울 참	참혹할 참

創	暢	蒼	倉	債	彩	策	斥	戚	拓
비롯할 창 시작할 창	화창할 창	푸를 창	곳집 창 창고 창	빚 채	채색 채 무늬 채	꾀 책 채찍 책	물리칠 척	친척 척	넓힐 척 박을 탁

薦	賤	遷	踐	哲	徹	尖	添	妾	廳
천거할 천 드릴 천	천할 천 업신여길 천	옮길 천	밟을 천	밝을 철 슬기로울 철	통할 철 뚫을 철	뽀족할 첨	더할 첨	첩 첩	관청 청 마루 청

替	滯	逮	遞	抄	肖	礎	超	秒	促
바꿀 체	막힐 체	잡을 체 미칠 체	갈릴 체	뽑을 초	닮을 초	주춧돌 초 기초 초	뛰어넘을 초	분초 초	재촉할 촉

觸	燭	總	聰	銃	催	抽	醜	逐	縮
닿을 촉	촛불 촉 밝을 촉	모두 총 합할 총	귀밝을 총 총명할 총	총 총	재촉할 최 열 최	뽑을 추	추할 추 더러울 추	쫓을 축 물리칠 축	줄일 축

畜	築	蓄	衝	臭	趣	醉	側	測	層
가축 축 짐승 축	쌓을 축	모을 축	찌를 충 부딪칠 충	냄새 취	뜻 취	취할 취	곁 측 기울 측	헤아릴 측	층 층

恥	値	置	漆	沈	侵	寢	枕	浸	稱
부끄러울 치	값 치	둘 치	옻 칠	잠길 침	침노할 침 범할 침	잘 침	베개 침 벨 침	잠길 침 적실 침	칭찬할 칭 일컬을 칭
墮	妥	托	濁	濯	卓	歎	彈	炭	誕
떨어질 타	온당할 타	맡길 탁 의지할 탁	흐릴 탁	씻을 탁	높을 탁 탁자 탁	탄식할 탄	탄알 탄	숯 탄	거짓 탄 낳을 탄
奪	貪	塔	湯	怠	殆	態	澤	擇	討
빼앗을 탈	탐낼 탐	탑 탑	끓일 탕	게으를 태	거의 태 위태로울 태	모습 태 태도 태	못 택 은혜 택	가릴 택	칠 토 연구할 토
吐	痛	鬪	透	播	罷	派	頗	把	販
토할 토	아플 통	싸울 투	통할 투 사무칠 투	뿌릴 파	마칠 파	갈래 파 보낼 파	자못 파 치우칠 파	잡을 파	팔 판 장사 판
版	板	編	遍	偏	評	幣	廢	弊	肺
판목 판 인쇄 판	널빤지 판 판목 판	엮을 편	두루 편	치우칠 편 기울 편	평할 평	화폐 폐	폐할 폐	폐단 폐	허파 폐
蔽	胞	包	浦	飽	捕	幅	爆	標	票
덮을 폐	세포 포	쌀 포 꾸러미 포	개 포	배부를 포	잡을 포	폭 폭	불 터질 폭	표할 표	표 표
漂	被	避	疲	畢	荷	鶴	旱	汗	割
떠다닐 표 빨래할 표	입을 피 받을 피	피할 피	피곤할 피	마칠 필	멜 하	학 학	가물 한	땀 한	벨 할 나눌 할

含	咸	陷	巷	港	航	抗	項	奚	該
머금을 함	다 함	빠질 함 함정 함	거리 항	항구 항	배 항 비행할 항	겨룰 항	항목 항	어찌 해 종 해	갖출 해 마땅 해

核	響	享	軒	憲	獻	險	驗	顯	懸
씨 핵	울릴 향	누릴 향	집 헌	법 헌	드릴 헌	험할 험	시험 험	나타날 현	매달 현

玄	縣	絃	穴	嫌	脅	亨	螢	衡	慧
검을 현	고을 현	줄 현	구멍 혈	싫어할 혐 혐의할 혐	위협할 협	형통할 형	반딧불 형	저울대 형 가로 횡	슬기로울 혜

兮	毫	互	浩	胡	豪	護	惑	昏	魂
어조사 혜 말 이을 혜	터럭 호	서로 호	넓을 호	오랑캐 호 어찌 호	호걸 호	도울 호	미혹할 혹	어두울 혼	넋 혼

忽	洪	弘	鴻	禾	禍	擴	確	穫	還
갑자기 홀 소홀할 홀	넓을 홍	클 홍	기러기 홍	벼 화	재앙 화	넓힐 확	굳을 확 확실할 확	거둘 확	돌아올 환

環	丸	換	荒	況	悔	懷	獲	劃	橫
고리 환 두를 환	둥글 환	바꿀 환	거칠 황	상황 황 하물며 황	뉘우칠 회	품을 회 달랠 회	얻을 획	그을 획	가로 횡

曉	侯	候	毀	輝	揮	携	吸	稀	戲
새벽 효 밝을 효	제후 후	기후 후	헐 훼 무너질 훼	빛날 휘	휘두를 휘	이끌 휴	마실 흡	드물 희	희롱할 희 탄식할 호

德不孤, 必有隣.
"덕 있는 사람은 외롭지 않다.
반드시 알아줄 이웃이 있다."

– ≪논어≫, 〈이인(里仁)〉

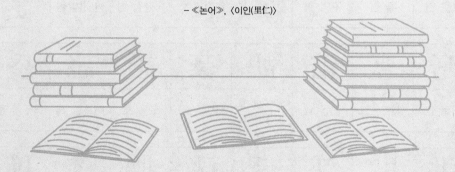

DAY 03~04

2급 배정한자
합격보장 1,501자

합격 Tip!

2급 한자 출제 비율이 높은 1급 시험!
2급 한자를 마스터해야 합격할 수 있다!

往者不可諫, 來者猶可追.

"지나간 일은 되돌릴 수 없으나, 다가올 일은 결정할 수 있다."

– ≪논어≫, 〈미자(微子)〉

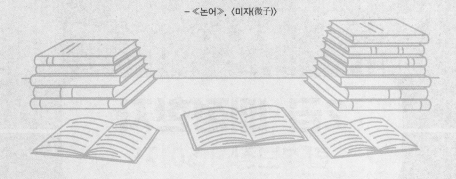

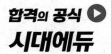
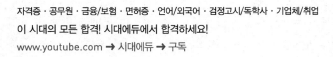

DAY 03

伽	哥	嘉	嫁	柯	稼	苛	袈	訶	賈
절 가 가야 가	성씨 가 노래 가	아름다울 가 기릴 가	시집갈 가	가지 가	심을 가	가혹할 가 매울 가	가사 가	꾸짖을 가/하	값 가 장사 고

跏	迦	駕	恪	殼	墾	奸	杆	桿	澗
책상다리 할 가	부처 이름 가	멍에 가 능가할 가	삼갈 각	껍질 각	개간할 간	간사할 간	몽둥이 간	난간 간	산골 물 간

癎	竿	艮	艱	諫	喝	碣	葛	褐	鞨
간질 간	낚싯대 간	괘 이름 간	어려울 간	간할 간	꾸짖을 갈 고함칠 갈	비석 갈	칡 갈	갈색 갈 굵은 베 갈	말갈 갈

勘	堪	嵌	憾	柑	疳	紺	邯	龕	匣
헤아릴 감	견딜 감	산골짜기 감	섭섭할 감	굴 감	감질 감	감색 감	땅 이름 감/한	감실 감	갑 갑

岬	姜	岡	崗	疆	羌	腔	薑	凱	漑
곶 갑	성씨 강	산등성이 강	언덕 강	지경 강	오랑캐 강	속 빌 강	생강 강	개선할 개	물 댈 개

箇	芥	坑	羹	渠	巾	腱	虔	鍵	杰
낱 개	겨자 개	구덩이 갱	국 갱	개천 거 도랑 거	수건 건	힘줄 건	공경할 건	열쇠 건 자물쇠 건	뛰어날 걸

黔	劫	怯	偈	揭	檄	覡	甄	繭	鵑
검을 검	위협할 겁	겁낼 겁	쉴 게	높이 들 게	격문 격	박수 격	질그릇 견 살필 견	고치 견	두견새 견

訣	鎌	憬	暻	梗	璟	瓊	痙	磬	脛
이별할 결 비결 결	낫 겸	깨달을 경 동경할 경	볕 경 밝을 경	줄기 경 막힐 경	옥빛 경	구슬 경	경련 경	경쇠 경	정강이 경

莖	頸	鯨	悸	稽	誡	谿	叩	拷	攷
줄기 경	목 경	고래 경	두근거릴 계	생각할 계 머무를 계	경계할 계	시내 계	두드릴 고 조아릴 고	칠 고	생각할 고 살필 고

皐	股	膏	藁	袴	誥	錮	雇	崑	昆
언덕 고 못 고	넓적다리 고	기름 고	짚 고 원고 고	바지 고	고할 고	막을 고	품 팔 고 품 살 고	산 이름 곤	맏 곤 벌레 곤

棍	袞	控	拱	串	戈	瓜	菓	顆	槨
몽둥이 곤	곤룡포 곤	당길 공	팔짱 낄 공	땅 이름 곶 꿸 관	창 과	오이 과	과자 과 과일 과	낟알 과	덧널 곽

藿	廓	棺	款	灌	罐	括	适	匡	壙
콩잎 곽 미역 곽	둘레 곽	널 관	항목 관 정성 관	물 댈 관	두레박 관	묶을 괄	빠를 괄 맞을 적	바를 광 구원할 광	뫼 구덩이 광

曠	珖	卦	乖	傀	槐	魁	宏	僑	咬
빌 광 밝을 광	옥피리 광	점괘 괘 걸 괘	어그러질 괴	허수아비 괴 클 괴	회화나무 괴	괴수 괴	클 굉	더부살이 교	물 교

喬	嬌	攪	絞	膠	轎	驕	仇	勾	垢
높을 교	아리따울 교	흔들 교	목맬 교	아교 교	가마 교	교만할 교	원수 구	글귀 구 갈고리 구	때 구

寇	毆	毬	溝	灸	矩	臼	舅	購	軀
도적 구	구라파 구	공 구	도랑 구	뜸 구	모날 구 법도 구	절구 구	시아버지 구	살 구	몸 구

逑	邱	鉤	駒	鳩	鷗	耇	鞠	鞫	麴
짝 구	언덕 구 땅 이름 구	갈고리 구	망아지 구	비둘기 구 모일 구	갈매기 구	늙을 구	공 국 국문할 국	국문할 국	누룩 국

裙	堀	掘	窟	穹	躬	倦	圈	捲	眷
치마 군	굴 굴	팔 굴	굴 굴	하늘 궁	몸 궁	게으를 권	우리 권 술잔 권	거둘 권 말 권	돌볼 권

闕	櫃	潰	晷	圭	奎	揆	珪	硅	窺
대궐 궐 모자랄 궐	궤 궤	무너질 궤	그림자 귀/구	서옥 규 홀 규	별 규	헤아릴 규 벼슬 규	서옥 규 홀 규	규소 규	엿볼 규

葵	閨	筠	鈞	橘	剋	戟	棘	隙	劤
해바라기 규	안방 규	대 균	서른근 균	귤 귤	이길 극	창 극	가시 극	틈 극	힘 근

槿	瑾	筋	覲	芩	衾	衿	襟	扱	汲
무궁화 근	아름다운 옥 근	힘줄 근	뵐 근	풀 이름 금	이불 금	옷깃 금	옷깃 금	미칠 급 거둘 흡	길을 급

兢	矜	伎	冀	嗜	妓	岐	崎	碁	杞
떨릴 긍 삼갈 긍	자랑할 긍	재간 기	바랄 기	즐길 기	기생 기	갈림길 기	험할 기	돌 기	구기자 기 나라 이름 기
棋	汽	沂	琦	琪	璣	畸	碁	祇	祺
바둑 기	물끓는김기	물 이름 기	옥 이름 기	아름다운 옥 기	구슬 기 별 이름 기	뙈기밭 기 불구 기	바둑 기	땅귀신 기	길할 기
箕	綺	羈	耆	饑	驥	麒	喫	儺	拿
키 기 별 이름 기	비단 기	굴레 기 나그네 기	늙을 기	주릴 기	천리마 기	기린 기	먹을 끽	푸닥거리 나	잡을 나
拏	捺	囊	撚	拈	弩	濃	膿	尿	訥
붙잡을 나	누를 날	주머니 낭	비틀 년	집을 념	쇠뇌 노	짙을 농	고름 농	오줌 뇨	말 더듬거릴 눌
紐	尼	溺	匿	湍	緞	蛋	袒	鍛	曇
맺을 뉴 끈 뉴	여승 니	빠질 닉	숨길 닉	여울 단	비단 단	새알 단	웃통 벗을단	불릴 단	흐릴 담
湛	潭	澹	痰	膽	譚	塘	幢	撞	棠
괼 담 즐길 담	못 담 깊을 담	맑을 담	가래 담	쓸개 담	클 담 말씀 담	못 당	기 당	칠 당	아가위 당
垈	戴	玳	袋	悳	屠	悼	濤	燾	禱
집터 대	일 대	대모 대	자루 대	큰 덕 덕 덕	죽일 도	슬퍼할 도	물결 도	비칠 도 덮을 도	빌 도

萄	賭	蹈	鍍	瀆	牘	禿	墩	旽	沌
포도 도	내기 도	밟을 도	도금할 도	도랑 독 더럽힐 독	서찰 독	대머리 독	돈대 돈	밝을 돈	엉길 돈

頓	憧	桐	棟	潼	疼	瞳	胴	董	兜
조아릴 돈 둔할 둔	동경할 동	오동나무 동	마룻대 동	물 이름 동	아플 동	눈동자 동	큰창자 동 몸통 동	감독할 동	투구 두

杜	痘	遁	遯	藤	謄	鄧	螺	裸	蘿
막을 두	역질 두	숨을 둔	달아날 둔	등나무 등	베낄 등	나라 이름 등	소라 라	벗을 라	쑥 라 여라 라

懶	癩	洛	珞	酪	烙	駱	爛	瀾	鸞
게으를 라	문둥이 라	물 이름 락	구슬 목걸이 락	쇠젖 락	지질 락	낙타 락	빛날 란 문드러질 란	물결 란	난새 란

藍	拉	蠟	臘	朗	狼	萊	亮	樑	侶
쪽 람	끌 랍	밀 랍	섣달 랍	밝을 랑	이리 랑	명아주 래	밝을 량	들보 량	짝 려

儷	藜	驢	呂	閭	驪	黎	廬	礪	濾
짝 려	명아주 려	당나귀 려	성씨 려 법칙 려	마을 려	검은 말 려/리	검을 려	녹막집 려 창 자루 로	숫돌 려	거를 려

瀝	礫	煉	漣	輦	攣	斂	濂	簾	殮
스밀 력	조약돌 력 뛰어날 락	달굴 련	잔물결 련	가마 련	걸릴 련 경련할 련	거둘 렴	물 이름 렴	발 렴	염할 렴

翎	齡	玲	鈴	醴	魯	盧	鷺	櫓	蘆
깃 령	나이 령	옥소리 령	방울 령	단술 례	노나라 로 노둔할 로	성씨 로 밥그릇 로	해오라기 로	방패 로	갈대 로

虜	撈	鹵	麓	籠	聾	傀	瀬	牢	療
사로잡을 로	건질 로	소금 로 노략질할 로	산기슭 록	대바구니 롱	귀먹을 롱	꼭두각시 뢰	여울 뢰	우리 뢰	병 고칠 료

遼	寮	陋	壘	婁	琉	劉	硫	溜	榴
멀 료	동관 료 벼슬아치 료	더러울 루	보루 루	끌 루 별 이름 루	유리 류	죽일 류	유황 류	처마물 류	석류나무 류

瘤	謬	戮	綸	崙	慄	勒	肋	廩	凌
혹 류	그르칠 류	죽일 륙	벼리 륜	산 이름 륜	떨릴 률	굴레 륵	갈빗대 륵	곳집 름	업신여길 릉

綾	菱	稜	楞	璃	籬	釐	鯉	痢	罹
비단 릉	마름 릉	모 날 릉	네모질 릉	유리 리	울타리 리	다스릴 리	잉어 리	설사 리	걸릴 리

裡	麟	鱗	璘	燐	琳	霖	淋	笠	粒
속 리	기린 린	비늘 린	옥빛 린	도깨비불 린	옥 림	장마 림	임질 림 장마 림	삿갓 립	낟알 립

摩	瑪	痲	魔	寞	膜	卍	娩	彎	挽
문지를 마	차돌 마 마노 마	저릴 마	마귀 마	고요할 막	꺼풀 막 막 막	만자 만	낳을 만	굽을 만	당길 만

曼	灣	蔓	蠻	輓	抹	沫	韈	網	芒
길게 끌 만	물굽이 만	덩굴 만	오랑캐 만	끌 만 애도할 만	지울 말	물거품 말	말갈 말 버선 말	그물 망	까끄라기 망

昧	枚	罵	邁	魅	貊	萌	冕	棉	沔
어두울 매	낱 매	꾸짖을 매	갈 매	매혹할 매 도깨비 매	맥국 맥	움 맹	면류관 면	목화 면	물 이름 면 빠질 면

麵	蔑	溟	皿	帽	牟	牡	瑁	矛	耗
밀가루 면	업신여길 멸	바다 명	그릇 명	모자 모	소 우는 소리 모	수컷 모	옥홀 모 대모 매	창 모	소모할 모

茅	謨	沐	穆	描	猫	巫	懋	撫	畝
띠 모	꾀 모	머리 감을 목	화목할 목	그릴 묘	고양이 묘	무당 무	무성할 무	어루만질 무	이랑 무/묘

蕪	誣	吻	汶	紋	彌	薇	悶	愍	旼
거칠 무	속일 무	입술 문	물 이름 문	무늬 문	미륵 미 두루 미	장미 미	답답할 민	근심할 민	화할 민 하늘 민

閔	剝	搏	珀	箔	縛	舶	駁	搬	攀
성씨 민 위문할 민	벗길 박	두드릴 박 어깨 박	호박 박/백	발 박	얽을 박	배 박	논박할 박 얼룩말 박	옮길 반	더위잡을 반

斑	槃	泮	潘	畔	攀	頒	磻	勃	撥
아롱질 반 얼룩 반	쟁반 반	물가 반 녹을 반	성씨 반 뜨물 반	밭두둑 반 배반할 반	명반 반	나눌 반 머리 클 분	강 이름 반 돌살촉 파	노할 발	다스릴 발

渤	潑	跋	醱	鉢	坊	幇	彷	枋	榜
바다 이름 발	물 뿌릴 발	밟을 발	술 괼 발	바리때 발	동네 방	도울 방	헤맬 방 비슷할 방	다목 방 자루 병	방 붙일 방 도지개 병

紡	肪	俳	盃	胚	襃	賠	陪	帛	柏
길쌈 방	살찔 방	배우 배	잔 배	아기 밸 배	성씨 배 치렁치렁할 배	물어줄 배	모실 배	비단 백	측백 백

栢	魄	幡	樊	燔	蕃	藩	閥	帆	梵
측백 백	넋 백 영락할 탁	깃발 번	울타리 번	사를 번	우거질 번	울타리 번	문벌 벌	돛 범	불경 범

汎	泛	范	僻	璧	癖	闢	卞	弁	倂
넓을 범	뜰 범	성씨 범	궁벽할 벽 피할 피	구슬 벽	버릇 벽	열 벽	성씨 변 법 변	고깔 변 말씀 변	아우를 병

幷	柄	炳	瓶	秉	餠	駢	堡	洑	甫
아우를 병	자루 병 근본 병	불꽃 병 밝을 병	병 병	잡을 병	떡 병	나란히 할 병/변	작은 성 보	보 보 스며흐를 복	클 보 채마밭 포

菩	褓	輔	輻	僕	茯	馥	峰	俸	捧
보살 보	포대기 보	도울 보	바퀴살 복/폭	종 복	복령 복	향기 복	봉우리 봉	녹 봉	받들 봉

棒	烽	琫	縫	蓬	鋒	俯	傅	剖	孚
막대 봉	봉화 봉	칼집 장식 봉	꿰맬 봉	쑥 봉	칼날 봉	구부릴 부	스승 부 펼 부	쪼갤 부	미쁠 부

敷	斧	溥	腑	膚	芙	訃	趺	釜	阜
펼 부	도끼 부	펼 부 넓을 보	육부 부	살갗 부	연꽃 부	부고 부	책상다리 할 부	가마 부	언덕 부

噴	忿	汾	焚	盆	糞	芬	弗	棚	鵬
뿜을 분	성낼 분	클 분	불사를 분	동이 분	똥 분	향기 분	아닐 불 말 불	사다리 붕	붕새 붕

丕	匪	庇	扉	泌	沸	琵	痺	砒	秘
클 비	비적 비 나눌 분	덮을 비 허물 자	사립문 비	분비할 비 스며흐를 필	끓을 비 용솟음할 불	비파 비	저릴 비 왜소할 비	비상 비	숨길 비

緋	翡	脾	臂	裨	鄙	毘	嬪	彬	斌
비단 비	물총새 비	지라 비	팔 비	도울 비	더러울 비 마을 비	도울 비	아내 빈 궁녀 벼슬 이름 빈	빛날 빈 밝을 반	빛날 빈

殯	濱	憑	儳	唆	嗣	奢	娑	徙	泗
빈소 빈	물가 빈	기댈 빙	잘게 부술 사/새	부추길 사	이을 사	사치할 사	춤출 사 사바 세상 사	옮길 사	물 이름 사

瀉	獅	砂	祠	紗	肆	莎	裟	赦	飼
쏟을 사	사자 사	모래 사	사당 사	비단 사	방자할 사	사초 사	가사 사	용서할 사	기를 사

麝	傘	刪	珊	酸	撒	煞	薩	杉	森
사향노루 사	우산 산	깎을 산	산호 산	실 산	뿌릴 살	죽일 살 빠를 쇄	보살 살	삼나무 삼	수풀 삼

蔘	衫	滲	挿	澁	庠	湘	箱	翔	璽
삼 삼	적삼 삼	스며들 삼	꽂을 삽	떫을 삽	학교 상	강 이름 상	상자 상	날 상	옥새 새
穡	牲	笙	壻	嶼	抒	曙	棲	犀	瑞
거둘 색	희생 생	생황 생	사위 서	섬 서	풀 서	새벽 서	깃들일 서	무소 서	상서 서
筮	胥	舒	薯	鋤	黍	鼠	奭	晳	汐
점 서	서로 서	펼 서	감자 서	호미 서	기장 서	쥐 서	클 석	밝을 석	조수 석
潟	碩	錫	扇	璿	癬	繕	羨	腺	膳
개펄 석	클 석	주석 석	부채 선	구슬 선	옴 선	기울 선	부러워할 선	샘 선	선물 선 반찬 선
蟬	詵	銑	卨	屑	楔	泄	薛	暹	纖
매미 선 날 선	많을 선/신	무쇠 선	사람 이름 설	가루 설	문설주 설	샐 설	성씨 설	햇살 치밀 섬 나라 이름 섬	가늘 섬
蟾	贍	閃	陝	爕	惺	晟	醒	貰	塑
두꺼비 섬	넉넉할 섬	번쩍일 섬	땅 이름 섬	불꽃 섭	깨달을 성	밝을 성	깰 성	세낼 세	흙 빚을 소
宵	巢	梳	沼	瀟	疎	簫	紹	蕭	逍
밤 소 닮을 초	새집 소	얼레빗 소	못 소	강 이름 소	성길 소	퉁소 소	이을 소 느슨할 초	쓸쓸할 소 맑은대쑥 소	노닐 소

遡	邵	韶	贖	巽	遜	飧	宋	碎	嫂
거스를 소	땅 이름 소 성씨 소	풍류 이름 소	속죄할 속	부드러울 손 손괘 손	겸손할 손	저녁밥 손	성씨 송 송나라 송	부술 쇄	형수 수

戍	洙	漱	燧	狩	瘦	穗	竪	粹	綏
수자리 수	물가 수	양치질할 수	부싯돌 수	사냥할 수	여윌 수	이삭 수	세울 수	순수할 수 부술 쇄	편안할 수

綬	繡	羞	蒐	藪	袖	讐	酬	銖	隋
끈 수	수놓을 수	부끄러울 수	모을 수	늪 수	소매 수	원수 수	갚을 수/주	저울눈 수	수나라 수 떨어질 타

髓	鬚	塾	楯	洵	淳	盾	筍	舜	荀
뼛골 수	수염 수 모름지기 수	글방 숙	난간 순 방패 순	참으로 순 멀 현	순박할 순	방패 순	죽순 순	순임금 순	풀 이름 순

詢	醇	馴	嵩	瑟	膝	褶	丞	升	繩
물을 순	전국술 순	길들일 순 가르칠 훈	높은 산 숭	큰 거문고 슬	무릎 슬	주름 습	정승 승	되 승 오를 승	노끈 승

陞	匙	媤	尸	屍	弑	柴	翅	諡	柿
오를 승	숟가락 시	시집 시	주검 시	주검 시	윗사람 죽일 시	섶 시	날개 시	시호 시	감나무 시

殖	湜	蝕	軾	娠	紳	腎	薪	訊	迅
불릴 식	물 맑을 식	좀먹을 식	수레 앞턱 가로 나무 식	아이 밸 신	띠 신	콩팥 신	섶 신	물을 신	빠를 신

悉	瀋	什	俄	瘂	娥	峨	蛾	衙	鵝
다 실	즙 낼 심 성씨 심	열 사람 십 세간 집	아까 아	벙어리 아	예쁠 아	높을 아	나방 아	마을 아	거위 아

嶽	堊	握	顎	按	晏	鞍	閼	庵	癌
큰 산 악	흰흙 악	쥘 악	턱 악	누를 안	늦을 안	안장 안	가로막을 알	암자 암 갑자기 엄	암 암

菴	鴨	昂	秧	厓	埃	崖	碍	艾	掖
암자 암	오리 압	밝을 앙 오를 앙	모 앙	언덕 애	티끌 애	언덕 애	거리낄 애	쑥 애 다스릴 예	겨드랑이 액 낄 액

液	腋	櫻	鶯	倻	冶	孃	攘	瘍	襄
진 액	겨드랑이 액	앵두 앵	꾀꼬리 앵	가야 야	풀무 야	아가씨 양	물리칠 양	헐 양	도울 양

釀	禦	堰	彦	諺	孼	儼	掩	繹	捐
술 빚을 양	막을 어	둑 언	선비 언	언문 언 속담 언	서자 얼	엄연할 엄	가릴 엄	풀 역	버릴 연

椽	淵	烟	硯	筵	衍	鳶	涅	厭	焰
서까래 연	못 연	연기 연	벼루 연 갈 연	대자리 연	넓을 연	솔개 연	개흙 열	싫어할 염 누를 엽	불꽃 염

艶	閻	髥	燁	暎	瑩	瀛	瓔	盈	穎
고울 염	마을 염	구레나룻 염	빛날 엽	비칠 영 희미할 앙	밝을 영 의혹할 형	바다 영	옥돌 영	찰 영	이삭 영

纓	叡	曳	濊	睿	穢	芮	裔	預	伍
갓끈 영	밝을 예	끌 예	종족 이름 예	슬기 예	더러울 예	성씨 예 나라 이름 열	후손 예	맡길 예 미리 예	다섯 사람 오

吳	奧	旿	梧	鰲	沃	鈺	瘟	穩	蘊
성씨 오	깊을 오	밝을 오	오동나무 오	자라 오	기름질 옥	보배 옥	염병 온	편안할 온	쌓을 온

兀	甕	雍	饔	渦	窩	蛙	訛	婉	浣
우뚝할 올	독 옹	화할 옹	아침밥 옹	소용돌이 와	움집 와	개구리 와	그릇될 와	순할 완 아름다울 완	빨 완

玩	阮	腕	莞	頑	旺	汪	倭	歪	矮
희롱할 완	성씨 완 나라 이름 원	팔뚝 완	빙그레 웃을 완	완고할 완	왕성할 왕	넓을 왕	왜나라 왜	기울 왜/외	난쟁이 왜

巍	凹	堯	夭	妖	姚	擾	曜	瑤	窯
높고 클 외	오목할 요	요임금 요	일찍 죽을 요	요사할 요	예쁠 요	시끄러울 요	빛날 요	아름다운 옥 요	기와 가마 요

耀	饒	褥	傭	湧	溶	熔	茸	蓉	踊
빛날 요	넉넉할 요	요 욕	품 팔 용	물 솟을 용	녹을 용	쇠 녹일 용	풀 날 용 버섯 이	연꽃 용	뛸 용

鎔	鏞	佑	寓	瑀	盂	祐	禑	禹	虞
쇠 녹일 용	쇠북 용	도울 우	부칠 우 머무를 우	패옥 우	사발 우	복 우 도울 우	복 우	성씨 우	염려할 우 나라 이름 우

迂	隅	旭	昱	郁	耘	芸	隕	蔚	鬱
에돌 우 굽을 오	모퉁이 우	아침 해 욱	햇빛 밝을 욱	성할 욱	김맬 운	평지 운	떨어질 운 둘레 원	고을 이름 울 제비쑥 위	답답할 울

熊	垣	媛	寃	猿	苑	袁	尉	渭	萎
곰 웅	담 원	여자 원	원통할 원	원숭이 원	나라 동산 원	성씨 원	벼슬 위	물 이름 위	시들 위

葦	韋	魏	兪	喩	宥	庾	愉	楡	游
갈대 위	가죽 위	나라 이름 위	대답할 유	깨우칠 유	너그러울 유	곳집 유	즐거울 유	느릅나무 유	헤엄칠 유 깃발 류

濡	瑜	癒	諭	踰	釉	鍮	堉	毓	允
적실 유	아름다운 옥 유	병 나을 유	타이를 유	넘을 유 멀 요	광택 유	놋쇠 유	기름진땅 육	기를 육	맏 윤 진실할 윤

尹	胤	戎	絨	融	殷	蔭	揖	膺	鷹
성씨 윤	자손 윤	병장기 융 오랑캐 융	가는 베 융	녹을 융	성할 은 은나라 은	그늘 음	읍할 읍 모을 집	가슴 응	매 응

倚	懿	擬	椅	毅	蟻	誼	伊	弛	彝
의지할 의 기이할 기	아름다울 의	비길 의 헤아릴 의	의자 의	굳셀 의	개미 의	정 의 옳을 의	저 이	늦출 이 떨어질 치	떳떳할 이

怡	爾	珥	貳	餌	頤	瀷	翊	咽	刃
기쁠 이	너 이	귀고리 이	두 이 갖은두 이	미끼 이	턱 이	강 이름 익	도울 익	목구멍 인 목멜 열	칼날 인

靭	佾	壹	溢	鎰	馹	姙	荏	仍	剩
질길 인	줄 춤 일	한 일 갖은한 일	넘칠 일	무게 이름 일	역말 일	아이 밸 임	들깨 임	인할 잉	남을 잉

炙	咨	姊	滋	煮	瓷	磁	藉	諮	雌
구울 자/적	물을 자	손위 누이 자	불을 자	삶을 자	사기그릇 자	자석 자	깔 자	물을 자	암컷 자

灼	綽	芍	雀	鵲	棧	盞	岑	箴	簪
불사를 작	너그러울 작	함박꽃 작	참새 작	까치 작	사다리 잔 성할 진	잔 잔	봉우리 잠	경계 잠	비녀 잠

蠶	仗	匠	庄	杖	欌	漿	獐	璋	蔣
누에 잠	의장 장	장인 장	전장 장	지팡이 장	장롱 장	즙 장	노루 장	홀 장	성씨 장

薔	贓	醬	梓	滓	齋	諍	儲	咀	杵
장미 장 여뀌 색	장물 장	장 장	가래나무 재/자	찌꺼기 재	재계할 재 집 재	간할 쟁	쌓을 저	씹을 저	공이 저

楮	沮	渚	猪	疽	箸	苧	藷	邸	嫡
닥나무 저	막을 저	물가 저	돼지 저	등창 저	젓가락 저 붙을 착	모시풀 저	감자 저/서	집 저	정실 적

狄	笛	翟	謫	蹟	迪	迹	佃	剪	塡
오랑캐 적	피리 적	꿩 적	귀양갈 적	자취 적	나아갈 적	자취 적	밭 갈 전	자를 전	메울 전 진정할 진

塼	奠	廛	栓	氈	澱	煎	甸	箋	箭
벽돌 전 뭉칠 단	정할 전 제사 전	가게 전	마개 전	모전 전	앙금 전	달일 전	경기 전	기록할 전	화살 전
篆	纏	詮	鈿	銓	顚	截	浙	岾	点
전자 전	얽을 전	설명할 전	비녀 전	사람 가릴 전	엎드러질 전 이마 전	끊을 절	강 이름 절	땅 이름 점 고개 재	점 점
粘	偵	呈	幀	挺	旌	晶	楨	汀	町
붙을 점	염탐할 정	드릴 정 한도 정	그림 족자 정/탱	빼어날 정	기 정	맑을 정	광나무 정	물가 정	밭두둑 정
禎	艇	鄭	釘	錠	靖	鼎	劑	悌	梯
상서로울 정	배 정	나라 이름 정	못 정	덩이 정	편안할 정	솥 정	약제 제	공손할 제	사다리 제
臍	蹄	霽	俎	嘲	彫	措	曺	曹	棗
배꼽 제	굽 제	비 갤 제	도마 조	비웃을 조	새길 조	둘 조 섞을 착	성씨 조	무리 조	대추 조
槽	漕	爪	祚	稠	粗	肇	藻	詔	趙
구유 조	배로 실어 나를 조	손톱 조	복 조	빽빽할 조	거칠 조	비롯할 조	마름 조	조서 조 소개할 소	조나라 조 찌를 조
躁	遭	釣	阻	雕	簇	鏃	倧	綜	腫
조급할 조	만날 조	낚을 조 낚시 조	막힐 조	독수리 조 새길 조	가는 대 족	화살촉 족/촉	상고 신인 종	모을 종	종기 종

鍾	挫	做	呪	廚	疇	籌	紂	紬	蛛
쇠북 종	꺾을 좌	지을 주	빌 주	부엌 주	이랑 주	살 주	주임금 주	명주 주	거미 주

註	誅	週	駐	胄	粥	准	埈	峻	浚
글 뜻 풀 주	벨 주	돌 주	머무를 주	투구 주	죽 죽	준할 준	높을 준	높을 준 준엄할 준	깊게 할 준

濬	駿	櫛	汁	拯	甑	址	旨	砥	祉
깊을 준	준마 준	빗 즐	즙 즙	건질 증	시루 증	터 지	뜻 지	숫돌 지	복 지

祇	肢	脂	芝	趾	稙	稷	晉	塵	津
다만 지 공경할 지	팔다리 지	기름 지	지초 지	발 지	올벼 직	피 직	나아갈 진	티끌 진	나루 진

疹	秦	診	賑	叱	帙	窒	膣	輯	澄
마마 진	성씨 진 나라 이름 진	진찰할 진	구휼할 진	꾸짖을 질	책권 차례 질	막힐 질	음도 질	모을 집	맑을 징

叉	箚	遮	搾	窄	鑿	撰	燦	瓚	竄
갈래 차	찌를 차 차자 차	가릴 차	짤 착	좁을 착	뚫을 착	지을 찬 가릴 선	빛날 찬	옥잔 찬	숨을 찬

纂	纘	餐	饌	刹	擦	札	僭	懺	斬
모을 찬	이을 찬	밥 찬	반찬 찬 지을 찬	절 찰	문지를 찰	편지 찰	주제넘을 참	뉘우칠 참	벨 참

站	讒	讖	倡	娼	廠	彰	敞	昶	槍
역마을 참 우두커니 설 참	참소할 참	예언 참	광대 창	창녀 창	공장 창	드러날 창	시원할 창	해 길 창 트일 창	창 창

滄	瘡	脹	菖	綵	蔡	采	柵	擲	滌
큰 바다 창	부스럼 창	부을 창	창포 창	비단 채	성씨 채 내칠 살	풍채 채	울타리 책	던질 척	씻을 척

脊	陟	隻	喘	穿	闡	凸	喆	撤	澈
등마루 척	오를 척	외짝 척	숨찰 천	뚫을 천	밝힐 천	볼록할 철	밝을 철 쌍길 철	거둘 철	맑을 철

綴	轍	僉	瞻	簽	籤	詹	帖	捷	牒
엮을 철	바퀴 자국 철	다 첨 여러 첨	볼 첨	제비 첨 제첨 첨	제비 첨	이를 첨 넉넉할 담	문서 첩 체지 체	빠를 첩 이길 첩	편지 첩

疊	諜	貼	菁	締	諦	哨	椒	楚	樵
거듭 첩 겹쳐질 첩	염탐할 첩	붙일 첩	우거질 청 순무 정	맺을 체	살필 체	망볼 초	산초나무 초	초나라 초 회초리 초	나무할 초

炒	焦	硝	礁	蕉	醋	醮	釥	囑	蜀
볶을 초	탈 초	화약 초	암초 초	파초 초	초 초 잔 돌릴 작	제사 지낼 초	좋은 쇠 초	부탁할 촉	나라 이름 촉

叢	塚	寵	摠	撮	崔	椎	楸	樞	芻
떨기 총 모일 총	무덤 총	사랑할 총 현 이름 룡	다 총 합할 총	모을 촬 사진 찍을 촬	성씨 최 높을 최	쇠몽치 추 등골 추	가래나무 추	지도리 추 나무 이름 우	꼴 추

趨	鄒	酋	錐	錘	竺	蹴	軸	椿	朮
달아날 추 재촉할 촉	추나라 추	우두머리 추	송곳 추	저울추 추	나라 이름 축 두터울 독	찰 축	굴대 축	참죽나무 춘	차조 출

黜	沖	衷	娶	翠	聚	鷲	仄	侈	峙
내칠 출	화할 충 찌를 충	속마음 충	장가들 취	푸를 취 물총새 취	모을 취	독수리 취	기울 측	사치할 치	언덕 치

痴	癡	稚	稺	緻	雉	馳	勅	鍼	秤
어리석을 치	어리석을 치	어릴 치	어릴 치	빽빽할 치 이를 치	꿩 치	달릴 치	칙서 칙 신칙할 칙	침 침	저울 칭

唾	惰	舵	陀	駝	擢	琢	託	鐸	呑
침 타	게으를 타	키 타	비탈질 타	낙타 타	뽑을 탁	다듬을 탁	부탁할 탁	방울 탁	삼킬 탄

嘆	坦	灘	耽	蕩	兌	台	汰	笞	胎
탄식할 탄	평탄할 탄 너그러울 탄	여울 탄	즐길 탐	방탕할 탕	바꿀 태 기쁠 태	별 이름 태 나 이	일 태	볼기칠 태	아이 밸 태

苔	撑	兎	桶	筒	堆	腿	頹	套	妬
이끼 태	버틸 탱	토끼 토	통 통 되 용	대통 통	쌓을 퇴	넓적다리 퇴	무너질 퇴	씌울 투 덮개 투	샘낼 투

坡	婆	巴	琶	芭	坂	瓣	辦	阪	佩
언덕 파	할머니 파	꼬리 파 땅 이름 파	비파 파	파초 파	언덕 판	외씨 판	힘들일 판	언덕 판	찰 패

唄	悖	浿	牌	稗	覇	彭	膨	扁	鞭
염불 소리 패	거스를 패 우쩍 일어날 발	강 이름 패	패 패	피 패	으뜸 패 두목 패	성씨 팽 곁 방	부를 팽	작을 편 넓적할 편	채찍 편

貶	坪	哺	圃	怖	抛	泡	疱	砲	脯
낮출 폄	들 평	먹일 포	채마밭 포	두려워할 포	던질 포	거품 포	물집 포	대포 포	포 포 회식할 보

苞	葡	蒲	袍	褒	逋	鋪	鮑	曝	瀑
쌀 포	포도 포	부들 포	도포 포	기릴 포 모을 부	도망갈 포	가게 포 펼 포	절인 물고기 포	쬘 폭/포	폭포 폭 소나기 포

杓	瓢	豹	稟	楓	諷	豐	馮	披	弼
북두자루 표 구기 작	바가지 표	표범 표	여쭐 품 곳집 름	단풍 풍	풍자할 풍	풍년 풍	성씨 풍 업신여길 빙	헤칠 피	도울 필

乏	逼	廈	瑕	蝦	霞	虐	謔	翰	閒
모자랄 핍	핍박할 핍	문간방 하 큰집 하	허물 하	두꺼비 하 새우 하	노을 하	모질 학	희롱할 학	편지 한	한가할 한

轄	函	涵	艦	銜	鹹	哈	盒	蛤	閤
다스릴 할	함 함	젖을 함	큰 배 함	재갈 함	짤 함	물고기 많은 모양 합	합 합	대합조개 합	쪽문 합

陜	亢	杭	沆	肛	咳	楷	蟹	諧	骸
땅 이름 합 좁을 협	높을 항	건널 항	넓을 항	항문 항	어린아이 웃을 해	본보기 해	게 해	화할 해	뼈 해

劾	杏	珦	餉	饗	墟	歇	爀	赫	焃
꾸짖을 핵	살구 행	옥 이름 향	건량 향	잔치할 향	터 허	쉴 헐	불빛 혁	빛날 혁	빛날 혁

俔	峴	弦	炫	玹	眩	舷	鉉	頁	俠
염탐할 현	고개 현	시위 현	밝을 현	옥돌 현	어지러울 현	뱃전 현	솥귀 현	머리 혈	의기로울 협

夾	峽	挾	狹	脅	莢	型	瀅	炯	荊
낄 협	골짜기 협	낄 협	좁을 협	위협할 협 겨드랑이 협	꼬투리 협	모형 형	물 이름 형	빛날 형	가시나무 형

馨	彗	鞋	壕	壺	弧	扈	昊	濠	狐
꽃다울 형 향기 형	살별 혜	신 혜	해자 호	병 호	활 호	따를 호 파랑새 호	하늘 호	해자 호 호주 호	여우 호

琥	瑚	糊	鎬	酷	渾	琿	笏	虹	樺
호박 호	산호 호	풀칠할 호 죽 호	호경 호	심할 혹	흐릴 혼 뒤섞일 혼	아름다운 옥 혼	홀 홀	무지개 홍	벚나무 화 자작나무 화

畵	靴	喚	宦	幻	桓	煥	滑	闊	凰
그림 화 그을 획	신 화	부를 환	벼슬 환	헛보일 환	굳셀 환	불꽃 환 빛날 환	미끄러울 활 익살스러울 골	넓을 활	봉황 황

慌	晃	滉	煌	隍	廻	晦	檜	淮	澮
어리둥절 할 황	밝을 황	깊을 황	빛날 황	해자 황	돌 회	그믐 회	전나무 회	물 이름 회	봇도랑 회

灰	繪	膾	誨	梟	爻	酵	后	喉	嗅
재 회	그림 회	회 회	가르칠 회	올빼미 효	사귈 효 가로그을 효	삭힐 효	뒤 후 임금 후	목구멍 후	맡을 후

朽	暈	勛	勳	熏	燻	薰	萱	卉	彙
썩을 후	무리 훈	공 훈	공 훈	불길 훈	연기 낄 훈	향풀 훈	원추리 훤	풀 훼	무리 휘 모을 휘

徽	暉	諱	恤	匈	欣	痕	屹	欠	欽
아름다울 휘 표기 휘	빛 휘	숨길 휘 꺼릴 휘	불쌍할 휼	오랑캐 흉	기쁠 흔	흔적 흔	우뚝 솟을 흘	하품 흠 이지러질 결	공경할 흠

洽	僖	姬	嬉	憙	熙	熹	犧	禧	羲
흡족할 흡	기쁠 희	여자 희	아름다울 희	기뻐할 희	빛날 희	빛날 희	희생 희	복 희	복희씨 희

詰
꾸짖을 힐

memo

日知其所亡, 月無忘其所能, 可謂好學也已矣.

"날마다 자기에게 없는 것을 알아가고 달마다 자기가 잘하는 것을 잊지 않는다면

배움을 좋아한다고 할 수 있다."

- ≪논어≫, 〈자장(子張)〉

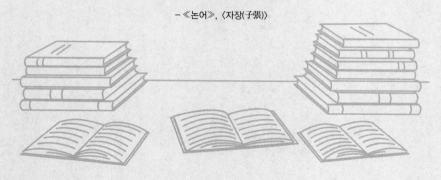

DAY 05~12

합격 Tip!

총 900점 중 810점을 받아야 1급 합격!
1급 한자 꼼꼼히 익히고 고득점으로 합격하자!

人無遠慮, 必有近憂.

"사람이 먼 앞날을 걱정하지 않으면 반드시 가까운 시일에 근심이 생긴다."

- ≪논어≫, 〈위령공(衛靈公)〉

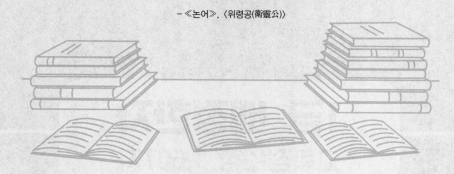

ㄱ

DAY 05

呵	꾸짖을 가 웃을 가	**부수** 口 입 구	**총획** 8획

呵責(가책) 꾸짖어 책망함
呵凍(가동) 언 것을 입김으로 불어 녹임

軻	수레 가 사람 이름 가	**부수** 車 수레 거	**총획** 12획

軻峨(가아) 높이 솟은 모양

枷	칼 가	**부수** 木 나무 목	**총획** 9획

枷囚(가수) 죄인의 목에 칼을 씌움
枷鎖(가쇄) 죄인의 목에 칼을 씌우고 발에 쇠
사슬을 채움

慤	성실할 각	**부수** 心 마음 심	**총획** 15획

慤實(각실) 성실
誠慤(성각) 성실
謹慤(근각) 깊이 삼가고 성실함

珂	마노 가	**부수** 王 구슬옥변	**총획** 9획

珂馬(가마) 굴레를 화려하게 꾸민 말
珂里(가리) 남의 고향을 높여 부르는 말

珏	쌍옥 각	**부수** 王 구슬옥변	**총획** 9획

※ '쌍옥 곡'으로도 읽으며, '쌍옥'은 한 쌍의 구슬
을 뜻함

痂	딱지 가	**부수** 疒 병질엄	**총획** 10획

痂皮(가피) 부스럼 딱지
膿痂疹(농가진) 피부에 고름이 생기고 딱지가
앉는 피부병

侃	굳셀 간	**부수** 亻 사람인변	**총획** 8획

侃侃(간간) 성품이 꼿꼿하고 굳셈

茄	가지 가 연줄기 가	**부수** ++ 초두머리	**총획** 9획

茄子(가자) 가지
茄荷(가하) 연 줄기

揀	가릴 간	**부수** 扌 재방변	**총획** 12획

揀擇(간택) 분간하여 고름. 또는 왕족의 배우자
를 고르는 일
揀選(간선) 간택하여 뽑음
分揀(분간) 사물을 구별하거나 가려서 앎

柬	가릴 간 간략할 간	**부수** 木 나무 목	**총획** 9획
	柬帖(간첩) 편지 書柬(서간) 편지 發柬(발간) 초대장을 보냄		

碉	산골짜기 물 간	**부수** 石 돌 석	**총획** 17획
	碉水(간수) 산골짜기를 흐르는 물 碉道(간도) 산골짜기에 난 길		

稈	볏짚 간	**부수** 禾 벼 화	**총획** 12획
	麥稈(맥간) 밀짚이나 보릿짚의 줄기		

栞	표할 간 벨 간	**부수** 木 나무 목	**총획** 10획
	※ 刊(새길 간)과 동자		

玕	옥돌 간	**부수** 玉 구슬옥변	**총획** 7획
	琅玕(낭간) 중국에서 나는 경옥(硬玉)의 한 가지		

乫	땅 이름 갈	**부수** 乙 새 을	**총획** 6획
	新乫坡鎭(신갈파진) 함경남도 삼수군 신파면 의 압록강에 있는 하항 ※ 하항(河港) : 하천에 있는 항구		

曷	어찌 갈	**부수** 日 가로 왈	**총획** 9획
	蒼天曷有極(창천갈유극) 하늘이 어찌 다함이 있겠는가		

竭	다할 갈	**부수** 立 설 립	**총획** 14획
	竭力(갈력) 있는 힘을 다함 竭盡(갈진) 바닥이 드러날 정도로 다하여 없 어짐 困竭(곤갈) 가난하여 재물이 다 없어짐		

蝎	전갈 갈	**부수** 虫 벌레 훼	**총획** 15획
	蛇蝎(사갈) 뱀과 전갈		

坎	구덩이 감	**부수** 土 흙 토	**총획** 7획
	土坎(토감) 흙구덩이 心坎(심감) 명치 坎止(감지) 일이 험난하여 도중에 그만둠		

戡	이길 감	**부수** 戈 창 과	**총획** 13획
	戡定(감정) 적을 이겨 난리를 평정함 戡亂(감란) 난리를 평정함 戡夷(감이) 적을 이겨 난리를 평정함		

橄	감람나무 감	**부수** 木 나무 목	**총획** 16획
	橄欖(감람) 감람나무의 열매 橄欖油(감람유) 감람의 씨로 짠 기름		

瞰	굽어볼 감	**부수** 目 눈 목	**총획** 17획

瞰視(감시) 높은 데서 내려다봄
瞰臨(감림) 높은 곳에서 내려다보면서 대함
鳥瞰圖(조감도) 높은 곳에서 아래를 내려다본 상태의 그림

疆	굳셀 강	**부수** 弓 활 궁	**총획** 16획

疆求(강구) 강제로 구함
疆記(강기) 오랫동안 잊지 않고 똑똑하게 기억함
盛疆(성강) 세력이 번성하고 강함

鑑	거울 감	**부수** 金 쇠 금	**총획** 22획

雅鑑(아감) '보아 주십시오'라는 뜻으로 자신이 쓰거나 그린 서화를 남에게 보낼 때 쓰는 말

慷	슬플 강 강개할 강	**부수** ↑ 심방변	**총획** 14획

慷慨(강개) 불의를 보고 슬퍼하고 한탄함

胛	어깨뼈 갑	**부수** 月 육달월	**총획** 9획

肩胛(견갑) 어깨뼈가 있는 자리
胛骨(갑골) 어깨뼈

畺	지경 강	**부수** 田 밭 전	**총획** 13획

※ 疆(지경 강)과 同字(동자)

鉀	갑옷 갑	**부수** 金 쇠 금	**총획** 13획

破鉀榴彈(파갑유탄) 요새(要塞) 따위의 견고한 시설을 공격하는 데 쓰는 파괴력이 강한 유탄

糠	겨 강	**부수** 米 쌀 미	**총획** 17획

糠類(강류) 곡식의 겨나 기울 등의 총칭
米糠油(미강유) 쌀겨로 짠 기름
麥糠(맥강) 보리에서 보리쌀을 내고 난 후에 남은 속겨

閘	수문 갑	**부수** 門 문 문	**총획** 13획

閘門(갑문) 물의 양을 조절하는 데 쓰는 문
閘頭(갑두) 운하, 수로, 항구 등에서 때때로 여닫는 수문(水門)
水閘(수갑) 수문

絳	진홍 강	**부수** 糸 실 사	**총획** 12획

絳紅(강홍) 짙은 붉은 빛
絳帳(강장) 붉은 빛깔의 휘장
絳袍(강포) 임금이 신하들로부터 하례를 받을 때 입던 예복

堈	언덕 강	**부수** 土 흙 토	**총획** 11획

※ 岡(언덕 강)과 동자(同字)

舡	배 강	**부수** 舟 배 주	**총획** 9획

※ '배 선'으로도 읽음

襁	포대기 강	**부수** 衤 옷의변	**총획** 17획
	襁褓(강보) 포대기		

鱇	아귀 강	**부수** 魚 물고기 어	**총획** 22획
	鮟鱇(안강) 아귀. 아귓과의 바닷물고기		

杠	외나무다리 강 막대기 공	**부수** 木 나무 목	**총획** 7획
	長杠(장강) 길고 굵은 멜대 杠軸(강축) 사람이 밀고 끄는 대형 수레		

橿	감탕나무 강	**부수** 木 나무 목	**총획** 17획
	※ 감탕나무 : 황록색 꽃이 피고 둥글고 붉은 열 매를 맺는 교목. 재목이 단단해 도 장·기구에 쓰이고 주로 관상용으 로 재배함		

嬨	편안할 강	**부수** 女 여자 녀	**총획** 14획

踳	세울 강 세울 항	**부수** 足 발 족	**총획** 13획

价	클 개 값 가	**부수** 亻 사람인변	**총획** 6획
	賀价(하개) 외국에 경사가 있을 때 축하하기 위 하여 보내는 사신		

塏	높은 땅 개	**부수** 土 흙 토	**총획** 13획
	勝塏(승개) 경치가 좋은 높은 곳 爽塏(상개) 높아서 앞을 내려다보기 좋은 곳		

愷	즐거울 개	**부수** 忄 심방변	**총획** 13획
	愷樂(개악) 개선할 때 연주하는 음악 愷弟(개제) 용모와 기상이 단아하고 화평함		

愾	성낼 개	**부수** 忄 심방변	**총획** 13획
	愾憤(개분) 아주 분개함 敵愾(적개) 적에 대한 분노		

疥	옴 개	**부수** 疒 병질엄	**총획** 9획
	疥瘡(개창) 옴벌레가 옮아서 생기는 피부병 蟲疥(충개) '옴'을 한방에서 이르는 말		

盖	덮을 개	**부수** 皿 그릇 명	**총획** 11획
	腦盖(뇌개) 뇌두개골		

鎧

갑옷 개	부수	총획
	金 쇠 금	18획

鐵鎧(철개) 철갑(쇠붙이를 붙여 만든 갑옷)
鎧袖(개수) 갑옷의 소매
鎧板(개판) 탄알의 관통을 막기 위해 물건의 겉에 댄 철판

珓

홀 개	부수	총획
	王 구슬옥변	8획

※ 홀(笏) : 신하가 임금을 뵐 때 조복에 갖추어 손에 드는 물건

喀

토할 객	부수	총획
	口 입 구	12획

喀血(객혈) 폐에서 피를 토함
喀痰(객담) 가래를 뱉음. 또는 그 가래
喀出(객출) 뱉어 냄

粳

메벼 갱 메벼 경	부수	총획
	米 쌀 미	13획

粳稻(갱도) 메벼(벼의 한 종류)
粳米(갱미) 멥쌀
粳粟(경속) 메조(찰기가 없는 조)

釀

추렴할 갹	부수	총획
	酉 닭 유	20획

釀出(갹출) 같은 목적을 위하여 여러 사람이 돈을 나누어 냄

倨

거만할 거	부수	총획
	亻 사람인변	10획

倨慢(거만) 잘난 체하고 건방짐
倨傲(거오) 거만하고 오만함
倨侮(거모) 거만하여 남을 업신여김
驕倨(교거) 교만하고 거만함

据

근거 거 의지할 거	부수	총획
	扌 재방변	11획

据置(거치) 손을 대지 않고 그대로 둠
据銃(거총) 사격에서 총대를 어깨에 대는 동작
拮据(길거) 쉴 틈 없이 바쁘게 일함

炬

횃불 거	부수	총획
	火 불 화	9획

炬燭(거촉) 횃불과 촛불
炬眼(거안) 사물을 잘 분별하는 안목
植炬(식거) 임금이 밤에 나갈 때 길 양쪽에 횃불을 늘어 세우던 일

祛

떨 거	부수	총획
	示 보일 시	10획

祛痰(거담) 가래를 없앰
革祛(혁거) 오래된 법의 폐해를 없앰

踞

걸어앉을 거	부수	총획
	足 발 족	15획

踞坐(거좌) 어떤 것에 걸터앉음
踞床(거상) 가로로 길게 생긴 걸상
虎踞(호거) 범이 걸터앉은 모양. 즉 지세가 웅대함

遽

급히 거	부수	총획
	辶 책받침	17획

遽經(거경) 허무하게 빨리 지남
輕遽(경거) 말이나 행동이 가벼움
急遽(급거) 갑자기
薄遽(박거) 매우 급박함

鉅

클 거	부수	총획
	金 쇠 금	13획

鉅萬(거만) 매우 많은 액수
鉅漁(거어) 큰 물고기
鉅公(거공) 제국의 군주
細鉅(세거) 가늘고 큼

鋸	톱 거	**부수** 金 쇠 금	**총획** 16획
	鋸刀(거도) 혼자 잡아당겨 켜는 톱 鋸齒(거치) 톱니 引鋸(인거) 톱을 마주 잡아당겨서 톱질함 鋸屑(거설) 톱밥		

劍	칼 검	**부수** 刀 칼 도	**총획** 16획
	木劍(목검) 나무로 된 칼 雲劍(운검) 임금을 호위할 때 별운검(조선 시대에 임금이 거동할 때 임금의 좌우에서 호위하던 사람)이 차던 칼		

愆	허물 건	**부수** 心 마음 심	**총획** 13획
	愆過(건과) 그릇되게 저지른 실수 ㊀ 愆尤(건우) 愆悔(건회) 허물이나 잘못		

瞼	눈꺼풀 검	**부수** 目 눈 목	**총획** 18획
	眼瞼(안검) 눈꺼풀 眼瞼下垂(안검하수) 눈꺼풀이 처져서 시야를 가리는 현상		

楗	문빗장 건	**부수** 木 나무 목	**총획** 13획
	窓楗(창건) 창문		

鈐	비녀장 검 도장 검	**부수** 金 쇠 금	**총획** 12획
	鈐印(검인) 관청이나 관리의 도장을 찍음 鈐璽(검새) 옥새를 찍음 鈐束(검속) 엄중하게 단속함		

蹇	절뚝발이 건	**부수** 足 발 족	**총획** 17획
	蹇步(건보) 절뚝발이 걸음 蹇脚(건각) 절름발이 蹇滯(건체) 괴로워하며 머뭇거림 蹇屯(건둔) 운수가 꽉 막혀있음		

迲	자래 겁	**부수** ⻌ 책받침	**총획** 9획
	※ 자래 : 쌍으로 된 생선의 알상자를 세는 단위		

騫	이지러질 건	**부수** 馬 말 마	**총획** 20획
	※ 이지러지다 : 달 따위가 한쪽이 차지 않다		

憩	쉴 게	**부수** 心 마음 심	**총획** 16획
	憩息(게식) 잠깐 쉬면서 숨을 돌림 憩泊(게박) 쉬려고 머무름 休憩(휴게) 일을 하는 동안 잠시 쉼 小憩(소게) 잠깐 쉼		

桀	홰 걸 사나울 걸	**부수** 木 나무 목	**총획** 10획
	桀桀(걸걸) 무성한 모양 姦桀(간걸) 간교하고 사나운 사람		

膈	가슴 격	**부수** 月 육달월	**총획** 14획
	膈痰(격담) 가슴에 몰려 있는 가래 胸膈(흉격) 심장과 비장 사이의 가슴. 또는 마음속 橫膈膜(횡격막) 배와 가슴 사이를 분리하는 근육		

譴 꾸짖을 견 | **부수** 言 말씀 언 | **총획** 21획

譴責(견책) 잘못을 꾸짖음
譴告(견고) 꾸짖고 훈계함
譴罰(견벌) 잘못을 꾸짖어 처벌함
怒譴(노견) 성내어 꾸짖음

勁 굳셀 경 | **부수** 力 힘 력 | **총획** 9획

勁直(경직) 굳세고 곧음
勁草(경초) 억센 풀
勁節(경절) 굳세고 꺾이지 않는 지조
強勁(강경) 타협하거나 굽힘없이 굳셈

抉 도려낼 결 | **부수** 扌 재방변 | **총획** 7획

抉摘(결적) 숨겨진 것을 찾아냄
剔抉(척결) 살을 도려내고 뼈를 발라냄. 또는
　　　　나쁜 부분을 깨끗이 없애 버림

徑 지름길 경 | **부수** 彳 사람인변 | **총획** 9획

行徑(행경) 좁은 길 　⑧ 小徑(소경)

慊 찐덥지 않을 겸 | **부수** 忄 심방변 | **총획** 13획

慊然(겸연) 미안하여 볼 낯이 없음. 또는 쑥스
　　　　럽고 어색함

倞 셀 경 | **부수** 亻 사람인변 | **총획** 10획

箝 재갈 먹일 겸 | **부수** 竹 대 죽 | **총획** 14획

箝馬(겸마) 말에 재갈을 물림
箝口(겸구) 입을 다물고 말을 하지 않음
箝制(겸제) 자유를 구속함
箝語(겸어) 입을 막고 말을 못 하게 함

勍 셀 경 | **부수** 力 힘 력 | **총획** 10획

※ 倞(셀 경)과 同字(동자)

鉗 칼 겸
다물 겸 | **부수** 金 쇠 금 | **총획** 13획

鉗徒(겸도) 목에 칼을 쓴 죄인
鉗脚(겸각) 집게발
鉗口(겸구) 입을 다물고 말을 하지 않음
鉗子(겸자) 집게

坰 들 경 | **부수** 土 흙 토 | **총획** 8획

坰場(경장) 야외. 또는 확 트인 먼 곳
坰畓(경답) 바닷가에 둑을 쌓고 만든 논

儆 경계할 경 | **부수** 亻 사람인변 | **총획** 15획

※ 憼(공경할 경/경계할 경)과 동자(同字)

擎 들 경 | **부수** 手 손 수 | **총획** 17획

擎手(경수) 경건한 마음으로 두 손으로 떠받듦

泾	통할 경 곧을 경	부수 氵 삼수변	총획 10획

泾渭(경위) 사물의 이치에 대한 옳고 그른 구분
이나 구별
短泾(단경) 짧은 지름

逕	좁은 길 경	부수 辶 책받침	총획 11획

小逕(소경) 작은 길. 또는 좁은 길
鳥逕(조경) 겨우 새나 통할 만큼의 산속 좁은 길
石逕(석경) 돌이 많은 좁은 길

炅	빛날 경	부수 火 불 화	총획 8획

※ '성씨 계'로도 읽음

冏	빛날 경	부수 冂 멀경몸	총획 7획

焗	빛날 경	부수 火 불 화	총획 11획

檠	도지개 경	부수 木 나무 목	총획 17획

短檠(단경) 높이가 낮은 촛대. 또는 그 위에 켜
는 등불
木鑪檠(목유경) 나무를 다듬어 만든 등잔 받침
※ 도지개 : 트집난 활을 바로잡는 틀

璥	경옥 경	부수 王 구슬옥변	총획 17획

※ '경옥'은 옥의 한 종류

橄	도지개 경	부수 木 나무 목	총획 17획

※ 檠(도지개 경)과 同字(동자)

絅	끌어 죌 경	부수 糸 실 사	총획 11획

衣錦絅衣(의금경의) 군자가 미덕을 갖추고 있
으나 이를 자랑하지 않음
을 비유한 말

熲	빛날 경	부수 火 불 화	총획 15획

耿	빛 경	부수 耳 귀 이	총획 10획

耿光(경광) 밝은 빛
耿潔(경결) 밝고 깨끗함
耿暉(경휘) 밝은 햇빛이라는 뜻. 덕이 높음

鶊	꾀꼬리 경	부수 鳥 새 조	총획 19획

囧	빛날 경	**부수** □ 큰입구몸	**총획** 7획
	※ 冏(빛날 경)과 同字(동자)		

堺	지경 계	**부수** 土 흙 토	**총획** 12획
	※ 界(지경 계)와 同字(동자)		

屆	이를 계	**부수** 尸 주검시엄	**총획** 8획
	屆出(계출) 신고 屆期(계기) 기한에 이름 缺勤屆(결근계) 결근하게 된 사유를 적어서 내는 것		

棨	창 계	**부수** 木 나무 목	**총획** 12획

磎	시내 계	**부수** 石 돌 석	**총획** 15획
	※ 谿(시내 계)와 同字(동자)		

烓	화덕 계	**부수** 火 불 화	**총획** 10획

呱	울 고	**부수** 口 입 구	**총획** 8획
	呱呱聲(고고성) 아이가 태어나면서 처음 우는 소리를 나타내는 말		

尻	꽁무니 고	**부수** 尸 주검시엄	**총획** 5획
	尻驛典(고역전) 신라 때 우역(郵驛)에 관한 일을 맡아보던 관청		

敲	두드릴 고	**부수** 攴 칠 복	**총획** 14획
	敲擊(고격) 치고 때림 推敲(퇴고) 글을 지을 때 고치고 다듬음		

暠	흴 고	**부수** 日 가로 왈	**총획** 14획
	靑暠酒(청고주) 제비쑥의 즙으로 담근 술		

槁	마를 고	**부수** 木 나무 목	**총획** 14획
	槁木(고목) 마른 나무 槁壤(고양) 마른 흙 枯槁(고고) 초목이 마르거나 야위어서 파리함		

沽	팔 고	**부수** 氵 삼수변	**총획** 8획
	沽酒(고주) 술을 삼. 또는 술을 팖 沽名(고명) 명예를 구함 沽券(고권) 토지의 소유권을 증명하는 문서 沽販(고판) 물건을 사고파는 일		

痼	고질 고	부수 疒 병질엄	총획 13획

痼疾病(고질병) 오래 앓아서 고치기 어려운 병
痼弊(고폐) 고치기 어려운 폐단
深痼(심고) 고치기 어려운 깊은 마음의 병

睪	불알 고 못 고	부수 目 눈 목	총획 14획

睪丸(고환) 포유류의 음낭 속에 있는 공 모양의
기관

羔	새끼 양 고	부수 羊 양 양	총획 10획

羔羊(고양) 어린 양
羔雁(고안) 염소와 기러기

苽	줄 고	부수 艹 초두머리	총획 9획

※ 菰(줄 고)와 同字(동자)

菰	줄 고	부수 艹 초두머리	총획 12획

眞菰(진고) 줄(볏과의 여러해살이풀)
菰根(고근) 줄풀의 뿌리
菰菜(고채) 줄풀의 연한 줄기로 만든 나물

蠱	뱃속벌레 고 미혹할 고	부수 虫 벌레 훼	총획 23획

蠱蟲(고충) 회충과에 속한 기생충
蠱毒(고독) 뱀, 지네, 두꺼비 등의 독
蠱惑(고혹) 매력에 홀려서 정신을 못 차림

辜	허물 고	부수 辛 매울 신	총획 12획

無辜(무고) 잘못이 없음
不辜(불고) 잘못이나 허물이 될 일이 아님
罪辜(죄고) 죄가 될 만한 허물 유 罪過(죄과)

杲	밝을 고 밝을 호	부수 木 나무 목	총획 8획

斛	휘 곡	부수 斗 말 두	총획 11획

斗斛(두곡) 곡식의 분량을 헤아리는 말과 휘를
아울러 이르는 말
萬斛(만곡) 아주 많은 분량
※ 휘 : 10말의 용량

梏	수갑 곡	부수 木 나무 목	총획 11획

桎梏(질곡) 죄수를 가둘 때 쓰던 형구인 차꼬와
수갑을 아울러 이르는 말. 또는 속박
으로 자유롭지 않은 상태를 비유함

鵠	고니 곡 과녁 곡	부수 鳥 새 조	총획 18획

鴻鵠(홍곡) 큰 기러기와 고니. 즉 포부가 원대
하고 큰 인물
鵠志(곡지) 원대한 포부

梱	문지방 곤 가지런히 할 곤	부수 木 나무 목	총획 11획

梱包(곤포) 거적이나 새끼로 짐을 꾸려 포장함
懇梱(간곤) 간곡하고 성실함

滾

흐를 곤 | **부수** ⺡ 삼수변 | **총획** 14획

滾滾(곤곤) 많이 흐르는 물이 출렁출렁 넘칠 듯한 모양
滾沸(곤불) 물이 세차게 솟아오르거나 끓어오름
滾汨(곤골) 몹시 바쁨

琨

옥돌 곤 | **부수** 王 구슬옥변 | **총획** 12획

鯤

곤이 곤 | **부수** 魚 물고기 어 | **총획** 19획

鯤鵬(곤붕) 장자(莊子)에 나오는 상상 속의 동물. '곤(鯤)'이라는 큰 물고기와 '붕(鵬)'이라는 큰 새라는 뜻으로 아주 커다란 사물을 비유함

錕

붉은 쇠 곤 | **부수** 金 쇠 금 | **총획** 16획

曹錕(조곤) 중국(中國)의 정치가(政治家)·군벌

汨

골몰할 골 | **부수** ⺡ 삼수변 | **총획** 7획

汨沒(골몰) 다른 생각은 하지 않고 한 가지 일에만 온 정신을 쏟음
汨活(골활) 물이 빠르고 세게 흐르는 모양
渴汨(갈골) 몹시 바쁘게 골몰함

琪

옥 공 | **부수** 王 구슬옥변 | **총획** 10획

※ 玒(구슬 공)과 동자(同字)

蚣

지네 공 | **부수** 虫 벌레 훼 | **총획** 10획

蜈蚣(오공) 지네

鞏

굳을 공 | **부수** 革 가죽 혁 | **총획** 15획

鞏固(공고) 굳고 튼튼함
鞏膜(공막) 눈알의 바깥벽을 둘러싸고 있는 흰색의 튼튼한 막

跨

넘을 과 | **부수** 足 발 족 | **총획** 13획

跨線橋(과선교) 자동차, 사람이 철로를 건너갈 수 있도록 그 위에 놓은 다리

鍋

노구솥 과 | **부수** 金 쇠 금 | **총획** 17획

慈善鍋(자선과) 자선냄비
※ 노구솥 : 놋쇠나 구리쇠로 만든 솥

琯

옥피리 관 | **부수** 王 구슬옥변 | **총획** 12획

※ 瑻(광낼 곤, 옥피리 관) 동자(同字)

瓘

옥 관 | **부수** 王 구슬옥변 | **총획** 22획

菅	골풀 관	**부수** ⺿ 초두머리	**총획** 12획
	菅履(관리) 엄짚신[상제(喪制)가 초상 때부터 졸곡(卒哭) 때까지 신는 짚신]		

眈	빛 광	**부수** 火 불 화	**총획** 8획

錧	줏대 관 비녀장 관	**부수** 金 쇠 금	**총획** 16획
	※ 비녀장 : 바퀴가 벗어나지 않도록 굴대 머리 구멍에 끼우는 큰 못		

筐	광주리 광	**부수** 竹 대 죽	**총획** 12획
	筐底(광저) 바구니의 밑 筐球(광구) 농구 粉筐(분광) 분을 담는 광주리		

刮	긁을 괄	**부수** ⺉ 선칼도방	**총획** 8획
	刮目(괄목) 전에 비하여 단판으로 학식(學識) 등 이 부쩍 늘어서 눈을 비비고 다시 봄		

胱	오줌통 광	**부수** 月 육달월	**총획** 10획
	膀胱(방광) 오줌을 저장하는 기관		

恝	여유가 없을 괄	**부수** 心 마음 심	**총획** 10획
	恝待(괄대) 소홀히 대접함 恝視(괄시) 사람을 업신여겨 하찮게 대함		

桄	광랑나무 광	**부수** 木 나무 목	**총획** 10획
	※ 광랑나무 : 야자과의 상록 교목으로, 사탕의 원료로 쓰고 줄기에서 전분을 취 하며 잎자루의 섬유로 노끈을 만 든다.		

佸	성찬 광 성할 광	**부수** ⺅ 사람인변	**총획** 8획

罫	줄 괘	**부수** ⺲ 그물망머리	**총획** 13획
	罫線(괘선) 가로세로로 그은 선 罫紙(괘지) 괘선이 그어진 종이		

洸	성낼 광	**부수** ⺡ 삼수변	**총획** 9획

拐	후릴 괴	**부수** ⺘ 재방변	**총획** 8획
	拐引(괴인) 꾀어냄 誘拐(유괴) 사람을 속여 꾀어냄		

紘	끈 굉	**부수** 糸 실 사	**총획** 10획

八紘(팔굉) 여덟 방위의 멀고 너른 범위라는
뜻으로 온 세상을 말함
帝紘(제굉) 제왕이 천하를 다스리는 도리

肱	팔뚝 굉	**부수** 月 육달월	**총획** 8획

股肱(고굉) 다리와 팔이라는 뜻으로 온몸을 이
르는 말. 또는 임금이 가장 신임하
는 신하
曲肱(곡굉) 팔을 굽힘

轟	울릴 굉	**부수** 車 수레 거	**총획** 21획

轟音(굉음) 매우 요란한 소리
轟笑(굉소) 크게 웃음
轟發(굉발) 몹시 요란한 소리를 내면서 폭발함

嶠	산 쭈뼛할 교	**부수** 山 뫼 산	**총획** 15획

嶠南(교남) 영남(경상남도와 경상북도를 이르
는 말)

狡	교활할 교	**부수** 犭 개사슴록변	**총획** 9획

狡猾(교활) 간사하고 꾀를 잘 씀
狡惡(교악) 교활하고 간악함
鉅狡(거교) 아주 간사하고 교활함

皎	달 밝을 교	**부수** 白 흰 백	**총획** 11획

皎月(교월) 희고 밝은 달
皎潔(교결) 달이 밝고 맑음. 또는 마음씨가 깨끗함
皎鏡(교경) 밝은 거울이라는 뜻. 달을 이르는 말

翹	뛰어날 교	**부수** 羽 깃 우	**총획** 18획

翹秀(교수) 재능이 남달리 우수함
翹望(교망) 발돋움하여 바라본다는 뜻으로 몹
시 기다림
翹首(교수) 간절히 바람

蕎	메밀 교	**부수** ++ 초두머리	**총획** 16획

蕎花(교화) 메밀꽃
蕎麥(교맥) 메밀
蕎麥飯(교맥반) 메밀밥

蛟	교룡 교	**부수** 虫 벌레 훼	**총획** 12획

蛟龍(교룡) 상상 속에 등장하는 용의 하나

餃	경단 교	**부수** 飠 밥식변	**총획** 15획

餃子(교자) 만두

鮫	상어 교	**부수** 魚 물고기 어	**총획** 17획

鮫魚(교어) 상어
鮫皮(교피) 말린 상어 가죽
鮫類(교류) 상어 무리

姣	아리따울 교	**부수** 女 여자 녀	**총획** 9획

姣姣(교교) 재주와 지혜가 있음

咎	허물 구	부수 口 입 구	총획 8획

咎殃(구앙) 재앙
咎責(구책) 잘못을 꾸짖음
咎悔(구회) 꾸지람을 듣고 뉘우침
咎徵(구징) 재앙의 징조

柩	널 구	부수 木 나무 목	총획 9획

運柩(운구) 관을 운반하는 것
返柩(반구) 객지에서 죽은 사람의 시체를 고향
　　　　으로 보냄
※ 널 : 시체를 넣는 관이나 곽

嘔	게울 구	부수 口 입 구	총획 14획

嘔吐(구토) 뱃속의 음식물을 토함
嘔逆(구역) 속이 메스꺼워 토하고 싶은 느낌

毆	때릴 구	부수 殳 갖은등글월문	총획 15획

毆打(구타) 사람을 때림
毆擊(구격) 구타
鬪毆(투구) 서로 다투거나 싸우며 때림

坵	언덕 구	부수 土 흙 토	총획 8획

坵段(구단) 토지의 구획

玖	옥돌 구	부수 王 구슬옥변	총획 7획

嶇	험할 구	부수 山 뫼 산	총획 14획

崎嶇(기구) 산이 가파르고 험함. 또는 삶이 순
　　　　조롭지 못하고 갖은 어려움을 겪음

瞿	놀랄 구	부수 目 눈 목	총획 18획

瞿麥(구맥) '패랭이꽃'을 한방에서 이르는 말

廏	마구간 구	부수 广 엄호	총획 14획

廏舍(구사) 마구간
馬廏(마구) 말을 기르는 집
※ 廐(마구간 구)의 속자(俗字)

絿	급할 구 어릴 구	부수 糸 실 사	총획 13획

※ 絿(급할 구, 어릴 구)와 동자(同字)

枸	구기자 구	부수 木 나무 목	총획 9획

枸杞子(구기자) 구기자나무. 또는 그 열매
枸橘(구귤) 탱자나무

衢	네거리 구	부수 行 다닐 행	총획 24획

衢街(구가) 큰 길거리
衢路(구로) 네거리. 또는 갈림길
康衢(강구) 사방으로 통하는 큰 길거리
通衢(통구) 통행하는 길

謳	노래 구	**부수** 言 말씀 언	**총획** 18획

謳歌(구가) 여러 사람이 입을 모아 칭송하여 노래함. 또는 행복한 마음을 거리낌 없이 나타냄
謳吟(구음) 노래를 부름

蕨	고사리 궐	**부수** ++ 초두머리	**총획** 16획

蕨菜(궐채) 고사리. 또는 고사리나물
蕨湯(궐탕) 고사릿국

錥	끌 구	**부수** 金 쇠 금	**총획** 15획

※ 끌 : 나무에 구멍을 뚫는 연장

蹶	넘어질 궐 일어설 궐	**부수** 足 발 족	**총획** 19획

蹶起(궐기) 어떤 목적을 이루기 위하여 결심을 굳히고 기운차게 일어남
蹶然(궐연) 벌떡 일어남. 또는 매우 기운차게 일어나는 모양

窘	군색할 군	**부수** 穴 구멍 혈	**총획** 12획

窘窮(군궁) 곤궁함
窘乏(군핍) 필요한 것이 모자라 군색하고 아쉬움
窘迫(군박) 몹시 구차하고 군색함

机	책상 궤	**부수** 木 나무 목	**총획** 6획

机下(궤하) 책상 아래. 편지 겉봉에 상대편의 이름 밑에 붙여 쓰는 경칭

芎	궁궁이 궁	**부수** ++ 초두머리	**총획** 7획

川芎(천궁) 천궁이(산형과의 여러해살이풀)
※ 궁궁이 : 산형과의 여러해살이풀

詭	속일 궤	**부수** 言 말씀 언	**총획** 13획

詭辯(궤변) 도리에 맞지 않는 말을 도리에 맞는 것처럼 억지로 꾸며 대는 말이나 논법
詭術(궤술) 남을 속이는 간사한 꾀

湤	물 돌아 흐를 권	**부수** 氵 삼수변	**총획** 11획

饋	보낼 궤	**부수** 食 밥식변	**총획** 21획

饋送(궤송) 물품을 보냄
饋恤(궤휼) 가난한 이에게 물건을 보내 구제함
供饋(공궤) 음식을 줌

獗	날뛸 궐	**부수** 犭 개사슴록변	**총획** 15획

猖獗(창궐) 못된 세력이나 전염병 등이 세차게 일어나서 걷잡을 수 없이 퍼짐

鈒	삽 귀 삽 궤	**부수** 金 쇠 금	**총획** 14획

槻

물푸레나무 규	부수	총획
	木 나무 목	15획

槻木(규목) 느티나무
※ 물푸레나무 : 물푸레나뭇과의 낙엽 활엽 교목

竅

구멍 규	부수	총획
	穴 구멍 혈	18획

穴竅(혈규) 구멍 유 孔竅(공규)
毛竅(모규) 털구멍
七竅(칠규) 사람의 얼굴에 있는 일곱 개의 구멍 (귀, 눈, 코, 입)

赳

헌걸찰 규	부수	총획
	走 달릴 주	9획

赳赳(규규) 씩씩하고 헌걸참
※ 헌걸차다 : 풍채가 좋고 의기가 당당하다

逵

길거리 규	부수	총획
	辶 책받침	12획

九逵(구규) 사방으로 통하는 도시의 큰길

糾

꼴 규	부수	총획
	糸 실 사	7획

糾問(규문) 죄를 따져 가며 물음 유 糾問(규문)

勻

고를 균	부수	총획
	勹 쌀포몸	4획

勻旨(균지) 조선 시대 때 의정부의 영의정, 좌의정, 우의정의 의견이나 명령

畇

개간할 균	부수	총획
	田 밭 전	9획

懃

은근할 근	부수	총획
	心 마음 심	17획

慇懃(은근) 야단스럽지 않고 꾸준함
懃懇(근간) 은근하고 간절함

芹

미나리 근	부수	총획
	艹 초두머리	8획

芹菜(근채) 미나리
獻芹(헌근) 변변치 못한 미나리를 바침. 즉, 윗사람에게 물건을 주거나 자신의 의견을 보낼 때 겸손하게 이르는 말

菫

진흙 근	부수	총획
	艹 초두머리	12획

菫青石(근청석) 철·마그네슘·알루미늄 등으로 이루어진 광물

饉

주릴 근	부수	총획
	食 밥식변	20획

飢饉(기근) 흉년으로 곡식이 부족함
凶饉(흉근) 흉작에 따른 기근

墐

매흙질할 근	부수	총획
	土 흙 토	14획

墐戶(근호) 진흙을 문에 발라 바람을 막음

漌	맑을 근	**부수** 氵 삼수변	**총획** 14획

嫤	여자의 자 근	**부수** 女 여자 녀	**총획** 14획

妗	외숙모 금	**부수** 女 여자 녀	**총획** 7획

擒	사로잡을 금	**부수** 扌 재방변	**총획** 16획

擒獲(금획) 사로잡음
生擒(생금) 산 채로 붙잡음

昑	밝을 금	**부수** 日 날 일	**총획** 8획

檎	능금나무 금	**부수** 木 나무 목	**총획** 17획

林檎(임금) 능금. 능금나무의 열매

伋	속일 급	**부수** 亻 사람인변	**총획** 6획

資伋(자급) 벼슬아치의 품위(品位)의 등급

亙	뻗칠 긍	**부수** 二 두 이	**총획** 6획

亙古(긍고) 옛날까지 걸침
綿亙(면긍) 끊임없이 이어져 뻗침
延亙(연긍) 길게 뻗침

圻	경기 기	**부수** 土 흙 토	**총획** 7획

※ 畿(경기 기)와 동자(同字)

埼	갑 기	**부수** 土 흙 토	**총획** 11획

※ 갑 : 바다 쪽으로 뻗은 부리 모양의 육지

夔	조심할 기	**부수** 夂 천천 히걸을쇠발	**총획** 20획

※ 기 : 외발을 가졌다는 상상 속의 동물. 또는
그 동물 모양으로 빚은 그릇

淇	물 이름 기	**부수** 氵 삼수변	**총획** 11획

淇園長(기원장) 대나무를 달리 이르는 말

玘	패옥 기	**부수** 玉 구슬옥변	**총획** 7획
	※ 패옥 : 허리띠에 차는 옥		

璂	피변 꾸미개 기	**부수** 玉 구슬옥변	**총획** 15획
	※ 피변(임금이 평상시 조회 때 쓰던 관) 꾸미개 : 가죽 고깔의 좌우 솔기에 오색으로 된 12개의 옥 꾸미개		

磯	물가 기	**부수** 石 돌 석	**총획** 17획
	漁磯(어기) 낚시터 釣磯(조기) 낚시터		

祁	성할 기	**부수** 示 보일 시	**총획** 8획
	祁寒(기한) 지독한 추위		

機	갈 기	**부수** 耒 가래 뢰	**총획** 18획
	台丸機(태환기) 메리야스를 짜는 기계의 한 가지. 주로 여름 속옷을 짬		

肌	살가죽 기	**부수** 月 육달월	**총획** 6획
	肌骨(기골) 살과 뼈대 肌膚(기부) 사람·동물의 몸을 감싸고 있는 살, 살가죽		

譏	비웃을 기	**부수** 言 말씀 언	**총획** 19획
	譏弄(기롱) 실없는 말로 놀림 譏評(기평) 헐뜯어 평함 譏謗(기방) 남을 비웃고 헐뜯어서 말함 유 誹謗(비방)		

錡	가마솥 기	**부수** 金 쇠 금	**총획** 16획

鎮	호미 기	**부수** 金 쇠 금	**총획** 16획

騏	준마 기	**부수** 馬 말 마	**총획** 18획
	騏驥(기기) 몹시 빨리 달리는 말		

曦	날씨 기	**부수** 日 날 일	**총획** 14획

稘	돌 기 일주년 기	**부수** 禾 벼 화	**총획** 13획

佶 | 헌걸찰 길 | 부수 亻 사람인변 | 총획 8획
佶屈(길굴) 문장이 난해하여 이해하기 어려움

喇 | 나팔 나 | 부수 口 입 구 | 총획 12획
喇叭(나팔) 금속으로 만든 관악기

拮 | 일할 길 | 부수 扌 재방변 | 총획 9획
拮抗(길항) 서로 버티어 대항함
拮据(길거) 쉴 새 없이 일함
拮抗筋(길항근) 서로 반대되는 작용을 동시에
하는 근육

胇 | 성길 나 | 부수 月 육달월 | 총획 10획

桔 | 도라지 길 | 부수 木 나무 목 | 총획 10획
桔梗(길경) 도라지
桔桀(길걸) 높고 험준함

挐 | 붙잡을 나 | 부수 手 손 수 | 총획 10획
挐雲(나운) 구름을 손으로 붙잡는다는 뜻으로
포부가 원대함
※ 拏(붙잡을 나)와 同字(동자)

姞 | 삼갈 길 | 부수 女 여자 녀 | 총획 9획

旃 | 기 펄렁일 나 | 부수 方 모 방 | 총획 12획

ㄴ

娜 | 아름다울 나 | 부수 女 여자 녀 | 총획 10획
婀娜(아나) 아름답고 요염함

煖 | 더울 난 | 부수 火 불 화 | 총획 13획
煖房(난방) 방에 열을 공급해 따뜻하게 하는 일
煖爐(난로) 몸이나 방안을 덥게 하는 난방 기구

懦 | 나약할 나 | 부수 忄 심방변 | 총획 17획
懦弱(나약) 의지가 굳세지 못함
懦薄(나박) 마음이 약하고 덕이 없음
怯懦(겁나) 마음이 여리고 겁이 많음

捏 | 꾸밀 날 | 부수 扌 재방변 | 총획 10획
捏造(날조) 사실이 아닌 것을 사실인 것처럼 거
짓으로 꾸밈

柟	녹나무 남	**부수** 木 나무 목	**총획** 8획

楠	녹나무 남	**부수** 木 나무 목	**총획** 13획

※ 柟(녹나무 남)과 同字(동자)
※ 녹나무 : 녹나뭇과의 상록 활엽 교목으로 줄기, 가지는 약용하고 나무는 건축재, 가구재의 원료로 쓴다.

湳	물 이름 남	**부수** 氵 삼수변	**총획** 12획

衲	기울 납	**부수** 衤 옷의변	**총획** 9획

衲衣(납의) 낡은 헝겊을 모아 기워 만든 승려의 옷
衲僧(납승) 납의를 입은 승려
迷衲(미납) 납의를 입은 사람이란 뜻으로 승려

柰	능금나무 내	**부수** 木 나무 목	**총획** 9획

柰麻(내마) 신라 17관등의 열한째 위계

秊	해 년	**부수** 禾 벼 화	**총획** 8획

※ 年(해 년)의 本字(본자)

恬	편안할 념	**부수** 忄 심방변	**총획** 9획

恬淡(염담) 욕심이 없고 마음이 깨끗함
恬安(염안) 조용함
恬靜(염정) 편안하고 고요함

捻	비틀 념	**부수** 扌 재방변	**총획** 11획

實捻(실념) 곡식의 열매가 여묾

寗	차라리 녕	**부수** 宀 갓머리	**총획** 13획

※ 寧(편안할 녕)과 동자(同字)

瑙	마노 노	**부수** 王 구슬옥변	**총획** 13획

瑪瑙(마노) 석영의 일종

駑	둔한 말 노	**부수** 馬 말 마	**총획** 15획

駑鈍(노둔) 미련하고 둔함
駑材(노재) 재주와 지혜가 우둔함을 이르거나 그런 사람. 또는 자신의 재능과 지략을 낮추는 말

嫩	어릴 눈	**부수** 女 여자 녀	**총획** 14획

嫩葉(눈엽) 어린 잎

杻	감탕나무 뉴 수갑 추	**부수** 木 나무 목	**총획** 8획
	木杻(목추) 씨아(목화의 씨를 빼는 기구)의 가락		

簞	소쿠리 단	**부수** 竹 대 죽	**총획** 18획
	簞食(단사) 도시락밥. 도시락에 담은 밥		

鈕	인꼭지 뉴	**부수** 金 쇠 금	**총획** 12획
	印鈕(인뉴) 도장의 손잡이 부분 ※ 인꼭지 : 도장의 손잡이		

邯	조나라 서울 단	**부수** 阝 우부방	**총획** 15획
	邯鄲之夢(한단지몽) 한단에서 꾼 꿈이라는 뜻 으로, 인생의 부귀영화는 일장춘몽과 같이 허무함 을 이르는 말		

柅	무성할 니	**부수** 木 나무 목	**총획** 9획
	柅柅(니니) 초목이 무성한 모양		

撻	때릴 달	**부수** 扌 재방변	**총획** 16획
	撻罰(달벌) 회초리로 종아리를 때려 벌을 줌 鞭撻(편달) 채찍으로 때림. 잘 할 수 있도록 경계하고 격려함		

D

爹	아버지 다	**부수** 父 아비 부	**총획** 10획

㳠	미끄러울 달	**부수** 氵 삼수변	**총획** 16획

亶	믿음 단	**부수** 亠 돼지해머리	**총획** 13획
	杏亶(행단) 공자가 은행나무 단 위에서 강학한 데서 나온 말로 학문을 닦는 곳		

獺	수달 달	**부수** 犭 개사슴록변	**총획** 19획
	水獺(수달) 포유류 족제빗과의 한 종류 海獺(해달) 족제빗과의 바다짐승		

彖	판단할 단	**부수** 彑 튼가로왈	**총획** 9획
	彖角果(단각과) 벌어지는 열매의 한 가지		

疸	황달 달	**부수** 疒 병질엄	**총획** 10획
	黃疸(황달) 담즙이 원활하지 못해 온몸과 눈 등이 누렇게 되는 병 疸病(달병) 황달		

啗

씹을 담 먹을 담	부수	총획
	口 입 구	11획

茶啗(차담) 손님을 대접하기 위한 다과
健啗(건담) 잘 먹음
寢啗(침담) 침식(寢食 – 자는 것과 먹는 것)의
　　　　　높임말

坍

무너질 담	부수	총획
	土 흙 토	7획

憺

참담할 담	부수	총획
	↑ 심방변	16획

憺憺(참담) 끔찍하고 절망적임 유 慘澹(참담)
憺畏(담외) 두려워함

聃

귓바퀴 없을 담	부수	총획
	耳 귀 이	11획

成聃壽(성담수) 조선 시대 세조 때 생육신
　　　　　　(生六臣)의 한 사람

蕁

지모 담	부수	총획
	⧺ 초두머리	16획

※ 지모(知母) : 백합과의 여러해살이풀

覃

깊을 담 미칠 담	부수	총획
	襾 덮을 아	12획

覃恩(담은) 은혜를 널리 베풂. 또는 임금이
　　　　　베푸는 은혜

鍐

창 담	부수	총획
	金 쇠 금	16획

沓

겹칠 답	부수	총획
	水 물 수	8획

沓雜(답잡) 사람이 많아 복잡함
　　　　유 雜沓(잡답), 紛沓(분답)

遝

뒤섞일 답	부수	총획
	⻍ 책받침	14획

遝至(답지) 한곳으로 몰려듦

戇

어리석을 당	부수	총획
	心 마음 심	28획

戇愚(당우) 어리석음
戇直(당직) 어리석고 곧음
戇朴(당박) 어리석을 만큼 매우 순박함

螳

버마재비 당 사마귀 당	부수	총획
	虫 벌레 훼	17획

※ 버마재비 : 사마귀

鐺

쇠사슬 당 솥 쟁	부수	총획
	金 쇠 금	21획

鐺口(당구) 절에서 밥을 짓는 큰 솥을 승려가
　　　　　이르는 말

	대 대	**부수** 土 흙 토	**총획** 8획
坮	※ 대 : 높고 평평한 건축물		

	섬 도	**부수** 山 뫼 산	**총획** 14획
嶹	※ 島(섬 도)와 同字(동자)		

	대산 대	**부수** 山 뫼 산	**총획** 8획
岱	岱宗(대종) 중국 태산(泰山)의 다른 이름		

	흔들 도	**부수** 扌 재방변	**총획** 11획
掉	掉尾(도미) 꼬리를 흔듦. 또는 막판에 더욱 활약함 掉頭(도두) 머리를 흔듦. 어떤 일을 부정하는 모양		

	들 대	**부수** 扌 재방변	**총획** 17획
擡	擡頭(대두) 머리를 듦		

	찧을 도	**부수** 扌 재방변	**총획** 13획
搗	搗精(도정) 곡식을 찧거나 쓿음 搗砧(도침) 피륙, 종이 등을 다듬잇돌에 다듬는 일 搗練紙(도련지) 다듬잇돌에 다듬은 종이		

	눈썹먹 대	**부수** 黑 검을 흑	**총획** 17획
黛	黛眉(대미) 눈썹먹으로 그린 눈썹 黛靑(대청) 눈썹먹처럼 검고 푸름 粉黛(분대) 분을 바른 얼굴과 먹으로 그린 눈썹		

	노 도	**부수** 木 나무 목	**총획** 12획
棹	棹歌(도가) 뱃노래 回棹(회도) 가던 배가 돛대를 돌리는 것 같다는 뜻으로 병이 차차 나음		

	햇빛 대 클 영	**부수** 日 날 일	**총획** 7획
昗			

	노 도	**부수** 木 나무 목	**총획** 18획
櫂	櫂舟(도주) 배를 저음		

	담 도	**부수** 土 흙 토	**총획** 12획
堵	堵墻(도장) 담 堵列(도열) 많은 사람이 죽 늘어섬 安堵(안도) 사는 곳에서 평안히 지냄. 또는 마음을 놓음		

	쌀 일 도	**부수** 氵 삼수변	**총획** 11획
淘	淘汰(도태) 물에 일어서 불필요한 것을 가려 없앰. 또는 환경에 적응하지 못한 개체군이 없어지는 현상 🟤 陶汰(도태)		

滔	물 넘칠 도	**부수** ⺡ 삼수변	**총획** 13획

滔蕩(도탕) 넓고 성한 모양
滔滔(도도) 물이 그득 퍼져 흐르는 모양
滔天(도천) 큰물이 하늘에 이를 정도로 흘러넘침. 또는 세력이 크게 퍼짐

睹	볼 도	**부수** 目 눈 목	**총획** 14획

睹聞(도문) 보고 들음
目睹(목도) 눈으로 직접 봄 유 目擊(목격)
始睹(시도) 처음 봄

覩	볼 도	**부수** 見 볼 견	**총획** 16획

厭覩(염도) 이치

韜	감출 도	**부수** 韋 가죽 위	**총획** 19획

韜晦(도회) 재능·지위 등을 감춤

犢	송아지 독	**부수** 牛 소 우	**총획** 19획

犢牛(독우) 송아지
牲犢(생독) 제물로 쓰는 송아지

纛	기 독	**부수** 糸 실 사	**총획** 25획

纛祭(독제) 임금의 행차. 군대의 행렬 앞에 세우는 둑(의장기)에 지내던 제사
※ 기 : 쇠꼬리나 꿩의 꽁지로 장식한 큰 기

惇	도타울 돈	**부수** 忄 심방변	**총획** 11획

惇德(돈덕) 인정이 깊은 덕행
惇信(돈신) 두텁게 믿음
惇惠(돈혜) 두터운 은혜

暾	아침 해 돈	**부수** 日 날 일	**총획** 16획

朝暾(조돈) 아침에 뜨는 해

焞	귀갑 지지는 불 돈	**부수** 火 불 화	**총획** 12획

※ 귀갑 : 거북의 등딱지

燉	불빛 돈	**부수** 火 불 화	**총획** 16획

※ 炖(불빛 돈)과 동자(同字)

乭	이름 돌	**부수** 乙 새 을	**총획** 6획

孫乭風(손돌풍) 음력 시월(十月) 스무날께 부는 큰 바람

仝	한가지 동	**부수** 人 사람 인	**총획** 5획

※ 同(한가지 동)의 古字(고자)

垌	항아리 동	**부수** 土 흙 토	**총획** 9획

垌畓(동답) 간석지에 둑을 쌓고 푼 논
築垌(축동) 물이 들어오는 것을 막기 위한 둑

蝀	무지개 동	**부수** 虫 벌레 훼	**총획** 14획

朣	달 뜰 동	**부수** 月 달 월	**총획** 16획

曈	동틀 동	**부수** 日 날 일	**총획** 16획

彤	붉을 동	**부수** 彡 터럭 삼	**총획** 7획

彤弓(동궁) 붉은 칠을 바른 활
彤雲(동운) 붉은 구름
彤管(동관) 대에 붉은 칠을 한 붓

焜	뜨거운 모양 동	**부수** 火 불 화	**총획** 10획

枓	두공 두	**부수** 木 나무 목	**총획** 8획

枓工(두공) 기둥 위에서 지붕을 받치며 차례로
짜 올린 구조 유 枓栱(두공)

竇	구멍 두	**부수** 穴 구멍 혈	**총획** 20획

利竇(이두) 이익이 생길 만한 기회나 일
慧竇(혜두) 슬기가 나오는 구멍. 슬기구멍

荳	콩 두	**부수** ++ 초두머리	**총획** 11획

荳科(두과) 콩과
紅荳(홍두) 콩과에 딸린 늘 푸른 덩굴나무

逗	머무를 두	**부수** 辶 책받침	**총획** 11획

逗留(두류) 객지에서 일정 기간 묵음

阧	치솟을 두	**부수** 阝 좌부변	**총획** 7획

臀	볼기 둔	**부수** 月 육달월	**총획** 17획

臀部(둔부) 엉덩이
牛臀(우둔) 소 볼기 살. 우둔살

	싹 나올 둔	부수 ++ 초두머리	총획 8획
芚	草芚(초둔) 띰(짚, 띠, 부들 등으로 엮어 만든 물건) 油芚(유둔) 비를 피하기 위해 사용하는 이어붙인 기름종이		

	고개 등	부수 山 뫼 산	총획 15획
嶝			

	귤 등 걸상 등	부수 木 나무 목	총획 16획
橙	橙橘(등귤) 감귤나무아과에 속한 나무, 또는 그 열매로 귤, 레몬, 유자, 탱자 등 橙色(등색) 귤이나 등자의 껍질과 같은 붉은빛을 띤 누런색		

	순라 라	부수 辶 책받침	총획 23획
邏	巡邏(순라) 조선 시대에 궁중과 장안 안팎을 순찰하던 군졸 警邏(경라) 순찰하며 경계함		

	가지 칠 라	부수 刂 선칼도방	총획 9획
刴			

	둥글 란	부수 木 나무 목	총획 23획
欒	團欒(단란) 여럿이 함께 화목함 團欒酒店(단란주점) 술과 노래를 함께 즐길 수 있는 주점		

	옥 광채 란	부수 王 구슬옥변	총획 21획
瓓			

	발랄할 랄	부수 刂 선칼도방	총획 9획
剌	潑剌(발랄) 밝고 활기 있음 生氣潑剌(생기발랄) 싱싱한 기운이 있고 기세가 활발함		

	매울 랄	부수 辛 매울 신	총획 14획
辣	辛辣(신랄) 맛이 매우 쓰고 매움. 또는 분석·비평 등이 날카로움 惡辣(악랄) 매섭고 표독함		

	남기 람	부수 山 뫼 산	총획 12획
嵐	嵐氣(남기) 해 질 무렵 멀리 보이는 푸르스름하고 흐릿한 기운 溪嵐(계람) 산골짜기 시냇물에서 생기는 아지랑이		

	가질 람	부수 手 손 수	총획 18획
擥	擥取(남취) 손에 잡음		

	헌 누더기 람	부수 衤 옷의변	총획 19획
襤	襤褸(남루) 누더기		

攬

가질 람 / 추릴 람 | 부수: 扌 재방변 | 총획: 24획

延攬(연람) 남을 자기편으로 끌어들임
結攬(결람) 어떤 목적을 위해 동지를 모음
攬要(남요) 요점을 추림

欖

감람나무 람 | 부수: 木 나무 목 | 총획: 25획

橄欖(감람) 감람나무의 열매
欖仁(남인) 감람나무 열매의 씨

籃

대바구니 람 | 부수: 竹 대 죽 | 총획: 20획

搖籃(요람) 젖먹이를 놀게 하거나 재우기 위해 태우고 흔들도록 만든 물건
魚籃(어람) 물고기를 담는 바구니

纜

닻줄 람 | 부수: 糸 실 사 | 총획: 27획

繫纜(계람) 닻줄을 맴
解纜(해람) 배가 항구를 떠남 유 出帆(출범)

婪

예쁠 람 | 부수: 女 여자 녀 | 총획: 11획

琅

옥돌 랑 | 부수: 王 구슬옥변 | 총획: 11획

琅然(낭연) 구슬이 울리는 소리처럼 맑음
琅琅(낭랑) 옥이 서로 부딪쳐 울리는 소리가 아주 맑음

瑯

옥돌 랑 | 부수: 王 구슬옥변 | 총획: 14획

琺瑯(법랑) 광물을 원료로 하여 만든 유약

螂

사마귀 랑 | 부수: 虫 벌레 훼 | 총획: 16획

螳螂(당랑) 사마귀

崍

산 이름 래 | 부수: 山 뫼 산 | 총획: 11획

徠

올 래 / 위로할 래 | 부수: 彳 두인변 | 총획: 11획

招徠(초래) 불러서 어루만져 위로함 유 招撫(초무)
勞徠(노래) 위로하고 권면함

倆

재주 량 | 부수: 亻 사람인변 | 총획: 10획

技倆(기량) 기술적인 재주 유 伎倆(기량)

粮

양식 량 | 부수: 米 쌀 미 | 총획: 13획

田粮(전량) 땅과 곡식
經粮(경량) 절에서 불경을 공부하는 사람이 먹는 양식

梁	기장 량	**부수** 米 쌀 미	**총획** 13획
	黃粱(황량) 메조(찰기 없는 조) ※ 기장 : 볏과의 한해살이풀		

輌	수레 량	**부수** 車 수레 거	**총획** 15획
	車輌(차량) 모든 차를 통틀어 이르는 말		

涼	서늘할 량	**부수** 氵 삼수변	**총획** 11획
	涼傘(양산) 여자들이 볕을 가리기 위해 쓰는 우산같이 만든 물건 유 陽傘(양산) ※ 凉(서늘할 량)의 本字(본자)		

戾	어그러질 려	**부수** 戶 지게 호	**총획** 8획
	返戾(반려) 빌리거나 차지했던 것을 되돌려 보냄 戾道(여도) 돌아가는 길 戾還(여환) 되돌려 보냄		

櫚	종려 려	**부수** 木 나무 목	**총획** 19획
	棕櫚(종려) 종려나무		

蠣	굴조개 려	**부수** 虫 벌레 훼	**총획** 21획
	蠣殼(여각) 조개껍데기 유 蠣房(여방) 牡蠣(모려) 굴조개 雕蠣(조려) 쇠붙이 물건에 용무늬를 새기는 일		

靂	벼락 력	**부수** 雨 비 우	**총획** 24획
	霹靂(벽력) 벼락		

轢	칠 력 삐걱거릴 력	**부수** 車 수레 거	**총획** 22획
	軋轢(알력) 수레바퀴가 삐걱거린다는 뜻으로 서로 의견이 맞지 않아 충돌됨		

璉	호련 련	**부수** 王 구슬옥변	**총획** 15획
	瑚璉(호련) 중국 하나라와 은나라 때 서직(黍稷)을 담던 제기(祭器)		

孌	아름다울 련	**부수** 女 여자 녀	**총획** 22획
	婉孌(완련) 나이가 젊고 예쁨. 또는 미소년		

冽	맑을 렬 거셀 례	**부수** 氵 이수변	**총획** 8획
	淸冽(청렬) 물이 맑고 참. 또는 맛이 산뜻하고 시원함 冽冽(열렬) 추위가 혹독한 모양 ※ 洌(맑을 렬)의 俗字(속자)		

洌	맑을 렬 거셀 례	**부수** 氵 삼수변	**총획** 9획
	洌泉(열천) 맑고 찬 샘 洌水(열수) 우리나라 한강의 옛 이름		

伶	영리할 령	부수	亻사람인변	총획	7획

伶俐(영리) 눈치가 빠르고 똑똑함
　　　유 怜悧(영리)
伶人(영인) 악공과 광대

岺	고개 령	부수	山 뫼 산	총획	8획

※ 嶺(고개 령)과 동자(同字)

苓	도꼬마리 령	부수	竹 대 죽	총획	11획

茯苓(복령) 균류의 한 가지로 한방에서 약재로 씀
※ 도꼬마리 : 국화과에 속하는 한해살이풀

逞	쾌할 령 굳셀 령	부수	⻌ 책받침	총획	11획

逞兵(영병) 뛰어나게 강한 병사
不逞(불령) 불만, 불평 등을 품고 제 마음대로
　　　 행동함

怜	영리할 령 불쌍히 여길 련	부수	忄 심방변	총획	8획

怜悧(영리) 눈치가 빠르고 똑똑함
　　　유 伶俐(영리)

圇	옥 령	부수	囗 큰입구몸	총획	8획

囹圄(어령) 감옥

羚	영양 령	부수	羊 양 양	총획	11획

羚羊(영양) 솟과의 포유동물로 야생 염소와 산
　　　 양 등의 짐승

聆	들을 령	부수	耳 귀 이	총획	11획

瞻聆(첨령) 여러 사람의 보고 듣는 일

姈	슬기로울 령	부수	女 여자 녀	총획	8획

晎	햇빛 령	부수	日 날 일	총획	9획

※ 曤(햇빛 령)과 동자(同字)

泠	깨우칠 령 물 이름 령	부수	氵 삼수변	총획	8획

泠泠(영령) 바람 소리, 악기 소리, 목소리, 물소
　　　 리 등이 듣기에 맑고 시원함

澧	강 이름 례 강 이름 풍	부수	氵 삼수변	총획	16획

擄	노략질할 로	**부수** ㅕ 재방변	**총획** 16획
	擄掠(노략) 떼를 지어 돌아다니며 사람과 재물을 약탈함		

潞	강 이름 로	**부수** ㅕ 삼수변	**총획** 16획

瀘	물 이름 로	**부수** ㅕ 삼수변	**총획** 19획
	瀘過(노과) 여과(濾過)		

輅	수레 로	**부수** 車 수레 거	**총획** 13획
	大輅(대로) 임금이 타는 수레 象輅(상로) 왕이 타던 상아로 꾸민 수레		

嚧	웃을 로	**부수** 口 입 구	**총획** 19획

菉	조개풀 록	**부수** ㅛ 초두머리	**총획** 12획
	※ 조개풀 : 갸름한 버들잎 모양의 잎을 가진 볏과의 한해살이풀		

碌	푸른 돌 록 자갈땅 락	**부수** 石 돌 석	**총획** 13획
	勞碌(노록) 게을리하지 않고 꾸준하게 힘을 다함		

彔	새길 록	**부수** 크 튼가로왈	**총획** 8획
	曲彔(곡록) 승려가 쓰는 의자 ※ 录(기록할 록)의 本字(본자)		

朧	흐릿할 롱	**부수** 月 달 월	**총획** 20획
	朦朧(몽롱) 흐릿함. 또는 의식이 흐리멍덩함		

瀧	비 올 롱	**부수** ㅕ 삼수변	**총획** 19획
	瀧瀧(농롱) 비가 부슬부슬 오는 모양		

瓏	옥소리 롱	**부수** 王 구슬옥변	**총획** 20획
	瓏瓏(농롱) 옥이 서로 부딪히는 소리		

壠	밭두둑 롱	**부수** 土 흙 토	**총획** 19획
	土壠(토롱) 흙을 모아서 임시로 만든 무덤 丘壠(구롱) 언덕		

賚	줄 뢰	**부수** 貝 조개 패	**총획** 15획

賚賜(뇌사) 윗사람이 아랫사람에게 물건을 줌
　　　　　 윤 下賜(하사)
錫賚(석뢰) 내려받은 물건

賂	뇌물 뢰	**부수** 貝 조개 패	**총획** 13획

賂物(뇌물) 자신의 목적을 위하여 남에게 몰래
　　　　　 건네는 재물
贈賂(증뢰) 뇌물을 줌
受賂(수뢰) 뇌물을 받음

磊	돌무더기 뢰	**부수** 石 돌 석	**총획** 15획

磊磊(뇌뢰) 겹겹이 쌓인 돌무더기

蓼	여뀌 료	**부수** ⁺⁺ 초두머리	**총획** 15획

紅蓼(홍료) 붉은색의 여뀌
馬蓼(마료) 털여뀌
荒蓼(황료) 거칠고 쓸쓸함
※ 여뀌 : 마디풀과의 한해살이풀

廖	텅 빌 료	**부수** 广 엄호	**총획** 14획

寂廖(적료) 적요(寂寥 – 적적하고 고요함)의 원말

瞭	밝을 료	**부수** 目 눈 목	**총획** 17획

明瞭(명료) 분명하고 똑똑함
不明瞭(불명료) 불분명함
瞭然(요연) 환하고 똑똑함

聊	애오라지 료	**부수** 耳 귀 이	**총획** 11획

無聊(무료) 심심하고 지루함
聊賴(요뢰) 남에게 안심하고 의지함
※ 애오라지 : 부족하나마 그대로

鬧	시끄러울 료	**부수** 鬥 싸울 투	**총획** 15획

熱鬧(열뇨) 많은 사람이 모여 떠들썩함
粉鬧(분뇨) 번거롭고 바쁨
惹鬧(야료) 이유 없이 트집을 잡고 함부로
　　　　　 떠듦

燎	횃불 료	**부수** 火 불 화	**총획** 16획

燭燎(촉료) 촛불과 횃불
望燎(망료) 제사가 끝나고 축문 등이 불에 다
　　　　　 탈 때까지 지켜보는 일

縷	실 루	**부수** 糸 실 사	**총획** 17획

絲縷(사루) 실가닥　윤 綫縷(선루)
金縷(금루) 금빛이 나는 실

瘻	부스럼 루	**부수** 疒 병질엄	**총획** 16획

疳瘻(감루) 피부에 잔구멍이 생겨 고름이 나는
　　　　　 부스럼

蔞	산쑥 루	**부수** ⁺⁺ 초두머리	**총획** 15획

瓜蔞(과루) 박과의 여러해살이 덩굴풀

褸	헌 누더기 루	부수 衤 옷의변	총획 16획
	襤褸(남루) 누더기		

侖	생각할 륜 둥글 륜	부수 人 사람 인	총획 8획

鏤	새길 루	부수 金 쇠 금	총획 19획
	鏤刻(누각) 나무 등에 글씨, 그림을 새김 鏤氷(누빙) 얼음에 새김. 즉, 보람 없는 노력 雕鏤(조루) 새겨 박음		

錀	쇠 륜	부수 金 쇠 금	총획 16획

旒	깃발 류	부수 方 모 방	총획 13획
	旗旒(기류) 중요한 기 위에 다는 좁고 긴 띠 長旒(장류) 폭이 넓고 긴 깃발		

凛	찰 름 늠름할 름	부수 冫 이수변	총획 15획
	凛冽(늠렬) 추위가 살을 엘 듯이 심함 凛凛(늠름) 의젓함		

瀏	맑을 류	부수 氵 삼수변	총획 18획
	瀏亮(유량) 맑고 밝은 모양		

俚	속될 리	부수 亻 사람인변	총획 9획
	俚俗(이속) 상스럽고 속됨 俚淺(이천) 속되고 천박함 俚言(이언) 사람들 사이에 쓰이는 속된 말 　　유 俚語(이어)		

瑠	맑은 유리 류	부수 王 구슬옥변	총획 14획
	瑠璃(유리) 거무스름한 푸른빛이 나는 보석		

厘	다스릴 리	부수 厂 민엄호	총획 9획
	分厘(분리) 돈, 저울, 자 등의 단위인 푼(分)과 　　리(厘) 五厘(오리) 화폐단위인 일전(一錢)의 절반		

淪	빠질 륜	부수 氵 삼수변	총획 11획
	沈淪(침륜) 침몰 渾淪(혼륜) 혼돈 隱淪(은륜) 물건이 가라앉아 보이지 않음. 　　또는 은둔		

唎	가는 소리 리	부수 口 입 구	총획 10획

惻	영리할 리	부수	↑ 심방변	총획	10획
	怜悧(영리) 눈치가 빠르고 똑똑함 ⑪ 伶俐(영리)				

俐	똑똑할 리	부수	亻 사람인변	총획	9획
	伶俐(영리) 눈치가 빠르고 똑똑함				

浬	해리 리	부수	氵 삼수변	총획	10획
	※ 해리 : 바다나 공중에서의 거리 단위. 보통 1 해리는 1,852미터에 해당함				

离	떠날 리 산신 리	부수	內짐승발자국유	총획	11획
	离宮(이궁) 세자궁을 달리 이르는 말 离方(이방) 팔방(八方)의 하나로 남방(南方)을 뜻함				

犁	얼룩소 리/쟁기 려 밭 갈 리	부수	牛 소 우	총획	11획
	犁牛(이우) 얼룩소 一犁雨(일리우) 밭 갈기에 적당하게 한바탕 오는 비 兩牛犁(양우려) 소 두 마리가 끄는 쟁기				

涖	다다를 리	부수	氵 삼수변	총획	10획

狸	삵 리	부수	犭 개사슴록변	총획	10획
	狐狸(호리) 여우와 삵 海狸(해리) 비버(포유류 동물)				

蒞	바를 리	부수	攴 지탱할 지	총획	16획

羸	파리할 리	부수	羊 양 양	총획	19획
	老羸(노리) 늙어서 쇠약해짐 羸敗(이패) 피로하여 패함 ※ 파리하다 : 몸이 마르고 얼굴에 핏기가 전혀 없다.				

藺	골풀 린	부수	++ 초두머리	총획	20획
	藺草(인초) 골풀 馬藺(마린) 붓꽃과에 속한 여러해살이풀				

茉莉	말리 리	부수	++ 초두머리	총획	11획
	茉莉(말리) 물푸레나뭇과의 상록 관목				

吝	아낄 린	부수	口 입 구	총획	7획
	吝嗇(인색) 재물을 지나치게 아낌 貪吝(탐린) 탐욕스럽고 인색함 儉吝(검린) 검소하고 인색함				

| 潾 | 맑을 린 | 부수 氵 삼수변 | 총획 15획 |
| | | | |

| 躪 | 짓밟을 린 | 부수 足 발 족 | 총획 27획 |
| | 蹂躪(유린) 함부로 짓밟음
征躪(정린) 정복하여 짓밟음 | | |

| 攦 | 붙들 린 | 부수 扌 재방변 | 총획 15획 |
| | | | |

| 鄰 | 이웃 린 | 부수 阝 우부방 | 총획 15획 |
| | 鄰保館(인보관) 인보사업과 빈민구제를 목적
으로 세운 단체 | | |

| 麟 | 기린 린 | 부수 鹿 사슴 록 | 총획 17획 |
| | ※ 麟(기린 린)과 同字(동자) | | |

| 砬 | 돌 소리 립 | 부수 石 돌 석 | 총획 10획 |
| | | | |

□

| 碼 | 마노 마 | 부수 石 돌 석 | 총획 15획 |
| | 電碼(전마) 전신 부호와 해당 글자를 대조하여
놓은 표 | | |

| 邈 | 멀 막 | 부수 辶 책받침 | 총획 18획 |
| | 邈然(막연) 아득함
邈遠(막원) 멀고 아득함
綿邈(면막) 아주 멀고 아득함 | | |

| 万 | 일만 만 | 부수 一 한 일 | 총획 3획 |
| | ※ 萬(일만 만)의 俗字(속자) | | |

| 巒 | 뫼 만 | 부수 山 뫼 산 | 총획 22획 |
| | 峰巒(봉만) 꼭대기가 뾰족하게 솟은 산봉우리
層巒(층만) 여러 층으로 겹쳐진 산
岡巒(강만) 언덕과 산 | | |

| 瞞 | 속일 만 | 부수 目 눈 목 | 총획 16획 |
| | 欺瞞(기만) 남을 속여 넘김
瞞報(만보) 거짓으로 속여 보고함
瞞過(만과) 속여서 넘김 | | |

| 饅 | 만두 만 | 부수 飠 밥식변 | 총획 20획 |
| | 饅頭(만두) 밀가루를 반죽하여 그 안에 소를 넣
어 빚은 음식 | | |

鰻	뱀장어 만	부수 魚 물고기 어	총획 22획

鰻鯉(만리) 뱀장어
養鰻(양만) 뱀장어를 기름
海鰻(해만) 갯장어

鏋	금 만	부수 金 쇠 금	총획 19획

乤	끝 말 끝 끗	부수 口 입 구	총획 10획

※ 끗 : 접쳐서 파는 피륙의 길이를 나타내는 단
위. 한 끗은 피륙을 한 번 접은 만큼의 길
이이다.

茉	말리 말	부수 ++ 초두머리	총획 9획

茉莉(말리) 물푸레나뭇과의 상록 관목

襪	버선 말	부수 衤 옷의변	총획 20획

洋襪(양말) 발에 신는 물건
綿襪(면말) 솜버선
襪裙(말군) 여인들이 입던 속바지 종류

莽	우거질 망	부수 ++ 초두머리	총획 10획

灌莽(관망) 잡목들이 우거진 숲
草莽(초망) 풀의 떨기. 풀숲

輞	바퀴 테 망	부수 車 수레 거	총획 15획

邙	북망산 망	부수 阝 우부방	총획 6획

北邙山(북망산) 묘지가 많은 곳이나 사람이 죽
어서 묻히는 곳(중국의 베이망산
에 묘지가 많았다는 데서 유래)

寐	잘 매	부수 宀 갓머리	총획 12획

寤寐(오매) 자나 깨나 언제나
夢寐(몽매) 잠을 자면서 꿈을 꿈
假寐(가매) 거짓으로 자는 체함

煤	그을음 매	부수 火 불 화	총획 13획

煤煙(매연) 연료가 탈 때 생기는 그을음이 섞
인 연기
煤炭(매탄) 석탄

陌	길 맥	부수 阝 좌부변	총획 9획

阡陌(천맥) 산기슭이나 밭 사이에 난 길
巷陌(항맥) 거리

驀	말 탈 맥	부수 馬 말 마	총획 21획

驀進(맥진) 좌우를 돌볼 겨를이 없이 매우 힘차
게 나아감

氓	백성 맹	부수	氏 각시 씨	총획	8획

愚氓(우맹) 어리석은 백성 (유) 愚民(우민)
村氓(촌맹) 시골에 사는 백성

榆	홈통 명	부수	木 나무 목	총획	12획

※ 홈통 : 물이 흐르거나 타고 내리도록 만든 물건

冪	덮을 멱	부수	冖 민갓머리	총획	16획

冪數(멱수) 거듭제곱으로 된 수
昇冪(승멱) 오름차순의 이전 말
冪集合(멱집합) 어떤 집합의 모든 부분 집합을
　　　　　　　원소로 하는 집합

瞑	눈 감을 명 잘 면	부수	目 눈 목	총획	15획

瞑坐(명좌) 조용히 눈을 감고 앉음
瞑眩(명현) 어지럽고 눈앞이 캄캄함
瞑想(명상) 조용히 눈을 감고 깊이 생각함
瞑目(명목) 눈을 감음

覓	찾을 멱	부수	見 볼 견	총획	11획

尋覓(심멱) 물건이나 사람을 찾기 위하여 살핌
覓來(멱래) 찾아옴
覓去(멱거) 찾아감

茗	차 싹 명	부수	++ 초두머리	총획	10획

茗菓(명과) 차와 과일
茗器(명기) 차를 마시는 그릇

眄	곁눈질할 면	부수	目 눈 목	총획	9획

眄視(면시) 곁눈질을 함
仰眄(앙면) 우러러 쳐다봄
顧眄(고면) 돌이켜 봄

蓂	명협 명	부수	++ 초두머리	총획	14획

蓂莢(명협) 중국 요(堯) 임금 시대에 났었다는
　　　　　상서로운 풀
蓂曆(명력) 태음력

緬	멀 면 가는 실 면	부수	糸 실 사	총획	15획

邈緬(막면) 아득하게 멂
緬憶(면억) 지난 일을 돌이켜 생각함
緬禮(면례) 무덤을 옮겨서 장사를 다시 지냄

螟	멸구 명	부수	虫 벌레 훼	총획	16획

螟蟲(명충) 명충나방
螟蛾(명아) 명충나방

暝	저물 명 어두울 명	부수	日 날 일	총획	14획

暝色(명색) 해가 질 무렵의 어둑한 빛

酩	술 취할 명	부수	酉 닭 유	총획	13획

酩酊(명정) 술에 몹시 취함

慏	너그러울 명	부수 忄 심방변	총획 13획

洺	강 이름 명	부수 氵 삼수변	총획 9획

袂	소매 메	부수 衤 옷의변	총획 9획

袂口(메구) 옷소매의 아가리
揚袂(양메) 소매를 올림

姆	유모 모	부수 女 여자 녀	총획 8획

保姆(보모) 아동복지시설에서 어린이를 돌보아
주는 여자

摸	본뜰 모	부수 扌 재방변	총획 14획

摸倣(모방) 다른 것을 본뜸
　　　 유 模倣(모방), 摹倣(모방)
摸索(모색) 좋은 방법을 생각함
摸擬(모의) 실제처럼 그대로 해 봄

摹	베낄 모	부수 手 손 수	총획 15획

摹倣(모방) 다른 것을 본뜸
規摹(규모) 본보기가 될 만한 틀
　　　 유 規模(규모)
摹出(모출) 어떤 모양을 그대로 그려 냄

眸	눈동자 모	부수 目 눈 목	총획 11획

明眸(명모) 밝은 눈동자
睛眸(정모) 눈동자
雙眸(쌍모) 양쪽의 두 눈

芼	우거질 모 풀 모	부수 艹 초두머리	총획 8획

芼滑(모활) 화갱(여러 가지 양념을 하여 간을
맞춘 국)을 만들 때 맛을 내기 위하
여 넣는 나물

鶩	집오리 목	부수 鳥 새 조	총획 20획

野鶩(야목) 청둥오리

歿	죽을 몰	부수 歹 죽을사변	총획 8획

戰歿(전몰) 전사
歿後(몰후) 죽은 뒤

朦	흐릴 몽	부수 月 달 월	총획 18획

朦朧(몽롱) 흐릿함. 또는 의식이 흐리멍덩함
朦昏(몽혼) 마취

昴	별 이름 묘	부수 日 날 일	총획 9획

昴星(묘성) 이십팔수의 열여덟째 별

杳	아득할 묘	부수 木 나무 목	총획 8획

杳然(묘연) 흐릿함. 또는 행방을 알 수 없음
杳冥(묘명) 어두침침하고 아득함

无	없을 무	부수 无 이미기방	총획 4획

※ 無(없을 무)의 古字(고자)

渺	아득할 묘	부수 氵 삼수변	총획 12획

渺漠(묘막) 아득하게 넓음 유 廣漠(광막)
渺遠(묘원) 까마득하게 멂
漂渺(표묘) 넓고 끝이 없는 모양

楙	무성할 무	부수 木 나무 목	총획 13획

竗	묘할 묘	부수 立 설 립	총획 9획

※ 妙(묘할 묘)와 同字(동자)

毋	말 무	부수 毋 말 무	총획 4획

毋論(무론) 물론

錨	닻 묘	부수 金 쇠 금	총획 17획

錨泊(묘박) 배가 닻을 내리고 머무름
投錨(투묘) 닻을 내림
揚錨(양묘) 닻을 올림

珷	옥돌 무	부수 王 구슬옥변	총획 12획

憮	어루만질 무	부수 忄 심방변	총획 15획

懷憮(회무) 어루만지어 달램

繆	얽을 무	부수 糸 실 사	총획 17획

綢繆(주무) 빈틈없이 꼼꼼하게 미리 준비함

拇	엄지손가락 무	부수 扌 재방변	총획 8획

拇指(무지) 엄지손가락
拇印(무인) 손도장

鸚	앵무새 무	부수 鳥 새 조	총획 19획

鸚鵡(앵무) 사람의 말을 잘 흉내 내는 새의 한 종류

們	들 문	**부수** イ 사람인변	**총획** 10획
	圖們(도문) 중국 길림성 동부, 간도성에 딸린 도시		

氿	아득할 물 아득할 매	**부수** 氵 삼수변	**총획** 7획

刎	목 벨 문	**부수** 刂 선칼도방	**총획** 6획
	刎頸之交(문경지교) 서로를 위해서 목이 잘려도 후회하지 않을 정도의 사이. 즉, 소중한 벗		

媚	아첨할 미 예쁠 미	**부수** 女 여자 녀	**총획** 12획
	媚笑(미소) 아양을 떨며 곱게 웃는 웃음 媚諂(미첨) 남에게 잘 보이려고 알랑거림 유 阿諂(아첨) 鮮媚(선미) 경치가 아름답고 조용함		

紊	어지러울 문 문란할 문	**부수** 糸 실 사	**총획** 10획
	紊亂(문란) 도덕, 질서, 규범 등이 어지러움		

嵋	산 이름 미	**부수** 山 뫼 산	**총획** 12획
	竹嵋山(죽미산) 경상북도 봉화군에 있는 산		

蚊	모기 문	**부수** 虫 벌레 훼	**총획** 10획
	蚊城(문성) 모기떼 유 蚊陣(문진) 蚊科(문과) 모기과		

梶	나무 끝 미	**부수** 木 나무 목	**총획** 11획

雯	구름무늬 문	**부수** 雨 비 우	**총획** 12획

楣	문미 미	**부수** 木 나무 목	**총획** 13획
	門楣(문미) 창문 위에 가로 대는 나무		

炆	따뜻할 문	**부수** 火 불 화	**총획** 8획

渼	물놀이 미	**부수** 氵 삼수변	**총획** 12획
	渼金(미금) 경기도의 한 시(市)		

湄	물가 미 더운 물 난	**부수** 氵 삼수변	**총획** 12획

謎	수수께끼 미	**부수** 言 말씀 언	**총획** 17획

謎語(미어) 수수께끼
謎題(미제) 수수께끼 같아서 풀기 어려운 문제

靡	쓰러질 미	**부수** 非 아닐 비	**총획** 19획

風靡(풍미) 바람에 초목이 쓰러짐. 즉 어떤 사
　　　　회적 현상이나 사조 등이 사회에 널
　　　　리 퍼짐
靡費(미비) 모두 써 버리거나 허비함

黴	곰팡이 미 매우 매	**부수** 黑 검을 흑	**총획** 23획

黴菌(미균) 세균
防黴(방미) 곰팡이가 생기는 것을 막음
黴雨(미우) 매우(梅雨 – 매실이 익을 때 내리
　　　　는 비. 6~7월에 걸쳐 내리는 장마)

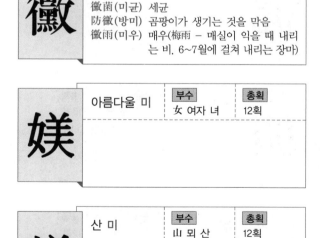

媄	아름다울 미	**부수** 女 여자 녀	**총획** 12획

嵄	산 미	**부수** 山 뫼 산	**총획** 12획

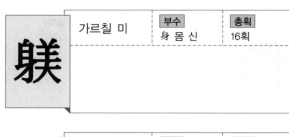

躾	가르칠 미	**부수** 身 몸 신	**총획** 16획

嫐	착하고 아름다울 미	**부수** 女 여자 녀	**총획** 13획

岷	산 이름 민	**부수** 山 뫼 산	**총획** 8획

岷江(민강) 중국 사천성의 큰 강

旻	하늘 민	**부수** 日 날 일	**총획** 8획

旻天(민천) 사천(四天)의 하나로 가을 하늘을
　　　　뜻함
蒼旻(창민) 푸른 하늘. 또는 가을 하늘

泯	망할 민	**부수** 氵 삼수변	**총획** 8획

泯滅(민멸) 흔적이 아예 없어짐
　　　　유 泯絕(민절), 泯沒(민몰)
泯亂(민란) 사회의 질서와 도덕을 어지럽힘

玟	아름다운 돌 민	**부수** 王 구슬옥변	**총획** 8획

珉	옥돌 민	**부수** 王 구슬옥변	**총획** 9획

潣	물 졸졸 흘러 내릴 민	**부수** 氵 삼수변	**총획** 15획

緡	낚싯줄 민 새 우는 소리 면	**부수** 糸 실 사	**총획** 15획

緡錢(민전) 꿰미에 꿴 엽전

砇	옥돌 민	**부수** 石 돌 석	**총획** 9획

忞	힘쓸 민 어지러울 문	**부수** 心 마음 심	**총획** 8획

頣	강할 민	**부수** 頁 머리 혈	**총획** 14획

※ 頵(단단한 머리 민)과 同字(동자)

昬	굳셀 민	**부수** 日 날 일	**총획** 13획

磻	옥돌 민	**부수** 石 돌 석	**총획** 14획

慜	총명할 민 근심할 민	**부수** 心 마음 심	**총획** 15획

頵	단단한 머리 민	**부수** 頁 머리 혈	**총획** 18획

敃	강인할 민	**부수** 攵 등글월문	**총획** 9획

謐	고요할 밀	**부수** 言 말씀 언	**총획** 17획

靜謐(정밀) 고요하고 편안함
安謐(안밀) 조용하고 평안함

撲

칠 박 칠 복	부수 扌 재방변	총획 15획

打撲(타박) 동물이나 사람을 때리어 침
撲滅(박멸) 해로운 벌레를 죽여서 없애는 것
打撲傷(타박상) 맞거나 부딪쳐서 난 상처

鉑

금박 박	부수 金 쇠 금	총획 13획

樸

순박할 박	부수 木 나무 목	총획 16획

樸陋(박루) 수수하고 허름함
質樸(질박) 겉으로 꾸민 데가 없이 수수하고 사치스럽지 아니함
簡樸(간박) 간소하고 수수함

机

뗏목 범	부수 木 나무 목	총획 7획

璞

옥돌 박	부수 王 구슬옥변	총획 16획

璞玉(박옥) 손 대지 않은 천연 그대로의 옥 덩어리

拌

버릴 반 쪼갤 반	부수 扌 재방변	총획 8획

攪拌(교반) 휘저어 한데 섞음
攪拌器(교반기) 어떤 물건을 섞거나 열을 전달시키기 위해 휘젓는 기구

粕

지게미 박	부수 米 쌀 미	총획 11획

糟粕(조박) 술을 걸러 내고 남은 찌꺼기
大麻粕(대마박) 삼씨로 기름을 짜낸 뒤에 남은 찌꺼기

瘢

흉터 반	부수 疒 병질엄	총획 15획

瘡瘢(창반) 헌데 자리. 부스럼 자국. 칼의 흉터
刀瘢(도반) 칼자국
紫瘢(자반) 상처가 나아도 아직 자줏빛의 흔적이 남는 일

膊

팔뚝 박	부수 月 육달월	총획 14획

肩膊(견박) 어깨의 바깥쪽 상박의 웃머리
臂膊(비박) 팔과 어깨
上膊(상박) 어깨에서 팔꿈치까지의 부분

盼

눈 예쁠 반 날 새려 할 분	부수 目 눈 목	총획 9획

雹

우박 박	부수 雨 비 우	총획 13획

雨雹(우박) 기상의 급변으로 오는, 비와 눈의 중간 상태의 덩어리
霜雹(상박) 서리와 우박

磐

너럭바위 반	부수 石 돌 석	총획 15획

磐石(반석) 넓고 편편한 큰 돌이나 어떤 사물이 굳어 아주 든든함을 이르는 말

絆	얽어맬 반	**부수** 糸 실 사	**총획** 11획

羈絆(기반) 굴레를 씌우듯 자유를 얽매는 일
脚絆(각반) 발목에서부터 무릎 아래까지 감거
　　　　나 돌려 싸거나 하는 띠
絆緣(반연) 얽혀서 맺어지는 인연

蟠	서릴 반	**부수** 虫 벌레 훼	**총획** 18획

蟠龍(반룡) 땅에 서려 있어 아직 승천하지 않은 용
※ 서리다 : 둥그렇게 포개어 감다

魃	가뭄 귀신 발	**부수** 鬼 귀신 귀	**총획** 15획

旱魃(한발) 가물을 맡은 귀신
炎魃(염발) 오랫동안 비가 오지 않는 날씨. 또
　　　　는 가뭄을 맡은 신

尨	삽살개 방	**부수** 尢 절름발이 왕	**총획** 7획

靑尨(청방) 청삽살이. 검고 긴 털이 곱슬곱슬
　　　　하게 난 개
尨大(방대) 엄청나게 크거나 많음
尨服(방복) 염색한 옷

旁	곁 방	**부수** 方 모 방	**총획** 10획

旁觀(방관) 상관하지 않고 곁에서 보기만 함
旁系(방계) 직계에서 갈려 나간 계통

昉	밝을 방 찾을 방	**부수** 日 날 일	**총획** 8획

神昉(신방) 신라 중엽의 승려

滂	비 퍼부을 방	**부수** 氵 삼수변	**총획** 13획

滂滂(방방) 눈물 나오는 것이 비 오듯 함

磅	돌 떨어지는 소리 방	**부수** 石 돌 석	**총획** 15획

膀	오줌통 방	**부수** 月 육달월	**총획** 14획

膀胱(방광) 신장에서 흘러나오는 오줌을 저장
　　　　했다가 일정량이 되면 요도를 통해
　　　　배출시키는 주머니 모양의 기관

舫	방주 방	**부수** 舟 배 주	**총획** 10획

畫舫(화방) 용이나 봉황 따위로 꾸미고 그림을
　　　　그리어 곱게 단청을 한 놀잇배

蒡	우엉 방	**부수** ++ 초두머리	**총획** 14획

牛蒡(우방) 우엉. 국화과의 두해살이풀
牛蒡子(우방자) 우엉의 씨
蘇蒡(소방) 다목의 목재의 붉은 속. 깎아서 달
　　　　인 물을 물감으로 씀

蚌	방합 방	**부수** 虫 벌레 훼	**총획** 10획

蚌蛤(방합) 말조개과에 딸린 민물조개
蚌珠(방주) 진주

謗	헐뜯을 방	**부수** 言 말씀 언	**총획** 17획
	誹謗(비방) 남을 헐뜯어 말함 毁謗(훼방) 남을 헐뜯어 비방하거나 남의 일을 방해함		

襠	속적삼 배	**부수** 衣 옷 의	**총획** 14획
	塗褙(도배) 종이를 벽·반자·장지 등에 바르는 일		

龐	어지러울 방 충실할 롱	**부수** 龍 용 룡	**총획** 19획

佰	일백 백	**부수** 亻 사람인변	**총획** 8획

徘	어정거릴 배	**부수** 彳 두인변	**총획** 11획
	徘徊(배회) 목적 없이 거닒		

筏	뗏목 벌	**부수** 竹 대 죽	**총획** 12획
	筏橋(벌교) 뗏목으로 잇달아 만들어 놓은 다리. 또는 전라남도 보성군 동부의 읍		

湃	물결칠 배	**부수** 氵 삼수변	**총획** 12획
	澎湃(팽배) 큰 물결이 서로 부딪쳐 솟구치는 것. 또는 기세나 사조 등이 맹렬한 기세로 일어나는 것		

氾	넘칠 범 땅 이름 범	**부수** 氵 삼수변	**총획** 5획
	氾濫(범람) 물이 넘쳐흐름 氾溢(범일) 물이 넘쳐흐름		

焙	불에 쬘 배	**부수** 火 불 화	**총획** 12획
	焙籠(배롱) 화로 위에 엎어 씌워 놓고 그 위에 젖은 옷 같은 것을 얹어 말리는 제구		

琺	법랑 법	**부수** 王 구슬옥변	**총획** 12획
	琺瑯(법랑) 금속기·도자기 등의 표면에 구워 올려 윤이 나게 하는 광물을 원료로 한 유약		

裴	성씨 배 치렁치렁할 배	**부수** 衣 옷 의	**총획** 14획

劈	쪼갤 벽	**부수** 刀 칼 도	**총획** 15획
	劈理(벽리) 습곡을 형성하는 과정에서 생기는 틈의 한 가지 劈頭(벽두) 글의 첫머리. 또는 일의 첫머리		

擘	엄지손가락 벽	**부수** 手 손 수	**총획** 17획

擘指(벽지) 엄지손가락
巨擘(거벽) 학식이나 어떤 전문 부분에서 남
　　　달리 뛰어난 사람

蘗	황벽나무 벽	**부수** 木 나무 목	**총획** 17획

黃蘗(황벽) 황벽나무

蘖	황벽나무 벽 그루터기 얼	**부수** ++ 초두머리	**총획** 21획

黃蘖(황벽) 황벽나무
小蘖(소벽) 매자 나무
黃蘖色(황벽색) 황벽나무의 껍질로 물들인 누
　　　른 빛깔

霹	벼락 벽	**부수** 雨 비 우	**총획** 21획

霹靂(벽력) 벼락

瞥	깜짝할 별	**부수** 目 눈 목	**총획** 17획

瞥眼間(별안간) 눈 깜짝할 동안. 갑자기
瞥觀(별관) 잠깐 봄. 얼른 봄
一瞥(일별) 한 번 흘낏 봄. 한 번 죽 훑어 봄

鼈	자라 별	**부수** 魚 물고기 어	**총획** 23획

魚鼈成橋(어별성교) 물고기와 자라들이 다리
　　　를 놓아 줌

鼈	자라 별	**부수** 黽 맹꽁이 맹	**총획** 25획

鼈主簿(별주부) 자라. 자랏과의 하나
鼈腹(별복) 어린아이에게 생기는 병의 하나. 배 안
　　　에 자라 모양의 멍울이 생기고, 추웠다
　　　더웠다 하여 몸이 점차 쇠약해지는 병

襒	털 별	**부수** 衤 옷의변	**총획** 17획

馝	향기로울 별 향기로울 함	**부수** 香 향기 향	**총획** 13획

昞	불꽃 병 밝을 병	**부수** 日 날 일	**총획** 9획

昺	불꽃 병 밝을 병	**부수** 日 날 일	**총획** 9획

※ 昞(불꽃 병)과 同字(동자)

棅	자루 병	**부수** 木 나무 목	**총획** 12획

※ 柄(자루 병)과 同字(동자)

軿	수레 병 수레 변	부수 車 수레 거	총획 15획

鉼	판금 병	부수 金 쇠 금	총획 16획

※ 판금 : 얇고 넓게 조각을 낸 쇠붙이

深	보 보	부수 氵 삼수변	총획 12획

靑深(청보) 푸른 빛깔의 보자기

潽	물 이름 보	부수 氵 삼수변	총획 15획

珤	보배 보	부수 王 구슬옥변	총획 10획

匐	길 복	부수 勹 쌀포몸	총획 11획

匍匐(포복) 배를 땅에 대고 김

宓	성씨 복 잠잠할 밀	부수 宀 갓머리	총획 8획

蔔	무 복	부수 艹 초두머리	총획 15획

蘿蔔(나복) 무. 십자화과의 채소

輹	복토 복	부수 車 수레 거	총획 16획

※ 복토(伏兔) : 차여(車輿)와 차축을 연결·고정
하는 나무

鰒	전복 복	부수 魚 물고기 어	총획 20획

全鰒(전복) 전복과에 딸린 조개를 통틀어 이르
는 말

鍑	솥 복	부수 金 쇠 금	총획 17획

乶	음역자 볼 땅 이름 폴	부수 乙 새 을	총획 8획

燧	봉화 봉 연기 자욱할 봉	**부수** 火 불 화	**총획** 15획

※ 烽(봉화 봉)과 同字(동자)

莩	갈대청 부 굶어죽을 표	**부수** 艹 초두머리	**총획** 11획

餓莩(아표) 굶어 죽은 사람의 몸

咐	분부할 부 불 부	**부수** 口 입 구	**총획** 8획

咐囑(부촉) 부탁하여 맡김
吩咐(분부) 여러 사람에게 나누어 시키거나 나누어 줌

賻	부의 부	**부수** 貝 조개 패	**총획** 17획

賻儀(부의) 초상집에 부조로 보내는 돈이나 물품
致賻(치부) 임금이 신하가 죽었을 때에 내리는 부의

埠	부두 부	**부수** 土 흙 토	**총획** 11획

埠頭(부두) 항만 안에 있는 육안의 일부를 바다 가운데로 연장하여 물 위까지 돌을 쌓아 방죽같이 만든 선창
船埠(선부) 나루터

駙	곁마 부	**부수** 馬 말 마	**총획** 15획

駙馬(부마) 임금의 사위에게 주던 칭호
※ 곁마 : 두 마리 이상의 말이 마차를 끌 때 옆에서 끌거나 따라가는 말

孵	알 깔 부	**부수** 子 아들 자	**총획** 14획

孵化(부화) 동물의 알이 깨는 것
孵卵(부란) 물고기나 날짐승의 알을 까거나 깨는 일

鳧	오리 부	**부수** 鳥 새 조	**총획** 13획

野鳧(야부) 물오리
舒鳧(서부) 집오리
鳧鐘(부종) '종'을 달리 이르는 말

缶	장군 부 두레박 관	**부수** 缶 장군 부	**총획** 6획

水缶戲(수부희) 음력 사월 초파일 관등절 때에 하는 아이들 놀이의 하나

吩	분부할 분 뿜을 분	**부수** 口 입 구	**총획** 7획

吩咐(분부) 여러 사람에게 나누어 시키거나 나누어 줌

艀	작은 배 부	**부수** 舟 배 주	**총획** 13획

艀船(부선) 동력 설비가 없어서 짐을 실은 채 다른 배에 끌려 다니는 배

扮	꾸밀 분	**부수** 扌 재방변	**총획** 7획

扮裝(분장) 배우가 등장인물에 어울리도록 얼굴, 몸, 옷 등을 꾸미는 일

	햇빛 분	부수 日 날 일	총획 8획

昐

	비수 비	부수 匕 비수 비	총획 2획

匕

匕首(비수) 날이 썩 날카롭고 짧은 칼
棘匕(극비) 국이나 액체 따위를 뜨는 데 쓰는 기구로 국자
飯匕(반비) 숟가락

	클 분 꾸밀 비	부수 貝 조개 패	총획 12획

賁

虎賁(호분) 호랑이처럼 용감하고 날래다는 뜻으로 천자(天子)를 가까이에서 호위하는 군대를 뜻함
賁飾(비식) 예쁘게 꾸밈

	고단할 비	부수 心 마음 심	총획 16획

憊

虛憊(허비) 피곤하여 고달픔
困憊(곤비) 고달파서 힘이 없음

	눈 날릴 분 안개 분	부수 雨 비 우	총획 12획

雰

雰圍氣(분위기) 어떤 환경이나 어떤 자리 등에서 저절로 만들어져서 감도는 느낌

	문채 날 비	부수 文 글월 문	총획 12획

斐

斐斐(비비) 꾸밈새가 있어 아름다운 모양
※ 문채(文彩) : 아름다운 광채

	비슷할 불	부수 彳 두인변	총획 8획

彿

彷彿(방불) 거의 비슷함

	비파나무 비	부수 木 나무 목	총획 8획

枇

枇杷(비파) 비파나무의 열매

	붕사 붕 돌 소리 평	부수 石 돌 석	총획 13획

硼

硼素(붕소) 비금속 원소의 한 가지
硼酸(붕산) 붕소를 함유한 비늘 모양의 결정이나 가루

	비자나무 비	부수 木 나무 목	총획 14획

榧

榧子(비자) 비자나무의 열매

	묶을 붕	부수 糸 실 사	총획 17획

繃

繃帶(붕대) 상처에 감는 소독한 얇은 헝겊 띠
繃渤(붕발) 흐르는 큰 물결이 서로 부딪쳐서 나는 소리

	삼갈 비	부수 比 견줄 비	총획 9획

毖

秕	쭉정이 비 더럽힐 비	**부수** 禾 벼 화	**총획** 9획

秕政(비정) 나쁜 정치

毗	도울 비	**부수** 比 견줄 비	**총획** 9획

茶毗文(다비문) 불교식 화장법을 적은 책
※ 毘(도울 비)와 同字(동자)

粃	쭉정이 비 더럽힐 비	**부수** 米 쌀 미	**총획** 10획

粃糠(비강) 쭉정이와 겨를 일컫는 말로 변변치
못한 음식을 뜻함 _유 糠粃(강비)
※ 秕(쭉정이 비)의 俗字(속자)

棐	도지개 비 도울 비	**부수** 木 나무 목	**총획** 12획

篤棐(독비) 남을 돈독하게 도움. 또는 신하가
임금을 충성스럽게 도움
※ 도지개 : 뒤틀린 활을 바로 잡는 틀

菲	엷을 비	**부수** 艹 초두머리	**총획** 12획

菲才(비재) 변변치 못한 재주

嚬	찡그릴 빈	**부수** 口 입 구	**총획** 19획

嚬蹙(빈축) 눈살을 찌푸리고 얼굴을 찡그리는 것

蜚	바퀴 비 날 비	**부수** 虫 벌레 훼	**총획** 14획

蜚廉(비렴) 중국에서의 상상(想像)의 새

檳	빈랑나무 빈	**부수** 木 나무 목	**총획** 18획

※ 빈랑나무 : 염료나 식용으로 쓰이는 종려나뭇
과의 교목

誹	헐뜯을 비	**부수** 言 말씀 언	**총획** 15획

誹謗(비방) 남을 헐뜯어 말함

浜	물가 빈 선거 병	**부수** 氵 삼수변	**총획** 10획

※ 선거 : 배를 매어두는 곳

譬	비유할 비	**부수** 言 말씀 언	**총획** 20획

譬喩(비유) 어떤 사물의 설명에 있어서 그와 비
슷한 다른 성질을 가진 현상이나 사
물을 빌어 뜻을 명확히 나타내는 일

瀕	물가 빈 가까울 빈	**부수** 氵 삼수변	**총획** 19획

瀕死(빈사) 거의 죽을 지경에 이름
瀕海(빈해) 지형이 바다에 가까이 닿아 있음
※ 濱(물가 빈)과 同字(동자)

牝	암컷 빈	**부수** 牛 소 우	**총획** 6획

牝牛(빈우) 소의 암컷
牝牡(빈모) 짐승의 암컷과 수컷

玭	구슬 이름 빈	**부수** 王 구슬옥변	**총획** 8획

儐	인도할 빈	**부수** 亻 사람인변	**총획** 16획

儐相(빈상) 손님을 안내하며 주인을 돕는 사람

璸	구슬 이름 빈	**부수** 王 구슬옥변	**총획** 18획

馪	향기 빈	**부수** 禾 벼 화	**총획** 19획

邠	나라 이름 빈	**부수** 阝 우부방	**총획** 7획

繽	어지러울 빈	**부수** 糸 실 사	**총획** 20획

繽紛(빈분) 많아서 기세가 성함
落英繽紛(낙영빈분) 낙화가 어지럽게 떨어지
면서 흩어지는 모양

騁	달릴 빙	**부수** 馬 말 마	**총획** 17획

馳騁(치빙) 말을 타고 이곳저곳 바삐 돌아다니
는 것

乍	잠깐 사 일어날 작	**부수** 丿 삐침 별	**총획** 5획

乍晴(사청) 지루하게 내리던 비가 그치고 잠깐 갬
猝乍間(졸사간) 미처 어떻게 해 볼 수 없을 만
큼 짧은 동안

些	적을 사	**부수** 二 두 이	**총획** 8획

些少(사소) 매우 적음. 하찮음
些末的(사말적) 자질구레해 중요하지 않은 것
些事(사사) 별로 중요하지 않은 사소한 일

伺	엿볼 사	**부수** 亻 사람인변	**총획** 7획

伺察(사찰) 엿보아 살핌
伺候(사후) 웃어른의 명령을 기다림. 또는 웃어른을
찾아뵙고 문안을 드림
伺隙(사극) 시간이나 기회의 틈이 생기기를 기다림

俟	기다릴 사 성씨 기	**부수** 亻 사람인변	**총획** 9획

俟命(사명) 임금의 명령을 기다림. 또는 천명에
맡김

柶	수저 사	부수 木 나무 목	총획 9획

柶柶(척사) 윷놀이

糸	실 사 가는 실 멱	부수 糸 실 사	총획 6획

※ 絲(실 사)의 俗字(속자)

梭	북 사 나무 이름 준	부수 木 나무 목	총획 11획

梭鷄(사계) 베짱이
擲梭(척사) 피륙을 짤 때에 북을 이리저리 던
　　　　지는 일
水梭花(수사화) 절에서 물고기를 이르는 말

汕	오구 산	부수 氵 삼수변	총획 6획

※ 오구 : 그물의 한 가지

渣	찌꺼기 사	부수 氵 삼수변	총획 12획

殘渣(잔사) 잔재
渣滓(사재) 가라앉은 찌꺼기

疝	산증 산	부수 疒 병질엄	총획 8획

疝症(산증) 허리 또는 아랫배가 아픈 병

篩	체 사	부수 竹 대 죽	총획 16획

篩別機(사별기) 체로 쳐서 골라내는 기계

蒜	마늘 산 마늘 선	부수 ++ 초두머리	총획 14획

大蒜(대산) 마늘
醬蒜(장산) 마늘을 식초, 간장 등에 절인 반찬
蒜腦藷(선뇌저) 백합의 뿌리를 약으로 이르는 말

蓑	도롱이 사 꽃술 늘어질 쇠	부수 ++ 초두머리	총획 14획

綠蓑衣(녹사의) 도롱이. 짚, 띠 따위로 엮어 허
　　　　리나 어깨에 걸쳐 두르는 비옷

霰	싸라기눈 산 싸라기눈 선	부수 雨 비 우	총획 20획

霰彈(산탄) 탄피가 터지면서 속에 든 많은 작은
　　　　탄알이 한꺼번에 터져 나오는 탄환

駟	사마 사	부수 馬 말 마	총획 15획

駟馬(사마) 한 채의 수레를 메고 끄는 네 필의 말

乷	음역자 살	부수 乙 새 을	총획 8획

芟	벨 삼	**부수** ⧾ 초두머리	**총획** 8획
	芟除(삼제) 풀을 깎듯이 베어 버림. 또는 무찔러 없앰		

鈒	창 삽	**부수** 金 쇠 금	**총획** 12획
	鈒字(삽자) 옛날 중국에서 얼굴이나 팔뚝에 흠을 내어 죄명(罪名)을 먹칠하여 넣던 일		

颯	바람 소리 삽	**부수** 風 바람 풍	**총획** 14획

孀	홀어머니 상	**부수** 女 여자 녀	**총획** 20획
	孀娥(상아) 홀어미 孀老(상로) 늙은 과부		

峠	고개 상	**부수** 山 뫼 산	**총획** 9획

廂	행랑 상	**부수** 广 엄호	**총획** 12획
	東廂(동상) 훌륭한 사위 東廂禮(동상례) 혼례가 끝난 뒤 신부 집에서 신랑이 자기 벗들에게 음식을 대접하는 일		

橡	상수리나무 상	**부수** 木 나무 목	**총획** 16획
	橡子酒(상자주) 상수리나 도토리를 넣고 담근 술 橡實乳(상실유) 도토리묵 狗飯橡實(구반상실) 개밥의 도토리		

爽	시원할 상	**부수** 爻 점괘 효	**총획** 11획
	爽快(상쾌) 마음이 아주 시원하고 거뜬함 昧爽(매상) 날이 새려고 막 먼동이 틀 무렵		

牀	평상 상	**부수** 爿 장수장변	**총획** 8획
	寢牀(침상) 사람이 누워 잘 수 있게 만든 평상이나 침대 病牀(병상) 병자가 눕거나 또는 누워 있는 자리		

觴	잔 상	**부수** 角 뿔 각	**총획** 18획
	玉觴(옥상) 옥으로 만든 술잔		

塽	높고 밝은 땅 상	**부수** 土 흙 토	**총획** 14획
	塽塏(상개) 위치가 높아서 앞을 내다보기에 썩 좋은 곳		

賽	굿할 새	**부수** 貝 조개 패	**총획** 17획
	報賽(보새) 매해 가을에 농사를 끝마친 뒤 신의 은덕에 보답하기 위해 지내던 제사 答賽(답새) 신불에게 참배를 드리는 일		

嗇	아낄 색	부수 口 입 구	총획 13획
	吝嗇(인색) 체면을 돌아보지 않고 재물을 지나 치게 아낌		

諝	슬기 서	부수 言 말씀 언	총획 16획
	才諝(재서) 재주와 지혜		

甥	생질 생	부수 生 날 생	총획 12획
	甥姪(생질) 누이의 아들 舅甥(구생) 외삼촌과 생질. 또는 장인과 사위 甥姪婦(생질부) 누이의 며느리		

惸	지혜 서	부수 忄 심방변	총획 12획
	※ 諝(슬기 서)와 同字(동자)		

墅	농막 서	부수 土 흙 토	총획 14획
	別墅(별서) 논밭 부근에 한적하게 지은 집 村墅(촌서) 얼마 안 되는 착한 일. 또는 좋은 일		

嶼	섬 서	부수 山 뫼 산	총획 17획
	※ 嶼(섬 서)와 同字(동자)		

捿	깃들일 서	부수 扌 재방변	총획 11획

藇	아름다울 서	부수 ++ 초두머리	총획 18획

栖	깃들일 서	부수 木 나무 목	총획 10획
	隱栖(은서) 세상을 피하여 숨어서 사는 것		

淅	일 석	부수 氵 삼수변	총획 11획
	淅瀝(석력) 비나 눈이 내리는 소리		

絮	솜 서	부수 糸 실 사	총획 12획
	絮雪(서설) 눈송이처럼 하얗게 날리어 흩어진 다는 뜻으로 버들개지를 이르는 말		

蓆	자리 석	부수 ++ 초두머리	총획 14획
	※ 席(자리 석)과 同字(동자)		

鉐	놋쇠 석	부수 金 쇠 금	총획 13획

秳	섬 석	부수 禾 벼 화	총획 10획

※ 1섬 = 십두(十斗)

僊	춤출 선 신선 선	부수 亻 사람인변	총획 13획

上僊(상선) 하늘에 올라 신선이 된다는 뜻으로 귀한 사람의 죽음을 높여 이르는 말

嬋	고울 선	부수 女 여자 녀	총획 15획

敾	기울 선	부수 攵 등글월문	총획 16획

渲	바림 선	부수 氵 삼수변	총획 12획

渲染法(선염법) 화면에 물을 칠하여 마르기 전에 채색하는 화법

煽	부채질할 선	부수 火 불 화	총획 14획

煽動(선동) 남을 부추기어 일을 일으키게 함
煽情的(선정적) 욕정의 감정을 북돋아 일으키는 것

琁	옥 선 붉은 옥 경	부수 王 구슬옥변	총획 11획

※ 璇(옥 선)과 同字(동자)

瑄	도리옥 선	부수 王 구슬옥변	총획 13획

※ 도리옥 : 조선 시대 벼슬아치의 관모에 붙이던 옥관자

璇	옥 선	부수 王 구슬옥변	총획 15획

璇室(선실) 옥으로 꾸민 방

蘚	이끼 선	부수 艹 초두머리	총획 21획

蘚苔類(선태류) 이끼식물

跣	맨발 선	부수 足 발 족	총획 13획

徒跣(도선) 아무것도 신지 아니한 맨발

鐥	복자 선 낫 삼	**부수** 金 쇠 금	**총획** 20획

※ 복자 : 조판에 필요한 활자가 없을 경우 적당한 활자를 임시로 꽂은 것

饍	반찬 선 차려낼 찬	**부수** 飠 밥식변	**총획** 21획

※ 膳(반찬 선)과 同字(동자)

墡	백토 선	**부수** 土 흙 토	**총획** 15획

嫙	예쁠 선	**부수** 女 여자 녀	**총획** 14획

愃	잊을 선 너그러울 훤	**부수** 忄 심방변	**총획** 12획

珗	옥돌 선	**부수** 王 구슬옥변	**총획** 10획

洩	샐 설	**부수** 氵 삼수변	**총획** 9획

漏洩(누설) 물·공기·냄새·비밀 따위가 밖으로 샘. 비밀을 밖으로 새어 나가게 함

渫	파낼 설 출렁거릴 접	**부수** 氵 삼수변	**총획** 12획

浚渫(준설) 물의 깊이를 증가시켜 배가 잘 드나들게 하기 위해 하천, 항만 등의 바닥에 쌓인 모래나 암석을 파내는 일

褻	더러울 설	**부수** 衣 옷 의	**총획** 17획

褻慢(설만) 행동이 무례하고 방자함
褻服(설복) 예복이 아닌 언제나 입고 있는 옷으로 속옷 등을 의미함
猥褻(외설) 남녀 간의 난잡하고 부정한 성행위

齧	물 설	**부수** 齒 이 치	**총획** 21획

齧齒類(설치류) 쥐, 다람쥐 등

藠	향풀 설	**부수** 艹 초두머리	**총획** 15획

卨	사람 이름 설	**부수** 内 짐승발자국 유	**총획** 12획

剡	땅 이름 섬 날카로울 염	**부수** 刂 선칼도방	**총획** 10획

殲	다 죽일 섬	**부수** 歹 죽을사변	**총획** 21획

殲滅(섬멸) 적을 모조리 무찔러 없애는 것

宬	서고 성	**부수** 宀 갓머리	**총획** 10획

※ 서고 : 책을 보관하는 방

猩	성성이 성	**부수** 犭 개사슴록변	**총획** 12획

猩紅(성홍) 성성이의 털빛처럼 약간 검고 짙은
다홍색
黑猩惺(흑성성) 침팬지
※ 성성이 : 오랑우탄

珹	옥 이름 성	**부수** 王 구슬옥변	**총획** 11획

筬	바디 성	**부수** 竹 대 죽	**총획** 13획

※ 바디 : 베틀, 방직기 등에 딸린 기구

腥	비릴 성	**부수** 月 육달월	**총획** 13획

腥風(성풍) 싸움터에서 피비린내가 끼치는 바람
腥血(성혈) 비린내 나는 피
血腥(혈성) 피비린내

瑆	옥빛 성 빛날 성	**부수** 王 구슬옥변	**총획** 13획

娍	아름다울 성	**부수** 女 여자 녀	**총획** 10획

賑	재물 성 재물 생	**부수** 貝 조개 패	**총획** 12획

笹	조릿대 세	**부수** 竹 대 죽	**총획** 11획

※ 조릿대 : 볏과의 여러해살이식물

忕	익숙해질 세 사치할 태	**부수** 忄 심방변	**총획** 6획

嘯	휘파람 불 소 꾸짖을 질	부수 口 입 구	총획 16획

嘯音(소음) 휘파람 소리
虎嘯(호소) 범의 휘파람이란 뜻으로 범이 으르
렁거림. 또는 그 울음

篠	조릿대 소	부수 竹 대 죽	총획 17획

※ 조릿대 : 볏과의 여러해살이식물

搔	긁을 소 손톱 조	부수 扌 재방변	총획 13획

搔痒症(소양증) 피부가 자꾸 가려운 증세

銷	녹일 소	부수 金 쇠 금	총획 15획

徒銷(도소) 헛되이 씀
銷暑(소서) 더위를 가시게 함

溯	거슬러 올라갈 소 물 삭	부수 氵 삼수변	총획 13획

溯行(소행) 물의 흐름에 거슬러 올라감
溯源(소원) 어떤 사물이나 일의 근원을 찾아
밝히고 상고함

招	흔들릴 소	부수 木 나무 목	총획 9획

炤	밝을 소 비출 조	부수 火 불 화	총획 9획

炤炤(소소) 밝게 보임

珋	아름다운 옥 소	부수 王 구슬옥변	총획 9획

甦	깨어날 소	부수 生 날 생	총획 12획

甦生(소생) 다시 살아나는 것
甦息(소식) 끊어질 듯이 막혔던 숨을 돌려서 쉼

愫	정성 소	부수 忄 심방변	총획 13획

瘙	피부병 소	부수 疒 병질엄	총획 15획

穌	깨어날 소 긁어모을 소	부수 禾 벼 화	총획 16획

蟾穌(섬소) 두꺼비가 분비하는 독액을 말린 약

卲	높을 소	**부수** ⼙ 병부절	**총획** 7획

淞	강 이름 송	**부수** ⺡ 삼수변	**총획** 11획
	霧淞(무송) 나무나 풀에 내려 눈처럼 된 서리		

鷔	하늘 소 닦을 초	**부수** 雨 비 우	**총획** 19획

灑	뿌릴 쇄	**부수** ⺡ 삼수변	**총획** 22획
	灑掃(쇄소) 물을 뿌리고 비로 쓰는 일 瀟灑(소쇄) 맑고 깨끗함		

涑	헹굴 속	**부수** ⺡ 삼수변	**총획** 10획
	雲涑計(운속계) 구름의 움직이는 속도를 측정 하는 기계		

釗	쇠 쇠 볼 소	**부수** 金 쇠 금	**총획** 10획

謖	일어날 속	**부수** 言 말씀 언	**총획** 17획
	泣斬馬謖(읍참마속) 눈물을 머금고 마속의 목 을 벤다는 뜻으로, 사랑 하는 신하를 법대로 처단 하여 질서를 바로잡음		

嗽	기침할 수 빨아들일 삭	**부수** ⼝ 입 구	**총획** 14획
	咳嗽(해수) 기도의 점막이 자극을 받아 갑자기 숨소리를 터트려 내는 일 乾嗽(건수) 마른기침		

蓀	향풀 이름 손	**부수** ⺿ 초두머리	**총획** 14획
	溪蓀(계손) 붓꽃		

岫	산굴 수	**부수** 山 뫼 산	**총획** 8획
	巖岫(암수) 바위로 된 굴		

悚	두려울 송	**부수** ⺖ 심방변	**총획** 10획
	罪悚(죄송) 죄스럽고 송구스러움 悚懼(송구) 두려워서 마음이 몹시 거북함		

峀	산굴 수	**부수** 山 뫼 산	**총획** 8획
	巖峀杳冥(암수묘명) 큰 바위와 메 뿌리가 묘연 하고 아득함 ※ 岫(산굴 수)와 同字(동자)		

琇	옥돌 수	**부수** 玉 구슬옥변	**총획** 11획

璲	패옥 수	**부수** 玉 구슬옥변	**총획** 17획

脩	포 수	**부수** 月 육달월	**총획** 11획

脯脩(포수) 얇게 저며서 말린 고기
脩竹(수죽) 밋밋하게 자란 가늘고 긴 대

茱	수유 수	**부수** ⾋ 초두머리	**총획** 10획

山茱萸(산수유) 산수유나무의 열매

蓚	수산 수 싹 조	**부수** ⾋ 초두머리	**총획** 14획

蓚酸(수산) 가장 간단한 화학 구조의 2염기성
유기산의 한 가지

邃	깊을 수	**부수** ⻌ 책받침	**총획** 18획

深邃(심수) 깊숙하고 그윽함. 또는 학예 등의
깊이가 있는 모양
祕邃(비수) 비밀스럽고 깊숙함
邃古(수고) 아득한 옛날. 멀고 먼 옛적

銹	녹슬 수	**부수** 金 쇠 금	**총획** 15획

鐵銹(철수) 쇠에 생기는 녹

隧	길 수 떨어질 추	**부수** ⻏ 좌부변	**총획** 16획

墓隧(묘수) 무덤으로 가는 길
隧道(수도) 평지, 산, 바다, 강 등의 밑바닥을
뚫어서 굴로 만든 철도나 도로

濉	물 이름 수 부릅떠 볼 휴	**부수** ⺡ 삼수변	**총획** 16획

※ 睢(물 이름 수, 부릅떠 볼 휴)와 同字(동자)

鶽	새매 수	**부수** 鳥 새 조	**총획** 19획

※ 새매 : 수릿과의 새

睟	재물 수	**부수** 貝 조개 패	**총획** 15획

夙	이를 숙	**부수** 夕 저녁 석	**총획** 6획

夙成(숙성) 나이는 어리지만 정신적·육체적
발육이 빨라 어른스러움
夙願(숙원) 오래도록 지녀온 소원
夙起(숙기) 아침에 일찍 일어남

潚　빠를 숙
　　깊고 맑을 축 ｜부수 ⺡ 삼수변 ｜총획 16획

瑡　정성 순
　　엄할 준 ｜부수 忄 심방변 ｜총획 9획
恂然(순연) 별안간. 갑자기

琡　옥 이름 숙 ｜부수 王 구슬옥변 ｜총획 12획

枸　가름대 순 ｜부수 木 나무 목 ｜총획 10획
※ 가름대 : 가로지른 나무 막대기

璹　옥 그릇 숙 ｜부수 王 구슬옥변 ｜총획 18획

橓　무궁화나무 순 ｜부수 木 나무 목 ｜총획 16획

菽　콩 숙 ｜부수 ⺿ 초두머리 ｜총획 12획
菽水(숙수) 콩과 물. 곧 변변치 못한 검소한 음식

珣　옥 이름 순 ｜부수 王 구슬옥변 ｜총획 10획

橚　줄지어 설 숙 ｜부수 木 나무 목 ｜총획 17획

蓴　순채 순 ｜부수 ⺿ 초두머리 ｜총획 15획
蓴菜茶(순채차) 순채잎을 오미자의 국물에 넣고 꿀을 탄 차

徇　돌 순
　　주창할 순 ｜부수 彳 두인변 ｜총획 9획
徇軍部(순군부) 고려 초에 군사를 맡아보던 관아

蕣　무궁화 순 ｜부수 ⺿ 초두머리 ｜총획 16획
蕣花(순화) 무궁화

諄	타이를 순	**부수** 言 말씀 언	**총획** 15획

錞	악기 이름 순 창고달 대	**부수** 金 쇠 금	**총획** 16획

鉥	돗바늘 술	**부수** 金 쇠 금	**총획** 13획

※ 돗바늘 : 매우 크고 굵은 바늘

崧	우뚝 솟을 숭	**부수** 山 뫼 산	**총획** 11획

崧高(숭고) 산이 높음

蝨	이 슬	**부수** 虫 벌레 훼	**총획** 15획

臭蝨(취슬) 빈대
牛蝨(우슬) 진드기
毛蝨(모슬) 사면발이

瑟	푸른 구슬 슬	**부수** 王 구슬옥변	**총획** 17획

蠅	파리 승	**부수** 虫 벌레 훼	**총획** 19획

家蠅(가승) 집파리

縢	잉아 승	**부수** 木 나무 목	**총획** 14획

※ 잉아 : 베틀의 굵은 실

丞	이을 승	**부수** 水 물 수	**총획** 5획

塍	밭두둑 승	**부수** 土 흙 토	**총획** 13획

塍蹟(승적) 이름난 훌륭한 고적

嘶	울 시	**부수** 口 입 구	**총획** 15획

聲嘶症(성시증) 목소리가 쉬는 증세
嘶徒(시도) 가축에게 먹이를 먹이는 일 등 천한
일에 종사하던 하인

屎	똥 시	**부수** 尸 주검시엄	**총획** 9획

胎屎(태시) 배 속의 똥
屎尿(시뇨) 똥과 오줌

恃	믿을 시 어머니 시	**부수** ↑ 심방변	**총획** 9획
	矜恃(긍시) 자기 행동에 대해 자존심을 가짐		

偲	굳셀 시	**부수** 亻 사람인변	**총획** 11획

猜	시기할 시 시기할 채	**부수** 犭 개사슴록변	**총획** 11획
	猜忌(시기) 어떤 사람이 자기보다 뛰어난 사람 을 샘하여 미워하는 것 猜妬(시투) 시기하고 질투함		

埴	찰흙 식 찰흙 치	**부수** 土 흙 토	**총획** 11획
	埴壤土(치양토) 점토가 들어 있는 양토		

蒔	모종 낼 시	**부수** ++ 초두머리	**총획** 14획

寔	이 식	**부수** 宀 갓머리	**총획** 12획
	寔景(식경) 매우 좋은 경치		

蓍	톱풀 시	**부수** ++ 초두머리	**총획** 14획
	短蓍占(단시점) 솔잎 따위를 뽑아서 간단하게 치는 점		

拭	씻을 식	**부수** 扌 재방변	**총획** 9획
	拂拭(불식) 말끔하게 치워 없앰 掃拭(소식) 쓸고 닦음 拭淨(식정) 말끔하게 씻어 깨끗이 함 拭目(식목) 눈을 깨끗이 씻고 자세히 봄		

豕	돼지 시	**부수** 豕 돼지 시	**총획** 7획
	豕牢(시뢰) 돼지를 키우는 곳 豕心(시심) 욕심이 많고 부끄러움을 모르는 돼 지 같은 마음		

熄	불 꺼질 식	**부수** 火 불 화	**총획** 14획
	終熄(종식) 한때 매우 성하던 것이 주저앉아서 그침 熄滅(식멸) 불이 꺼져 없어짐. 또는 자취도 없 이 없애 버림		

豺	승냥이 시	**부수** 豸 갖은돼지시변	**총획** 10획
	豺狼(시랑) 승냥이와 이리		

簹	대밥통 식	**부수** 竹 대 죽	**총획** 15획

栻	점치는 가구 식	**부수** 木 나무 목	**총획** 10획

侁	걷는 모양 신	**부수** 亻 사람인변	**총획** 8획

呻	읊조릴 신	**부수** 口 입 구	**총획** 8획

呻吟(신음) 병이나 고통으로 앓는 소리를 냄
嚬呻(빈신) 얼굴을 찡그리고 끙끙거림

宸	대궐 신	**부수** 宀 갓머리	**총획** 10획

宸闕(신궐) 궁궐
宸掖(신액) 임금의 궁전
宸襟(신금) 임금의 마음
宸慮(신려) 임금의 뜻

燼	불탄 끝 신	**부수** 火 불 화	**총획** 18획

灰燼(회신) 재와 불탄 끄트러기
餘燼(여신) 타다 남은 불기운

莘	족두리풀 신 나라 이름 신	**부수** ++ 초두머리	**총획** 11획

藎	조개풀 신 나머지 탄	**부수** ++ 초두머리	**총획** 18획

藎臣(신신) 충신

蜃	큰 조개 신	**부수** 虫 벌레 훼	**총획** 13획

蜃氣樓(신기루) 바다 위나 사막에서 빛의 굴절 때문에 엉뚱한 곳에 사물이 있는 것처럼 보이는 현상

璶	옥돌 신	**부수** 王 구슬옥변	**총획** 18획

沁	스며들 심	**부수** 氵 삼수변	**총획** 7획

沁留(심류) 조선 시대 때 강화 유수를 달리 이르던 말

芯	골풀 심	**부수** ++ 초두머리	**총획** 8획

鉛筆芯(연필심) 연필 속에 들어 있는 흑연으로 된 심

諶	참 심	**부수** 言 말씀 언	**총획** 16획

宋諶(송심) 조선 시대 인조 때의 장군

莪	쑥 아	부수 艹 초두머리	총획 11획

菁莪(청아) 인재를 교육함

帷	휘장 악	부수 巾 수건 건	총획 12획

帳幄(장악) 야외에서 둘러치는 막
幄幕(악막) 군대의 진영 안에 친 장막

訝	의심할 아	부수 言 말씀 언	총획 11획

疑訝(의아) 의심스러워 괴이쩍음
驚訝(경아) 놀랄 만큼 의아하게 여김
訝惑(아혹) 괴이하고 의심스러움

愕	놀랄 악	부수 忄 심방변	총획 12획

驚愕(경악) 뜻밖의 일에 놀라서 충격을 받는 것
愕然(악연) 몹시 놀라는 모양
嗟愕(차악) 슬픈 일을 당하여 몹시 놀람

阿	언덕 아	부수 阝 좌부변	총획 8획

阿附(아부) 남의 비위를 맞추고 알랑거림
阿諂(아첨) 남의 비위를 맞추어 알랑거리는 짓

渥	두터울 악 담글 우	부수 氵 삼수변	총획 12획

優渥(우악) 은혜가 매우 넓고 두터움
渥丹(악단) 얼굴빛이 붉고 윤기가 도는 것

鴉	갈까마귀 아	부수 鳥 새 조	총획 15획

烏鴉(오아) 까마귀
嘴細鴉(취세아) 까마귀
寒鴉(한아) 까마귓과의 새를 통틀어 이르는 말

鄂	나라 이름 악	부수 阝 우부방	총획 12획

妸	아름다울 아	부수 女 여자 녀	총획 8획

※ 婀(아리따울 아)와 同字(동자)

鍔	칼날 악	부수 金 쇠 금	총획 17획

婀	아리따울 아	부수 女 여자 녀	총획 11획

婀娜(아나) 아름답고 요염함

鰐	악어 악	부수 魚 물고기 어	총획 20획

鰐魚(악어) 악어류에 딸린 동물을 통틀어 말함

齷	악착할 악	**부수** 齒 이 치	**총획** 24획
	齷齪(악착) 사소한 일에 매우 끈기 있고 모질게 행동함		

鮟	아귀 안	**부수** 魚 물고기 어	**총획** 17획
	鮟鱇魚(안강어) 아귀		

斡	돌 알	**부수** 斗 말 두	**총획** 14획
	斡旋(알선) 남의 일을 잘 되도록 마련하여 줌 斡流(알류) 뱅뱅 돌아 흐르는 물		

軋	삐걱거릴 알	**부수** 車 수레 거	**총획** 8획
	軋轢(알력) 의견이 서로 충돌됨 軋齒(알치) 소리를 내어 이를 갊		

岩	바위 암	**부수** 山 뫼 산	**총획** 8획
	岩石(암석) 부피가 큰 돌		

唵	머금을 암	**부수** 口 입 구	**총획** 11획
	唵昧(암매) 사실을 갈피 잡아 알아내기 힘듦		

闇	숨을 암 큰물 질 음	**부수** 門 문 문	**총획** 17획
	闇愚(암우) 사리에 어둡고 어리석음		

狎	익숙할 압 익숙할 합	**부수** 犭 개사슴록변	**총획** 8획
	狎客(압객) 주인과 스스럼없이 가깝게 지내는 손님		

怏	원망할 앙	**부수** 忄 심방변	**총획** 8획
	怏心(앙심) 원한을 품고 앙갚음하려고 벼르는 마음 怏宿(앙숙) 앙심을 품고 서로 미워함. 또는 그런 사이		

鴦	원앙 앙	**부수** 鳥 새 조	**총획** 16획
	鴛鴦(원앙) 오릿과의 물새 鴛鴦契(원앙계) 금슬이 좋은 부부의 사이		

昂	밝을 앙 오를 앙	**부수** 日 날 일	**총획** 8획
	※ 昻(밝을 앙)의 本字(본자)		

曖	희미할 애	**부수** 日 날 일	**총획** 17획
	曖昧(애매) 희미하여 분명하지 않음		

隘	좁을 애 막을 액	**부수** ß 좌부변	**총획** 13획
	隘路(애로) 좁고 험한 길. 또는 일의 진행을 방 　　　　해하는 장애 隘守(액수) 중요한 곳을 굳게 지킴		

惹	이끌 야	**부수** 心 마음 심	**총획** 13획
	惹起(야기) 무슨 일이나 사건 따위를 끌어 일으킴 惹端(야단) 떠들썩하게 벌어진 일 惹鬧(야료) 까닭 없이 트집을 잡고 함부로 떠들 　　　　어 대는 짓		

靄	아지랑이 애	**부수** 雨 비 우	**총획** 24획
	蒼靄(창애) 푸른 아지랑이 暮靄(모애) 저녁 안개		

揶	야유할 야	**부수** 扌 재방변	**총획** 12획
	揶揄(야유) 남을 빈정거려 놀리는 것		

扼	잡을 액	**부수** 扌 재방변	**총획** 7획
	扼腕(액완) 성나고 분하여 주먹을 쥠 要扼(요액) 적을 기다려 막음		

椰	야자나무 야	**부수** 木 나무 목	**총획** 13획
	椰子樹(야자수) 야자나무 椰子油(야자유) 야자열매 씨로 짠 흰빛의 야자 　　　　기름		

縊	목맬 액	**부수** 糸 실 사	**총획** 16획
	縊死(액사) 목을 매어 죽음 自縊(자액) 스스로 목매어 죽음		

爺	아버지 야	**부수** 父 아비 부	**총획** 13획
	好好爺(호호야) 인품이 아주 좋은 늙은이 爺爺(야야) 예전에, '아버지'를 높여 이르던 말		

罌	양병 앵	**부수** 缶 장군 부	**총획** 20획
	罌粟(앵속) 양귀비 ※ 양병 : 배가 부르고 목이 좁고 짧은 오지병		

藥	꽃밥 약	**부수** ++ 초두머리	**총획** 13획
	内向藥(내향약) 도라지처럼 겉면이 꽃의 중심 　　　　을 향하는 약 脚生藥(각생약) 수술 끝에 곧게 붙어 있는 약		

鸚	앵무새 앵	**부수** 鳥 새 조	**총획** 28획
	鸚鵡(앵무) 사람의 말을 잘 흉내 내는 열대 지 　　　　방에 사는 새 이름		

蒻	구약나물 약	**부수** ++ 초두머리	**총획** 14획

佯	거짓 양	부수 亻 사람인변	총획 8획

佯病(양병) 꾀병
佯名(양명) 이름을 속임
佯言(양언) 사실이 아닌 것을 사실인 것처럼
　　　　꾸며 하는 말

恙	병 양 근심할 양	부수 心 마음 심	총획 10획

無恙(무양) 몸에 탈이 없음
微恙(미양) 대단하지 않은 병
小恙(소양) 대수롭지 않게 앓는 병

敭	오를 양	부수 攵 등글월문	총획 13획

歷敭(역양) 청환을 많이 지냄

暘	해돋이 양	부수 日 날 일	총획 13획

暘谷(양곡) 해가 처음 돋는 동쪽

瀼	내 이름 양	부수 氵 삼수변	총획 18획

煬	쬘 양	부수 火 불 화	총획 13획

隋煬帝(수양제) 중국 수나라의 제2대 황제

痒	가려울 양	부수 疒 병질엄	총획 11획

搔痒(소양) 아프고 가려움
耳痒症(이양증) 귓속이 가려운 증상

禳	제사 이름 양 물리칠 양	부수 示 보일 시	총획 22획

祈禳(기양) 복은 오고 재앙은 물러가라고 빎

穰	짚 양	부수 禾 벼 화	총획 22획

早穰(조양) 제철보다 일찍 여무는 벼
豊穰(풍양) 풍년이 들어 곡식이 잘 여묾
飢穰(기양) 흉년과 풍년

漾	출렁거릴 양	부수 氵 삼수변	총획 14획

漾漾(양양) 떠돌아다니듯이 흔들흔들 움직이는
　　　　모양
蕩漾(탕양) 물결이 넘실거려 움직임

昜	볕 양	부수 日 날 일	총획 9획

※ 陽(볕 양)의 고자(古字)
昜骨(양골) 말의 얼굴 양쪽 눈 아래에 있는 곧
　　　　게 뻗은 뼈

圄	옥 어	부수 囗 큰입구몸	총획 10획

囹圄(영어) 죄수를 가두는 감옥
圄囹(어령) 감옥

瘀

어혈질 어

부수	총획
疒 병질엄	13획

瘀血(어혈) 몸에 피가 제대로 돌지 못하여 한 곳에 맺혀 있는 증세

偃

쓰러질 언

부수	총획
亻 사람인변	11획

偃然(언연) 거드름을 피우고 거만스러움
偃息(언식) 걱정이 없어 편안하게 누워서 쉼

馭

말 부릴 어

부수	총획
馬 말 마	12획

龍馭(용어) 용이 수레를 몲. 즉 천자의 죽음을 뜻함
馭馬(어마) 말을 몲
制馭(제어) 억눌러 복종시킴 유 制御(제어)

嫣

아름다울 언

부수	총획
女 여자 녀	14획

嫣紅(언홍) 고운 붉은 빛

齟

어긋날 어

부수	총획
齒 이 치	22획

齟齬(저어) 틀어져서 어긋남

蘖

그루터기 얼

부수	총획
++ 초두머리	21획

麴蘖(국얼) 누룩. 술을 빚는 데 쓰는 발효제
麥蘖(맥얼) 엿기름
分蘖(분얼) 벼, 보리 따위의 뿌리에 가까운 줄기의 마디에서 가지가 갈라져 나옴

唹

고요히 웃을 어

부수	총획
口 입 구	11획

俺

클 엄
나 암

부수	총획
亻 사람인변	10획

檍

감탕나무 억

부수	총획
木 나무 목	17획

奄

문득 엄

부수	총획
大 큰 대	8획

奄忽(엄홀) 급작스러움

臆

가슴 억

부수	총획
月 육달월	17획

臆測(억측) 근거가 없이 하는 추측
臆斷(억단) 근거 없이 억측하여 판단함
臆見(억견) 어떤 근거 없이 미루어 헤아리는 자기 상상의 소견

淹

담글 엄

부수	총획
氵 삼수변	11획

淹死(엄사) 물에 빠져 죽음
淹留(엄류) 오래 머무름

嶪	높고 험할 업	부수 山 뫼 산	총획 16획

円	화폐 단위 엔 둥글 원	부수 冂 멀경몸	총획 4획

円貨(엔화) 엔을 화폐 단위로 하는 돈
※ 圓(둥글 원)의 俗字(속자)

歟	어조사 여	부수 欠 하품 흠	총획 18획

也歟(야여) 그러한가

璵	옥 여	부수 王 구슬옥변	총획 18획

礖	돌 이름 여	부수 石 돌 석	총획 19획

艅	배 이름 여	부수 舟 배 주	총획 13획

茹	먹을 여	부수 艹 초두머리	총획 10획

竹茹(죽여) 솜대의 얇은 속껍질을 한방에서 이르는 말

轝	수레 여	부수 車 수레 거	총획 21획

※ 輿(수레 여, 명예 예)와 同字(동자)

妤	여관 여	부수 女 여자 녀	총획 7획

暘	해 반짝 날 역 해돋이 양	부수 日 날 일	총획 12획

暘谷(양곡) 해가 처음 돋는 곳
暘烏(양오) '태양'을 달리 이르는 말

嚥	삼킬 연	부수 口 입 구	총획 19획

嚥下(연하) 꿀떡 삼켜서 넘김
誤嚥(오연) 모르고 잘못 삼켜 버림

堧	빈 터 연	부수 土 흙 토	총획 12획

妍	고울 연	부수 女 여자 녀	총획 9획

妍粧(연장) 예쁘게 단장함
妍容(연용) 어여쁜 모습. 아름다운 얼굴
妍醜(연추) 용모의 아름다움과 추함

縯	길 연 사람 이름 인	부수 糸 실 사	총획 17획

娟	예쁠 연	부수 女 여자 녀	총획 10획

娟娟(연연) 빛이 산뜻하게 아름답고 고움
娟秀(연수) 얼굴이 아름답고 빼어남

嬿	빛날 연	부수 女 여자 녀	총획 10획

挻	늘일 연	부수 扌 재방변	총획 10획

瑌	옥돌 연	부수 王 구슬옥변	총획 13획

沇	강 이름 연	부수 氵 삼수변	총획 7획

曣	청명할 연	부수 日 날 일	총획 20획

涎	침 연	부수 氵 삼수변	총획 10획

垂涎(수연) 좋은 음식을 보고 침을 흘림. 또는
　　　　무엇을 탐내어 가지고 싶어함
流涎(유연) 몹시 부러워함의 비유

燃	성씨 연	부수 女 여자 녀	총획 15획

涓	시내 연	부수 氵 삼수변	총획 10획

涓流(연류) 작은 시내. 또는 사물의 미세함을
　　　　비유한 말
涓露(연로) 이슬 정도의 물의 뜻으로 매우 적
　　　　은 물을 이르는 말

醼	잔치 연	부수 酉 닭 유	총획 23획

醼享(연향) 국빈을 대접하는 잔치

兗	바를 연 땅 이름 연	**부수** 儿 어진사람인발	**총획** 9획

琰	옥 염	**부수** 王 구슬옥변	**총획** 12획

苒	풀 우거질 염	**부수** 艹 초두머리	**총획** 9획

荏苒(임염) 차츰차츰 세월이 지나감. 또는 사물이 점진적으로 변화함

豔	고울 염	**부수** 色 빛 색	**총획** 24획

※ 艶(고울 염)의 本字(본자)

曄	빛날 엽	**부수** 日 날 일	**총획** 16획

曄然(엽연) 기상이 뛰어나고 성한 모양

熀	이글거릴 엽 이글거릴 황	**부수** 火 불 화	**총획** 14획

塋	무덤 영	**부수** 土 흙 토	**총획** 13획

墳塋(분영) 무덤

嶸	가파를 영	**부수** 山 뫼 산	**총획** 17획

楹	기둥 영	**부수** 木 나무 목	**총획** 13획

丹楹(단영) 붉게 칠한 기둥

瀅	물 맑을 영	**부수** 氵 삼수변	**총획** 12획

潁	강 이름 영	**부수** 水 물 수	**총획** 15획

潁陽千(영양천) 선조들이 대대로 영양에 살았으므로 본관을 영양으로 삼게 되었다고 함

濙	물 졸졸 흐를 영	**부수** 氵 삼수변	**총획** 17획

瀯	물 졸졸 흐를 영	**부수** ⺡ 삼수변	**총획** 20획

咏	읊을 영	**부수** 口 입 구	**총획** 8획

咏唱(영창) 서정적 소가곡 및 그 기악곡
※ 詠(읊을 영)과 同字(동자)

燁	빛날 영	**부수** 火 불 화	**총획** 13획

嬰	어린아이 영	**부수** 女 여자 녀	**총획** 17획

嬰兒(영아) 젖먹이
嬰孩(영해) 어린아이
退嬰(퇴영) 뒤로 물러나서 움직이지 아니함

獰	모질 영 모질 녕	**부수** ⺨ 개사슴록변	**총획** 17획

凶獰(흉녕) 성질이 흉악하고 사나움
獰猛(영맹) 모질고 사나움
獰惡(영악) 모질고 악착스러움

乂	벨 예 징계할 애	**부수** 丿 삐침 별	**총획** 2획

趙匡乂(조광예) 중국 송(宋)나라의 2대 임금

瑛	옥빛 영	**부수** 王 구슬옥변	**총획** 13획

倪	어린이 예	**부수** 亻 사람인변	**총획** 10획

端倪(단예) 맨 끝. 한이 없는 가

鍈	방울 소리 영	**부수** 金 쇠 금	**총획** 17획

刈	벨 예	**부수** 刂 선칼도방	**총획** 4획

刈穫(예확) 농작물을 베어 거두어들임
刈除(예제) 풀 등을 베어 없앰
刈草(예초) 풀베기

霙	진눈깨비 영	**부수** 雨 비 우	**총획** 17획

沴	물굽이 예	**부수** ⺡ 삼수변	**총획** 7획

猊	사자 예	**부수** 犭 개사슴록변	**총획** 11획

猊座(예좌) 부처가 앉는 자리. 또는 고승이 앉는 자리

欒	꽃술 예	**부수** 木 나무 목	**총획** 16획

蘂	꽃술 예	**부수** ++ 초두머리	**총획** 20획

蘂國(예국) 삼국 시대 초기의 부족(部族) 국가

珥	옥돌 예	**부수** 王 구슬옥변	**총획** 9획

詣	이를 예	**부수** 言 말씀 언	**총획** 13획

造詣(조예) 학문이나 기예가 깊은 경지까지 이름
馳詣(치예) 웃어른 앞으로 빠른 걸음으로 나아감

俉	맞이할 오	**부수** 亻 사람인변	**총획** 9획

證俉(증오) 실지로 불도를 닦아 대도를 깨달음

霓	무지개 예	**부수** 雨 비 우	**총획** 16획

虹霓(홍예) 무지개
雲霓(운예) 구름과 무지개. 또는 비가 올 징조
霓裳(예상) 무지개와 같이 아름다운 치마

塢	둑 오	**부수** 土 흙 토	**총획** 13획

堄	성가퀴 예	**부수** 土 흙 토	**총획** 11획

※ 성가퀴 : 성 위에 낮게 쌓은 담

墺	물가 오 / 물가 욱	**부수** 土 흙 토	**총획** 16획

墺國(오국) 오스트리아
墺地利(오지리) 오스트리아

埶	재주 예/심을 예 / 형세 세	**부수** 土 흙 토	**총획** 11획

※ 藝(재주 예)와 同字(동자)
※ 勢(형세 세)와 同字(동자)

寤	잠 깰 오	**부수** 宀 갓머리	**총획** 14획

覺寤(각오) 꿈에서 깸
寤寐(오매) 깨어 있을 때나 자고 있을 때

懊	한할 오	부수 ↑ 심방변	총획 16획
	懊惱(오뇌) 뉘우쳐 한탄하고 번뇌함		

筽	버들고리 오	부수 竹 대 죽	총획 13획
	※ 버들고리 : 키버들의 가지로 결어 만든 상자		

敖	거만할 오	부수 攵 등글월문	총획 11획
	敖慢(오만) 태도가 거만함 敖民(오민) 빈둥빈둥 노는 백성 敖遊(오유) 놀며 지냄. 또는 이곳저곳을 돌아다님		

蜈	지네 오	부수 虫 벌레 훼	총획 13획
	蜈蚣(오공) 말린 지네		

晤	총명할 오	부수 日 날 일	총획 11획
	晤面(오면) 서로 만남 會晤(회오) 회견		

鼇	자라 오	부수 黽 맹꽁이 맹	총획 24획
	鼇頭(오두) 서적의 본문 윗난에 써 놓은 주해문 (註解文)		

澳	깊을 오 후미 욱	부수 氵 삼수변	총획 16획

珸	옥돌 오	부수 王 구슬옥변	총획 11획

熬	볶을 오	부수 灬 연화발	총획 15획
	熬餠(오병) 떡볶이. 가래떡을 쇠고기와 채소를 넣고 양념을 하여 볶은 음식		

浯	강 이름 오	부수 氵 삼수변	총획 10획

獒	개 오	부수 犬 개 견	총획 15획
	獒樹(오수) 충견을 추도하여 심은 나무		

瑥	사람 이름 온	부수 王 구슬옥변	총획 14획

縕	헌솜 온	부수 糸 실 사	총획 16획
	縕袍(온포) 묵은 솜을 둔 도포		

媼	할머니 온	부수 女 여자 녀	총획 13획
	媒媼(매온) 혼인을 중매하는 할머니 尊媼(존온) 늙은 어머니를 높여 이르는 말 翁媼(옹온) 할아버지와 할머니		

壅	막을 옹	부수 土 흙 토	총획 16획
	壅拙(옹졸) 성질이 너그럽지 못하고 생각이 좁음 壅固執(옹고집) 억지가 아주 심한 고집		

瓮	독 옹	부수 瓦 기와 와	총획 9획
	鐵瓮城(철옹성) 매우 튼튼히 둘러싼 것이나 그 러한 상태를 비유하여 이르는 말 ※ 甕(독 옹)과 同字(동자)		

癰	악창 옹	부수 疒 병질엄	총획 23획
	肝癰(간옹) 간장에 생긴 종기 乳癰(유옹) 젖이 곪아 생기는 종기		

邕	막힐 옹	부수 邑 고을 읍	총획 10획

窪	웅덩이 와	부수 穴 구멍 혈	총획 14획
	窪地(와지) 움푹 패어 웅덩이가 된 땅 窪隆(와륭) 우묵한 곳과 높은 곳		

蝸	달팽이 와	부수 虫 벌레 훼	총획 15획
	蝸牛(와우) 달팽이. 달팽잇과의 하나		

宛	완연할 완	부수 宀 갓머리	총획 8획
	宛轉(완전) 군색한 데가 없이 순탄하고 원활함		

梡	도마 완	부수 木 나무 목	총획 11획

椀	주발 완	부수 木 나무 목	총획 12획
	※ 주발 : 놋쇠로 만든 그릇		

琓	옥 이름 완	부수 王 구슬옥변	총획 11획

琓	홀 완	부수 王 구슬옥변	총획 12획
	戚琓(척완) 임금의 내척과 외척		

婠	품성 좋을 완	부수 女 여자 녀	총획 11획

碗	사발 완	부수 石 돌 석	총획 13획
	茶碗(차완) 찻종(茶鍾)의 한 가지. 조금 크고 뚜껑이 있음		

妧	좋을 완 예쁠 완	부수 女 여자 녀	총획 7획

翫	희롱할 완	부수 羽 깃 우	총획 15획
	翫弄(완롱) 장난감이나 놀림감처럼 희롱함 展翫(전완) 펼쳐서 보고 즐김		

岏	산 뾰족할 완	부수 山 뫼 산	총획 7획

脘	밥통 완	부수 月 육달월	총획 11획
	下脘(하완) 위와 십이지장의 경계부분		

枉	굽을 왕	부수 木 나무 목	총획 8획
	枉曲(왕곡) 휘어 구부러짐 枉臨(왕림) 남이 자기 있는 곳으로 찾아오는 일을 높여 이르는 말		

豌	완두 완	부수 豆 콩 두	총획 15획
	豌豆(완두) 콩과에 딸린 한해살이 또는 두해살이 덩굴풀		

娃	예쁠 왜 예쁠 와	부수 女 여자 녀	총획 9획
	吳娃(오왜) 오(吳)나라의 미인		

垸	바를 완 바를 환	부수 土 흙 토	총획 10획

嵬	높을 외	부수 山 뫼 산	총획 13획
	嵬選(외선) 과거에 우등으로 급제하는 일		

猥	외람할 외	**부수** 犭 개사슴록변	**총획** 12획
	猥褻(외설) 남녀 간의 난잡하고 부정한 성행위 猥言(외언) 추잡하고 음탕한 말		

橈	굽을 요 노 요	**부수** 木 나무 목	**총획** 16획
	橈狀(요상) 배를 젓는 노와 같은 모양		

僥	요행 요	**부수** 亻 사람인변	**총획** 14획
	僥倖(요행) 거의 가능성이 없는 어려운 일이 우연히 잘 되어 다행함 僥倖數(요행수) 뜻밖에 얻는 행복한 운수		

燿	빛날 요	**부수** 火 불 화	**총획** 18획
	炳燿(병요) 빛나고 번쩍임 閃燿(섬요) 번쩍거리며 빛남 燿燿(요요) 빛이 비쳐 밝음		

寥	쓸쓸할 요	**부수** 宀 갓머리	**총획** 14획
	閑寥(한료) 한가롭고 조용함 寂寥(적요) 적적하고 쓸쓸함		

窈	고요할 요	**부수** 穴 구멍 혈	**총획** 10획
	窈靄(요애) 깊고 까마득함 窈然(요연) 멀고 아득함 窈窕(요조) 부녀의 행동이 얌전하고 정숙함		

嶢	높을 요	**부수** 山 뫼 산	**총획** 15획
	嶢崎(요기) 사물이 복잡하고 곡절이 많음		

繇	역사 요 말미암을 유	**부수** 糸 실 사	**총획** 17획

拗	우길 요	**부수** 扌 재방변	**총획** 8획
	執拗(집요) 고집스럽게 끈질김 拗執(요집) 외통으로 고집함		

繞	두를 요	**부수** 糸 실 사	**총획** 18획
	環繞(환요) 빙 둘러 에워쌈 纏繞性(전요성) 식물의 줄기가 다른 물체에 휘감기면서 뻗어 가는 성질		

撓	어지러울 요	**부수** 扌 재방변	**총획** 15획
	不撓(불요) 흔들리지 않음. 또는 어려움에 굽히지 않음 可撓(가요) 마음대로 구부릴 수 있음		

蟯	요충 요	**부수** 虫 벌레 훼	**총획** 18획
	蟯蟲(요충) 원충류에 딸린 기생충		

邀	맞을 요	**부수** 辶 책받침	**총획** 17획
	邀擊(요격) 맞이하여 침 奉邀(봉요) 존경하는 웃어른을 오시라고 청함		

曜	햇빛 요	**부수** 日 날 일	**총획** 14획

縟	꾸밀 욕	**부수** 糸 실 사	**총획** 16획
	縟禮(욕례) 번거로운 예법이나 예절		

俑	목우 용	**부수** 亻 사람인변	**총획** 9획
	陶俑(도용) 무덤 속에 넣기 위해 흙으로 빚은 　　　　　인형 艾俑(애용) 단옷날 문 위에 걸어 요사스럽고 　　　　　나쁜 기운을 쫓는다는 인형		

冗	쓸데없을 용	**부수** 冖 민갓머리	**총획** 4획
	閒冗(한용) 일이 없이 한가함 俗冗(속용) 세속적인 여러 가지 번거로운 일		

埇	길 돋울 용	**부수** 土 흙 토	**총획** 10획

墉	담 용	**부수** 土 흙 토	**총획** 14획

慂	권할 용	**부수** 心 마음 심	**총획** 14획
	慫慂(종용) 잘 설명하고 달래어 권함 強慂(강용) 무리하게 달래어 권함		

榕	벵골보리수 용	**부수** 木 나무 목	**총획** 14획
	※ 벵골보리수 : 뽕나뭇과의 상록 교목		

涌	물 솟을 용	**부수** 氵 삼수변	**총획** 10획
	涌沫(용말) 솟아나온 거품 涌起(용기) 물이 솟아남 涌溢(용일) 물이 솟아 넘쳐흐름		

瑢	패옥 소리 용	**부수** 王 구슬옥변	**총획** 14획

甬	길 용	**부수** 用 쓸 용	**총획** 7획
	甬道(용도) 양쪽에 담을 쌓은 길 甬筒(용통) 종의 음향을 조절하는 음관		

聳	솟을 용	**부수** 耳 귀 이	**총획** 17획

聳出(용출) 우뚝 솟아남
高聳(고용) 높이 솟음
聳動(용동) 무섭거나 놀랍거나 또는 기쁘거나
하여 몸을 솟구쳐 뛰는 움직임

藕	연뿌리 우	**부수** ⧺ 초두머리	**총획** 19획

藕花(우화) 연꽃
藕根(우근) 연꽃의 뿌리

傛	익숙할 용	**부수** 亻 사람인변	**총획** 12획

釪	창고달 우	**부수** 金 쇠 금	**총획** 11획

鉢釪(발우) 절에서 쓰는 승려의 공양 그릇
※ 창고달 : 창 끝에 끼우는 뾰족한 쇠

旴	클 우	**부수** 日 날 일	**총획** 7획

雩	기우제 우	**부수** 雨 비 우	**총획** 11획

舞雩(무우) 기우제. 또는 기우제를 지내는 곳

玗	옥돌 우	**부수** 玉 구슬옥변	**총획** 7획

堣	모퉁이 우	**부수** 土 흙 토	**총획** 12획

紆	굽을 우	**부수** 糸 실 사	**총획** 9획

盤紆(반우) 구불구불 굽음
紆曲(우곡) 구불구불 구부러져 있음

�	물소리 우 깃 우	**부수** 雨 비 우	**총획** 14획

※ 羽(깃 우)와 同字(동자)

芋	토란 우 우거질 우	**부수** ⧺ 초두머리	**총획** 7획

芋山島(우산도) 독도

扜	당길 우	**부수** 扌 재방변	**총획** 6획

勖	힘쓸 욱	부수 力 힘 력	총획 11획

彧	문채 욱 ※ 문채 : 아름다운 광채	부수 彡 터럭 삼	총획 10획

栯	산앵두 욱 나무 이름 유	부수 木 나무 목	총획 10획

煜	빛날 욱 炳煜(병욱) 밝게 빛남	부수 火 불 화	총획 13획

稶	서직 무성할 욱 ※ 서직 : 기장과 피를 아울러 이르는 말	부수 禾 벼 화	총획 15획

頊	삼갈 욱	부수 頁 머리 혈	총획 13획

橒	나무 무늬 운	부수 木 나무 목	총획 16획

殞	죽을 운 殞命(운명) 사람의 목숨이 끊어짐 殞泣(운읍) 눈물을 흘리면서 욺	부수 歹 죽을사변	총획 14획

澐	큰 물결 운	부수 氵 삼수변	총획 15획

熉	노란 모양 운	부수 火 불 화	총획 14획

蕓	평지 운 ※ 평지 : 십자화과의 두해살이풀	부수 艹 초두머리	총획 16획

沄	돌아흐를 운 沄沄(현운) 물이 솟아서 흘러나오는 모양	부수 氵 삼수변	총획 7획

夽	높을 운	부수 大 큰 대	총획 7획

贇	넉넉할 운	부수 貝 조개 패	총획 16획

亐	땅 이름 울	부수 二 두 이	총획 3획

嫄	사람 이름 원	부수 女 여자 녀	총획 13획

願	원할 원 삼갈 원	부수 心 마음 심	총획 14획

沅	강 이름 원	부수 氵 삼수변	총획 7획

洹	물 이름 원 세차게 흐를 환	부수 氵 삼수변	총획 9획

湲	흐를 원	부수 氵 삼수변	총획 12획

潺湲(잔원) 조용하고 잔잔함
貴湲(귀원) 도자기를 만드는 원료의 한 가지

爰	이에 원	부수 爪 손톱 조	총획 9획

爰書(원서) 죄인이 진술한 죄상을 적은 서류

瑗	구슬 원	부수 王 구슬옥변	총획 13획

轅	끌채 원	부수 車 수레 거	총획 17획

車轅(거원) 수레의 양쪽에 대는 긴 채

鴛	원앙 원	부수 鳥 새 조	총획 16획

鴛鴦契(원앙계) 금슬이 좋은 부부의 사이

褑	패옥 띠 원	부수 衤 옷의변	총획 14획
	※ 패옥 : 허리에 차는 옥		

襏	아름다울 위 폐슬 휘	부수 衤 옷의변	총획 14획
	※ 폐슬 : 조복(朝服)이나 제복(祭服)을 입을 때 앞에 늘여 무릎을 가리던 헝겊		

鉞	도끼 월	부수 金 쇠 금	총획 13획
	弓鉞(궁월) 활과 도끼 斧鉞(부월) 작은 도끼와 큰 도끼		

侑	권할 유	부수 亻 사람인변	총획 8획
	侑食(유식) 임금과 함께 음식을 먹으면서 임금에게 음식을 권하던 일. 제사를 지내는 절차의 하나		

暐	햇빛 위	부수 日 날 일	총획 13획

孺	젖먹이 유	부수 子 아들 자	총획 17획
	孺子(유자) 나이 어린 남자 孺慕(유모) 돌아간 부모를 그리워함		

瑋	옥 위	부수 王 구슬옥변	총획 13획
	奇瑋(기위) 기이하고 아름다움		

揄	야유할 유	부수 扌 재방변	총획 12획
	揶揄(야유) 남을 빈정거려 놀리는 것		

蔿	애기풀 위	부수 艹 초두머리	총획 16획

攸	바 유	부수 攵 등글월문	총획 7획
	攸司(유사) 그 관청 攸好德(유호덕) 오복의 하나. 도덕 지키기를 낙으로 삼는 일		

蝟	고슴도치 위	부수 虫 벌레 훼	총획 15획
	蝟集(위집) 사물이 한꺼번에 번잡하게 모여듦		

柚	유자 유 바디 축	부수 木 나무 목	총획 9획
	柚子(유자) 유자나무의 열매 橘柚(귤유) 귤과 유자		

栩	졸참나무 유	**부수** 木 나무 목	**총획** 13획
	※ 졸참나무 : 참나뭇과의 낙엽 활엽 교목		

洧	강 이름 유	**부수** 氵 삼수변	**총획** 9획

猷	꾀 유	**부수** 犬 개 견	**총획** 13획
	大猷(대유) 큰 계획. 또는 사람으로서 지켜야 할 큰 도리		

臾	잠깐 유 권할 용	**부수** 臼 절구구변	**총획** 9획
	須臾(수유) 잠시		

茰	수유 유	**부수** ++ 초두머리	**총획** 13획
	※ 수유 : 쉬나무의 열매		

諛	아첨할 유	**부수** 言 말씀 언	**총획** 16획
	諂諛(첨유) 알랑거리며 아첨하는 것 阿諛(아유) 남에게 환심을 사기 위해 알랑거림		

蹂	밟을 유	**부수** 足 발 족	**총획** 16획
	蹂躪(유린) 함부로 짓밟음. 또는 압제를 가해 자유를 속박함		

逾	넘을 유	**부수** 辶 책받침	**총획** 13획
	逾越(유월) 한도를 넘음		

瑈	옥돌 유	**부수** 王 구슬옥변	**총획** 12획

秞	무성할 유	**부수** 禾 벼 화	**총획** 10획
	倣漆秞(방칠유) 청조의 건륭요(乾隆窯)에서 만든 도자기		

曘	햇빛 유	**부수** 日 날 일	**총획** 18획

婑	아리따울 유 정숙할 와	**부수** 女 여자 녀	**총획** 11획

奫	물 깊고 넓을 윤	부수 大 큰 대	총획 15획

昀	햇빛 윤	부수 日 날 일	총획 8획

玧	귀막이 구슬 윤	부수 王 구슬옥변	총획 8획

聿	붓 율	부수 聿 붓 율	총획 6획

贇	예쁠 윤 예쁠 빈	부수 貝 조개 패	총획 19획

燏	빛날 율	부수 火 불 화	총획 16획

鈗	병기 윤 병기 예	부수 金 쇠 금	총획 12획

瀜	물 깊고 넓은 모양 융	부수 氵 삼수변	총획 19획

阭	높을 윤	부수 阝 좌부변	총획 7획

垠	지경 은	부수 土 흙 토	총획 9획

九垠(구은) 천지의 끝
垠際(은제) 가장자리 끝
※ 지경 : 땅의 가장자리

閏	윤달 윤	부수 門 문 문	총획 15획

※ 閠(윤달 윤)과 同字(동자)

慇	괴로워할 은 은근할 은	부수 心 마음 심	총획 14획

慇懃(은근) 야단스럽지 않고 꾸준함

誾	향기 은 화기애애할 은	**부수** 言 말씀 언	**총획** 15획

瑥	옥 은	**부수** 王 구슬옥변	**총획** 14획

激	물소리 은	**부수** 氵 삼수변	**총획** 13획

薽	나물 이름 은	**부수** ++ 초두머리	**총획** 21획

珢	옥돌 은	**부수** 王 구슬옥변	**총획** 10획

檼	마룻대 은	**부수** 木 나무 목	**총획** 18획

※ 마룻대 : 용마루 밑에 서까래가 걸리게 된 도리

濦	강 이름 은	**부수** 氵 삼수변	**총획** 17획

檃	도지개 은	**부수** 木 나무 목	**총획** 17획

※ 檼(마룻대 은)과 同字(동자)
※ 도지개 : 틈이 가거나 뒤틀린 활을 바로잡는 틀

儑	기댈 은 안온할 온	**부수** 亻 사람인변	**총획** 16획

※ 穩(편안할 온)과 同字(동자)

訢	화평할 은 기뻐할 흔	**부수** 言 말씀 언	**총획** 11획

听	웃을 은 입 벌린 모양 이	**부수** 口 입 구	**총획** 7획

矕	응시할 응	**부수** 目 눈 목	**총획** 22획

艤	배 댈 의	부수 舟 배 주	총획 19획
	艤裝(의장) 배가 항해할 수 있도록 모든 장비를 구비하는 일 艤裝品(의장품) 배 안에 꾸려 놓은 물품		

薏	율무 의 율무 억	부수 ++ 초두머리	총획 17획
	薏苡(의이) 율무		

姨	이모 이	부수 女 여자 녀	총획 9획
	姨母(이모) 어머니의 자매 姨母夫(이모부) 이모의 남편		

痍	상처 이	부수 疒 병질엄	총획 11획
	創痍(창이) 병기에 다친 상처		

肄	익힐 이	부수 聿 붓 율	총획 13획
	肄儀(이의) 의식 범절을 미리 익힘		

苡	질경이 이	부수 ++ 초두머리	총획 9획
	芣苡(부이) 질경이		

荑	벨 이 띠 싹 제	부수 ++ 초두머리	총획 10획
	無荑仁(무이인) 느릅나무의 열매		

貽	끼칠 이	부수 貝 조개 패	총획 12획
	貽笑(이소) 남에게 비웃음을 받게 됨 貽憂(이우) 남에게 걱정을 끼침 貽害(이해) 남에게 해를 끼침		

邇	가까울 이	부수 辶 책받침	총획 18획
	遠邇(원이) 원근 密邇(밀이) 임금에게 썩 가까이함		

飴	엿 이	부수 食 밥식변	총획 14획
	水飴(수이) 물엿 餃飴(교이) 엿에 곡식 가루를 버무려서 만든 과자의 한 가지		

娭	기쁠 이 기쁠 희	부수 女 여자 녀	총획 12획

杝	피나무 이 쪼갤 치	부수 木 나무 목	총획 7획

翊 다음날 익　부수 羽 깃 우　총획 11획
翊月(익월) 다음 달
翊朝(익조) 다음날 아침

蚓 지렁이 인　부수 虫 벌레 훼　총획 10획

謚 웃을 익　부수 言 말씀 언　총획 17획

鞀 가슴걸이 인　부수 革 가죽 혁　총획 13획
發靷(발인) 상여가 집에서 묘지를 향하여 떠나는 것
發靷記(발인기) 묘터로 상여가 떠나기 전 대문간에 써 붙이는 기록

熤 사람 이름 익　부수 火 불 화　총획 15획

鞙 작은 북 인　부수 日 가로 왈　총획 14획

湮 묻힐 인
막힐 연　부수 氵 삼수변　총획 12획
湮滅(인멸) 자취도 없이 죄다 없어짐

芢 씨 인　부수 ++ 초두머리　총획 8획

絪 기운 인　부수 糸 실 사　총획 12획

佚 편안할 일
방탕할 질　부수 亻 사람인변　총획 7획
佚遊(일유) 마음 편히 즐겁게 놂

茵 자리 인　부수 ++ 초두머리　총획 10획
茵席(인석) 부들 등으로 만든 돗자리
茵匠(인장) 자리를 만들던 장인

妊 아이 밸 임　부수 女 여자 녀　총획 7획
妊娠(임신) 아이를 뱀
不妊(불임) 임신을 하지 못하는 것
懷妊(회임) 임신
避妊(피임) 약이나 콘돔 등으로 임신을 막는 것

恁	생각할 임	**부수** 心 마음 심	**총획** 10획

稔	여물 임	**부수** 禾 벼 화	**총획** 13획

一稔(일임) 곡물이 일 년에 한 번 여물어 익음
稔性(임성) 생물이 유성 생식이 가능한 일

訌	생각할 임	**부수** 言 말씀 언	**총획** 11획

廿	스물 입	**부수** 十 열 십	**총획** 3획

孕	아이 밸 잉	**부수** 子 아들 자	**총획** 5획

孕胎(잉태) 아이를 뱀 (유) 孕重(잉중)
懷孕(회잉) 임신 (유) 孕身(잉신)

芿	새 풀싹 잉	**부수** ++ 초두머리	**총획** 8획

芿朴船(잉박선) 너비가 넓은 배

仔	자세할 자	**부수** 亻 사람인변	**총획** 5획

仔細(자세) 아주 작고 하찮은 부분까지 구체적이고 분명함
仔詳(자상) 자세하고 찬찬함

疵	허물 자	**부수** 疒 병질엄	**총획** 11획

瑕疵(하자) 흠. 결점
疵痕(자흔) 흠이 된 자리
細疵(세자) 자디잔 흠이나 티

孜	힘쓸 자	**부수** 子 아들 자	**총획** 7획

勤勤孜孜(근근자자) 매우 부지런하고 정성스러움

茨	지붕 일 자	**부수** ++ 초두머리	**총획** 10획

茅茨(모자) 지붕을 이는 짚. 또는 모옥(띠나 이엉으로 지붕을 인 초라한 집)

蔗	사탕수수 자	**부수** ++ 초두머리	**총획** 15획

蔗糖(자당) 사탕수수 등에 들어있는 이당류의 하나
甘蔗(감자) 사탕수수. 볏과의 여러해살이풀
蔗境(자경) 경치・이야기・문장이 재미있어지는 곳

勺	구기 작	**부수** 勹 쌀포몸	**총획** 3획

銀勺(은작) 은으로 만든 구기
※ 구기 : 자루가 달린 술 등을 푸는 용기

嚼	씹을 작	부수 口 입 구	총획 21획
	咀嚼(저작) 음식물을 씹음		

樟	녹나무 장	부수 木 나무 목	총획 15획
	樟木(장목) 물건을 받치거나 버티는 데 쓰는 굵고 긴 녹나무		

斫	벨 작	부수 斤 날 근	총획 9획
	斫破(작파) 찍어서 둘로 내거나 쪼개서 깨뜨림 長斫(장작) 통나무를 길쭉하게 잘라서 쪼갠 땔나무		

檣	돛대 장	부수 木 나무 목	총획 17획
	檣竿(장간) 돛을 달기 위하여 배 바닥에 세운 돛대 船檣(선장) 배의 돛대		

炸	터질 작	부수 火 불 화	총획 9획
	炸藥(작약) 발사하면 어떤 목적물에 맞아 폭발시키는 작용을 하는 화약 炸裂(작렬) 터져서 산산이 흩어짐. 또는 터져 퍼짐		

牆	담 장	부수 爿 장수장변	총획 17획
	牆屋(장옥) 집의 둘레나 공간을 둘러막기 위해 흙, 돌, 벽돌 따위로 쌓아 올린 것		

孱	잔약할 잔	부수 子 아들 자	총획 12획
	孱妄(잔망) 옹졸함. 또는 체질이 약하고 잔작함 孱孑(잔혈) 의지할 곳 없이 외로움 孱夫(잔부) 약하거나 비겁한 남자		

臧	착할 장	부수 臣 신하 신	총획 14획
	臧否(장부) 착함과 착하지 못함 臧獲(장획) 장은 사내종, 획은 계집종을 뜻함		

潺	졸졸 흐를 잔	부수 氵 삼수변	총획 15획
	潺湲(잔원) 조용하고 잔잔함 潺潺(잔잔) 졸졸 흐르는 시냇물 소리가 약하고 나지막함. 또는 커다란 변화 없이 조용함		

奘	클 장	부수 大 큰 대	총획 10획
	玄奘(현장) 중국 당나라 때의 승려		

暲	밝을 장	부수 日 날 일	총획 15획

漳	물 이름 장	부수 氵 삼수변	총획 14획
	漳州(장주) 중국 복건성 남부에 자리 잡고 있는 도시		

澬	맑을 재	**부수** ? 삼수변	**총획** 12획

緯	일 재	**부수** 糸 실 사	**총획** 16획

齎	가져올 재 탄식할 자	**부수** 齊 가지런할 제	**총획** 21획

齎來(재래) 어떠한 결과를 가져옴
齎糧(재량) 양식을 지니고 다님
齎鬱(재울) 원한을 품음

箏	쟁 쟁	**부수** 竹 대 죽	**총획** 14획

牙箏(아쟁) 대쟁보다 작은 칠현 악기로서 개나
리나무로 만든 활로 현을 그어 소리
를 내는 악기의 한 가지

錚	쇳소리 쟁	**부수** 金 쇠 금	**총획** 16획

錚盤(쟁반) 흔히 음식을 받치는 데 쓰는 동글납
작한 그릇
錚錚(쟁쟁) 옥이나 좋은 금속의 올리는 소리가
매우 맑음

佇	우두커니 설 저	**부수** ? 사람인변	**총획** 7획

佇見(저견) 우두커니 머물러 서서 바라봄
佇望(저망) 세상에 이름이 날 만한 근본을 기름
佇念(저념) 머물러 서서 생각에 잠김

姐	누이 저	**부수** 女 여자 녀	**총획** 8획

小姐(소저) 아가씨
姐姐(저저) 누님을 이르는 말

樗	가죽나무 저	**부수** 木 나무 목	**총획** 15획

樗根(저근) 가죽나무 뿌리
樗才(저재) 아무 데도 쓸모없는 재주·재능
樗散(저산) 자기자신을 겸손하게 표현해 아무데
도 쓸모가 없다는 뜻으로 이르는 말

狙	원숭이 저 엿볼 저	**부수** ? 개사슴록변	**총획** 8획

狙擊(저격) 어떤 대상을 노리고 겨냥하여 총을
쏘는 것
狙擊手(저격수) 적을 저격하기 위하여 뽑힌 우
수한 사수

紵	모시 저	**부수** 糸 실 사	**총획** 11획

紵衣(저의) 모시로 지은 옷
紵布(저포) 모시풀 껍질의 섬유로 짠 피륙
唐紵(당저) 중국에서 나는 모시

菹	김치 저	**부수** ?? 초두머리	**총획** 12획

石花菹(석화저) 굴김치
靑芽菹(청아저) 무순김치
熟紅菹(숙홍저) 숙깍두기

詛	저주할 저	**부수** 言 말씀 언	**총획** 12획

詛呪(저주) 남에게 재앙이나 불행이 일어나도
록 빌며 바라는 것 ? 咀呪(저주)

躇	머뭇거릴 저	**부수** 足 발 족	**총획** 20획

躇躇(주저) 어떤 일이나 행동을 과감하고 적극적으로 하지 못하고 머뭇거리며 망설이는 것

荻	물억새 적	**부수** 艹 초두머리	**총획** 11획

蘆荻(노적) 갈대와 물억새

這	이 저	**부수** 辶 책받침	**총획** 11획

這番(저번) 요전의 그 때
這這(저저) 있는 사실 그대로 낱낱이 모두
這間(저간) 그리 멀지 않은 과거로부터 현재까지의 요즈음

鏑	화살촉 적	**부수** 金 쇠 금	**총획** 19획

鏑銜(적함) 말의 입에 물리는 재갈
鳴鏑(명적) 우는살이라고도 하며 예전에 전쟁 때 쓰던 화살의 하나

雎	물수리 저	**부수** 隹 새 추	**총획** 13획

雎鳩(저구) 물수리
※ 물수리 : 가슴에 갈색 얼룩점이 있는 수릿과의 새

佺	신선 이름 전	**부수** 亻 사람인변	**총획** 8획

齟	어긋날 저	**부수** 齒 이 치	**총획** 20획

齟齬(저어) 틀어져서 어긋남

悛	고칠 전	**부수** 忄 심방변	**총획** 10획

悛容(전용) 위의를 갖추어 얼굴빛을 고침
悛心(전심) 전에 저지른 잘못을 뉘우쳐 고침

勣	공적 적	**부수** 力 힘 력	**총획** 13획

琠	귀막이 전	**부수** 王 구슬옥변	**총획** 12획

吊	이를 적 조상할 조	**부수** 口 입 구	**총획** 6획

吊樓(적루) 군진에서 임시로 설치한 누
吊鐘(적종) 적루에 매달아 두는 종

畑	화전 전	**부수** 田 밭 전	**총획** 9획

癲	미칠 전	**부수** 疒 병질엄	**총획** 24획

癲狂(전광) 정신 이상으로 실없이 잘 웃는 병
癲癇(전간) 경련·의식장애 등의 발작을 되풀이하는 질환

荃	향초 전	**부수** ++ 초두머리	**총획** 10획

魚荃(어전) 물고기를 잡는 통발

筌	통발 전	**부수** 竹 대 죽	**총획** 12획

筌蹄(전제) 목적을 위한 방편이라는 뜻으로 고기를 잡는 통발과 토끼를 잡는 올가미의 뜻에서 유래함

癤	부스럼 절	**부수** 疒 병질엄	**총획** 20획

癤瘍(절양) 살갗에만 나는 화농성 염증으로 종창·동통이 따름

輾	돌아누울 전	**부수** 車 수레 거	**총획** 17획

輾轉(전전) 누워서 이리저리 뒤척거림

晢	밝을 절 별 반짝반짝할 제	**부수** 日 날 일	**총획** 11획

鐫	새길 전 솥 휴	**부수** 金 쇠 금	**총획** 21획

彫鐫(조전) 조각

霑	젖을 점	**부수** 雨 비 우	**총획** 16획

霑濕(점습) 물기에 젖음. 또는 물기에 적심
均霑(균점) 만인이 혜택을 고르게 받거나 이익을 고루 얻음
霑汗(점한) 땀이 배거나 땀에 젖음

顫	떨 전	**부수** 頁 머리 혈	**총획** 22획

顫動(전동) 떨거나 떨리거나 하여 움직임
寒顫(한전) 오한이 심하여 몸이 몹시 떨림
手顫症(수전증) 물건을 잡을 때 자꾸 손이 떨리는 병

鮎	메기 점	**부수** 魚 물고기 어	**총획** 16획

鮎魚(점어) 메기

餞	보낼 전	**부수** 飠 밥식변	**총획** 17획

餞別(전별) 잔치를 베풀어 작별함
餞春(전춘) 봄철을 마지막으로 보냄
勝餞(승전) 성대한 송별연

摺	접을 접	**부수** 扌 재방변	**총획** 14획

摺紙(접지) 종이를 접음. 또는 그 종이
摺綴(접철) 접어서 한데 묶음

姃	단정할 정	부수 女 여자 녀	총획 8획

滇	물 이름 정	부수 氵 삼수변	총획 12획

晸	해 뜨는 모양 정	부수 日 날 일	총획 13획

瀞	깨끗할 정	부수 氵 삼수변	총획 19획

柾	사람 이름 정 나무 바를 정	부수 木 나무 목	총획 9획

炡	빛날 정	부수 火 불 화	총획 9획

檉	위성류 정	부수 木 나무 목	총획 17획

檉柳(정류) 능수버들
※ 위성류 : 위성류과의 낙엽 활엽 교목

玎	옥 소리 정 옥 소리 쟁	부수 王 구슬옥변	총획 6획

淀	앙금 정 얕은 물 전	부수 氵 삼수변	총획 11획

珽	옥 이름 정	부수 王 구슬옥변	총획 11획

玉珽(옥정) 옥으로 만든 홀

淳	물 괼 정	부수 氵 삼수변	총획 12획

淳泊(정박) 배가 닻을 내리고 머무름
淳水(정수) 괴어 있는 물

睛	눈동자 정	부수 目 눈 목	총획 13획

睛眸(정모) 눈동자

碇	닻 정	부수 石 돌 석	총획 13획

碇泊(정박) 배가 닻을 내리고 머무름
碇泊燈(정박등) 정박하고 있는 배가 밤에 그 위치를 나타내기 위하여 갑판 위에 내거는 등불

窔	함정 정	부수 穴 구멍 혈	총획 9획

陷窔(함정) 짐승을 잡기 위해 파놓은 구덩이. 또는 빠져 나올 수 없는 곤경이나 남을 해치기 위한 계략
深窔(심정) 깊은 함정

綎	가죽 띠 정	부수 糸 실 사	총획 13획

諪	조정할 정	부수 言 말씀 언	총획 16획

酊	술 취할 정	부수 酉 닭 유	총획 9획

酒酊(주정) 술에 취하여 말이나 행동을 함부로 하거나 막되게 하는 것
酩酊(명정) 정신을 차리지 못할 정도로 술에 몹시 취함

鉦	징 소리 정	부수 金 쇠 금	총획 13획

鼓鉦(고정) 북과 징

鋌	쇳덩이 정	부수 金 쇠 금	총획 15획

霆	천둥소리 정	부수 雨 비 우	총획 15획

霆擊(정격) 벼락이 침
震霆(진정) 천둥이 굉장히 요란하게 울리는 소리

婷	예쁠 정	부수 女 여자 녀	총획 12획

桯	기둥 정	부수 木 나무 목	총획 11획

珵	패옥 정	부수 王 구슬옥변	총획 11획

※ 패옥 : 허리띠에 차는 옥

鍏	칼날 세울 정	부수 金 쇠 금	총획 15획

靚	단장할 정	**부수** 靑 푸를 청	**총획** 15획
	靚飾(정식) 아름답게 꾸밈		

彭	조촐하게 꾸밀 정	**부수** 靑 푸를 청	**총획** 11획

涏	곧을 정	**부수** 氵 삼수변	**총획** 10획

啼	울 제	**부수** 口 입 구	**총획** 12획
	啼哭(제곡) 큰 소리로 욺 啼血(제혈) 피를 토하며 욺		

埩	밭 갈 정	**부수** 土 흙 토	**총획** 11획

薺	냉이 제	**부수** ⻗ 초두머리	**총획** 18획
	薺湯(제탕) 냉이를 고추장과 된장을 섞어 푼 물에 넣어 끓인 국. 냉잇국		

伩	황급할 정	**부수** 亻 사람인변	**총획** 7획

醍	맑은 술 제	**부수** 酉 닭 유	**총획** 16획

姃	엄전할 정	**부수** 女 여자 녀	**총획** 7획
	※ 엄전하다 : 태도, 행실 등이 점잖다.		

瑅	옥 이름 제	**부수** 王 구슬옥변	**총획** 13획

頹	아름다울 정	**부수** 頁 머리 혈	**총획** 17획

凋	시들 조	**부수** 冫 이수변	**총획** 10획
	凋傷(조상) 시들어 상함 凋弊(조폐) 시들어 없어지거나 쇠약해짐 枯凋(고조) 마르고 시들거나 사물이 쇠퇴함		

晁	아침 조	부수 日 날 일	총획 10획

蚤	벼룩 조	부수 虫 벌레 훼	총획 10획

蚤蝨(조슬) 벼룩과 이
蚤歲(조세) 연초. 또는 젊은 시절

璪	면류관 드림 옥 조	부수 玉 구슬옥변	총획 17획

猝	갑자기 졸	부수 犭 개사슴록변	총획 11획

猝地(졸지) 갑작스럽고 느닷없이 벌어진 판
猝富(졸부) 갑자기 부귀를 얻은 벼락부자
猝乍間(졸사간) 미처 어떻게 해 볼 수 없을 만
큼 짧은 동안

眺	바라볼 조	부수 目 눈 목	총획 11획

眺望(조망) 널리 바라보거나 바라보이는 경치

悰	즐길 종	부수 忄 심방변	총획 11획

危悰(위종) 위험을 무릅쓰는 심정

窕	으늑할 조	부수 穴 구멍 혈	총획 11획

窈窕(요조) 부녀의 행동이 얌전하고 정숙함
※ 으늑하다 : 푸근하게 감싸인 듯 편안하고 조용
한 느낌이 있다.

慫	권할 종	부수 心 마음 심	총획 15획

慫慂(종용) 잘 설명하고 달래며 권함

糟	지게미 조	부수 米 쌀 미	총획 17획

糟粕(조박) 술을 걸러 내고 남은 찌끼. 또는 학
문·서화 등에서 옛사람이 다 밝혀
내어 지금은 전혀 새로움이 없는 것
糟糠(조강) 가난한 사람이 먹는 변변찮은 음식

棕	종려나무 종	부수 木 나무 목	총획 12획

棕櫚竹(종려죽) 야자과에 딸린 나무로 키는 보
통 1~1.5m이고 짙은 녹색의
늘푸른 떨기나무

繰	야청 통견 조 고치 켤 소	부수 糸 실 사	총획 19획

繰出(조출) 고치를 삶아 실을 뽑아냄
繰綿(조면) 목화의 씨를 앗아 틀어 솜을 만드
는 것. 또는 그렇게 만들어 놓은 솜

淙	물소리 종	부수 氵 삼수변	총획 11획

琮	옥홀 종	부수 王 구슬옥변	총획 12획

踪	자취 종	부수 足 발 족	총획 15획

失踪(실종) 소재나 행방, 생사 여부를 알 수 없게 됨

踵	발꿈치 종	부수 足 발 족	총획 16획

踵至(종지) 남의 뒤를 따라오거나 따라감
踵接(종접) 끊이지 않고 이음
旋踵(선종) 발길을 돌려 등지고 돌아섬

璁	패옥 소리 종	부수 王 구슬옥변	총획 15획

椶	종려나무 종	부수 木 나무 목	총획 13획

椶櫚(종려) 종려나무

柊	나무 이름 종	부수 木 나무 목	총획 9획

柊楑(종규) 메. 묵직하고 둥그스름한 나무토막이나 쇠토막에 자루를 박아 무엇을 치거나 박을 때 쓰는 물건

侏	난쟁이 주	부수 亻 사람인변	총획 8획

侏儒(주유) 기형적으로 키가 작은 사람. 난쟁이
侏儒國(주유국) 난쟁이의 나라. 또는 약소한 나라

姝	예쁠 주	부수 女 여자 녀	총획 9획

嗾	부추길 주 부추길 수	부수 口 입 구	총획 14획

使嗾(사주) 남을 부추겨서 시킴
指嗾(지주) 달래고 꾀어서 무엇을 하도록 부추김
嗾囑(주촉) 상대편을 꾀어 부추겨서 시킴

湊	모일 주	부수 氵 삼수변	총획 12획

輻湊(복주) 수레의 바퀴통에 바퀴살이 모이듯 한다는 뜻으로, 한곳으로 많이 몰려듦을 이르는 말

澍	단비 주	부수 氵 삼수변	총획 15획

澍濡(주유) 물에 젖음

炷	심지 주	부수 火 불 화	총획 9획

燈炷(등주) 불의 심지
炷香(주향) 향을 피움

綢	얽을 주	**부수** 糸 실 사	**총획** 14획

細綢(세주) 가늘게 짠 피륙
綢直(주직) 성격이 세심하고 품행이 바름
綢繆(주무) 미리 빈틈없이 꼼꼼하게 준비함

躊	머뭇거릴 주	**부수** 足 발 족	**총획** 21획

躊躇(주저) 어떤 일이나 행동을 과감하게 하지
　　　　못하고 머뭇거리며 망설이는 것
躊日(주일) 접때. 또는 지난번

輳	몰려들 주	**부수** 車 수레 거	**총획** 16획

輻輳(복주) 수레의 바퀴통에 바퀴살이 모이듯
　　　　한다는 뜻으로, 한곳으로 많이 몰
　　　　려듦을 이르는 말

酎	전국술 주	**부수** 酉 닭 유	**총획** 10획

燒酎(소주) 쌀이나 수수 또는 그 밖의 잡곡을
　　　　쪄서 누룩과 물을 섞어 발효시켜 증
　　　　류한 무색 투명의 술

遒	닥칠 주 힘셀 주	**부수** 辶 책받침	**총획** 13획

遒勁(주경) 그림, 글씨 따위의 필력이 힘차고
　　　　굳셈
遒放(주방) 힘차고 막힘이 없음

姝	사람 이름 주	**부수** 女 여자 녀	**총획** 8획

燽	밝을 주	**부수** 火 불 화	**총획** 18획

鉒	쇳돌 주	**부수** 金 쇠 금	**총획** 13획

拄	버틸 주	**부수** 扌 재방변	**총획** 8획

拄張(주장) 허튼 소리로 떠벌임
拄杖(주장) 짚고 의지하는 막대기

晭	밝을 주	**부수** 白 흰 백	**총획** 13획

儁	준걸 준	**부수** 亻 사람인변	**총획** 15획

儁異(준이) 재능이 뛰어나 보통 사람과 다름

寯	모일 준	**부수** 宀 갓머리	**총획** 16획

晙	밝을 준	**부수** 日 날 일	**총획** 11획

樽	술통 준	**부수** 木 나무 목	**총획** 16획

樽杓(준작) 술병과 술잔
樽俎(준조) 제사 때에 술을 담는 '준'과 고기를 담는 '조'를 아울러 이르는 말. 또는 예절을 갖추어 하는 공식적인 잔치

焌	구울 준 태울 출	**부수** 火 불 화	**총획** 11획

畯	농부 준	**부수** 田 밭 전	**총획** 12획

寒畯(한준) 생활은 가난하나 문벌은 좋은 선비

竣	마칠 준	**부수** 立 설 립	**총획** 12획

竣工(준공) 공역을 마침
告竣(고준) 준공되었음을 알림

蠢	꾸물거릴 준	**부수** 虫 벌레 훼	**총획** 21획

蠢愚(준우) 굼뜨고 어리석음
蠢蠢(준준) 미욱하고 어리석어서 사리를 판별치 못하는 자의 움직임

逡	뒷걸음질 칠 준	**부수** 辶 책받침	**총획** 11획

逡巡(준순) 뒤로 멈칫멈칫 물러남. 또는 어떤 일을 단행하지 못하고 우물쭈물함

雋	영특할 준	**부수** 隹 새 추	**총획** 13획

雋哲(준철) 뛰어나게 슬기롭고 현명한 사람
雋異(준이) 재능이 뚜렷이 뛰어나 보통 사람과 다름
雋選(준선) 재능이 뛰어난 사람을 뽑음

埻	과녁 준	**부수** 土 흙 토	**총획** 11획

隼	송골매 준	**부수** 隹 새 추	**총획** 10획

葰	클 준 생강 준	**부수** ++ 초두머리	**총획** 13획

竴	기쁠 준	**부수** 立 설 립	**총획** 17획

茁	싹 줄 싹틀 촬	부수 艹 초두머리	총획 9획
	雙茁(쌍줄) 쌍으로 나란히 있는 두 줄		

楫	노 즙	부수 木 나무 목	총획 13획
	舟楫(주즙) 타는 배와 삿대 배를 통틀어 말함		

葺	기울 즙	부수 艹 초두머리	총획 13획
	修葺(수즙) 집을 고치고 지붕을 새로 이는 일 瓦葺(와즙) 기와로 지붕을 이음		

烝	김 오를 증	부수 灬 연화발	총획 10획
	烝熱(증열) 습도와 온도가 매우 높아 찌는 듯 　　　　 견디기 어려운 무더위 烝溜(증류) 액체를 열하여 생긴 증기를 냉각시 　　　　 켜 다시 액체로 만들어 정제하는 일		

繒	비단 증	부수 糸 실 사	총획 18획
	甲繒(갑증) 품질 좋고 바탕이 얇은 고급 비단 繒綾(증릉) 들쭉날쭉한 모양. 또는 가지런하지 　　　　 못한 모양		

咫	여덟 치 지	부수 口 입 구	총획 9획
	咫尺(지척) 아주 가까운 거리		

摯	잡을 지 지극할 지	부수 手 손 수	총획 15획
	眞摯(진지) 말이나 태도가 참답고 착실함 懇摯(간지) 참답고 성실함		

枳	탱자 지 탱자 기	부수 木 나무 목	총획 9획
	枳擬(지의) 의망(擬望)을 방해함 ※ 의망 : 조선 시대에, 벼슬아치를 임명할 때 이 　　　　 조·병조에서 세 사람을 추천하던 일		

沚	물가 지	부수 氵 삼수변	총획 7획

漬	담글 지	부수 氵 삼수변	총획 14획
	漸漬(점지) 물 따위가 점점 스며들어 점점 젖음 浸漬(침지) 어떤 재료를 물속에 담가 적심		

芷	어수리 지	부수 艹 초두머리	총획 8획
	※ 어수리 : 산형과의 여러해살이풀		

蜘	거미 지	부수 虫 벌레 훼	총획 14획
	蜘蛛(지주) 절지동물 거미강 거미목의 동물을 　　　　 통틀어 이르는 말 蜘蛛網(지주망) 그물처럼 쳐 놓은 거미줄		

贄	폐백 지	**부수** 貝 조개 패	**총획** 18획

執贄(집지) 제자가 스승을 처음으로 뵐 때 예폐를 가지고 가서 경의를 나타냄

嗔	성낼 진	**부수** 口 입 구	**총획** 13획

嗔怒(진노) 성내어 노여워함
嗔言(진언) 성내어서 꾸짖는 말
嗔心(진심) 갑자기 왈칵 성내는 마음

銇	기록할 지	**부수** 金 쇠 금	**총획** 15획

搢	꽂을 진	**부수** 扌 재방변	**총획** 13획

搢紳(진신) 벼슬아치를 통틀어 일컬음. 또는 지위가 높고 행동이 점잖은 사람
搢笏(진홀) 손에 들었던 홀을 띠에 꽂음

洔	섬 지	**부수** 氵 삼수변	**총획** 9획

栚	평고대 진	**부수** 木 나무 목	**총획** 11획

※ 평고대(平高臺) : 처마 끝의 서까래를 받치기 위해 가로 놓는 나무

厎	숫돌 지	**부수** 厂 민엄호	**총획** 7획

榛	개암나무 진	**부수** 木 나무 목	**총획** 14획

榛子(진자) 개암나무의 열매
榛蕪(진무) 초목이 무성함. 또는 미천한 사람

晋	진나라 진	**부수** 日 날 일	**총획** 10획

殄	다할 진	**부수** 歹 죽을사변	**총획** 9획

殄戮(진륙) 모조리 다 죽임
殄破(진파) 패하여 망함

唇	놀랄 진	**부수** 口 입 구	**총획** 10획

溱	많을 진	**부수** 氵 삼수변	**총획** 13획

珒	아름다운 돌 진	부수 王 구슬옥변	총획 14획

璡	옥돌 진	부수 王 구슬옥변	총획 16획

畛	두둑 진	부수 田 밭 전	총획 10획

畛域(진역) 밭두렁. 또는 경계

瞋	부릅뜰 진	부수 目 눈 목	총획 15획

瞋怒(진노) 성내어 노여워함
瞋言(진언) 성내어서 꾸짖는 말

縉	붉은 비단 진 꽂을 진	부수 糸 실 사	총획 16획

縉紳(진신) 벼슬아치를 통틀어 일컬음. 또는 지위가 높고 행동이 점잖은 사람

縝	고울 진	부수 糸 실 사	총획 16획

臻	이를 진	부수 至 이를 지	총획 16획

蔯	더위지기 진	부수 ++ 초두머리	총획 15획

茵蔯(인진) 사철쑥의 어린 줄기와 잎을 말린 것으로 성질이 차고 오줌을 통하게 하며 습열·황달에도 쓰임

袗	홑옷 진	부수 衤 옷의변	총획 10획

軫	수레 뒤턱 나무 진	부수 車 수레 거	총획 12획

軫恤(진휼) 불쌍하고 가련하게 여겨 동정함
軫念(진념) 윗사람이 아랫사람의 사정을 돌보아 걱정하여 생각함
軫憂(진우) 걱정이나 근심

瑱	귀막이 옥 전 누를 진	부수 王 구슬옥변	총획 14획

※ 귀막이 : 면류관의 양쪽으로 비녀 끝에 구슬을 꿴 줄을 귀까지 늘어뜨린 물건

抮	되돌릴 진	부수 扌 재방변	총획 8획

禛	복 받을 진	부수 示 보일 시	총획 15획

鉁	보배 진	부수 金 쇠 금	총획 13획

昣	밝을 진 흘겨볼 미	부수 臣 신하 신	총획 11획

蓁	우거질 진	부수 艹 초두머리	총획 14획

蓁瓜(진과) 붓순나무

晙	밝을 진	부수 日 날 일	총획 9획

侄	어리석을 질 조카 질	부수 亻 사람인변	총획 8획

嫉	미워할 질	부수 女 여자 녀	총획 13획

嫉妬(질투) 잘나거나 앞선 사람을 시기하고 미
워하는 것
嫉逐(질축) 샘내어 내쫓음
嫉視(질시) 시기하여 봄

桎	차꼬 질	부수 木 나무 목	총획 10획

桎檻(질함) 발에 칼을 씌워 감옥에 넣음
桎梏(질곡) 차꼬와 수갑이란 뜻으로 속박을 의
미함

瓆	사람 이름 질	부수 王 구슬옥변	총획 19획

蛭	거머리 질	부수 虫 벌레 훼	총획 12획

馬蛭(마질) 큰 거머리
肝蛭(간질) 가축의 간에 기생하여 해를 끼치는
편형동물

跌	거꾸러질 질	부수 足 발 족	총획 12획

蹉跌(차질) 미끄러져서 넘어짐. 또는 일이 실
패로 돌아감
跌宕(질탕) 흥취가 썩 높거나 방탕함

迭	번갈아들 질	부수 辶 책받침	총획 9획

迭代(질대) 서로 바꾸어서 대신함

斟	짐작할 짐	부수 斗 말 두	총획 13획

斟酌(짐작) 어림쳐서 헤아리거나 겉가량으로 생각함

朕	나 짐 조짐 짐	부수 月 달 월	총획 10획

兆朕(조짐) 길흉이 일어날 기미가 미리 보이는 변화 현상

濈	샘솟을 집	부수 氵 삼수변	총획 15획

緝	모을 집	부수 糸 실 사	총획 15획

緝合(집합) 주워 모아서 한데 합함
緝捕(집포) 죄를 진 사람을 잡는 일

鏶	판금 집	부수 金 쇠 금	총획 20획

※ 판금(板金) : 얇고 넓게 조각을 낸 쇠붙이

ㅊ

佗	낙망할 차	부수 亻 사람인변	총획 8획

※ 낙망하다 : 희망을 잃다

嗟	탄식할 차	부수 口 입 구	총획 13획

嗟乎(차호) '슬프다'의 뜻. 슬퍼서 탄식할 때에 쓰는 말
嗟嘆(차탄) 탄식하고 한탄함
嗟稱(차칭) 마음에 느끼는 바가 있어 칭찬함

嵯	우뚝 솟을 차 울쑥불쑥할 치	부수 山 뫼 산	총획 13획

嵯峨(차아) 산이 높고 험함

磋	갈 차	부수 石 돌 석	총획 15획

切磋(절차) 옥·뼈 등을 깎고 닦음

蹉	미끄러질 차	부수 足 발 족	총획 17획

蹉跌(차질) 미끄러져서 넘어짐. 또는 일이 실패함

釵	비녀 차 비녀 채	부수 金 쇠 금	총획 11획

花釵(화채) 꽃나무를 접붙일 때 바탕이 되는 나무에 꽂는 가지
金鳳釵(금봉채) 머리 부분에 봉황의 모양을 새긴 금비녀

瑳	고울 차	부수 王 구슬옥변	총획 14획

硨	옥돌 차 조개 거	**부수** 石 돌 석	**총획** 12획

奲	관대할 차 풍부할 다	**부수** 大 큰 대	**총획** 24획

姹	자랑할 차 자랑할 타	**부수** 女 여자 녀	**총획** 9획

齪	악착할 착	**부수** 齒 이 치	**총획** 22획

齪齪(악착) 작은 이가 꽉 맞물린 상태로 이를 앙다문 상태라는 뜻으로 아득바득 기를 쓰는 태도가 매우 끈덕짐

澯	맑을 찬	**부수** 氵 삼수변	**총획** 16획

璨	옥빛 찬 빛날 찬	**부수** 王 구슬옥변	**총획** 17획

簒	빼앗을 찬	**부수** 竹 대 죽	**총획** 17획

簒奪(찬탈) 임금의 자리 또는 국가 권력 등을 반역하여 빼앗음
簒位(찬위) 임금 자리를 빼앗음

粲	정미 찬	**부수** 米 쌀 미	**총획** 13획

粲然(찬연) 조촐하고 산뜻한 모양
粲粲(찬찬) 깨끗하고 산뜻함

鑽	뚫을 찬	**부수** 金 쇠 금	**총획** 27획

研鑽(연찬) 학문을 깊이 연구함
鑽刺(찬자) 어떤 일을 주선할 때 가장 빠르고 중요한 방법을 써서 소개하는 일
鑽灼(찬작) 갈고 닦으며 연구함

攢	모일 찬	**부수** 扌 재방변	**총획** 22획

攢立(찬립) 떼를 지어 일어섬
攢賀(찬하) 두 손 모아 경사를 축하함

巑	산 뾰족할 찬	**부수** 山 뫼 산	**총획** 22획

紮	감을 찰	**부수** 糸 실 사	**총획** 11획

結紮(결찰) 지혈이나 피임을 목적으로 혈관이나 정관, 난관 따위를 동여맴
緊紮(긴찰) 몹시 덤빔

塹	구덩이 참	**부수** 土 흙 토	**총획** 14획

塹壕(참호) 성 둘레의 구덩이. 또는 야전에서 땅에 판 좁고 긴 흠
坑塹(갱참) 깊고 길게 파 놓은 구덩이

愴	슬플 창	**부수** ↑ 심방변	**총획** 13획

愴冥(창명) 슬프고 막막한 상태
悲愴(비창) 슬프고 서러워 참담함

漲	넘칠 창	**부수** 氵 삼수변	**총획** 14획

漲天(창천) 하늘에 가득 퍼짐
漲水(창수) 큰 물난리가 나서 넘치는 물
　　　　　유 洪水(홍수)
漲潮(창조) 간조에서 만조에 이르는 상태

猖	미쳐 날뛸 창	**부수** 犭 개사슴록변	**총획** 11획

猖狂(창광) 미친 듯이 사납게 날뜀
猖獗(창궐) 좋지 못한 병이나 세력이 걷잡을 수 없이 퍼져나감
猖披(창피) 체면이 깎여 부끄럽거나 사나운 모양

艙	부두 창	**부수** 舟 배 주	**총획** 16획

船艙(선창) 배를 대고 짐을 싣거나 부릴 수 있도록 물가에 만든 시설
魚艙(어창) 잡은 고기를 보관하는 어선 안에 있는 창고

埰	사패지 채	**부수** 土 흙 토	**총획** 11획

※ 사패지(賜牌地) : 고려·조선 시대 때 임금이 내려준 논밭

寀	녹봉 채	**부수** 宀 갓머리	**총획** 11획

封寀(봉채) 혼인 전날 신랑 집에서 신부 집으로 채단(采緞)과 예장(禮狀)을 보내는 일

寨	목책 채	**부수** 宀 갓머리	**총획** 14획

山寨(산채) 산적들의 산 속 근거지
木寨(목채) 말뚝 같은 것을 박아서 만든 울타리. 또는 그 말뚝
敵寨(적채) 적의 보루

砦	진터 채	**부수** 石 돌 석	**총획** 11획

砦堡(채보) 적을 막기 위해서 쌓은 작은 성
城砦(성채) 성과 요새

琗	주옥 광채 채	**부수** 王 구슬옥변	**총획** 12획

樑	참나무 채	**부수** 木 나무 목	**총획** 12획

婇	여자의 자 채	**부수** 女 여자 녀	**총획** 11획

凄	쓸쓸할 처 찰 처	부수 冫 이수변	총획 10획

凄凉(처량) 마음이 구슬퍼질 만큼 쓸쓸함. 또
　　　　는 서글프고 구슬픔
凄切(처절) 몹시 처량함

悽	슬퍼할 처	부수 忄 심방변	총획 11획

悽慘(처참) 끔찍하고 참혹함
悽然(처연) 쓸쓸하고 구슬픈 모양
悽絶(처절) 더할 나위 없이 처참함. 또는 너무
　　　　슬퍼하여 쓰러질 것 같은 상태

倜	기개 있을 척	부수 亻 사람인변	총획 10획

倜儻(척당) 큰 뜻을 품어 기개가 있음

剔	뼈 바를 척 깎을 체	부수 刂 선칼도방	총획 10획

剔出(척출) 도려내거나 발라냄
剔去(척거) 도려내서 없앰
剔抉(척결) 뼈를 발라냄. 또는 나쁜 요소를 깨
　　　　끗이 없애 버림

慽	근심할 척	부수 忄 심방변	총획 14획

慘慽(참척) 부모나 조부모보다 자손이 먼저 세
　　　　상을 떠나는 일
慽悲(척비) 슬프고 근심이 가득함

瘠	여윌 척	부수 疒 병질엄	총획 15획

瘠薄(척박) 흙이 메마르고 기름지지 못함
瘠土(척토) 메마르고 척박한 땅 ⓤ 薄土(박토)
瘠骨(척골) 슬픔으로 인해 몸이 바싹 마르고 뼈
　　　　가 앙상하게 드러남

蹠	밟을 척	부수 足 발 족	총획 18획

蹠骨(척골) 발목뼈와 발가락뼈 사이의 뼈
足蹠(족척) 발 아래쪽의 평평한 부분
對蹠(대척) 두 사물이나 현상 등이 서로 정반
　　　　대가 됨

坧	터 척	부수 土 흙 토	총획 8획

仟	일천 천 밭두둑 천	부수 亻 사람인변	총획 5획

擅	멋대로 할 천	부수 扌 재방변	총획 16획

擅便(천편) 자기 마음대로 결정하여 함부로 행
　　　　동함
擅行(천행) 남의 의견은 듣지 않고 혼자 판단하
　　　　고 결정하여 행함

韆	그네 천	부수 革 가죽 혁	총획 24획

玔	옥고리 천	부수 王 구슬옥변	총획 7획

舛	어그러질 천	**부수** 舛 어그러질 천	**총획** 6획
	舛駁(천박) 뒤섞여서 고르지 못함. 또는 어수선함 舛訛(천와) 말이나 글자가 잘못됨		

餂	달 첨	**부수** 甘 달 감	**총획** 11획
	餂瓜(첨과) 참외		

釧	팔찌 천	**부수** 金 쇠 금	**총획** 11획
	玉釧(옥천) 옥으로 만든 팔찌 寶釧(보천) 값이 많이 나갈 만한 귀한 팔찌		

諂	아첨할 첨	**부수** 言 말씀 언	**총획** 15획
	阿諂(아첨) 남의 마음에 들려고 알랑거림 諂曲(첨곡) 자기의 지조를 굽혀 아첨함		

阡	두렁 천	**부수** 阝 좌부변	**총획** 6획
	阡陌(천맥) 밭 사이에 나있는 길. 또는 경작지		

堞	성가퀴 첩	**부수** 土 흙 토	**총획** 12획
	城堞(성첩) 몸을 숨기고 적병을 공격하기 위해 성 위에 쌓은 낮은 담 女堞(여첩) 성 위에 낮게 덧쌓아 적을 공격할 수 있게 만든 담		

茜	꼭두서니 천	**부수** ++ 초두머리	**총획** 10획
	茜草(천초) 꼭두서닛과에 속한 여러해살이 덩굴풀 茜根(천근) 꼭두서니의 뿌리를 말린 것		

睫	속눈썹 첩	**부수** 目 눈 목	**총획** 13획
	目睫(목첩) 눈과 속눈썹의 뜻으로 아주 가까운 때나 곳을 이름 交睫(교첩) 잠을 자려고 눈을 붙임 ⑪ 接目(접목)		

輟	그칠 철	**부수** 車 수레 거	**총획** 15획
	輟朝(철조) 나라에 큰일이 있을 때 임금이 일정한 기간 동안 조회를 폐하는 일 輟市(철시) 과거 국상이 났을 때 저자의 문을 닫고 쉬는 일		

輒	문득 첩	**부수** 車 수레 거	**총획** 14획
	一覽輒記(일람첩기) 한 번 보면 다 기억한다는 뜻. 기억력이 썩 좋음을 이름		

沾	더할 첨 적실 첨	**부수** 氵 삼수변	**총획** 8획
	均沾(균첨) 이익이나 혜택을 고르게 받음 沾衣(첨의) 옷을 적심 沾濕(첨습) 물기에 젖음		

鯖	청어 청 잡회 정	**부수** 魚 물고기 어	**총획** 19획
	鯖魚(청어) 고등어		

剃

머리 깎을 체 | 부수 刂 선칼도방 | 총획 9획

剃刀(체도) 머리털을 자르는 데 쓰는 칼
剃度(체도) 머리를 깎고 승려가 됨
剃髮(체발) 머리털을 짧게 바싹 깎음

艸

풀 초 | 부수 艸 풀 초 | 총획 6획

涕

눈물 체 | 부수 氵 삼수변 | 총획 10획

涕泗(체사) 울면서 흘리는 눈물이나 콧물
涕淚(체루) 슬퍼서 흐르는 눈물

苕

완두 초
풀이름 소 | 부수 ++ 초두머리 | 총획 9획

剿

끊을 초 | 부수 刂 선칼도방 | 총획 13획

剿滅(초멸) 도둑·악당의 무리를 무찔러 없앰
剿襲(초습) 남의 것을 자기 것으로 슬쩍 가져옴
剿說(초설) 남의 주장이나 가설을 자기 것처럼
　　　　　몰래 따서 씀

貂

담비 초 | 부수 豸 갖은돼지시변 | 총획 12획

貂毛筆(초모필) 담비의 털로 맨 붓
貂鼠(초서) 족제빗과에 속하는 짐승

憔

파리할 초 | 부수 忄 심방변 | 총획 15획

憔悴(초췌) 얼굴이나 몸이 몹시 지치거나 병이
　　　　　있어 안색이 안 좋음
焦憔(초초) 애를 태우며 근심함

酢

초 초
잔 돌릴 작 | 부수 酉 닭 유 | 총획 12획

魚酢(어초) 생선을 소금에 절여 삭힌 것
胡麻酢(호마초) 참깨, 간장, 설탕 등을 섞어 만
　　　　　든 식초

梢

나뭇가지 끝 초
마들가리 소 | 부수 木 나무 목 | 총획 11획

末梢(말초) 사물의 끝 부분
結梢(결초) 어떤 일이 마무리됨　유 結末(결말)

峇

높을 초 | 부수 山 뫼 산 | 총획 8획

稍

점점 초
끝 초 | 부수 禾 벼 화 | 총획 12획

稍解(초해) 겨우 조금 이해함
稍良(초량) 작황 등급의 하나로 수확량이 양
　　　　　호할 것으로 예상되는 상태

矗

우거질 촉 | 부수 目 눈 목 | 총획 24획

矗石(촉석) 높게 삐죽삐죽 솟은 돌
矗立(촉립) 우뚝 솟음

忖	헤아릴 촌	**부수** ↑ 심방변	**총획** 6획

忖度(촌탁) 남의 마음을 미루어 헤아림

邨	마을 촌	**부수** 阝 우부방	**총획** 7획

悤	바쁠 총	**부수** ↑ 심방변	**총획** 11획

悤悤(총총) 편지를 쓸 때 내용이 마무리됨을 나타내는 말

憁	분주할 총	**부수** ↑ 심방변	**총획** 14획

蔥	파 총 짐수레 창	**부수** ⺿ 초두머리	**총획** 15획

蔥根(총근) 파의 흰 뿌리, 또는 미인의 흰 손가락
蔥葅(총저) 파를 재료로 담근 김치

総	다 총 합할 총	**부수** 糸 실 사	**총획** 14획

※ 總(다 총)과 同字(동자)

墜	떨어질 추	**부수** 土 흙 토	**총획** 15획

墜落(추락) 높은 곳에서 떨어짐
失墜(실추) 명예나 위신을 떨어뜨리거나 잃음
擊墜(격추) 비행기 등 날아다니는 물체를 쏘아 떨어뜨림

湫	다할 추 낮을 초	**부수** 氵 삼수변	**총획** 12획

淑湫(숙추) 쓸쓸함

皺	주름 추	**부수** 皮 가죽 피	**총획** 15획

皺面(추면) 주름살이 잡힌 얼굴
皺眉(추미) 눈썹을 찡그림

萩	사철쑥 추	**부수** ⺿ 초두머리	**총획** 13획

諏	물을 추	**부수** 言 말씀 언	**총획** 15획

諮諏(자추) 임금이 신하나 백성에게 물음
諏吉(추길) 길일을 택함

鎚	쇠망치 추 옥 다듬을 퇴	**부수** 金 쇠 금	**총획** 18획

空氣鎚(공기추) 압축한 공기의 힘으로 망치를 움직여서 재료를 두드리는 장치

雛	병아리 추	부수 佳 새 추	총획 18획

雛兒(추아) 병아리 같은 아이라는 뜻으로 풋내기를 비유
雛孫(추손) 어린 손자
雛鶯(추앵) 꾀꼬리의 새끼

騶	마부 추	부수 馬 말 마	총획 20획

騶從(추종) 상전을 따라다니는 하속, 충복

鰍	미꾸라지 추	부수 魚 물고기 어	총획 20획

鰍魚(추어) 미꾸라지
鰍湯(추탕) 미꾸라지를 주 재료로 얼큰하게 끓인 탕

筑	악기이름 축 쌓을 축	부수 竹 대 죽	총획 12획

蹙	닥칠 축 줄어들 척	부수 足 발 족	총획 18획

窮蹙(궁축) 생활이 어려워 집 안에만 있음
蹙眉(축미) 두 눈썹의 사이가 좁은 인상

瑃	옥 이름 춘	부수 王 구슬옥변	총획 13획

賰	넉넉할 춘	부수 貝 조개 패	총획 16획

珫	귀고리 옥 충	부수 王 구슬옥변	총획 10획

悴	파리할 췌	부수 ↑ 심방변	총획 11획

憔悴(초췌) 얼굴이나 몸이 몹시 지치거나 병이 있어 안색이 안 좋음
悴容(췌용) 초췌한 얼굴
榮悴(영췌) 흥함과 망함

膵	췌장 췌	부수 月 육달월	총획 16획

膵臟(췌장) 위 아래쪽에 붙어 있는 가늘고 긴 장기
膵液(췌액) 췌장에서 만들어진 소화액
膵癌(췌암) 췌장에 생기는 암

萃	모을 췌	부수 艹 초두머리	총획 12획

拔萃(발췌) 책이나 글에서 필요한 부분만을 가려서 뽑음
出萃(출췌) 여러 사람들 속에서 뚜렷하게 뛰어남
叢萃(총췌) 떼를 지어 모임

贅	혹 췌	부수 貝 조개 패	총획 18획

贅肉(췌육) 군살
贅言(췌언) 쓸데없는 말
贅壻(췌서) 데릴사위
贅居(췌거) 처가살이

嘴	부리 취	**부수** 口 입 구	**총획** 16획

毒嘴(독취) 독살스러운 부리. 즉 악독한 말을 옮기는 사람의 입
煙嘴(연취) 담배를 끼워 입에 물고 빠는 물건
揷嘴(삽취) 쓸데없이 말참견을 함

炊	불 땔 취	**부수** 火 불 화	**총획** 8획

炊事(취사) 불을 사용해 음식을 만듦
炊飯(취반) 밥을 지음
自炊(자취) 가족을 떠나 손수 밥을 지어 먹으면서 생활함

脆	연할 취	**부수** 月 육달월	**총획** 10획

脆弱(취약) 무르고 약함
脆怯(취겁) 약해서 쓸 데가 없음
脆軟(취연) 부드러움

驟	달릴 취	**부수** 馬 말 마	**총획** 24획

驟步(취보) 뛰어감
驟暑(취서) 갑작스럽게 찾아온 더위
驟凉(취량) 가을철에 갑작스럽게 느끼는 서늘한 기운

厠	뒷간 측	**부수** 厂 민엄호	**총획** 11획

如厠(여측) 뒷간에 감

惻	슬퍼할 측	**부수** 忄 심방변	**총획** 12획

惻切(측절) 몹시 가엾게 여겨 슬퍼함
惻心(측심) 불쌍히 여기는 마음
惻愴(측창) 불쌍히 여기어 슬퍼함

嗤	비웃을 치	**부수** 口 입 구	**총획** 13획

嗤點(치점) 비웃으며 손가락질함

幟	기 치	**부수** 巾 수건 건	**총획** 15획

旗幟(기치) 옛날 군중에서 쓰던 깃발

梔	치자나무 치	**부수** 木 나무 목	**총획** 11획

梔子(치자) 치자나무의 열매
梔子色(치자색) 치자나무 열매로 물들인 짙은 누른 빛깔
梔蠟(치랍) 실속이 없어 겉만을 꾸밈

淄	검은빛 치	**부수** 氵 삼수변	**총획** 11획

熾	성할 치	**부수** 火 불 화	**총획** 16획

熾憤(치분) 몹시 격분함
熾熱(치열) 열의 전도가 매우 높아 뜨거움
熾烈(치열) 세력이 맹렬함

痔	치질 치	**부수** 疒 병질엄	**총획** 11획

痔瘻(치루) 한방에서 이르는 치질의 한 가지

緇

검을 치

부수 糸 실 사
총획 14획

緇衣(치의) 승려가 입는 검은 옷
緇墨(치묵) 숯이나 먹과 같은 검은 빛깔
緇塵(치진) 지저분한 티끌

砧

다듬잇돌 침

부수 石 돌 석
총획 10획

砧杵(침저) 다듬잇방망이
砧石(침석) 다듬잇돌

蚩

어리석을 치

부수 虫 벌레 훼
총획 10획

蟄

숨을 칩

부수 虫 벌레 훼
총획 17획

蟄伏(칩복) 벌레나 동물 등이 겨울 동안 땅속에
　　　　　틀어박힘
蟄居(칩거) 밖에 나가서 활동하지 않고 집에만
　　　　　틀어박혀 있음

輜

짐수레 치

부수 車 수레 거
총획 15획

輜車(치차) 군대에 필요한 물품의 운반에 쓰이
　　　　　는 차
輜重(치중) 말이나 수레 따위에 실은 짐. 또는 군
　　　　　대의 여러 군수 물품을 통틀어 이름

ㅋ

夬

터놓을 쾌
쾌괘 쾌

부수 大 큰 대
총획 4획

夬卦(쾌괘) 육십사 괘(卦)의 하나

飭

신칙할 칙

부수 飠 밥식변
총획 13획

申飭(신칙) 단단히 타일러서 경계함
禁飭(금칙) 하지 못하게 타이름
嚴飭(엄칙) 엄하게 타일러 경계함

ㅌ

咤

꾸짖을 타

부수 口 입 구
총획 9획

叱咤(질타) 잘못에 대해 큰소리로 꾸짖음
嘯咤(소타) 엄하게 잘못을 꾸짖음

柒

옻 칠

부수 木 나무 목
총획 9획

光柒(광칠) 광택이 나도록 칠을 하는 것

拖

끌 타

부수 扌 재방변
총획 8획

拖過(타과) 기한을 끌어 나감
拖鉤(타구) 줄다리기
延拖(연타) 일을 끌어서 뒤로 미루어 감

琛

보배 침

부수 王 구슬옥변
총획 12획

朶

늘어질 타

부수 木 나무 목
총획 6획

耳朶(이타) 귓바퀴의 아래쪽으로 늘어져 있는 살
萬朶(만타) 매우 많은 꽃송이

楕	길고 둥글 타	**부수** 木 나무 목	**총획** 13획

楕圓(타원) 이차 곡선의 하나로 원을 말함
楕球(타구) 길고 둥근 모양으로 된 공
楕圓形(타원형) 타원으로 된 도형으로 길고 둥근 모양

駄	실을 타 실을 태	**부수** 馬 말 마	**총획** 13획

駄荷(타하) 말에 실은 짐
駄物(타물) 좋지 않은 품질의 물품
駄酒(타주) 질이 나쁜 술

垜	언덕 타 사람 이름 택	**부수** 土 흙 토	**총획** 9획

倬	클 탁	**부수** 亻 사람인변	**총획** 10획

啄	쫄 탁 부리 주	**부수** 口 입 구	**총획** 11획

啄木(탁목) 딱따구리
啄食(탁식) 음식을 쪼아 먹음

坼	터질 탁	**부수** 土 흙 토	**총획** 8획

坼封(탁봉) 봉해져 있는 편지를 뜯음
坼榜(탁방) 과거에 급제한 사람의 이름을 붙임
坼甲(탁갑) 싹이 나오려고 씨의 껍질이 터짐

晫	밝을 탁	**부수** 日 날 일	**총획** 12획

柝	딱따기 탁	**부수** 木 나무 목	**총획** 9획

柝字(탁자) 한자의 자획을 풀어서 나눔
유 破字(파자)
※ 딱따기 : 딱딱 소리를 내게 만든 두 짝의 나무 토막

琸	사람 이름 탁	**부수** 王 구슬옥변	**총획** 12획

綻	터질 탄	**부수** 糸 실 사	**총획** 14획

破綻(파탄) 조직이나 일 등이 와해되거나 잘못되어 돌이킬 수 없게 됨
綻露(탄로) 비밀이 드러나거나 비밀을 드러냄

憚	꺼릴 탄	**부수** 忄 심방변	**총획** 15획

憚改(탄개) 고치는 것을 꺼림
憚服(탄복) 두려워서 복종함
憚避(탄피) 꺼려서 피함

眈	노려볼 탐	**부수** 目 눈 목	**총획** 9획

眈溺(탐닉) 어떤 일을 몹시 즐겨서 마음이 온통 쏠림

搭	탈 탑	부수 扌 재방변	총획 13획

搭乘(탑승) 배·비행기 등에 올라탐
搭船(탑선) 배를 탐
搭載(탑재) 배·수레·비행기 등에 물건을
실음

榻	걸상 탑	부수 木 나무 목	총획 14획

榻床(탑상) 교의·와상 따위를 통틀어 일컬음
榻印(탑인) 원래의 모형을 본떠서 박음
榻影(탑영) 형상을 본떠서 그린 그림

宕	호탕할 탕 방탕할 탕	부수 宀 갓머리	총획 8획

豪宕(호탕) 호기가 많고 걸걸함
跌宕(질탕) 신나서 정도가 지나치도록 노는 짓
　유 佚蕩(질탕)
宕巾(탕건) 벼슬아치가 갓 아래 받쳐 쓰던 관

帑	금고 탕 처자 노	부수 巾 수건 건	총획 8획

內帑(내탕) 조선 시대 때 임금의 개인적인 재
물을 넣어 두던 곳간
帑錢(탕전) 조선 시대 때 내탕고에 넣어 두고
임금이 사사로이 쓸 수 있는 돈

跆	밟을 태	부수 足 발 족	총획 12획

跆拳道(태권도) 우리나라 전통 무예를 바탕으
로 한 운동

邰	나라 이름 태	부수 阝 우부방	총획 8획

颱	태풍 태	부수 風 바람 풍	총획 14획

颱風(태풍) 북태평양 서부에서 발생해 아시아
대륙으로 불어오는 열대성 저기압

攄	펼 터	부수 扌 재방변	총획 18획

攄得(터득) 깊이 생각하여 이치를 깨달아 알아냄
攄抱(터포) 속을 터놓고 이야기함
攄破(터파) 속마음을 털어놓아 다른 사람의 의
혹을 풀어 줌

慟	서러워할 통	부수 忄 심방변	총획 14획

慟哭(통곡) 큰 소리로 서럽게 욺
慟泣(통읍) 슬피 욺
慟絶(통절) 너무도 슬프고 서러워 정신을 잃음

槌	망치 퇴 망치 추	부수 木 나무 목	총획 14획

鐵槌(철퇴) 쇠로 만든 몽둥이
槌擊(퇴격) 방망이나 쇠뭉치로 침
紙槌(지추) 밑 배가 부르고 목이 긴 중국 꽃병

褪	바랠 퇴	부수 衤 옷의변	총획 15획

褪色(퇴색) 무엇이 낡거나 그 존재가 희미해져
볼품없이 됨

偸	훔칠 투	부수 亻 사람인변	총획 11획

偸取(투취) 도둑질을 해서 취함
偸安(투안) 눈앞의 안일만을 도모함
偸庸(투용) 용렬하고 미련함

慝	사특할 특	**부수** 心 마음 심	**총획** 15획
	慝惡(특악) 사특한 악 慝者(특자) 악하고 간사한 사람		

闖	엿볼 틈	**부수** 門 문 문	**총획** 18획
	闖入(틈입) 기회를 틈타 느닷없이 함부로 들어감 闖發(틈발) 기회를 틈타 일어남 闖肆(틈사) 기회를 타서 제멋대로 함		

擺	열 파	**부수** 扌 재방변	**총획** 18획
	擺撥(파발) 공문을 급히 보내기 위하여 마련한 역참. 또는 파발꾼 擺線(파선) 한 원이 일직선 위를 굴러갈 때 이 원 의 원둘레 위의 한 점이 그리는 자취		

杷	비파나무 파	**부수** 木 나무 목	**총획** 8획
	枇杷晩翠(비파만취) 비파나무는 늦은 겨울에 도 그 빛은 푸름		

爬	긁을 파	**부수** 爪 손톱 조	**총획** 8획
	爬痒(파양) 가려운 데를 긁음 爬羅(파라) 손톱으로 긁거나 후비어 파 죄다 모음 爬蟲類(파충류) 도마뱀, 악어, 뱀 등		

跛	절름발이 파 비스듬히 설 피	**부수** 足 발 족	**총획** 12획
	跛行(파행) 절뚝거리며 걸어감. 또는 균형이 잡 히지 않음 跛行的(파행적) 일이 순조롭게 진행되지 않거 나 균형이 잡히지 않은 것		

鈑	금박 판	**부수** 金 쇠 금	**총획** 12획

叭	입 벌릴 팔 나팔 팔	**부수** 口 입 구	**총획** 5획
	喇叭(나팔) 금속으로 만든 관악기의 한 가지		

捌	깨뜨릴 팔	**부수** 扌 재방변	**총획** 10획

沛	비 쏟아질 패 늪 패	**부수** 氵 삼수변	**총획** 7획
	顚沛(전패) 엎어지고 자빠짐 沛然(패연) 비나 폭포 따위가 쏟아지는 모양 이 매우 세참		

狽	이리 패 낭패할 패	**부수** 犭 개사슴록변	**총획** 10획
	狼狽(낭패) 계획하거나 기대한 일이 실패하거 나 어긋나 딱하게 됨		

澎	물소리 팽	**부수** 氵 삼수변	**총획** 15획
	澎湃(팽배) 물결이 맞부딪쳐 솟구침 유 彭湃(팽배)		

烹	삶을 팽	**부수** ⺣ 연화발	**총획** 11획
	烹卵(팽란) 삶은 달걀		

泙	물소리 평	**부수** 氵 삼수변	**총획** 8획

愎	강퍅할 퍅	**부수** 忄 심방변	**총획** 12획
	乖愎(괴팍) 성미가 까다롭고 별나서 붙임성이 없음 愎性(퍅성) 괴팍한 성질 剛愎(강퍅) 성미가 깐깐하고 고집이 셈		

吠	짖을 폐	**부수** 口 입구	**총획** 7획
	犬吠(견폐) 개가 소리 내어 짖음 ⑨ 狗吠(구폐)		

翩	나부낄 편	**부수** 羽 깃우	**총획** 15획
	翩翩(편편) 가볍게 나부끼거나 훨훨 나는 모양. 또는 풍채가 풍류스럽고 좋은 모양		

嬖	사랑할 폐	**부수** 女 여자 녀	**총획** 16획
	嬖人(폐인) 남의 비위를 잘 맞추어 귀염을 받는 사람 嬖妾(폐첩) 아양을 떨어 귀염을 받는 첩		

騙	속일 편 말 탈 편	**부수** 馬 말 마	**총획** 19획
	騙取(편취) 속여 남의 물건을 빼앗음 騙馬(편마) 말 위에서 재주놀이를 하는 유희		

斃	죽을 폐	**부수** 攵 등글월문	**총획** 18획
	斃死(폐사) 쓰러져 죽음		

枰	바둑판 평	**부수** 木 나무 목	**총획** 9획
	棋枰(기평) 바둑판 ⑨ 碁枰(기평)		

陛	대궐 섬돌 폐	**부수** 阝 좌부변	**총획** 10획
	殿陛(전폐) 궁전의 섬돌 陛下(폐하) 황제나 황후에 대한 높임말 陛見(폐현) 폐하를 만나 뵙는 일 ※ 섬돌 : 돌층계		

萍	부평초 평	**부수** ⺿ 초두머리	**총획** 12획
	萍草(평초) 개구리밥 萍水(평수) 물 위에 뜬 개구리밥. 또는 이리 저리 정처 없이 떠돌아다님		

佈	펼 포	**부수** 亻 사람인변	**총획** 7획
	佈告(포고) 명령·법령·지시 등을 공포하여 널리 알림 佈明(포명) 널리 밝힘		

匍	길 포	부수 ㄅ 쌀포몸	총획 9획

匍匐(포복) 배를 땅에 대고 김
匍匐枝(포복지) 땅 위로 기어서 뻗는 가지
匍球(포구) 타자가 친 공이 땅으로 굴러가는 것을 의미하는 야구용어

匏	박 포	부수 ㄅ 쌀포몸	총획 11획

匏樽(포준) 박으로 만든 술그릇
匏尊(포존) 술을 담아 두는 뒤웅박
匏心菜(포심채) 덜 여문 박을 쪼개 삶아 살만 긁어서 무친 나물

咆	고함지를 포	부수 口 입 구	총획 8획

咆哮(포효) 사납게 외침

俵	나누어 줄 표	부수 亻 사람인변	총획 10획

俵災(표재) 흉년이 든 때에 조세를 감함

剽	겁박할 표	부수 刂 선칼도방	총획 13획

剽悍(표한) 급하고 사나움. 또는 사납고 강인함
剽掠(표략) 남을 협박하여 갈기어 빼앗음
剽狡(표교) 난폭하고 교활함

彪	범 표	부수 彡 터럭 삼	총획 11획

炳彪(병표) 호랑이를 달리 이르는 말

慓	급할 표	부수 忄 심방변	총획 14획

慓悍(표한) 급하고 사나움. 또는 사납고 강인함
慓毒(표독) 사납고 독살스러움

飈	폭풍 표	부수 風 바람 풍	총획 21획

飄	나부낄 표	부수 風 바람 풍	총획 20획

飄揚(표양) 바람에 날림
飄然(표연) 바람에 가볍게 팔랑 나부끼는 모양

驃	황부루 표	부수 馬 말 마	총획 21획

驃馬(표마) 몸이 누런색 바탕에 흰 털이 섞이고 갈기와 꼬리가 흰 말
驃金(표금) 상해에서 통화의 대용으로 쓰이는 장방형의 금괴

陂	방죽 피 / 비탈 파	부수 阝 좌부변	총획 8획

陂池(피지) 물이 괸 땅

珌	칼집 장식 필	부수 玉 구슬옥변	총획 9획

疋	짝 필 발 소	부수 疋 짝 필	총획 5획
	疋木(필목) 필로 된 무명·광목·당목 등을 통 틀어 일컬음 疋緞(필단) 필로 된 비단 疋練(필련) 한 필의 바랜 비단		

昰	여름 하 이 시	부수 日 날 일	총획 9획
	※ 是(이 시)의 本字(본자)		

苾	향기로울 필	부수 艹 초두머리	총획 9획

遐	멀 하	부수 辶 책받침	총획 13획
	昇·遐(승하) 임금이 세상을 떠남 遐年(하년) 오래 삶 遐鄉(하향) 먼 시골		

馝	좋은 향내가 날 필	부수 香 향기 향	총획 14획

鰕	새우 하	부수 魚 물고기 어	총획 20획
	糠鰕(강하) 젓새우 魚鰕(어하) 물고기와 새우		

佖	점잖을 필	부수 亻 사람인변	총획 7획

呀	입 딱 벌릴 하	부수 口 입 구	총획 7획

鉍	창자루 필	부수 金 쇠 금	총획 13획

嘏	클 하 클 가	부수 口 입 구	총획 14획
	嘏命(하명) 임금의 명령		

厦	문간방 하 큰집 하	부수 厂 민엄호	총획 12획
	※ 廈(문간방 하)의 俗字(속자)		

碬	숫돌 하	부수 石 돌 석	총획 14획

ㅎ

壑	골 학	부수	총획
		土 흙 토	17획

溪壑(계학) 물이 흐르는 산골짜기
巖壑(암학) 바위와 골짜기
深壑(심학) 깊은 골짜기 ㊌ 深谷(심곡)

澗	넓을 한	부수	총획
		氵 삼수변	15획

嗃	엄할 학	부수	총획
		口 입 구	13획

巆	산 높을 한	부수	총획
		山 뫼 산	17획

悍	사나울 한	부수	총획
		忄 심방변	10획

悍勇(한용) 사납고 용감함
悍毒(한독) 성질이 사납고 독살스러움
悍惡(한악) 성질이 사납고 악함
強悍(강한) 성질이 굳세고 사나움

唅	재갈 머금을 함	부수	총획
		口 입 구	11획

※ 銜(재갈 함)의 俗字(속자)

澣	빨래할 한 열흘 한	부수	총획
		氵 삼수변	16획

澣濯(한탁) 옷을 빪 ㊌ 洗濯(세탁), 澣滌(한척)
下澣(하한) 한 달 중 21일에서 말일까지
㊌ 下旬(하순)

喊	소리칠 함	부수	총획
		口 입 구	12획

高喊(고함) 크게 외치는 소리
喊聲(함성) 많은 사람들의 고함 소리

瀚	넓고 큰 모양 한	부수	총획
		氵 삼수변	19획

浩瀚(호한) 넓고 커서 질펀함

檻	난간 함 우리 함	부수	총획
		木 나무 목	18획

圈檻(권함) 짐승을 가두어 두는 곳

罕	드물 한	부수	총획
		罒 그물 망	7획

稀罕(희한) 매우 드묾
罕例(한례) 드문 예
罕有(한유) 드물게 있는 일
罕見(한견) 드물게 봄

緘	봉할 함	부수	총획
		糸 실 사	15획

緘口(함구) 입을 다묾
緘札(함찰) 봉한 문서
封緘(봉함) 편지를 봉투에 넣고 봉함

闔	문짝 합	**부수** 門 문 문	**총획** 18획

闔闢(합벽) 닫고 열고 함
闔家(합가) 한 집안
闔國(합국) 전국
闔眼(합안) 남의 잘못을 보고도 모른 척함

伉	짝 항	**부수** 亻 사람인변	**총획** 6획

伉配(항배) 부부
伉儷(항려) 남편과 아내

姮	항아 항	**부수** 女 여자 녀	**총획** 9획

姮娥(항아) 달 속에 있다는 전설상의 선녀
  ㈜ 嫦娥(상아)

嫦	항아 항 항아 상	**부수** 女 여자 녀	**총획** 14획

嫦娥(상아) 달 속에 있다는 전설상의 선녀
  ㈜ 姮娥(항아)

桁	차꼬 항 도리 형	**부수** 木 나무 목	**총획** 10획

桁楊(항양) 죄인의 목에 씌우던 칼과 그 발에
        채우던 차꼬
桁橋(형교) 교체(橋體)가 들보로 된 다리
※ 차꼬 : 죄수를 가두어 둘 때 쓰던 형구

缸	항아리 항	**부수** 缶 장군 부	**총획** 9획

魚缸(어항) 물고기를 기르는 유리 항아리
醬缸(장항) 간장을 담는 항아리
附缸(부항) 부항단지를 이용하여 피를 뽑거나
        자극을 주어 병을 치료하는 방법

偕	함께 해	**부수** 亻 사람인변	**총획** 11획

偕樂(해락) 여럿이 같이 즐김

垓	지경 해	**부수** 土 흙 토	**총획** 9획

崇垓(숭해) 높은 낭떠러지
垓心(해심) 포위된 한가운데
掘垓(굴해) 무덤의 둘레를 돌아가면서 고랑을
        깊게 팜

孩	어린아이 해	**부수** 子 아들 자	**총획** 9획

孩童(해동) 어린아이   ㈜ 孩兒(해아)
孩嬰(해영) 젖먹이
孺孩(유해) 유아

懈	게으를 해	**부수** 忄 심방변	**총획** 16획

懈慢(해만) 게으르고 거만함
懈怠(해태) 게으름
懈惰(해타) 일을 하기 싫어해 할 일을 계속 미
        루거나 제대로 하지 않음

瀣	이슬 기운 해	**부수** 氵 삼수변	**총획** 19획

沆瀣(항해) 밤의 맑은 이슬

邂	만날 해	**부수** 辶 책받침	**총획** 17획

邂逅(해후) 누구와 우연히 만남

駭	놀랄 해	**부수** 馬 말 마	**총획** 16획

駭怪(해괴) 매우 괴이함
震駭(진해) 몸을 떨며 놀람 _유 振駭(진해)
駭俗(해속) 세상 사람이 놀랄 만큼 풍속이 어그러져 해괴함

檍	나무 이름 헌	**부수** 木 나무 목	**총획** 20획

哈	비웃을 해	**부수** 口 입 구	**총획** 8획

哈笑(해소) 비웃음

輱	초헌 헌 멍에 혼	**부수** 車 수레 거	**총획** 16획

※ 초헌 : 벼슬아치가 타던 수레
※ 멍에 : 수레나 쟁기를 끌기 위하여 마소의 목에 얹는 막대

倖	요행 행	**부수** 亻 사람인변	**총획** 10획

僥倖(요행) 뜻밖에 얻은 행운 _유 徼幸(요행)
射倖(사행) 요행을 바람 _유 倖望(행망)

奕	클 혁	**부수** 大 큰 대	**총획** 9획

奕奕(혁혁) 큰 모양을 형용하는 말
奕葉(혁엽) 대대로 영화(榮華)를 누림
博奕(박혁) 장기와 바둑

荇	노랑어리연꽃 행	**부수** 艹 초두머리	**총획** 10획

※ 노랑어리연꽃 : 조름나물과의 여러해살이 수초

焱	불꽃 혁 불꽃 염	**부수** 火 불 화	**총획** 12획

嚮	향할 향	**부수** 口 입 구	**총획** 19획

嚮往(향왕) 마음이 어떤 사람 또는 지역으로 쏠림
　　　　 _유 向往(향왕)
嚮導(향도) 일정한 곳으로 길을 인도함

侐	고요할 혁	**부수** 亻 사람인변	**총획** 8획

噓	불 허	**부수** 口 입 구	**총획** 15획

呵噓(가허) 입김을 내붊
吹噓(취허) 남이 잘한 것을 과장하여 칭찬하며 천거함. 또는 숨을 내뿜음

晛	햇살 현	**부수** 日 날 일	**총획** 11획

泫	이슬 빛날 현	**부수** 氵 삼수변	**총획** 8획
	泫泫(현현) 눈물을 줄줄 흘림 涕泫(체현) 눈물이 줄줄 흐름 泫沄(현운) 물이 솟아서 흘러나오는 모양		

儇	영리할 현	**부수** 亻 사람인변	**총획** 15획

睍	불거진 눈 현	**부수** 目 눈 목	**총획** 12획

譞	영리할 현	**부수** 言 말씀 언	**총획** 20획

絢	무늬 현	**부수** 糸 실 사	**총획** 12획
	絢爛(현란) 눈이 부시게 찬란함		

怰	팔 현	**부수** 忄 심방변	**총획** 8획

衒	자랑할 현	**부수** 行 다닐 행	**총획** 11획
	衒言(현언) 뽐내는 말 衒耀(현요) 명예를 얻기 위해 거짓으로 자랑함 衒學(현학) 학문이 있음을 자랑함		

孑	외로울 혈	**부수** 子 아들 자	**총획** 3획
	孤孑(고혈) 가족이 없어 외로움 孑遺(혈유) 약간의 나머지		

眩	햇빛 현 당혹할 현	**부수** 日 날 일	**총획** 9획
	眩曜(현요) 미혹되어 어지러움		

浹	두루 미칠 협 물 넘칠 협	**부수** 氵 삼수변	**총획** 10획
	浹洽(협흡) 물이 물건을 적시듯이 널리 전해짐 浹旬(협순) 열흘 동안　유 浹日(협일)		

呟	소리 현	**부수** 口 입 구	**총획** 8획

鋏	집게 협	**부수** 金 쇠 금	**총획** 15획
	鋏蟲(협충) 집게벌레 鋏刀(협도) 가위 鋏脚(협각) 가위의 손잡이		

頰	뺨 협	**부수** 頁 머리 혈	**총획** 16획

頰骨(협골) 뺨뼈
口頰(구협) 입 언저리
豊頰(풍협) 살찐 뺨

迥	멀 형	**부수** 辶 책받침	**총획** 10획

迥別(형별) 아주 다름

泂	멀 형	**부수** 氵 삼수변	**총획** 8획

邢	성씨 형 나라 이름 형	**부수** 阝 우부방	**총획** 7획

滎	실개천 형	**부수** 水 물 수	**총획** 14획

鎣	줄 형 그릇 영	**부수** 金 쇠 금	**총획** 18획

瀅	물 맑을 형	**부수** 氵 삼수변	**총획** 18획

暳	별 반짝일 혜	**부수** 日 날 일	**총획** 15획

熒	등불 형	**부수** 火 불 화	**총획** 14획

熒燭(형촉) 반짝거리는 촛불
熒行(형행) 태양계의 넷째로 가까운 행성

蕙	풀 이름 혜	**부수** 艹 초두머리	**총획** 16획

蕙蘭(혜란) 난초과에 딸린 여러해살이풀
蕙帶(혜대) 혜초로 만든 띠

珩	노리개 형	**부수** 王 구슬옥변	**총획** 10획

蕙珩(총형) 푸른빛의 패옥

蹊	좁은길 혜	**부수** 足 발 족	**총획** 17획

霜蹊(상혜) 서리가 내린 산길
鼠蹊(서혜) 샅(두 다리의 사이)
成蹊(성혜) 덕이 높은 사람은 자연스럽게 그를
　　　　　흠모하는 사람들이 모임

醯	식혜 혜	**부수** 酉 닭 유	**총획** 19획
	食醯(식혜) 음료의 한 종류 醯鷄(혜계) 초파리		

渓	맑을 호	**부수** 氵 삼수변	**총획** 11획

憲	밝힐 혜	**부수** 宀 갓머리	**총획** 15획

滸	물가 호	**부수** 氵 삼수변	**총획** 14획
	水滸傳(수호전) 중국의 장편 소설		

譓	슬기로울 혜	**부수** 言 말씀 언	**총획** 22획

澔	넓을 호	**부수** 氵 삼수변	**총획** 15획
	※ 浩(넓을 호)와 同字(동자)		

憓	사랑할 혜	**부수** 忄 심방변	**총획** 15획

濩	퍼질 호 삶을 확	**부수** 氵 삼수변	**총획** 17획

岵	산 호	**부수** 山 뫼 산	**총획** 8획
	陟岵(척호) 고향에 있는 부모를 그리워함		

灝	넓을 호	**부수** 氵 삼수변	**총획** 24획

晧	밝을 호	**부수** 日 날 일	**총획** 11획

瓠	박 호	**부수** 瓜 오이 과	**총획** 11획
	瓠果(호과) 박과에 딸린 식물의 열매 苦瓠(고호) 호리병박 瓠落(호락) 겉보기는 커도 소용이 없이 됨		

皓	흴 호	부수 白 흰 백	총획 12획

皓齒(호치) 희고 깨끗한 이
皓月(호월) 아주 맑고 밝은 달
皓白(호백) 매우 흼
皓雪(호설) 흰 눈
皓皓(호호) 깨끗하고 흼. 빛나고 맑음

蝴	나비 호	부수 虫 벌레 훼	총획 15획

蝴蝶(호접) 나비목에 딸린 곤충의 무리
蝴蝶簪(호접잠) 나비 모양으로 만든 비녀
白蝴蝶(백호접) 흰나비

祜	복 호	부수 示 보일 시	총획 10획

護	구할 호	부수 音 소리 음	총획 23획

縞	명주 호	부수 糸 실 사	총획 16획

縞素(호소) 흰 빛깔의 비단
縞衣(호의) 흰 비단 저고리

顥	클 호	부수 頁 머리 혈	총획 21획

顥天(호천) 서쪽 하늘

芐	지황 호 / 지황 하	부수 ++ 초두머리	총획 8획

皡	밝을 호	부수 白 흰 백	총획 15획

熙皡(희호) 백성의 생활이 즐겁고 화평함

葫	마늘 호 / 호리병박 호	부수 ++ 초두머리	총획 13획

葫蒜(호산) 마늘
葫蘆(호로) 박과에 속한 한해살이 덩굴풀
葫蘆甁(호로병) 호리병박 모양으로 만든 병

惚	황홀할 홀	부수 ↑ 심방변	총획 11획

恍惚(황홀) 광채가 어른어른하여 눈이 부심
自惚(자홀) 스스로 황홀함. 자기도취에 빠짐

蒿	쑥 호	부수 ++ 초두머리	총획 14획

蓬蒿(봉호) 쑥
白蒿(백호) 산흰쑥
草蒿(초호) 제비쑥

哄	떠들썩할 홍	부수 口 입 구	총획 9획

哄動(홍동) 여러 사람이 지껄이며 떠듦
哄然(홍연) 큰 웃음을 터뜨리는 모양
哄笑(홍소) 매우 크게 웃거나 떠들썩하게 웃음

汞

汞 수은 홍 | 부수 水 물 수 | 총획 7획

甘汞(감홍) 염화수은을 이르는 말
昇汞(승홍) 염화수은
白降汞(백강홍) 흰 빛의 덩어리. 또는 가루로
된 약품

泓

泓 물 깊을 홍 | 부수 氵 삼수변 | 총획 8획

深泓(심홍) 깊은 못

烘

烘 화톳불 홍 | 부수 火 불 화 | 총획 10획

※ 화톳불 : 한데에 장작을 모아 질러 놓은 불

訌

訌 어지러울 홍 | 부수 言 말씀 언 | 총획 10획

訌爭(홍쟁) 내분
內訌(내홍) 내부에서 저희끼리 일으키는 분쟁

鍧

鍧 쇠뇌 고동 홍 | 부수 金 쇠 금 | 총획 14획

※ 쇠뇌 고동 : 쇠로 된 발사 장치가 달린 활의
살을 발사하는 부분

嬅

嬅 탐스러울 화 | 부수 女 여자 녀 | 총획 15획

譁

譁 시끄러울 화 | 부수 言 말씀 언 | 총획 19획

譁笑(화소) 시끄럽게 웃음
喧譁(훤화) 시끄럽게 떠듦

攫

攫 움킬 확 | 부수 扌 재방변 | 총획 23획

攫取(확취) 홱 후리쳐 빼앗아 가짐

礭

礭 굳을 확 | 부수 石 돌 석 | 총획 15획

奐

奐 빛날 환 | 부수 大 큰 대 | 총획 9획

輪奐(윤환) 집이 크고 넓으며 아름다움

晥

晥 환할 환 | 부수 日 날 일 | 총획 11획

渙

渙 흩어질 환 | 부수 氵 삼수변 | 총획 12획

渙散(환산) 군중이나 단체가 해산하여 흩어짐
渙發(환발) 임금의 명령을 천하에 널리 선포함
渙然(환연) 의심스럽던 것이 풀리는 모양

紈	흰 비단 환	부수 糸 실 사	총획 9획

紈袴(환고) 곱고 흰 비단 바지

幌	휘장 황	부수 巾 수건 건	총획 13획

驩	기뻐할 환	부수 馬 말 마	총획 28획

驩然(환연) 즐겁고 기뻐하는 모양
交驩(교환) 즐거운 마음을 교환하며 사귐
※ 歡(기쁠 환)과 通字(통자)

徨	헤맬 황	부수 彳 두인변	총획 12획

彷徨(방황) 방향이나 위치를 잘 몰라 이리저리 헤매는 것

鰥	홀아버지 환	부수 魚 물고기 어	총획 21획

鰥夫(환부) 홀아비
免鰥(면환) (아내를 얻어) 홀아비 신세를 면함
鰥居(환거) 홀아비로 삶

恍	황홀할 황	부수 忄 심방변	총획 9획

恍惚(황홀) 사물에 마음이 팔려서 멍하니 서 있는 모양

鐶	고리 환	부수 金 쇠 금	총획 21획

扉鐶(비환) 문고리

惶	두려울 황	부수 忄 심방변	총획 12획

驚惶(경황) 놀라고 당황하여 허둥지둥함
惶悚(황송) 분에 넘쳐 고맙고도 송구함
恐惶(공황) 두려워서 어찌할 바를 모름

猾	교활할 활	부수 犭 개사슴록변	총획 13획

狡猾(교활) 약은 꾀를 쓰는 것이 능함
奸猾(간활) 간사하고 교활함
猾吏(활리) 교활한 관리

愰	마음 밝을 황	부수 忄 심방변	총획 13획

谿	뚫린 골 활	부수 谷 골 곡	총획 17획

谿達(활달) 활발하고 도량이 너그럽고 큼
空谿(공활) 텅 비어 몹시 넓음

晄	밝을 황	부수 日 날 일	총획 10획

※ 晃(밝을 황)과 同字(동자)

槐	책상 황	부수 木 나무 목	총획 14획

蝗	메뚜기 황	부수 虫 벌레 훼	총획 15획

蝗蟲科(황충과) 메뚜기과
小蝗蟲(소황충) 벼메뚜기
蝗災(황재) 풀무치 떼가 날아와 농작물을 먹어
　　　　버려서 발생하는 재앙

湟	성지 황	부수 氵 삼수변	총획 12획

※ 성지 : 성과 그 주위에 파놓은 못

遑	급할 황	부수 辶 책받침	총획 13획

遑急(황급) 황황하고 급박함
遑忙(황망) 황황해서 매우 바쁨

潢	웅덩이 황 장황할 황	부수 氵 삼수변	총획 15획

潢池(황지) 물이 괴어 있는 못
天潢(천황) 은하수
粧潢(장황) 서책, 서화첩 등을 종이나 비단으
　　　　로 발라서 꾸미어 만듦

媓	어머니 황	부수 女 여자 녀	총획 12획

璜	패옥 황	부수 王 구슬옥변	총획 16획

堭	당집 황	부수 土 흙 토	총획 12획

篁	대숲 황	부수 竹 대 죽	총획 15획

篁竹(황죽) 대나무 숲
翠篁(취황) 푸르고 우거진 대나무 숲
笙篁(생황) 아악에 쓰는 관악기의 하나

匯	물 돌아 나갈 회	부수 匚 튼입구몸	총획 13획

總匯(총회) 한 그릇에 모두 담음

簧	혀 황	부수 竹 대 죽	총획 18획

笙簧(생황) 아악에 쓰는 관악기의 하나

徊	머뭇거릴 회	부수 彳 두인변	총획 9획

徘徊(배회) 목적 없이 거닒
低徊(저회) 머리를 숙이고 사색에 잠기면서 왔
　　　　다갔다 함

恢	넓을 회	부수 ↑ 심방변	총획 9획

恢弘(회홍) 너그럽고 관대함
恢廣(회광) 사방으로 크게 넓힘

獪	교활할 회 교활할 쾌	부수 犭 개사슴록변	총획 16획

獪猾(회활) 간악하고 교활함
老獪(노회) 경험이 많고 교활함
狡獪(교쾌) 간사하고 꾀가 많음

茴	회향풀 회	부수 ++ 초두머리	총획 10획

大茴香(대회향) 목란과에 딸린 큰키나무. 또는
떨기나무의 열매

蛔	회충 회	부수 虫 벌레 훼	총획 12획

蛔蟲(회충) 회충과에 딸린 기생충
蛔厥(회궐) 회가 성하여 마음이 번거롭고 속이
메스꺼운 병

賄	재물 회 뇌물 회	부수 貝 조개 패	총획 13획

賄賂(회뢰) 뇌물을 주거나 받는 행위
收賄(수회) 뇌물을 받음. 또는 뇌물을 먹음
贈賄(증회) 뇌물을 줌

竑	집 울릴 횡 클 홍	부수 宀 갓머리	총획 8획

鐄	종 횡	부수 金 쇠 금	총획 20획

哮	성낼 효	부수 口 입 구	총획 10획

咆哮(포효) 사납게 외침. 사나운 짐승이 울부
짖음
嘲哮(조효) 짐승이 소리를 지름
哮吼(효후) 사나운 짐승 따위가 으르렁거림

嚆	울릴 효	부수 口 입 구	총획 17획

嚆矢(효시) 전쟁터에서 우는 화살을 쏘아 개전
의 신호로 함. 또는 모든 일의 시초

斅	가르칠 효	부수 攵 칠 복	총획 20획

洨	성씨 효	부수 氵 삼수변	총획 10획

淆	뒤섞일 효	부수 氵 삼수변	총획 11획

混淆(혼효) 혼란
混淆林(혼효림) 바늘잎나무와 갈잎 넓은잎나
무가 혼합하여 있는 삼림

肴	안주 효	**부수** 月 육달월	**총획** 8획
	佳肴(가효) 맛이 좋은 안주		
	肴蔬(효소) 고기 안주와 나물		
	美肴(미효) 훌륭한 안주		

煦	따뜻하게 할 후	**부수** 灬 연화발	**총획** 13획
	春煦(춘후) 봄볕이 따뜻함		
	和煦(화후) 봄날이 아늑하고 따뜻함		

驍	날랠 효	**부수** 馬 말 마	**총획** 22획
	驍將(효장) 사납고 날랜 장수		
	驍騎(효기) 용감하고 날랜 기병		

珝	옥 이름 후	**부수** 王 구슬옥변	**총획** 10획

皛	나타날 효 칠 박	**부수** 白 흰 백	**총획** 15획

逅	만날 후	**부수** 辶 책받침	**총획** 10획
	邂逅(해후) 오랫동안 헤어졌다가 뜻밖에 다시 만남 유 邂逅相逢(해후상봉)		

歊	오를 효	**부수** 欠 하품 흠	**총획** 14획

垕	두터울 후	**부수** 土 흙 토	**총획** 9획
	※ 厚(두터울 후)의 古字(고자)		

吼	울부짖을 후	**부수** 口 입 구	**총획** 7획
	哮吼(효후) 사나운 짐승 따위가 으르렁거림		
	叫吼(규후) 울부짖음		
	悲吼(비후) 크고 사나운 짐승이 슬피 욺		
	一吼(일후) 크게 한 번 소리를 내어 울부짖음		

塤	질나발 훈	**부수** 土 흙 토	**총획** 13획
	※ 壎(질나발 훈)과 同字(동자)		

帿	제후 후 과녁 후	**부수** 巾 수건 건	**총획** 12획
	※ 侯(제후 후)와 同字(동자)		

壎	질나발 훈	**부수** 土 흙 토	**총획** 17획
	※ 질나발 : 진흙을 구워 만든 나팔		

焄	김 쐴 훈	**부수** ⺗ 연화발	**총획** 11획
	焄蒿悽愴(훈호처창) 향기가 서려 올라 사람의 기분을 오싹하게 한다는 뜻		

鑂	금빛 투색할 훈	**부수** 金 쇠 금	**총획** 22획

薨	훙서 훙 죽음 훙	**부수** ⺿ 초두머리	**총획** 17획
	薨逝(훙서) 임금, 왕족, 높은 귀족 등의 죽음 ㈜ 薨去(훙거), 薨御(훙어)		

喧	지껄일 훤	**부수** 口 입 구	**총획** 12획
	喧爭(훤쟁) 떠들어대면서 다툼 喧騷(훤소) 떠들어서 소란함 喧呼(훤호) 시끄럽게 떠들며 부름		

暄	온난할 훤	**부수** 日 날 일	**총획** 13획
	暄天(훤천) 따뜻한 천기 暄風(훤풍) 따뜻한 바람 晴暄(청훤) 날씨가 개어 따뜻함		

煊	마를 훤	**부수** 火 불 화	**총획** 13획

喙	부리 훼	**부수** 口 입 구	**총획** 12획
	容喙(용훼) 옆에서 말참견을 함 開喙(개훼) 입을 놀림. 또는 말참견을 함		

煇	빛날 휘	**부수** 火 불 화	**총획** 13획
	星煇(성휘) 별의 반짝거림		

麾	기 휘	**부수** 麻 삼 마	**총획** 15획
	麾動(휘동) 지휘하여 움직임 麾下(휘하) 주장의 지휘 아래 指麾(지휘) 어떤 일의 해야 할 방도를 지시하여 시킴		

烋	아름다울 휴 거들먹거릴 효	**부수** ⺗ 연화발	**총획** 10획

畦	밭두둑 휴	**부수** 田 밭 전	**총획** 11획
	野畦(야휴) 논둑 길. 밭둑 길. 들길 廢畦(폐휴) 황폐한 밭		

虧	이지러질 휴	**부수** 虍 범호엄	**총획** 17획
	虧損(휴손) 부족. 또는 손실 喫虧(끽휴) 손해를 입음 虧月(휴월) 이지러진 달 虧欠(휴흠) 일정한 수효에서 부족이 생김		

譎	속일 휼	부수 言 말씀 언	총획 19획
	陰譎(음휼) 마음속이 음흉하고 간사함 詭譎(궤휼) 교묘하고 간사스러운 속임 譎計(휼계) 간사하고 능청스러운 꾀 奇譎(기휼) 기묘하고 능청스럽게 남을 속임		

鷸	도요새 휼	부수 鳥 새 조	총획 23획
	鷸鳥(휼조) 도요새 田鷸(전휼) 도욧과의 나그네새		

兇	흉악할 흉	부수 儿 어진사람인발	총획 6획
	元兇(원흉) 못된 짓을 한 사람의 우두머리 兇物(흉물) 성질이 그늘지고 험상궂은 사람. 또는 흉측스럽게 생긴 사람이나 동물 兇惡(흉악) 음흉하고 모진 성질이나 짓		

洶	용솟음칠 흉	부수 氵 삼수변	총획 9획
	洶洶(흉흉) 분위기가 술렁술렁하여 매우 어수선함 洶湧(흉용) 물결이 매우 세차게 일어남 洶急(흉급) 물의 흐름이 급하고 거셈		

昕	새벽 흔	부수 日 날 일	총획 8획
	昕夕(흔석) 아침과 저녁		

炘	화끈거릴 흔	부수 火 불 화	총획 8획

忻	기쁠 흔	부수 忄 심방변	총획 7획
	※ 欣(기쁠 흔)과 同字(동자)		

吃	말 더듬을 흘	부수 口 입 구	총획 6획
	口吃(구흘) 말을 더듬음 吃音(흘음) 더듬는 소리 吃水(흘수) 배(船)의 아랫부분이 물에 잠기는 깊이		

紇	묶을 흘	부수 糸 실 사	총획 9획

訖	이를 흘 이를 글	부수 言 말씀 언	총획 10획
	言訖(언흘) 하던 말을 끝냄		

歆	흠향할 흠	부수 欠 하품 흠	총획 13획
	歆饗(흠향) 신명이 제물을 받음 歆感(흠감) 신명이 제물을 받고 감응함		

恰	흡사할 흡	부수 忄 심방변	총획 9획
	恰似(흡사) 거의 같음. 또는 비슷함		

翕	합할 흡	부수 羽 깃 우	총획 12획
	翕然(흡연) 대중의 의사가 한 곳으로 쏠리는 정도가 대단한 모양		

曦	햇빛 희	부수 日 날 일	총획 20획
	曦軒(희헌) 해 曦光(희광) 아침 햇빛 曦月(희월) 해와 달		

凞	빛날 희	부수 冫 이수변	총획 15획
	※ 熙(빛날 희)의 俗字(속자)		

熺	빛날 희	부수 火 불 화	총획 16획
	※ 熹(빛날 희)와 同字(동자)		

噫	한숨 쉴 희 트림할 애	부수 口 입 구	총획 16획
	噫嗚(희오) 슬피 탄식하고 괴로워하는 모양 噫氣(애기) 내쉬는 숨. 또는 트림		

橲	나무 이름 희	부수 木 나무 목	총획 16획

囍	쌍희 희	부수 口 입 구	총획 22획
	※ 쌍희 : 기쁜 일이 겹치거나 잇달아 일어난다는 뜻		

爔	불 희	부수 火 불 화	총획 20획

憘	기쁠 희	부수 忄 심방변	총획 15획
	※ 憙(기뻐할 희)와 同字(동자)		

俙	비슷할 희	부수 亻 사람인변	총획 9획

晞	마를 희	부수 日 날 일	총획 11획
	晞和(희화) 온화함 晞觀(희관) 분수에 넘치는 야심으로 기회를 노리고 엿봄		

烯	불빛 희	부수 火 불 화	총획 11획

| 熙 | 빛날 희
온화할 희 | **부수**
灬 이수변 | **총획**
16획 |

※ 熙(빛날 희)의 本字(본자)

쉬어가기

마부작침(磨斧作針 : 갈 마, 도끼 부, 지을 작, 바늘 침)

도끼를 갈아 바늘을 만든다는 뜻으로, 아무리 어려운 일이라도 끈기 있게 노력하면 이룰 수 있음을 비유하는 말이다.

이백(李白)은 시선(詩仙)이라고까지 추앙받는 당나라 때의 대표적 시인이다. 그는 5살 때 아버지를 따라 촉 땅에 가서 어린 시절을 보냈는데, 10살에 시와 글씨에서 어른을 능가할 정도의 특출한 재능을 보였지만, 정작 공부는 재능에 어울릴 정도의 열성이 없었다. 아버지는 그에게 훌륭한 스승을 붙여 주어 상의산(象宜山)에 들어가 학문에 정진하게 했지만, 그는 따분한 산 생활과 끝도 없는 글 읽기가 진력이 나서 견딜 수 없었다.

'이미 다 아는 글을 더 이상 읽어서 뭘 해.'

이렇게 생각한 이백은 스승 몰래 산을 내려가기로 결심했다. 아버지한테 야단을 맞고 말고는 다음의 문제였다. 그래서 집을 향해 한참 가는데 어느 냇가에 이르러 보니 한 노파가 물가에 앉아 바윗돌에다 도끼를 갈고 있었다. 이백은 호기심이 생겨 물어 보았다.

"할머니, 지금 뭘 하고 계세요?"
"바늘을 만들고 있단다."
"아니, 그 도끼로 바늘을 만들어요?"
"그래, 돌에다 갈고 또 갈아 가늘게 만들면 바늘이 되지 않겠니."

그 말을 듣고 이백은 깔깔 웃었다.

"참 할머니도, 그 도끼를 도대체 언제까지 갈아야 바늘처럼 가늘게 만들 수 있다는 거예요?"
"웃긴 왜 웃느냐. 열심히 갈다 보면 도낀들 바늘로 만들지 못할 리가 어디 있어. 도중에 그만두지만 않는다면 말이다."

순간, 이백은 뒤통수를 세게 얻어맞은 느낌이 들었다.

'그렇다. 노력해서 안 될 일이 어디 있는가. 처음부터 시도하지 않는 것이 문제라면, 더욱 나쁜 것은 하다가 끝장을 보지도 않고 그만두는 짓이다.'

깨달음을 얻은 이백은 집으로 가려던 마음을 돌이켜 산으로 도로 올라갔다. 그리고 그 후 마음이 해이해질 때마다 노파를 떠올리며 분발하곤 했다고 한다. 그가 고금을 통하여 대시인으로 불리게 된 것은 이러한 경험이 계기가 되었기 때문일 것이다. 우공이산(愚公移山)이나 수적석천(水滴石穿)도 같은 의미로, 아무리 어려운 일이라도 끈기를 가지고 계속 노력하면 마침내 이룰 수 있다는 뜻이다.

知者不惑, 仁者不憂, 勇者不懼.
"지혜로운 사람은 흔들리지 않고, 어진 사람은 근심하지 않고,
용감한 사람은 두려워하지 않는다."

– ≪논어≫, 〈자한(子罕)〉

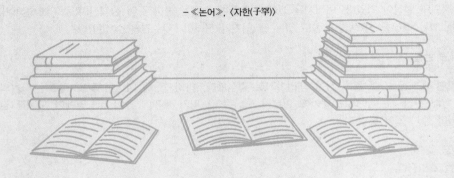

DAY 13~14

출제 유형별 한자

합격 Tip!

반드시 출제되는 유형별 한자 모음!
특히 출제 비중이 큰 사자성어는 꼼꼼히 익히자!

- 유의자
- 동음이의어
- 동자이음자
- 반의자 · 상대자
- 반의어 · 상대어
- 혼동하기 쉬운 한자
- 사자성어

成事不說, 遂事不諫, 既往不咎.

"이미 이루어진 일이니 말하지 않으며, 이미 끝난 일이니 충고하지 않으며,

이미 지나간 일이니 책망하지 않는 것이다."

– ≪논어≫, 〈팔일(八佾)〉

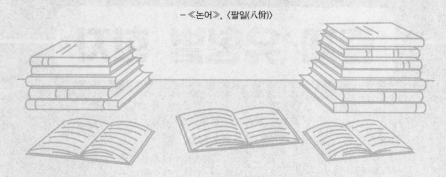

DAY 13 유의자

DAY 13

歌 노래 가 / 謠 노래 요	揀 가릴 간 / 擇 가릴 택	健 건강할 건 / 康 몸튼튼할 강	經 지날 경 / 過 지날 과
家 집 가 / 屋 집 옥	監 볼 감 / 視 볼 시	乾 마를 건 / 燥 마를 조	經 지날 경 / 歷 지날 력
家 집 가 / 宅 집 택	疆 지경 강 / 界 지경 계	揭 높이들 게 / 揚 날릴 양	警 경계할 경 / 戒 경계할 계
價 값 가 / 値 값 치	襁 포대기 강 / 褓 포대기 보	堅 굳을 견 / 固 굳을 고	傾 기울 경 / 斜 비낄 사
覺 깨달을 각 / 悟 깨달을 오	巨 클 거 / 大 큰 대	牽 끌 견 / 引 끌 인	競 다툴 경 / 爭 다툴 쟁
艱 어려울 간 / 難 어려울 난	拒 막을 거 / 逆 거스릴 역	謙 겸손할 겸 / 遜 겸손할 손	計 셀 계 / 算 셈 산
間 사이 간 / 隔 사이 뜰 격	居 살 거 / 住 살 주	境 지경 경 / 界 지경 계	繼 이을 계 / 續 이을 속

契	約	貢	獻	巧	妙	屈	曲
맺을 계	맺을 약	바칠 공	드릴 헌	공교할 교	묘할 묘	굽힐 굴	굽을 곡
孤	獨	過	去	敎	訓	屈	伏
외로울 고	홀로 독	지날 과	갈 거	가르칠 교	가르칠 훈	굽힐 굴	엎드릴 복
考	慮	過	失	狡	猾	窮	極
생각할 고	생각할 려	허물 과	그르칠 실	교활할 교	교활할 활	다할 궁	다할 극
雇	傭	灌	漑	購	買	權	勢
품 팔 고	품 팔 용	물 댈 관	물 댈 개	살 구	살 매	권세 권	권세 세
高	尙	果	實	區	分	鬼	神
높을 고	높을 상	열매 과	열매 실	구분할 구	나눌 분	귀신 귀	귀신 신
攻	擊	貫	徹	具	備	歸	還
칠 공	칠 격	꿰뚫을 관	뚫을 철	갖출 구	갖출 비	돌아갈 귀	돌아올 환
恭	敬	貫	通	救	濟	規	律
공경할 공	공경할 경	꿰뚫을 관	통할 통	구원할 구	구제할 제	법 규	법칙 율
恐	怖	觀	覽	救	援	規	範
두려워할 공	두려워할 포	볼 관	볼 람	구원할 구	도울 원	법 규	법 범
空	虛	橋	脚	群	衆	規	則
빌 공	빌 허	다리 교	다리 각	무리 군	무리 중	법 규	법칙 칙

極	端	技	藝	鍛	鍊	徒	黨
다할 극	끝 단	재주 기	재주 예	불릴 단	단련할 련	무리 도	무리 당
極	盡	祈	禱	斷	絶	道	路
다할 극	다할 진	빌 기	빌 도	끊을 단	끊을 절	길 도	길 로
根	本	起	興	但	只	逃	亡
뿌리 근	근본 본	일어날 기	일 흥	다만 단	다만 지	도망할 도	도망할 망
謹	愼	懶	怠	談	話	跳	躍
삼갈 근	삼갈 신	게으를 나	게으를 태	말씀 담	말씀 화	뛸 도	뛸 약
機	械	捺	押	對	答	盜	賊
틀 기	기계 계	누를 날	누를 압	대답할 대	대답 답	도둑 도	도둑 적
欺	瞞	努	力	貸	借	逃	避
속일 기	속일 만	힘쓸 노	힘 력	빌릴 대	빌릴 차	달아날 도	피할 피
飢	餓	擄	掠	到	達	圖	畫
주릴 기	주릴 아	노략질할 노	노략질할 략	이를 도	이를 달	그림 도	그림 화
記	錄	段	階	到	着	敦	篤
기록할 기	기록할 록	층계 단	층계 계	이를 도	이를 착	도타울 돈	도타울 독
技	術	單	獨	屠	戮	憧	憬
재주 기	재주 술	홑 단	홀로 독	죽일 도	죽일 륙	동경할 동	동경할 경

疼	痛	模	範	醱	酵	法	律
아플 동	아플 통	본뜰 모	본보기 범	술 괼 발	삭힐 효	법 법	법칙 률
摩	擦	侮	蔑	配	偶	法	典
문지를 마	문지를 찰	업신여길 모	업신여길 멸	짝 배	짝 우	법 법	법 전
痲	痺	模	樣	配	匹	變	化
저릴 마	저릴 비	모양 모	모양 양	짝 배	짝 필	변할 변	될 화
彎	曲	沐	浴	排	斥	兵	卒
굽을 만	굽을 곡	씻을 목	목욕할 욕	밀칠 배	물리칠 척	병사 병	군사 졸
末	端	朦	朧	蕃	殖	報	告
끝 말	끝 단	흐릴 몽	흐릿할 롱	우거질 번	불릴 식	알릴 보	알릴 고
勉	勵	茂	盛	飜	譯	保	守
힘쓸 면	힘쓸 려	무성할 무	성할 성	번역할 번	번역할 역	지킬 보	지킬 수
滅	亡	伴	侶	泛	浮	補	佐
멸망할 멸	망할 망	짝 반	짝 려	뜰 범	뜰 부	도울 보	도울 좌
明	哲	返	還	法	規	負	擔
밝을 명	밝을 철	돌이킬 반	돌아올 환	법 법	법 규	질 부	멜 담
毛	髮	紡	績	法	式	附	屬
터럭 모	터럭 발	길쌈 방	길쌈할 적	법 법	법 식	붙을 부	붙을 속

扶	助		比	較		辭	說		逝	去
도울 부	도울 조		견줄 비	견줄 교		말씀 사	말씀 설		갈 서	갈 거
副	次		誹	謗		舍	屋		釋	放
버금 부	버금 차		헐뜯을 비	헐뜯을 방		집 사	집 옥		풀 석	놓을 방
附	着		費	用		師	傅		選	擇
붙을 부	붙을 착		쓸 비	쓸 용		스승 사	스승 부		가릴 선	가릴 택
憤	怒		祕	藏		奢	侈		說	話
분할 분	성낼 노		숨길 비	감출 장		사치할 사	사치할 치		말씀 설	말씀 화
墳	墓		賓	客		社	會		省	察
무덤 분	무덤 묘		손 빈	손 객		모일 사	모일 회		살필 성	살필 찰
憤	慨		貧	窮		想	念		洗	濯
분할 분	분개할 개		가난할 빈	다할 궁		생각 상	생각 념		씻을 세	씻을 탁
朋	友		詐	欺		喪	失		消	耗
벗 붕	벗 우		속일 사	속일 기		잃을 상	잃을 실		사라질 소	소모할 모
崩	壞		思	考		相	互		素	朴
무너질 붕	무너질 괴		생각 사	생각할 고		서로 상	서로 호		소박할 소	순박할 박
崩	潰		思	想		生	産		束	縛
무너질 붕	무너질 궤		생각 사	생각 상		낳을 생	낳을 산		묶을 속	얽을 박

壽	命		承	繼		兒	童		研	究
목숨 수	목숨 명		이을 승	이을 계		아이 아	아이 동		연구할 연	연구할 구
樹	木		施	設		安	寧		連	絡
나무 수	나무 목		베풀 시	베풀 설		편안 안	편안할 녕		잇닿을 연	이을 락
搜	索		始	初		顔	面		連	續
찾을 수	찾을 색		처음 시	처음 초		낯 안	낯 면		잇닿을 연	이을 속
輸	送		試	驗		眼	目		研	磨
보낼 수	보낼 송		시험 시	시험 험		눈 안	눈 목		갈 연	갈 마
授	與		申	告		哀	悼		戀	慕
줄 수	줄 여		알릴 신	알릴 고		슬플 애	슬퍼할 도		그릴 연	그릴 모
蒐	集		身	體		養	育		練	習
모을 수	모을 집		몸 신	몸 체		기를 양	기를 육		익힐 연	익힐 습
收	穫		尋	訪		抑	壓		念	慮
거둘 수	거둘 확		찾을 심	찾을 방		누를 억	누를 압		생각 염	생각할 려
純	潔		心	情		言	語		閱	覽
순수할 순	깨끗할 결		마음 심	뜻 정		말씀 언	말씀 어		볼 열	볼 람
崇	高		甚	酷		連	繫		永	久
높을 숭	높을 고		심할 심	심할 혹		잇닿을 연	맬 계		길 영	오랠 구

永	遠		愚	鈍		蹂	躪		意	志
길 영	멀 원		어리석을 우	둔할 둔		밟을 유	짓밟을 린		뜻 의	뜻 지
英	特		憂	愁		幼	稚		咽	喉
뛰어날 영	뛰어날 특		근심 우	근심 수		어릴 유	어릴 치		목구멍 인	목구멍 후
娛	樂		宇	宙		隆	盛		認	識
즐길 오	즐길 락		집 우	집 주		성할 융	성할 성		알 인	알 식
傲	慢		憂	患		隆	昌		諮	問
거만할 오	거만할 만		근심 우	근심 환		성할 융	창성할 창		물을 자	물을 문
訛	謬		運	動		恩	惠		咨	訊
그릇될 와	그르칠 류		움직일 운	움직일 동		은혜 은	은혜 혜		물을 자	물을 신
完	全		運	搬		音	聲		慈	愛
완전할 완	온전 전		옮길 운	옮길 반		소리 음	소리 성		사랑 자	사랑 애
要	求		願	望		音	響		姿	態
요긴할 요	구할 구		원할 원	바랄 망		소리 음	울릴 향		모습 자	모습 태
姚	娥		偉	大		議	論		殘	餘
예쁠 요	예쁠 아		클 위	큰 대		의논할 의	논의할 논		남을 잔	남을 여
遙	遠		委	任		意	思		將	帥
멀 요	멀 원		맡길 위	맡길 임		뜻 의	생각 사		장수 장	장수 수

裝	飾	停	留	提	携	住	居
꾸밀 장	꾸밀 식	머무를 정	머무를 류	끌 제	이끌 휴	살 주	살 거
障	碍	精	誠	組	織	綢	繆
막을 장	막을 애	정할 정	정성 성	짤 조	짤 직	얽을 주	얽을 무
災	禍	靜	寂	調	和	珠	玉
재앙 재	재앙 화	고요할 정	고요할 적	고를 조	화할 화	구슬 주	구슬 옥
財	貨	整	齊	存	在	躊	躇
재물 재	재물 화	가지런할 정	가지런할 제	있을 존	있을 재	머뭇거릴 주	머뭇거릴 저
貯	蓄	停	止	拙	劣	朱	紅
쌓을 저	쌓을 축	머무를 정	그칠 지	옹졸할 졸	못할 렬	붉을 주	붉을 홍
戰	爭	切	斷	終	了	俊	傑
싸움 전	다툴 쟁	끊을 절	끊을 단	마칠 종	마칠 료	뛰어날 준	뛰어날 걸
戰	鬪	祭	祀	終	末	俊	秀
싸움 전	싸움 투	제사 제	제사 사	마칠 종	끝 말	뛰어날 준	빼어날 수
竊	盜	製	作	座	席	中	央
훔칠 절	도둑 도	지을 제	지을 작	자리 좌	자리 석	가운데 중	가운데 앙
淨	潔	製	造	挫	折	增	加
깨끗할 정	깨끗할 결	지을 제	지을 조	꺾을 좌	꺾을 절	더할 증	더할 가

贈	與	集	會	穿	鑿	總	統
줄 증	줄 여	모을 집	모일 회	뚫을 천	뚫을 착	거느릴 총	거느릴 통
憎	惡	慙	愧	添	加	蓄	積
미울 증	미워할 오	부끄러울 참	부끄러울 괴	더할 첨	더할 가	모을 축	쌓을 적
至	極	懺	悔	淸	潔	衝	突
지극할 지	지극할 극	뉘우칠 참	뉘우칠 회	깨끗할 청	깨끗할 결	부딪칠 충	부딪칠 돌
知	識	參	與	淸	淨	趣	意
알 지	알 식	참여할 참	더불 여	깨끗할 청	깨끗할 정	뜻 취	뜻 의
珍	寶	倉	庫	聽	聞	層	階
보배 진	보배 보	곳집 창	곳집 고	들을 청	들을 문	층 층	층계 계
塵	埃	猖	獗	逮	捕	侵	犯
티끌 진	티끌 애	미쳐 날뛸 창	날뛸 궐	잡을 체	잡을 포	침노할 침	범할 범
進	就	菜	蔬	招	聘	稱	號
나아갈 진	나아갈 취	나물 채	나물 소	부를 초	부를 빙	일컬을 칭	일컬을 호
秩	序	處	所	憔	悴	打	擊
차례 질	차례 서	곳 처	곳 소	파리할 초	파리할 췌	칠 타	칠 격
疾	病	尺	度	寵	愛	墮	落
병 질	병 병	자 척	자 도	사랑할 총	사랑 애	떨어질 타	떨어질 락

探	索	弊	害	許	諾	混	雜
찾을 탐	찾을 색	해질 폐	해할 해	허락할 허	허락할 락	섞을 혼	섞일 잡
怠	慢	捕	捉	憲	法	和	睦
게으를 태	게으를 만	잡을 포	잡을 착	법 헌	법 법	화할 화	화목할 목
討	伐	疲	困	顯	著	和	協
칠 토	칠 벌	피곤할 피	곤할 곤	나타날 현	나타날 저	화할 화	화합할 협
統	率	畢	竟	形	態	確	固
거느릴 통	거느릴 솔	마칠 필	마침내 경	모양 형	모양 태	굳을 확	굳을 고
鬪	爭	瑕	疵	刑	罰	誨	諭
싸움 투	다툴 쟁	허물 하	허물 자	형벌 형	벌할 벌	가르칠 회	타이를 유
透	徹	寒	冷	峽	谷	休	息
통할 투	통할 철	찰 한	찰 랭	골짜기 협	골 곡	쉴 휴	쉴 식
波	瀾	恒	常	蝴	蝶	輝	煌
물결 파	물결 란	항상 항	항상 상	나비 호	나비 접	빛날 휘	빛날 황
把	握	解	釋	魂	魄	痕	迹
잡을 파	쥘 악	풀 해	풀 석	넋 혼	넋 백	흔적 흔	자취 적
廢	棄	邂	逅	婚	姻	戲	弄
폐할 폐	버릴 기	만날 해	만날 후	혼인할 혼	혼인 인	희롱할 희	희롱할 롱

[1~50] 다음 한자(漢字)와 뜻이 비슷한 한자는 어느 것입니까?

01 塵

① 彫 ② 腋 ③ 瘦
④ 世 ⑤ 埃

02 蕃

① 係 ② 殖 ③ 挿
④ 辭 ⑤ 潘

03 姚

① 娥 ② 妄 ③ 邪
④ 折 ⑤ 怪

04 愼

① 謨 ② 謹 ③ 謁
④ 訥 ⑤ 謬

05 咨

① 韶 ② 諭 ③ 傲
④ 泄 ⑤ 訊

06 收

① 技 ② 幻 ③ 改
④ 徽 ⑤ 斂

07 憙

① 熹 ② 轄 ③ 姬
④ 僖 ⑤ 詰

08 輝

① 煌 ② 揮 ③ 皇
④ 運 ⑤ 烟

09 乾

① 濕 ② 輓 ③ 燥
④ 喝 ⑤ 操

10 巧

① 妄 ② 姙 ③ 媤
④ 妙 ⑤ 娑

11 傅

① 轉 ② 師 ③ 獅
④ 博 ⑤ 傳

12 謬

① 頑 ② 訛 ③ 療
④ 薯 ⑤ 謚

정답 01 ⑤ 02 ② 03 ① 04 ② 05 ⑤ 06 ⑤ 07 ④ 08 ① 09 ③ 10 ④ 11 ② 12 ②

13 徙
① 遷　② 昊　③ 鈿
④ 盞　⑤ 澗

14 泛
① 琩　② 迂　③ 汐
④ 猫　⑤ 浮

15 縛
① 贖　② 束　③ 薄
④ 帽　⑤ 搏

16 叢
① 沖　② 旺　③ 鈺
④ 聚　⑤ 帛

17 誨
① 註　② 諭　③ 諮
④ 訛　⑤ 詢

18 暉
① 諱　② 輝　③ 酷
④ 渾　⑤ 諧

19 釀
① 配　② 酌　③ 酵
④ 溢　⑤ 醒

20 紡
① 榜　② 陪　③ 朗
④ 迅　⑤ 績

21 瀾
① 潭　② 澹　③ 沌
④ 波　⑤ 濃

22 咽
① 匈　② 哺　③ 喉
④ 后　⑤ 膝

23 憧
① 悸　② 瞳　③ 悌
④ 憬　⑤ 怖

24 酷
① 醒　② 醉　③ 姊
④ 捷　⑤ 甚

25 瑕
① 疵　② 旺　③ 昂
④ 抒　⑤ 憧

26 寵
① 撮　② 愛　③ 倡
④ 簒　⑤ 呑

27 艱
① 易　② 囊　③ 難
④ 奸　⑤ 歎

28 疆
① 薑　② 誠　③ 系
④ 康　⑤ 界

29 屠
① 悳　② 戮　③ 慙
④ 誕　⑤ 悼

30 痲
① 痺　② 卑　③ 脾
④ 魔　⑤ 擦

31 彎
① 蕪　② 鞠　③ 痢
④ 曲　⑤ 昆

32 沐
① 浴　② 谷　③ 穴
④ 休　⑤ 液

33 崩
① 嵩　② 崗　③ 潰
④ 躬　⑤ 遜

34 奢
① 稚　② 恥　③ 侈
④ 値　⑤ 置

35 詰
① 儺　② 尼　③ 綸
④ 責　⑤ 譜

36 蒐
① 集　② 要　③ 遂
④ 娠　⑤ 拷

37 綢
① 弛　② 藉　③ 脹
④ 帖　⑤ 繆

38 蹂
① 挿　② 捧　③ 跳
④ 躍　⑤ 躪

39 蝴
① 虹　② 蝶　③ 蛇
④ 蝦　⑤ 蛙

40 朦
① 描　② 焚　③ 紳
④ 朧　⑤ 訊

정답　27 ③　28 ⑤　29 ②　30 ①　31 ④　32 ①　33 ③　34 ③　35 ④　36 ①　37 ⑤　38 ⑤　39 ②　40 ④

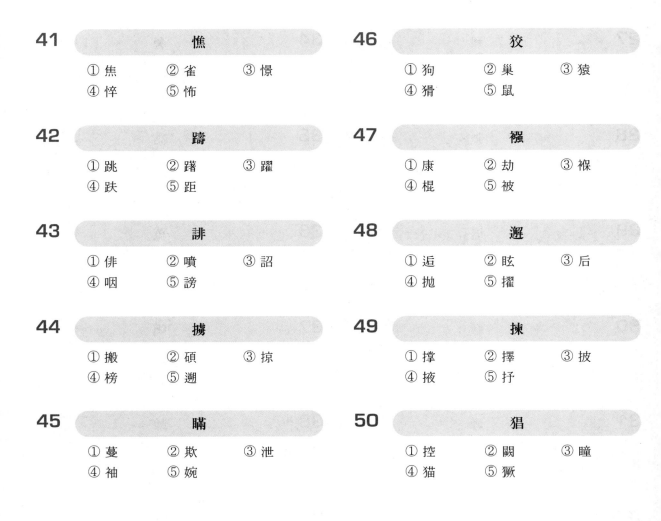

41 憔

① 焦　　② 雀　　③ 憬
④ 悴　　⑤ 怖

42 躊

① 跳　　② 躇　　③ 躍
④ 趺　　⑤ 距

43 誹

① 俳　　② 噴　　③ 詔
④ 咽　　⑤ 謗

44 擄

① 搬　　② 碩　　③ 掠
④ 榜　　⑤ 遡

45 瞞

① 蔓　　② 欺　　③ 泄
④ 袖　　⑤ 婉

46 狡

① 狗　　② 巢　　③ 猿
④ 猾　　⑤ 鼠

47 襁

① 康　　② 劫　　③ 褓
④ 棍　　⑤ 被

48 邂

① 逅　　② 眩　　③ 后
④ 抛　　⑤ 擢

49 揀

① 撑　　② 擇　　③ 披
④ 掖　　⑤ 抒

50 猖

① 控　　② 闕　　③ 瞳
④ 猫　　⑤ 獗

가구	家具 살림에 쓰이는 세간 家口 집안 식구

가사	家事 집안일 歌詞 노랫말

가장	家長 집안의 어른 假裝 거짓 태도로 꾸밈

가정	家庭 집안 假定 임시로 정함

감상	感想 마음에 일어나는 생각 鑑賞 작품을 이해하고 즐김

감수	甘受 군말 없이 달게 받음 監修 책의 저술·편찬을 지도 감독함

감축	感祝 경사를 축하함 減縮 덜고 줄여서 적게 함

개명	改名 이름을 고침 開明 사람의 지혜가 열리고 문화가 발달됨

건조	建造 배 등을 설계해 만듦 乾燥 습기가 없음

경계	境界 지역이 갈라지는 한계 警戒 조심하게 함

경로	經路 지나가는 길 敬老 노인을 공경함

경비	經費 일을 하는 데 드는 비용 警備 경계하고 지킴

고성	古城 오래된 성 高聲 높은 소리

고소	告訴 피해자가 수사기관에 신고함 苦笑 쓴웃음

고지	告知 고하여 알림 高地 높은 땅. 이루어야 할 목표

공모	公募 공개 모집함 共謀 두 사람 이상이 일을 꾀함

공방	工房 공예품을 만드는 곳 攻防 공격과 방어

공약	公約 공중에 대한 약속 空約 헛된 약속

과실	果實 나무의 열매 過失 잘못이나 실수

과정	過程 일이 되어가는 경로 課程 학습해야 할 과목의 내용·분량

교감	校監 교무를 감독하는 직책
	交感 접촉하여 감응함

교단	校壇 강의 때 올라서는 단
	敎團 종교 단체

구명	救命 사람의 목숨을 구함
	究明 사물의 본질을 연구하여 밝힘

구조	救助 사람을 도와서 구원함
	構造 전체를 이루고 있는 관계

구호	口號 집회에서 주장 등을 간결하게 표현한 문구
	救護 어려운 사람을 보호함

극단	劇團 연극을 전문으로 공연하는 단체. 연극단
	極端 맨 끝

급수	給水 물을 공급함
	級數 우열의 등급

기구	器具 도구, 기계 등의 총칭
	機構 어떤 목적을 위해 구성한 조직

농담	弄談 실 없는 말
	濃淡 짙고 옅은 정도

단정	端正 얌전하고 깔끔함
	斷定 분명히 결정함

단지	但只 다만
	團地 주택, 공장 등이 있는 일정 구역

답사	踏査 현장에 가서 보고 조사함
	答辭 축사, 송사 등에 대답하는 말

도박	賭博 노름
	到泊 배로 와 닿음

독도	獨島 울릉군에 있는 섬
	讀圖 지도나 도면을 보고 해독함

동정	動靜 상황이 전개되는 상태
	同情 남의 불행을 위로함

동지	冬至 24절기의 하나
	同志 목적, 뜻이 같은 사람

맹아	萌芽 새로 돋아 나오는 싹. 또는 사물의 시초
	盲啞 앞을 보지 못하는 사람과 말을 하지 못하는 사람

면직	免職 직무에서 물러나게 함
	綿織 무명실로 짠 직물

모사	模寫 사물을 똑같이 본뜸
	謀士 계책을 잘 세우는 사람

발전	發展 세력 따위가 뻗음
	發電 전기를 일으킴

방문	訪問 사람이나 장소를 찾아가서 만나거나 봄
	房門 방으로 드나드는 문

보고	報告 결과나 내용을 알림
	寶庫 귀중한 것을 보관하는 곳

봉화	烽火 옛날에 신호용으로 사용했던 횃불
	逢禍 화를 당함

부양	扶養 생활 능력이 없는 사람을 돌봄
	浮揚 가라앉은 것이 떠오름

부인	婦人 아내 否認 옳다고 인정하지 않음

비명	悲鳴 다급할 때 지르는 소리 碑銘 비석에 새긴 글

비보	飛報 급한 통지 悲報 슬픈 소식

비행	非行 도리에 어긋나는 행위 飛行 하늘을 날아다님

사면	赦免 형벌을 면죄함 斜面 경사진 면

사수	死守 목숨을 걸고 지킴 射手 총, 활 등을 쏘는 사람

사찰	寺刹 절 査察 조사하여 살핌

상가	商街 상점이 늘어선 거리 喪家 초상집

선약	先約 먼저 한 약속 仙藥 효력이 좋은 약

선창	先唱 맨 먼저 주창함 船窓 배의 창문

성대	盛大 아주 성하고 큼 聲帶 소리를 내는 신체 기관

소재	所在 있는 곳 素材 예술 작품의 바탕이 되는 재료

소탕	疏宕 성질이 수더분하고 걸쩍걸쩍함 掃蕩 휩쓸어 모조리 없애 버림

속성	速成 빨리 이룸 屬性 사물이 가지고 있는 특징

수습	修習 학업·실무 등을 배워 익힘 收拾 어수선한 사태를 바로잡음

수신	受信 통신을 받음 修身 마음과 행실을 닦음

순종	純種 딴 계통과 섞이지 않은 순수한 종 順從 고분고분 따름

시상	施賞 상을 주는 일 詩想 시인(詩人)의 착상이나 구상

시인	是認 그러하다고 인정함 詩人 시를 짓는 사람

식수	食水 먹는 물 植樹 나무를 심음

신부	新婦 새색시 神父 성직자

신축	伸縮 늘이고 줄임 新築 새로 건축함

실례	失禮 예의에 어긋남 實例 구체적인 실제 예

실명	實名 실제 이름 失明 시력을 잃음

실수	失手 잘못을 저지름 實數 유리수와 무리수

실정	失政 정치를 잘못함 實情 실제의 사정

역설	力說 힘주어 말함 逆說 어떤 주의나 주장에 반대되는 이론이나 말

염려	艶麗 (태도가) 아리땁고 고움 念慮 여러 가지로 헤아려 걱정하는 것

운수	運輸 화물, 여객 등을 나름 運數 이미 정해진 천운

유서	遺書 유언하는 글 由緒 예로부터 전해 내려오는 내력

응시	凝視 눈길을 주어 한동안 바라봄 應試 시험에 응함

의거	依據 어떤 사실에 근거함 義擧 정의를 위해 거사함

이성	異性 성별이 다름 理性 논리적인 마음의 작용

이해	利害 이익과 손해 理解 사리를 분별하여 앎

인상	引上 값을 올림 印象 대상이 주는 느낌

자극	刺戟 일정한 현상이 촉진되도록 충동함 磁極 자기력이 가장 센 자석의 양쪽 끝 부분

재고	再考 다시 한 번 생각함 在庫 창고에 있음

재단	財團 재단 법인 裁斷 옷감을 본에 맞춰 마름

재화	災禍 재앙과 화난(禍難) 財貨 재물

전경	全景 전체의 경치 戰警 전투경찰

전시	展示 물품을 늘어놓음 戰時 전쟁을 하고 있는 때

절감	切感 절실히 느낌 節減 아껴서 줄임

정당	政黨 정치적인 단체 正當 바르고 마땅함

정원	定員 정해진 인원 庭園 뜰

정전	停電 전력이 끊김 停戰 전투를 중지함

제약	制約 어떤 조건을 붙여 제한함 製藥 약을 제조함

조리	條理 앞뒤가 들어맞음 調理 음식을 만듦

조선	造船 배를 지어 만듦 朝鮮 우리나라의 옛 이름

조화	調和 서로 잘 어울림 造花 만든 꽃

지급	支給 돈을 내어줌 至急 매우 급함

지도	指導 가르쳐 이끎 地圖 지구 표면을 일정 비율로 줄여 기호로 그린 그림

지원	支援 편들어서 도움 志願 뜻하여 바람

지성	知性 생각·판단하는 능력 至誠 지극한 정성

직선	直線 곧은 선 直選 직접 선거

직장	直腸 곧은창자 職場 일하는 곳

처형	妻兄 아내의 언니 處刑 형벌에 처함

청결	淸潔 맑고 깨끗함 聽決 송사를 듣고 판결을 내림

청탁	淸濁 맑음과 흐림 請託 청하여 부탁함

초대	初代 어떤 계통의 최초의 사람. 또는 그 사람의 시대 招待 남을 불러 대접함

최고	最高 가장 높음 最古 가장 오래됨

축전	祝典 축하하는 의식 祝電 축하 전보

탄성	彈性 물체가 다시 본래 상태로 되돌아가는 성질 歎聲 탄식하는 소리

탈취	奪取 남의 것을 억지로 빼앗음 脫臭 냄새를 없앰

통화	通貨 화폐 通話 전화로 말을 주고받음

파문	波紋 수면에 이는 물결 破門 사제의 의리를 끊고 문하에서 내쫓음

표지	表紙 책의 겉장 標識 표시나 특징

필적	匹敵 능력·세력이 서로 맞섬 筆跡 글씨의 모양이나 솜씨

향수	鄕愁 고향을 그리워하는 마음 香水 향기 나는 물

환부	患部 병이나 상처가 난 자리 還付 돈, 물건 등을 도로 돌려줌

해독	解讀 풀이하여 읽음 解毒 독을 풀어 없앰

회유	回遊 돌아다니며 유람함 懷柔 어루만져 달램

회의	會議 여럿이 모여 의논하는 모임 懷疑 마음속에 품은 의심

가공	加工 원자재나 반제품에 손을 대 새로운 제품을 만듦 可恐 두려워할 만함 架空 사실이 아니고 거짓이나 상상으로 꾸며 냄

감사	感謝 고맙게 여김 監査 감독하고 검사함 監司 관찰사

경기	景氣 매매·거래에 따른 경제 활동 상태 競技 일정한 규칙에서 기량이나 기술을 겨룸 驚起 깜짝 놀라 일어남

경사	慶事 축하할 기쁜 일 傾斜 비스듬히 기울어짐 京師 서울

고수	固守 굳게 지킴 高手 수가 높은 사람 苦愁 시름하며 고생함

공포	公布 널리 알림 空砲 헛총. 실탄을 넣지 않은 총 恐怖 무서움과 두려움

교정	矯正 버릇·결점을 바로잡음 校庭 학교 운동장 校正 교정지와 원고를 대조하여 오탈자를 바르게 고침

근간	近刊 최근에 출판된 간행물 近間 요즈음 根幹 뿌리와 줄기. 사물의 중심

기사	記事 사실을 적음 技師 전문 지식이 필요한 기술 업무를 맡아보는 사람 技士 기술자격 등급의 하나

기원	紀元 연대를 계산하는 데에 기준이 되는 해 起源 사물이 생긴 근원 祈願 바라는 일이 이루어지기를 빎

대기	大氣 지구를 둘러싼 기체 待機 기회가 오기를 기다림. 명령을 기다림 大器 큰 그릇

동상	銅賞 3등상 銅像 구리로 만든 사람의 형상 凍傷 추위로 살이 얼어서 상하는 일

보도	步道 사람이 다니는 길 報道 새 소식을 널리 알림 補導 잘 도와서 좋은 데로 인도함

부상	負傷 상처를 입음 副賞 덧붙여서 주는 상 浮上 물 위로 떠오르는 것 어떤 현상이 관심 대상이 됨

사고	思考 생각함 事故 뜻밖에 일어난 사건 四顧 사방을 둘러봄. 부근

사유	私有 개인의 소유 思惟 생각함 事由 일의 까닭

사정	事情 일의 형편이나 까닭 私情 개인적인 정 査定 조사하거나 심사하여 결정함

상설	常設 언제든지 이용할 수 있는 시설을 갖춤 霜雪 서리와 눈 詳說 자세하게 설명함

수도	首都 한 나라의 정부가 있는 도시 水道 뱃길. 상하수도 修道 도를 닦음

수면	睡眠 잠 獸面 짐승의 얼굴 水面 물의 겉을 이루는 면

시선	視線 눈이 가는 방향 施善 좋은 일을 베풂 詩選 시를 모은 책

연기	延期 정한 때를 뒤로 미룸 煙氣 물건이 탈 때 일어나는 기체 演技 배우의 연극, 노래, 춤 등의 재주

우수	憂愁 근심 優秀 특별히 빼어남 雨水 24절기의 하나

유치	誘致 꾀어서 데려옴. 행사나 사업 따위를 이끌어 들임 留置 남의 물건을 맡아 둠 幼稚 수준이 낮음

의사	義士 의리·지조를 굳게 지키는 사람 醫師 병을 진찰·치료하는 사람 意思 마음먹은 생각

의식	衣食 옷과 음식 意識 자신이나 사물에 대한 인식 儀式 행사를 치르는 일정한 법식

이상	理想 생각할 수 있는 가장 완전한 상태 以上 위치, 수 등이 어느 기준보다 위 異常 정상이 아닌 상태

인정	人情 남을 동정하는 마음 仁政 어진 정치 認定 옳다고 믿고 정(定)하는 일

장수	長壽 오래 삶 將帥 군사를 거느린 우두머리 藏守 물건을 간직하여 지킴

전례	前例 이미 있었던 사례 典例 전거(典據)가 되는 선례 典禮 일정한 의식

전원	全員 전체 인원 田園 시골 電源 전력을 공급하는 근원

정수	淨水 깨끗한 물 整數 자연수 精髓 사물의 중심이 되는 알짜

제재	制裁 일정한 규칙의 위반에 대해 제한함 題材 예술, 학술 등의 주제가 되는 재료 製材 베어 낸 나무로 재목을 만듦

조정	朝廷 나라의 정치를 의논·집행하던 곳 調整 고르지 못한 것을 알맞게 조절하여 정돈함 調停 분쟁을 화해시킴. 중재

지각	遲刻 정해진 시각에 늦음 知覺 느끼어 앎 地殼 지구의 바깥쪽 부분

현상	現象 눈앞에 보이는 사물의 형상 現狀 현재의 상태. 지금의 형편 懸賞 상금을 걸고 찾거나 모집함

고사	故事 유래가 있는 옛날의 일 古史 옛 역사 固辭 굳이 사양함 考査 시험

사기	史記 역사를 기록한 책 詐欺 남을 속임 沙器 사기 그릇 士氣 군사의 기세

상고	尙古 옛날의 문물, 제도 등을 귀하게 여김 詳考 상세하게 참고함 喪故 사람이 죽은 사고 上告 판결의 재심사를 상급법원에 신청하는 일

수상	手相 손금 受賞 상을 받음 水上 물 위 首相 내각의 우두머리

양식	洋式 서양의 양식 樣式 일정한 서식 糧食 먹을거리. 식량 養殖 해산물을 기르는 일

인도	人道 사람이 다니는 길 引導 이끌어 가르침 引渡 물건, 권리 등을 넘겨줌 印度 인디아

전기	傳記 사람의 일대를 기록한 것 轉機 사물이 바뀌는 기회 電氣 물체의 마찰에서 일어나는 현상 前期 앞의 시기

제도	制度 제정된 법규 製圖 도면을 그림 諸島 모든 섬 帝都 황제가 있는 도성

진정	眞情 진실한 마음 眞正 참으로 鎭靜 시끄러운 상태를 조용하게 가라앉힘 陳情 사정을 진술함

호기	豪氣 씩씩한 기상 好機 좋은 기회 好期 좋은 시기 好奇 새롭고 기이한 것을 좋아함

[1~50] 다음 한자(漢字)와 음(音)이 같은 한자는 어느 것입니까?

01 萌芽

① 猛毒　② 稚兒　③ 盲啞
④ 推移　⑤ 明暗

02 刺戟

① 輔弼　② 纂修　③ 傾仄
④ 瓷器　⑤ 磁極

03 赦免

① 斜面　② 徙居　③ 油衫
④ 私土　⑤ 仕滿

04 寺刹

① 視察　② 弑殺　③ 査察
④ 宣告　⑤ 折價

05 養殖

① 糧食　② 硬直　③ 洋織
④ 森嚴　⑤ 迅速

06 幼稚

① 換置　② 彌勒　③ 錫箔
④ 涅槃　⑤ 誘致

07 艶麗

① 食祿　② 念慮　③ 惜愍
④ 鄒魯　⑤ 激勵

08 精髓

① 粉碎　② 辰宿　③ 撮爾
④ 死活　⑤ 整數

09 條理

① 刹那　② 小利　③ 調理
④ 鹵掠　⑤ 堆肥

10 遲刻

① 蒼鷺　② 弑害　③ 委囑
④ 地殼　⑤ 畎溝

11 到泊

① 徒輩　② 賭博　③ 幾百
④ 船舶　⑤ 屠戮

12 請託

① 淸濁　② 淸雪　③ 聽訴
④ 鄭琢　⑤ 請招

정답　01 ③　02 ⑤　03 ①　04 ③　05 ①　06 ⑤　07 ②　08 ⑤　09 ③　10 ④　11 ②　12 ①

13 波紋
① 繭蠶 ② 失色 ③ 破門
④ 派閥 ⑤ 筆跡

14 煮沸
① 淑妃 ② 刺股 ③ 便祕
④ 慈悲 ⑤ 檄匿

15 恐怖
① 公布 ② 空欄 ③ 闕席
④ 窺視 ⑤ 禿頭

16 負袋
① 貴賤 ② 貧富 ③ 敬待
④ 銳利 ⑤ 部隊

17 轉機
① 戰車 ② 次期 ③ 傳記
④ 磁氣 ⑤ 淑妃

18 繭紙
① 堅持 ② 攝氏 ③ 秉權
④ 各市 ⑤ 鈕瓔

19 藝人
① 囚人 ② 曳引 ③ 京仁
④ 確認 ⑤ 輿人

20 鈕瓔
① 前營 ② 道具 ③ 洗練
④ 壽筵 ⑤ 研究

21 騷擾
① 肥饒 ② 小欄 ③ 所要
④ 馬夫 ⑤ 莞爾

22 羈寓
① 腕章 ② 藩籬 ③ 嬌態
④ 役牛 ⑤ 杞憂

23 稻芒
① 羨望 ② 敗亡 ③ 麥芒
④ 漁網 ⑤ 悼亡

24 姪壻
① 疾病 ② 秩序 ③ 宣誓
④ 窒素 ⑤ 戍役

25 嘉事
① 無視 ② 戲曲 ③ 稼事
④ 測桿 ⑤ 喜捨

26 勘査
① 勤仕 ② 監董 ③ 恐喝
④ 監司 ⑤ 柑子

27 炙薑

① 救命　② 丘岡　③ 句芒
④ 邊疆　⑤ 構造

28 磬聲

① 傾性　② 鯨呑　③ 石聖
④ 論攷　⑤ 鉤鎌

29 軟膏

① 奪取　② 思考　③ 車庫
④ 緣故　⑤ 軟弱

30 絞首

① 欠缺　② 教授　③ 凶測
④ 橋頭　⑤ 死守

31 眷顧

① 圈域　② 藥櫃　③ 垂頭
④ 電子　⑤ 勸告

32 嗜眠

① 勸勉　② 黍穀　③ 圖免
④ 旗面　⑤ 筋腫

33 覊愁

① 耆蒙　② 晚秋　③ 易水
④ 機樞　⑤ 奇數

34 濃淡

① 濃艷　② 弄談　③ 珍談
④ 氣焰　⑤ 水厭

35 絢爛

① 眩亂　② 枸橘　③ 狂瀾
④ 恍惚　⑤ 團欒

36 翕然

① 蔓延　② 壽宴　③ 襲沿
④ 吸煙　⑤ 墳塋

37 糟糠

① 措置　② 粗鋼　③ 慫慂
④ 瑕疵　⑤ 詛呪

38 炊事

① 取捨　② 傾斜　③ 踏査
④ 詭辭　⑤ 螺絲

39 陷穽

① 涵養　② 澣滌　③ 喊聲
④ 亢龍　⑤ 艦艇

40 綻露

① 火爐　② 偕老　③ 坦路
④ 捕虜　⑤ 沙鹵

41 粃糠

① 鼻腔　② 誹謗　③ 枇杷
④ 碑石　⑤ 批判

42 奇巒

① 起寢　② 欺瞞　③ 氣稟
④ 旗幟　⑤ 祈禱

43 硅砂

① 卦辭　② 叫騷　③ 描寫
④ 窺伺　⑤ 淸爽

44 擅斷

① 鷄蛋　② 尖端　③ 淺短
④ 講壇　⑤ 瓢簞

45 枇杷

① 匪賊　② 鄙劣　③ 支撑
④ 琵琶　⑤ 沸騰

46 渣滓

① 寫眞　② 赦罪　③ 麝香
④ 私財　⑤ 詐稱

47 蓑笠

① 後裔　② 歪曲　③ 斜立
④ 細粒　⑤ 刷掃

48 靡費

① 媚諂　② 神秘　③ 彌縫
④ 未遂　⑤ 未備

49 疏宕

① 蔬菜　② 巢窟　③ 猜忌
④ 昭析　⑤ 掃蕩

50 烽火

① 蓬萊　② 長靴　③ 焚香
④ 捧納　⑤ 逢禍

DAY 13 동자이음자

降	강 내리다 항 항복하다	예 昇降(승강) 예 降伏(항복)

車	거 수레 차 수레	예 車馬(거마) 예 車庫(차고)

乾	건 하늘, 마르다 간 마르다	예 乾坤(건곤) 예 乾木水生(간목수생)

見	견 보다 현 뵙다	예 見聞(견문) 예 謁見(알현)

更	경 고치다, 시각 갱 다시	예 更張(경장) 예 更新(갱신)

串	곶 땅이름 관 꿰다	예 長山串(장산곶) 예 串之島(관지도)

廓	곽 둘레 확 크다	예 輪廓(윤곽) 예 廓大(확대)

金	김 성씨, 땅이름 금 쇠, 금	예 金浦(김포) 예 金庫(금고)

茶	다 차 차 차	예 茶亭(다정) 예 紅茶(홍차)

丹	단 붉다 란 꽃이름	예 一片丹心(일편단심) 예 牡丹(모란)

糖	당 엿 탕 사탕	예 糖分(당분) 예 雪糖(설탕)

宅	댁 댁 택 집	예 宅內(댁내) 예 住宅(주택)

度	도 법도 탁 헤아리다	예 程度(정도) 예 度地(탁지)

讀	독 읽다 두 구절	예 讀書(독서) 예 吏讀(이두)

洞	동 동네, 구멍 통 꿰뚫다, 밝다	예 洞里(동리) 예 洞察(통찰)

復	복 회복하다 부 다시	예 復歸(복귀) 예 復活(부활)

北	북 북녘 배 달아나다	예 南北(남북) 예 敗北(패배)

殺	살 죽이다, 감하다 쇄 빠르다	예 殺害(살해) 예 殺到(쇄도)

塞	새 변방 색 막다, 막히다	예 塞翁之馬(새옹지마) 예 語塞(어색)

索	색 찾다 삭 삭막하다	예 索引(색인) 예 索莫(삭막)

誓	서 맹세하다 세 맹세하다	예 誓約(서약) 예 盟誓(맹세)	於	어 어조사 오 감탄사	예 於焉間(어언간) 예 於乎(오호)
省	성 살피다 생 덜다	예 省墓(성묘) 예 省略(생략)	葉	엽 잎사귀 섭 성씨	예 葉書(엽서) 예 葉氏(섭씨)
率	솔 거느리다 률 비율	예 引率(인솔) 예 效率(효율)	易	이 쉽다 역 바꾸다	예 難易度(난이도) 예 貿易(무역)
衰	쇠 쇠하다 최 상복	예 衰退(쇠퇴) 예 衰服(최복)	咽	열 목메다 인 목구멍	예 嗚咽(오열) 예 咽喉(인후)
帥	수 장수 솔 거느리다	예 元帥(원수) 예 帥先(솔선)	炙	자 굽다 적 굽다	예 膾炙(회자) 예 散炙(산적)
數	수 수, 셈하다 삭 자주	예 數學(수학) 예 頻數(빈삭)	狀	장 문서 상 모양	예 賞狀(상장) 예 狀況(상황)
宿	수 별 숙 자다	예 星宿(성수) 예 露宿(노숙)	著	저 나타나다, 짓다 착 붙다	예 著述(저술) 예 附著(부착)
拾	습 줍다 십 열	예 拾得(습득) 예 參拾(삼십)	籍	적 문서 자 온화하다	예 符籍(부적) 예 蘊籍(온자)
食	식 먹다 사 밥	예 飲食(음식) 예 簞食(단사)	切	절 끊다, 간절하다 체 온통	예 親切(친절) 예 一切(일체)
識	식 알다 지 기록하다	예 認識(인식) 예 標識(표지)	則	즉 곧 칙 법칙	예 然則(연즉) 예 規則(규칙)
什	십 열 사람 집 세간	예 什長(십장) 예 什器(집기)	辰	진 별, 용 신 때	예 甲辰(갑진) 예 生辰(생신)
惡	악 악하다 오 미워하다	예 善惡(선악) 예 憎惡(증오)	徵	징 부르다 치 음률 이름	예 徵兵(징병) 예 徵音(치음)

參	참 참여하다 삼 석	예 參與(참여) 예 參拾(삼십)

拓	척 넓히다 탁 박다	예 開拓(개척) 예 拓本(탁본)

衰	최 상복 쇠 쇠하다	예 衰麻(최마) 예 衰軀(쇠구)

推	추 밀다 퇴 밀다	예 推仰(추앙) 예 推敲(퇴고)

沈	침 잠기다 심 성씨	예 沈沒(침몰) 예 沈氏(심씨)

龜	구 거북, 땅이름 귀 거북, 본받다 균 터지다	예 龜尾(구미) 예 龜鑑(귀감) 예 龜裂(균열)

樂	악 음악 락 즐겁다 요 좋아하다	예 音樂(음악) 예 娛樂(오락) 예 樂山(요산)

便	편 편하다 변 똥오줌	예 便利(편리) 예 小便(소변)

暴	포 사납다 폭 사납다, 드러내다	예 暴惡(포악) 예 暴露(폭로)

行	행 다니다 항 항렬	예 行人(행인) 예 行列(항렬)

畫	화 그림 획 긋다	예 畫家(화가) 예 企畫(기획)

滑	활 미끄러지다 골 익살스럽다	예 滑走路(활주로) 예 滑稽(골계)

說	설 말씀 열 기쁘다 세 달래다	예 說明(설명) 예 說喜(열희) 예 遊說(유세)

刺	자 찌르다 척 찌르다 라 수라	예 刺客(자객) 예 刺殺(척살) 예 水刺(수라)

[1~50] 다음 괄호 속 한자(漢字)의 음(音)이 다르게 발음되는 것은?

01
① 住(宅)   ② (宅)配
③ (宅)內   ④ (宅)地
⑤ (宅)舍

02
① (復)活   ② (復)歸
③ 光(復)   ④ (復)元
⑤ (復)舊

03
① (省)察   ② (省)墓
③ 反(省)   ④ (省)略
⑤ 自(省)

04
① (見)聞   ② (見)品
③ (見)地   ④ 謁(見)
⑤ (見)利

05
① (塞)翁之馬   ② 語(塞)
③ 要(塞)   ④ 固(塞)
⑤ 出(塞)

06
① 露(宿)   ② (宿)命
③ (宿)主   ④ (宿)所
⑤ 星(宿)

07
① (度)量   ② 態(度)
③ 程(度)   ④ 料(度)
⑤ (度)數

08
① (帥)先   ② 元(帥)
③ 將(帥)   ④ 總(帥)
⑤ 統(帥)權

09
① 飮(食)   ② 簞(食)
③ (食)量   ④ (食)事
⑤ (食)卓

10
① (茶)菓   ② 紅(茶)
③ (茶)禮   ④ 綠(茶)
⑤ (茶)盤

11
① (推)進   ② (推)戴
③ (推)敲   ④ (推)定
⑤ (推)算

12
① 開(拓)   ② 干(拓)地
③ (拓)土   ④ (拓)本
⑤ (拓)地

13
① 下(降)   ② 霜(降)
③ 乘(降)場   ④ (降)水量
⑤ (降)伏

14
① 親(切)   ② 一(切)
③ (切)斷   ④ (切)望
⑤ (切)迫

정답 01 ③ 02 ① 03 ④ 04 ④ 05 ② 06 ⑤ 07 ④ 08 ① 09 ② 10 ① 11 ③ 12 ④ 13 ⑤ 14 ②

15
① 寸(暑)　　② (暑)刻
③ (暑)漏　　④ 春(暑)
⑤ 度(暑)

16
① 賞(狀)　　② 令(狀)
③ 年賀(狀)　④ (狀)況
⑤ 送(狀)

17
① 難(易)度　② 貿(易)
③ 容(易)　　④ 簡(易)
⑤ 平(易)

18
① 然(則)　　② 法(則)
③ 規(則)　　④ 不規(則)
⑤ 原(則)

19
① (索)引　　② (索)出
③ (索)莫　　④ 檢(索)
⑤ 摸(索)

20
① (暴)力　　② (暴)惡
③ (暴)露　　④ (暴)風
⑤ (暴)行

21
① (糖)分　　② (糖)尿
③ (糖)菓　　④ 雪(糖)
⑤ (糖)料

22
① (便)乘　　② 小(便)
③ (便)利　　④ (便)安
⑤ (便)法

23
① (識)別　　② 常(識)
③ 學(識)　　④ 鑑(識)
⑤ 標(識)

24
① 頻(數)　　② (數)値
③ 額(數)　　④ (數)量
⑤ 多(數)

25
① (說)明　　② 遊(說)
③ (說)得　　④ 傳(說)
⑤ 學(說)

26
① (殺)傷　　② 暗(殺)
③ 射(殺)　　④ (殺)到
⑤ (殺)伐

27
① (衰)顔　　② 盛(衰)
③ 齊(衰)　　④ (衰)微
⑤ (衰)殘

28
① 引(率)　　② 比(率)
③ 換(率)　　④ 倍(率)
⑤ 效(率)

29
① (惡)臭　　② (惡)夢
③ 憎(惡)　　④ (惡)鬼
⑤ 醜(惡)

30
① (更)新　　② (更)生
③ (更)改　　④ (更)張
⑤ (更)起

정답　15 ③　16 ④　17 ②　18 ①　19 ③　20 ②　21 ④　22 ②　23 ⑤　24 ①　25 ②　26 ④　27 ③　28 ①　29 ③　30 ④

31
① (洞)里   ② (洞)長
③ (洞)口   ④ (洞)布
⑤ (洞)察

32
① (北)極   ② 對(北)
③ 敗(北)   ④ 南(北)
⑤ (北)韓

33
① (便)祕   ② (便)覽
③ 簡(便)   ④ (便)宜
⑤ (便)益

34
① (誓)約   ② 盟(誓)
③ (誓)命   ④ 宣(誓)
⑤ (誓)文

35
① 施(行)   ② 慣(行)
③ (行)列   ④ (行)動
⑤ (行)爲

36
① (辰)星   ② (辰)時
③ (辰)方   ④ (辰)宿
⑤ 生(辰)

37
① (車)輛   ② (車)線
③ (車)路   ④ (車)間
⑤ (車)馬

38
① (讀)書   ② (讀)音
③ 精(讀)   ④ 句(讀)
⑤ 朗(讀)

39
① (金)融   ② (金)額
③ (金)浦空港   ④ (金)屬
⑤ (金)蘭之交

40
① (龜)鑑   ② (龜)鏡
③ 神(龜)   ④ (龜)裂
⑤ (龜)背

41
① (刺)客   ② 亂(刺)
③ (刺)殺   ④ 擊(刺)
⑤ (刺)傷

42
① 密(契)   ② 破(契)
③ (契)約   ④ (契)活
⑤ (契)機

43
① (暴)君   ② (暴)騰
③ (暴)露   ④ (暴)亡
⑤ 橫(暴)

44
① (契)員   ② 交(契)
③ (契)券   ④ (契)丹
⑤ (契)會

45
① 企(畫)   ② 錄(畫)
③ 映(畫)   ④ (畫)像
⑤ (畫)伯

46
① (樂)團   ② (樂)山
③ (樂)譜   ④ (樂)曲
⑤ 聲(樂)

47　① (降)雨　　② (降)臨
　　　③ (降)等　　④ 投(降)
　　　⑤ 昇(降)

48　① (狀)態　　② 令(狀)
　　　③ 症(狀)　　④ 實(狀)
　　　⑤ 現(狀)

49　① (暴)虐　　② (暴)惡
　　　③ (暴)炎　　④ (暴)逆
　　　⑤ (暴)棄

50　① (塞)外　　② 邊(塞)
　　　③ 險(塞)　　④ 堅(塞)
　　　⑤ (塞)責

정답　47 ④　48 ②　49 ③　50 ⑤

반의자 · 상대자

加	減	乾	濕	曲	直	近	遠
더할 가	덜 감	마를 건	젖을 습	굽을 곡	곧을 직	가까울 근	멀 원
可	否	輕	重	功	過	勤	怠
옳을 가	아닐 부	가벼울 경	무거울 중	공 공	허물 과	부지런할 근	게으를 태
甘	苦	慶	弔	公	私	及	落
달 감	쓸 고	경사 경	조상할 조	공평할 공	사사로울 사	미칠 급	떨어질 락
江	山	經	緯	攻	守	起	伏
강 강	뫼 산	날 경	씨줄 위	칠 공	지킬 수	일어날 기	엎드릴 복
强	弱	京	鄕	攻	防	起	寢
강할 강	약할 약	서울 경	시골 향	칠 공	막을 방	일어날 기	잠잘 침
開	閉	苦	樂	官	民	吉	凶
열 개	닫을 폐	괴로울 고	즐거울 락	벼슬 관	백성 민	길할 길	흉할 흉
去	來	高	低	君	臣	難	易
갈 거	올 래	높을 고	낮을 저	임금 군	신하 신	어려울 난	쉬울 이
乾	坤	姑	婦	倦	勤	南	北
하늘 건	땅 곤	시어미 고	며느리 부	게으를 권	부지런할 근	남녘 남	북녘 북

內	外	曇	晴	冷	熱	美	醜
안 내	바깥 외	흐릴 담	갤 청	찰 랭	더울 열	아름다울 미	추할 추
來	往	當	落	冷	溫	夫	妻
올 내	갈 왕	마땅 당	떨어질 락	찰 랭	따뜻할 온	지아비 부	아내 처
勞	使	大	小	斂	散	班	常
일할 노	부릴 사	큰 대	작을 소	거둘 렴	흩을 산	나눌 반	항상 상
老	少	東	西	輓	推	發	着
늙을 노	젊을 소	동녘 동	서녘 서	끌 만	밀 추	필 발	붙을 착
濃	淡	冬	夏	賣	買	方	圓
짙을 농	맑을 담	겨울 동	여름 하	팔 매	살 매	모 방	둥글 원
多	少	同	異	明	暗	本	末
많을 다	적을 소	같을 동	다를 이	밝을 명	어두울 암	근본 본	끝 말
斷	續	動	靜	問	答	俯	仰
끊을 단	이을 속	움직일 동	고요할 정	물을 문	답할 답	구부릴 부	우러를 앙
單	複	得	失	文	武	浮	沈
홑 단	겹칠 복	얻을 득	잃을 실	글월 문	굳셀 무	뜰 부	잠길 침
旦	夕	登	落	物	心	逢	別
아침 단	저녁 석	오를 등	떨어질 락	물건 물	마음 심	만날 봉	이별할 별

貧	富	先	後	需	給	始	末
가난할 빈	넉넉할 부	먼저 선	뒤 후	쓸 수	줄 급	처음 시	끝 말

氷	炭	善	惡	手	足	始	終
얼음 빙	숯 탄	착할 선	악할 악	손 수	발 족	처음 시	마칠 종

死	生	盛	衰	收	支	新	舊
죽을 사	살 생	성할 성	쇠할 쇠	거둘 수	지탱할 지	새 신	옛 구

師	弟	成	敗	授	受	伸	縮
스승 사	제자 제	이룰 성	패할 패	줄 수	받을 수	펼 신	줄일 축

山	海	宵	晝	順	逆	心	身
뫼 산	바다 해	밤 소	낮 주	순할 순	거스를 역	마음 심	몸 신

山	川	損	益	昇	降	深	淺
뫼 산	내 천	덜 손	더할 익	오를 승	내릴 강	깊을 심	얕을 천

山	河	送	迎	勝	負	安	危
뫼 산	물 하	보낼 송	맞을 영	이길 승	질 부	편안 안	위태로울 위

上	下	首	尾	勝	敗	愛	惡
위 상	아래 하	머리 수	꼬리 미	이길 승	패할 패	사랑 애	미워할 오

賞	罰	水	火	是	非	愛	憎
상줄 상	벌줄 벌	물 수	불 화	옳을 시	그를 비	사랑 애	미워할 증

哀	歡		往	復		利	害		將	卒
슬플 애	기뻐할 환		갈 왕	돌아올 복		이로울 이	해할 해		장수 장	군사 졸

抑	揚		優	劣		因	果		將	兵
누를 억	떨칠 양		뛰어날 우	못할 열		인할 인	결과 과		장수 장	군사 병

言	行		遠	近		自	他		前	後
말씀 언	다닐 행		멀 원	가까울 근		스스로 자	다를 타		앞 전	뒤 후

與	野		有	無		任	免		田	畓
여당 여	야당 야		있을 유	없을 무		맡길 임	면할 면		밭 전	논 답

捐	取		恩	怨		姉	妹		正	誤
버릴 연	가질 취		은혜 은	원망할 원		누이 자	손아래 누이 매		바를 정	그르칠 오

榮	辱		隱	現		雌	雄		朝	夕
영화 영	욕될 욕		숨을 은	나타날 현		암컷 자	수컷 웅		아침 조	저녁 석

玉	石		陰	陽		昨	今		朝	野
구슬 옥	돌 석		그늘 음	볕 양		어제 작	이제 금		조정 조	민간 야

凹	凸		離	合		長	幼		早	晚
오목할 요	볼록할 철		떠날 이	합할 합		어른 장	어릴 유		이를 조	늦을 만

緩	急		異	同		長	短		存	亡
느릴 완	급할 급		다를 이	한가지 동		길 장	짧을 단		있을 존	망할 망

存	廢	眞	假	初	終	表	裏
있을 존	폐할 폐	참 진	거짓 가	처음 초	마칠 종	겉 표	속 리
尊	卑	眞	僞	出	入	彼	此
높을 존	낮을 비	참 진	거짓 위	날 출	들 입	저 피	이 차
縱	橫	進	退	出	納	寒	暖
세로 종	가로 횡	나아갈 진	물러날 퇴	날 출	들일 납	찰 한	따뜻할 난
左	右	集	配	出	缺	寒	暑
왼 좌	오른 우	모을 집	나눌 배	날 출	이지러질 결	찰 한	더울 서
晝	夜	集	散	出	沒	閑	忙
낮 주	밤 야	모을 집	흩을 산	날 출	빠질 몰	한가할 한	바쁠 망
主	客	天	地	取	捨	玄	素
주인 주	손님 객	하늘 천	땅 지	취할 취	버릴 사	검을 현	흴 소
主	從	添	削	呑	吐	海	陸
주인 주	따를 종	더할 첨	깎을 삭	삼킬 탄	토할 토	바다 해	뭍 륙
衆	寡	晴	雨	貶	褒	好	惡
무리 중	적을 과	갤 청	비 우	낮출 폄	기릴 포	좋아할 호	미워할 오
增	減	淸	濁	豐	凶	呼	應
더할 증	덜 감	맑을 청	흐릴 탁	풍년 풍	흉할 흉	부를 호	응할 응

呼	吸
부를 호	마실 흡

昏	明
어두울 혼	밝을 명

虛	實
빌 허	열매 실

兄	弟
형 형	아우 제

膾	炙
회 회	구울 자

禍	福
재화 화	복 복

狹	廣
좁을 협	넓을 광

厚	薄
두터울 후	엷을 박

[1~50] 다음 한자(漢字)와 뜻이 반대(反對)이거나 상대(相對)되는 한자는 어느 것입니까?

01 輕

① 重　　② 閉　　③ 缺
④ 豐　　⑤ 暴

02 寢

① 過　　② 減　　③ 滑
④ 慶　　⑤ 起

03 貧

① 替　　② 當　　③ 富
④ 黨　　⑤ 響

04 厚

① 疲　　② 薄　　③ 廢
④ 辱　　⑤ 壓

05 盛

① 縱　　② 堤　　③ 賞
④ 衰　　⑤ 製

06 昇

① 降　　② 陸　　③ 陰
④ 部　　⑤ 附

07 醜

① 米　　② 美　　③ 醉
④ 配　　⑤ 愧

08 損

① 溫　　② 盛　　③ 盟
④ 濫　　⑤ 益

09 浮

① 滿　　② 油　　③ 湖
④ 沈　　⑤ 渴

10 始

① 終　　② 練　　③ 綠
④ 續　　⑤ 純

11 喜

① 感　　② 應　　③ 恩
④ 窓　　⑤ 怒

12 現

① 隔　　② 陶　　③ 隱
④ 隣　　⑤ 郵

정답　01 ①　02 ⑤　03 ③　04 ②　05 ④　06 ①　07 ②　08 ⑤　09 ④　10 ①　11 ⑤　12 ③

13 單

① 救　② 複　③ 移
④ 初　⑤ 補

14 斷

① 續　② 絹　③ 級
④ 紛　⑤ 緒

15 劣

① 僚　② 償　③ 僧
④ 儒　⑤ 優

16 集

① 激　② 散　③ 啓
④ 微　⑤ 敏

17 順

① 遇　② 遊　③ 逢
④ 逆　⑤ 適

18 存

① 窮　② 厥　③ 廢
④ 廊　⑤ 鹿

19 削

① 添　② 洪　③ 漂
④ 澤　⑤ 況

20 動

① 靜　② 靑　③ 情
④ 淸　⑤ 晴

21 勞

① 降　② 復　③ 初
④ 使　⑤ 暑

22 深

① 慶　② 過　③ 活
④ 異　⑤ 淺

23 逢

① 別　② 師　③ 缺
④ 僞　⑤ 寡

24 陸

① 晚　② 海　③ 遠
④ 答　⑤ 醜

25 將

① 炭　② 舊　③ 長
④ 沒　⑤ 兵

26 乾

① 空　② 坤　③ 伸
④ 韓　⑤ 獸

27 姑
① 婦   ② 奴   ③ 如
④ 好   ⑤ 妄

28 怠
① 治   ② 亂   ③ 勤
④ 康   ⑤ 待

29 登
① 班   ② 崇   ③ 罰
④ 貧   ⑤ 落

30 賣
① 財   ② 貢   ③ 買
④ 責   ⑤ 貨

31 罰
① 賞   ② 刑   ③ 罪
④ 償   ⑤ 愁

32 需
① 紀   ② 級   ③ 約
④ 給   ⑤ 急

33 勝
① 籍   ② 勤   ③ 脚
④ 施   ⑤ 敗

34 緩
① 慢   ② 漫   ③ 急
④ 强   ⑤ 斷

35 陰
① 防   ② 陽   ③ 陣
④ 階   ⑤ 附

36 尊
① 鼻   ② 碑   ③ 婢
④ 卑   ⑤ 貴

37 縱
① 排   ② 嫌   ③ 橫
④ 糾   ⑤ 仰

38 散
① 集   ② 置   ③ 偶
④ 返   ⑤ 部

39 僞
① 假   ② 直   ③ 虛
④ 勢   ⑤ 眞

40 濁
① 烈   ② 汗   ③ 淸
④ 染   ⑤ 熱

정답 27 ①   28 ③   29 ⑤   30 ③   31 ①   32 ④   33 ⑤   34 ③   35 ②   36 ④   37 ③   38 ①   39 ⑤   40 ③

41 彼

① 此　② 骨　③ 脱
④ 抱　⑤ 被

42 納

① 入　② 稅　③ 品
④ 頭　⑤ 出

43 禍

① 祈　② 福　③ 神
④ 祖　⑤ 祝

44 迎

① 入　② 接　③ 送
④ 合　⑤ 歡

45 收

① 拾　② 容　③ 集
④ 授　⑤ 穫

46 增

① 晚　② 愛　③ 感
④ 添　⑤ 減

47 晝

① 話　② 文　③ 好
④ 夜　⑤ 衆

48 誤

① 正　② 哀　③ 樂
④ 勇　⑤ 勤

49 剛

① 樹　② 綱　③ 柔
④ 健　⑤ 沙

50 抑

① 打　② 技　③ 扶
④ 揚　⑤ 批

DAY 13 반의어 · 상대어

可決 가결	否決 부결	減少 감소	增加 증가	客體 객체	主體 주체
架空 가공	實在 실재	感情 감정	理性 이성	巨大 거대	微少 미소
假象 가상	實在 실재	剛健 강건	柔弱 유약	巨富 거부	極貧 극빈
加熱 가열	冷却 냉각	强硬 강경	柔和 유화	拒絶 거절	承諾 승낙
却下 각하	受理 수리	開放 개방	閉鎖 폐쇄	建設 건설	破壞 파괴
干涉 간섭	放任 방임	個別 개별	全體 전체	乾燥 건조	濕潤 습윤
間歇 간헐	持續 지속	客觀 객관	主觀 주관	傑作 걸작	拙作 졸작

儉約	浪費	高潔	低俗	空虛	充實
검약	낭비	고결	저속	공허	충실
缺乏	豐富	高雅	卑俗	過去	未來
결핍	풍부	고아	비속	과거	미래
謙遜	傲慢	固定	流動	過激	穩健
겸손	오만	고정	유동	과격	온건
輕減	加重	高調	低調	寡默	弄舌
경감	가중	고조	저조	과묵	농설
經度	緯度	困難	容易	官尊	民卑
경도	위도	곤란	용이	관존	민비
輕蔑	尊敬	供給	需要	灌木	喬木
경멸	존경	공급	수요	관목	교목
輕薄	愼重	共鳴	反駁	光明	暗黑
경박	신중	공명	반박	광명	암흑
輕率	鎭重	空想	現實	廣義	狹義
경솔	진중	공상	현실	광의	협의
輕視	重視	公的	私的	驕慢	謙遜
경시	중시	공적	사적	교만	겸손

拘束	釋放	歸納	演繹	飢餓	飽食
구속	석방	귀납	연역	기아	포식
求心	遠心	勤勉	懶怠	緊密	疏遠
구심	원심	근면	나태	긴밀	소원
具體	抽象	勤勉	怠慢	緊張	弛緩
구체	추상	근면	태만	긴장	이완
舊派	新派	僅少	過多	吉兆	凶兆
구파	신파	근소	과다	길조	흉조
國內	國外	急性	慢性	懦弱	强靭
국내	국외	급성	만성	나약	강인
君子	小人	急行	緩行	樂觀	悲觀
군자	소인	급행	완행	낙관	비관
屈服	抵抗	肯定	否定	落第	及第
굴복	저항	긍정	부정	낙제	급제
屈辱	雪辱	旣決	未決	樂天	厭世
굴욕	설욕	기결	미결	낙천	염세
權利	義務	奇拔	平凡	暖流	寒流
권리	의무	기발	평범	난류	한류

濫讀	精讀	凌蔑	推仰	對話	獨白
남독	정독	능멸	추앙	대화	독백
濫用	節約	短點	長點	都心	郊外
남용	절약	단점	장점	도심	교외
朗讀	默讀	單式	複式	獨創	模倣
낭독	묵독	단식	복식	독창	모방
來生	今生	多元	一元	動機	結果
내생	금생	다원	일원	동기	결과
內容	形式	單一	複合	冬眠	夏眠
내용	형식	단일	복합	동면	하면
內包	外延	短縮	延長	登場	退場
내포	외연	단축	연장	등장	퇴장
老鍊	未熟	唐慌	沈着	漠然	確然
노련	미숙	당황	침착	막연	확연
訥辯	能辯	貸邊	借邊	滿足	不滿
눌변	능변	대변	차변	만족	불만
能動	被動	大乘	小乘	忘却	記憶
능동	피동	대승	소승	망각	기억

埋沒	發掘	文明	未開	反目	和睦
매몰	발굴	문명	미개	반목	화목
滅亡	隆盛	物質	精神	反抗	服從
멸망	융성	물질	정신	반항	복종
名譽	恥辱	未備	完備	發達	退步
명예	치욕	미비	완비	발달	퇴보
明轉	暗轉	敏感	鈍感	發生	消滅
명전	암전	민감	둔감	발생	소멸
母音	子音	敏速	遲鈍	跋文	序文
모음	자음	민속	지둔	발문	서문
模糊	分明	緊密	疏遠	放心	操心
모호	분명	긴밀	소원	방심	조심
無能	有能	密集	散在	背恩	報恩
무능	유능	밀집	산재	배은	보은
無形	有形	薄學	博學	白髮	紅顔
무형	유형	박학	박학	백발	홍안
文語	口語	反駁	共鳴	繁榮	衰退
문어	구어	반박	공명	번영	쇠퇴

凡人	超人	不實	充實	卑怯	勇敢
범인	초인	부실	충실	비겁	용감
別居	同居	敷衍	省略	悲劇	喜劇
별거	동거	부연	생략	비극	희극
別館	本館	否認	是認	卑近	高遠
별관	본관	부인	시인	비근	고원
保守	革新	否定	肯定	非番	當番
보수	혁신	부정	긍정	비번	당번
普遍	特殊	分擔	全擔	非凡	平凡
보편	특수	분담	전담	비범	평범
複雜	單純	分離	統合	悲哀	歡喜
복잡	단순	분리	통합	비애	환희
本業	副業	分析	綜合	卑語	敬語
본업	부업	분석	종합	비어	경어
富貴	貧賤	紛爭	和解	悲運	幸運
부귀	빈천	분쟁	화해	비운	행운
富裕	貧窮	不運	幸運	卑稱	尊稱
부유	빈궁	불운	행운	비칭	존칭

奢侈	儉素	生家	養家	所得	損失
사치	검소	생가	양가	소득	손실
社會	個人	生食	火食	騷亂	靜肅
사회	개인	생식	화식	소란	정숙
死後	生前	生花	造花	消費	生産
사후	생전	생화	조화	소비	생산
削減	添加	抒情	敍事	滅亡	隆興
삭감	첨가	서정	서사	멸망	융흥
散文	韻文	先輩	後輩	守勢	攻勢
산문	운문	선배	후배	수세	공세
相剋	相生	善意	惡意	需要	供給
상극	상생	선의	악의	수요	공급
常例	特例	先天	後天	淑女	紳士
상례	특례	선천	후천	숙녀	신사
喪失	獲得	成功	失敗	熟達	未熟
상실	획득	성공	실패	숙달	미숙
詳述	略述	成熟	未熟	純粹	不純
상술	약술	성숙	미숙	순수	불순

順坦	險難	語幹	語尾	偶然	必然
순탄	험난	어간	어미	우연	필연
順行	逆行	逆境	順境	優秀	劣等
순행	역행	역경	순경	우수	열등
勝利	敗北	連敗	連勝	憂鬱	明朗
승리	패배	연패	연승	우울	명랑
失意	得意	永劫	刹那	原告	被告
실의	득의	영겁	찰나	원고	피고
實質	形式	榮轉	左遷	原因	結果
실질	형식	영전	좌천	원인	결과
安全	危險	靈魂	肉身	原型	模型
안전	위험	영혼	육신	원형	모형
野蠻	文明	銳敏	愚鈍	遊星	恒星
야만	문명	예민	우둔	유성	항성
暗示	明示	沃土	薄土	柔軟	硬直
암시	명시	옥토	박토	유연	경직
優待	虐待	優勢	劣勢	恩惠	怨恨
우대	학대	우세	열세	은혜	원한

陰氣	陽氣	自動	手動	敵對	友好
음기	양기	자동	수동	적대	우호
依他	自立	諮問	決議	前半	後半
의타	자립	자문	결의	전반	후반
異端	正統	自律	他律	前進	後進
이단	정통	자율	타율	전진	후진
裏面	表面	自意	他意	秩序	混亂
이면	표면	자의	타의	질서	혼란
理想	現實	子正	正午	絶對	相對
이상	현실	자정	정오	절대	상대
利益	損失	長篇	短篇	絶望	希望
이익	손실	장편	단편	절망	희망
人爲	自然	低俗	高尙	正當	不當
인위	자연	저속	고상	정당	부당
立體	平面	嫡子	庶子	集合	解散
입체	평면	적자	서자	집합	해산
入港	出港	積極	消極	漸進	急進
입항	출항	적극	소극	점진	급진

正常	異常	直系	傍系	添加	削減
정상	이상	직계	방계	첨가	삭감
整頓	亂雜	直接	間接	初聲	終聲
정돈	난잡	직접	간접	초성	종성
精密	粗雜	直線	曲線	體言	用言
정밀	조잡	직선	곡선	체언	용언
正直	詐欺	眞實	虛僞	遞增	遞減
정직	사기	진실	허위	체증	체감
定着	漂流	質疑	應答	縮小	擴大
정착	표류	질의	응답	축소	확대
弔客	賀客	進步	退步	聰明	愚鈍
조객	하객	진보	퇴보	총명	우둔
縱景	橫景	斬新	陳腐	稚拙	洗練
종경	횡경	참신	진부	치졸	세련
知的	情的	淺學	碩學	恥辱	名譽
지적	정적	천학	석학	치욕	명예
增進	減退	創造	模倣	親熟	疏遠
증진	감퇴	창조	모방	친숙	소원

快樂	苦痛	敗北	勝利	現役	退役
쾌락	고통	패배	승리	현역	퇴역

妥當	不當	暴露	隱蔽	兄弟	姉妹
타당	부당	폭로	은폐	형제	자매

快勝	慘敗	豐饒	貧困	好轉	逆轉
쾌승	참패	풍요	빈곤	호전	역전

卓越	劣等	彼岸	此岸	好評	惡評
탁월	열등	피안	차안	호평	악평

誕生	死亡	虐待	優待	好況	不況
탄생	사망	학대	우대	호황	불황

濁音	淸音	合法	違法	厚待	薄待
탁음	청음	합법	위법	후대	박대

退化	進化	諧調	亂調
퇴화	진화	해조	난조

膨脹	收縮	幸福	不幸
팽창	수축	행복	불행

敗戰	勝戰	許多	稀少
패전	승전	허다	희소

[1~50] 다음 한자(漢字)와 뜻이 반대(反對)이거나 상대(相對)되는 한자어는 어느 것입니까?

01

缺乏

① 豊富　② 上昇　③ 柴炭
④ 敷衍　⑤ 厭症

02

間歇

① 胃癌　② 掌握　③ 持續
④ 耽溺　⑤ 遮陽

03

傲慢

① 喝取　② 庇護　③ 隔阻
④ 羞恥　⑤ 謙遜

04

輕蔑

① 噴霧　② 憧憬　③ 尊敬
④ 排泄　⑤ 汽笛

05

反駁

① 共鳴　② 懸隔　③ 描寫
④ 幻影　⑤ 喘息

06

過激

① 銃彈　② 穩健　③ 抽出
④ 備蓄　⑤ 靜寂

07

灌木

① 點綴　② 膽汁　③ 關木
④ 喬木　⑤ 駐屯

08

狹義

① 企圖　② 廣義　③ 思義
④ 咀呪　⑤ 正義

09

演繹

① 末端　② 錯簡　③ 收穫
④ 遜色　⑤ 歸納

10

退步

① 寡黙　② 障碍　③ 殺到
④ 進步　⑤ 誇大

11

緊張

① 來生　② 惰性　③ 欽慕
④ 弛緩　⑤ 凶兆

12

懦弱

① 强靭　② 稚拙　③ 輕蔑
④ 腐蝕　⑤ 强弱

정답　01 ①　02 ③　03 ⑤　04 ③　05 ①　06 ②　07 ④　08 ②　09 ⑤　10 ④　11 ④　12 ①

13 厭世

① 怠慢   ② 自由   ③ 樂天
④ 諮問   ⑤ 凹凸

14 矮小

① 誨諭   ② 巨大   ③ 鍼灸
④ 束縛   ⑤ 昌大

15 訥辯

① 凌駕   ② 首魁   ③ 出他
④ 老鍊   ⑤ 能辯

16 凌蔑

① 推仰   ② 朗讀   ③ 義務
④ 脂肪   ⑤ 基趾

17 唐慌

① 密接   ② 着帽   ③ 冷氣
④ 沈着   ⑤ 貧窮

18 切斷

① 花柳   ② 連結   ③ 醜態
④ 分擔   ⑤ 散在

19 發掘

① 黜黨   ② 入社   ③ 迂闊
④ 堆肥   ⑤ 埋沒

20 模糊

① 鍛冶   ② 殖産   ③ 分明
④ 行悖   ⑤ 模襲

21 跋文

① 序文   ② 至文   ③ 水文
④ 節文   ⑤ 箋文

22 敷衍

① 蘊蓄   ② 贖託   ③ 省略
④ 官銜   ⑤ 駱駝

23 卑怯

① 跋扈   ② 彗星   ③ 悲觀
④ 窓戶   ⑤ 勇敢

24 奢侈

① 腕力   ② 儉素   ③ 棧板
④ 宮娥   ⑤ 稟申

25 抒情

① 敍事   ② 書史   ③ 誓詞
④ 書士   ⑤ 序詞

26 薄學

① 洋學   ② 小學   ③ 醫學
④ 博學   ⑤ 淺學

27 紳士

① 淳厚　② 信士　③ 鮮肥
④ 箴戒　⑤ 淑女

28 不純

① 循首　② 順行　③ 純粹
④ 圭璋　⑤ 薔薇

29 順坦

① 險難　② 岑寂　③ 順理
④ 逼迫　⑤ 堆肥

30 虐待

① 賢明　② 敷衍　③ 驅迫
④ 說明　⑤ 優待

31 永劫

① 平生　② 刹那　③ 榮轉
④ 連勝　⑤ 輕躁

32 賢明

① 暗黑　② 愚昧　③ 爪痕
④ 肇域　⑤ 仙人

33 憂鬱

① 秋收　② 優秀　③ 明朗
④ 憂愁　⑤ 雪人

34 模型

① 紙型　② 原型　③ 造型
④ 星型　⑤ 船型

35 嫡子

① 孝子　② 梨子　③ 孫子
④ 骨子　⑤ 庶子

36 亂雜

① 整頓　② 解散　③ 傑作
④ 羞恥　⑤ 祝福

37 粗雜

① 漸進　② 造成　③ 毀損
④ 精密　⑤ 大幅

38 斬新

① 踏襲　② 解弛　③ 陳腐
④ 新品　⑤ 讒訴

39 稚拙

① 推移　② 洗練　③ 備蓄
④ 紬緞　⑤ 範疇

40 豐饒

① 鍾愛　② 廚房　③ 砥平
④ 膣炎　⑤ 貧困

41

姉妹

① 老妄　② 妖婦　③ 呼兄
④ 次男　⑤ 兄弟

42

沃土

① 薄土　② 退役　③ 懸隔
④ 浸水　⑤ 壽石

43

權利

① 歸納　② 義務　③ 僅少
④ 緩行　⑤ 弛緩

44

緊密

① 繁榮　② 同居　③ 疏遠
④ 跋文　⑤ 操心

45

快樂

① 苦痛　② 杜絶　③ 疏遠
④ 反抗　⑤ 貧窮

46

恥辱

① 窄袖　② 圭瓚　③ 羞恥
④ 瑕貶　⑤ 名譽

47

膨脹

① 逼切　② 收縮　③ 巨大
④ 蝦灸　⑤ 包涵

48

野蠻

① 文明　② 問名　③ 文名
④ 文命　⑤ 問明

49

解弛

① 銃丸　② 爆彈　③ 虐殺
④ 諧謔　⑤ 緊張

50

懶怠

① 飢餓　② 乏材　③ 勤勉
④ 排出　⑤ 態度

DAY 14

干	방패 간	예 干城(간성)
于	어조사 우	예 于先(우선)

刊	새길 간	예 刊行(간행)
肝	간 간	예 肝炎(간염)

減	덜 감	예 減少(감소)
滅	멸망할 멸	예 滅亡(멸망)

腔	속 빌 강	예 腹腔(복강)
控	당길 공	예 控除(공제)

慨	슬퍼할 개	예 慨嘆(개탄)
概	대개 개	예 概念(개념)

坑	구덩이 갱	예 坑道(갱도)
抗	겨룰 항	예 抵抗(저항)

件	물건 건	예 要件(요건)
伴	짝 반	예 同伴(동반)

建	세울 건	예 建築(건축)
健	건강할 건	예 健康(건강)

堅	굳을 견	예 堅實(견실)
竪	세울 수	예 竪立(수립)

決	결단할 결	예 決定(결정)
快	쾌할 쾌	예 豪快(호쾌)

境	경계 경	예 境地(경지)
鏡	거울 경	예 鏡戒(경계)

更	고칠 경	예 變更(변경)
吏	벼슬 리	예 吏房(이방)

競	다툴 경	예 競爭(경쟁)
兢	삼갈 긍	예 兢戒(긍계)

季	계절 계	예 季節(계절)
秀	빼어날 수	예 優秀(우수)

階	섬돌/층계 계	예 階段(계단)
陸	뭍 륙	예 陸地(육지)

枯	마를 고	예 枯木(고목)
姑	시어머니 고	예 姑婦(고부)

苦	쓸 고	예 苦難(고난)
若	만약 약	예 萬若(만약)

孤	외로울 고	예 孤獨(고독)
狐	여우 호	예 白狐(백호)

困 因	곤할 곤 인할 인	예 疲困(피곤) 예 因緣(인연)

攻 巧	칠 공 공교할 교	예 攻擊(공격) 예 技巧(기교)

科 料	과정 과 헤아릴 료	예 科目(과목) 예 料量(요량)

瓜 爪	오이 과 손톱 조	예 木瓜(목과) 예 爪牙(조아)

壞 壤	무너질 괴 흙덩이 양	예 破壞(파괴) 예 土壤(토양)

拘 抱	잡을 구 안을 포	예 拘束(구속) 예 抱擁(포옹)

勸 權	권할 권 권세 권	예 勸善(권선) 예 權利(권리)

鬼 蒐	귀신 귀 모을 수	예 鬼神(귀신) 예 蒐集(수집)

貴 責	귀할 귀 꾸짖을 책	예 富貴(부귀) 예 責望(책망)

斤 斥	근 근 물리칠 척	예 斤量(근량) 예 排斥(배척)

僅 謹	겨우 근 삼갈 근	예 僅少(근소) 예 謹愼(근신)

肯 背	즐길 긍 등/배반할 배	예 肯定(긍정) 예 背信(배신)

奇 寄	기이할 기 부칠 기	예 奇人(기인) 예 寄附(기부)

棄 葉	버릴 기 잎 엽	예 棄兒(기아) 예 落葉(낙엽)

難 離	어려울 난 떠날 리	예 困難(곤란) 예 離別(이별)

納 紛	들일 납 어지러울 분	예 納入(납입) 예 紛爭(분쟁)

奴 如	종 노 같을 여	예 奴隷(노예) 예 如一(여일)

怒 努	성낼 노 힘쓸 노	예 怒氣(노기) 예 努力(노력)

端 瑞	단정할 단 상서로울 서	예 端正(단정) 예 瑞光(서광)

貸 賃	빌릴 대 품삯 임	예 轉貸(전대) 예 賃金(임금)

代 伐	대신할 대 칠 벌	예 代用(대용) 예 討伐(토벌)

待 侍	기다릴 대 모실 시	예 期待(기대) 예 侍女(시녀)

戴	일 대	예 負戴(부대)
載	실을 재	예 積載(적재)

裏	속 리	예 表裏(표리)
囊	주머니 낭	예 行囊(행낭)

徒	걸어다닐 도	예 徒步(도보)
徙	옮길 사	예 移徙(이사)

慢	거만할 만	예 傲慢(오만)
漫	흩어질 만	예 散漫(산만)

都	도읍 도	예 首都(수도)
部	나눌 부	예 部分(부분)

眠	잘 면	예 睡眠(수면)
眼	눈 안	예 眼目(안목)

蹈	밟을 도	예 舞蹈(무도)
踏	밟을 답	예 踏襲(답습)

免	면할 면	예 免除(면제)
兎	토끼 토	예 兎皮(토피)

憧	동경할 동	예 憧憬(동경)
潼	물 이름 동	예 碧潼(벽동)

鳴	울 명	예 悲鳴(비명)
嗚	슬플 오	예 嗚咽(오열)

卵	알 란	예 鷄卵(계란)
卯	토끼 묘	예 卯時(묘시)

侮	업신여길 모	예 侮辱(모욕)
悔	뉘우칠 회	예 後悔(후회)

剌	발랄할 랄	예 潑剌(발랄)
刺	찌를 자	예 刺戟(자극)

母	어미 모	예 母情(모정)
毋	말 무	예 毋論(무론)

憐	불쌍히 여길 련	예 憐憫(연민)
隣	이웃 린	예 隣近(인근)

沐	목욕할 목	예 沐浴(목욕)
休	쉴 휴	예 休息(휴식)

輪	바퀴 륜	예 輪廻(윤회)
輸	실어낼 수	예 輸出(수출)

微	작을 미	예 微笑(미소)
徵	부를 징	예 徵集(징집)

栗	밤 률	예 栗木(율목)
粟	조 속	예 粟豆(속두)

拍	칠 박	예 拍手(박수)
栢	잣나무 백	예 冬栢(동백)

理	다스릴 리	예 倫理(윤리)
埋	묻을 매	예 埋葬(매장)

薄	엷을 박	예 薄明(박명)
簿	장부 부	예 帳簿(장부)

追 追	핍박할 박 쫓을 추	예 逼迫(핍박) 예 追憶(추억)

飯 飮	밥 반 마실 음	예 白飯(백반) 예 飮料(음료)

倣 做	본뜰 방 지을 주	예 模倣(모방) 예 看做(간주)

番 審	차례 번 살필 심	예 番號(번호) 예 審査(심사)

罰 罪	벌할 벌 죄 죄	예 罰金(벌금) 예 犯罪(범죄)

壁 璧	벽 벽 구슬 벽	예 土壁(토벽) 예 完璧(완벽)

變 戀	변할 변 그릴 련	예 變化(변화) 예 戀愛(연애)

奉 奏	받들 봉 아뢸 주	예 奉養(봉양) 예 演奏(연주)

否 歪	아닐 부 기울 왜	예 否便(부편) 예 歪力(왜력)

奮 奪	떨칠 분 빼앗을 탈	예 興奮(흥분) 예 奪取(탈취)

貧 貪	가난할 빈 탐할 탐	예 貧弱(빈약) 예 貪慾(탐욕)

氷 永	얼음 빙 길 영	예 解氷(해빙) 예 永久(영구)

士 土	선비 사 흙 토	예 紳士(신사) 예 土地(토지)

使 便	부릴 사 편할 편	예 使用(사용) 예 簡便(간편)

仕 任	벼슬 사 맡길 임	예 奉仕(봉사) 예 任務(임무)

捨 拾	버릴 사 주울 습	예 取捨(취사) 예 拾得(습득)

師 帥	스승 사 장수 수	예 恩師(은사) 예 將帥(장수)

思 惠	생각할 사 은혜 혜	예 思想(사상) 예 恩惠(은혜)

社 祀	모일 사 제사 사	예 會社(회사) 예 祭祀(제사)

撒 徹	뿌릴 살 통할 철	예 撒布(살포) 예 貫徹(관철)

狀 壯	형상 상 장할 장	예 狀態(상태) 예 健壯(건장)

象 衆	코끼리 상 무리 중	예 象牙(상아) 예 衆生(중생)

璽 爾	옥새 새 너 이	예 玉璽(옥새) 예 爾來(이래)
塞 寒	변방 새 찰 한	예 要塞(요새) 예 寒食(한식)
牲 姓	희생 생 성씨 성	예 犧牲(희생) 예 姓氏(성씨)
棲 捷	깃들일 서 이길 첩	예 棲息(서식) 예 大捷(대첩)
恕 怒	용서할 서 성낼 노	예 容恕(용서) 예 怒氣(노기)
析 折	쪼갤 석 꺾을 절	예 分析(분석) 예 折枝(절지)
晳 哲	밝을 석 밝을 철	예 明晳(명석) 예 哲學(철학)
惜 借	아낄 석 빌릴 차	예 惜別(석별) 예 借用(차용)
宣 宜	베풀 선 마땅 의	예 宣傳(선전) 예 便宜(편의)
旋 施	돌 선 베풀 시	예 旋律(선율) 예 實施(실시)
雪 雲	눈 설 구름 운	예 殘雪(잔설) 예 雲霧(운무)

涉 陟	건널 섭 오를 척	예 干涉(간섭) 예 進陟(진척)
俗 裕	속될 속 넉넉할 유	예 俗世(속세) 예 餘裕(여유)
損 捐	덜 손 버릴 연	예 缺損(결손) 예 捐命(연명)
誦 桶	외울 송 통 통	예 誦唱(송창) 예 桶兒(통아)
粹 碎	순수할 수 부술 쇄	예 精粹(정수) 예 粉碎(분쇄)
遂 逐	드디어 수 쫓을 축	예 完遂(완수) 예 驅逐(구축)
授 援	줄 수 구원할 원	예 授受(수수) 예 救援(구원)
須 順	반드시 수 순할 순	예 必須(필수) 예 順從(순종)
淑 涉	맑을 숙 건널 섭	예 淑女(숙녀) 예 干涉(간섭)
術 述	재주 술 펼 술	예 技術(기술) 예 敍述(서술)
乘 承	탈 승 이을 승	예 乘船(승선) 예 繼承(계승)

伸	펼 신	예 伸張(신장)
仲	버금 중	예 仲秋節(중추절)

營	경영할 영	예 經營(경영)
螢	반딧불 형	예 螢光(형광)

深	깊을 심	예 夜深(야심)
探	찾을 탐	예 探究(탐구)

譽	명예 예	예 名譽(명예)
擧	들 거	예 擧事(거사)

雅	우아할 아	예 優雅(우아)
稚	어릴 치	예 幼稚(유치)

汚	더러울 오	예 汚染(오염)
汗	땀 한	예 汗蒸(한증)

謁	아뢸 알	예 謁見(알현)
揭	들 게	예 揭示(게시)

瓦	기와 와	예 瓦解(와해)
互	서로 호	예 相互(상호)

仰	우러를 앙	예 信仰(신앙)
抑	누를 억	예 抑制(억제)

浴	목욕할 욕	예 浴室(욕실)
沿	좇을 연	예 沿海(연해)

厄	재앙 액	예 厄運(액운)
危	위태할 위	예 危險(위험)

郵	우편 우	예 郵便(우편)
睡	졸음 수	예 睡眠(수면)

億	억 억	예 億丈(억장)
憶	생각할 억	예 記憶(기억)

宇	집 우	예 宇宙(우주)
字	글자 자	예 文字(문자)

與	줄 여	예 授與(수여)
興	일어날 흥	예 興亡(흥망)

熊	곰 웅	예 熊膽(웅담)
態	모습 태	예 世態(세태)

延	끌 연	예 延期(연기)
廷	조정 정	예 朝廷(조정)

園	동산 원	예 庭園(정원)
圍	에워쌀 위	예 周圍(주위)

沿	좇을 연	예 沿革(연혁)
治	다스릴 치	예 政治(정치)

威	위엄 위	예 威力(위력)
咸	다 함	예 咸集(함집)

鹽	소금 염	예 鹽田(염전)
監	볼 감	예 監督(감독)

幼	어릴 유	예 幼年(유년)
幻	헛보일 환	예 幻想(환상)

遺 遣	남길 유 보낼 견	예 遺物(유물) 예 派遣(파견)

凝 疑	엉길 응 의심할 의	예 凝結(응결) 예 疑心(의심)

剩 乘	남을 잉 탈 승	예 剩餘(잉여) 예 乘車(승차)

姿 恣	모양 자 방자할 자	예 姿態(자태) 예 放恣(방자)

丈 太	어른 장 클 태	예 方丈(방장) 예 太極(태극)

杖 枚	지팡이 장 낱 매	예 短杖(단장) 예 枚數(매수)

齋 齊	재계할 재 같을 제	예 齋戒(재계) 예 一齊(일제)

籍 藉	서적 적 깔 자	예 戶籍(호적) 예 憑藉(빙자)

齊 濟	가지런할 제 건널/도울 제	예 齊一(제일) 예 經濟(경제)

帝 常	임금 제 항상 상	예 帝王(제왕) 예 常識(상식)

早 旱	일찍 조 가물 한	예 早起(조기) 예 旱害(한해)

照 熙	비출 조 빛날 희	예 照明(조명) 예 熙笑(희소)

兆 北	조짐 조 북녘 북	예 前兆(전조) 예 北極(북극)

潮 湖	조수 조 호수 호	예 潮流(조류) 예 湖水(호수)

措 借	둘 조 빌릴 차	예 措置(조치) 예 借款(차관)

佐 佑	도울 좌 도울 우	예 補佐(보좌) 예 天佑(천우)

株 殊	그루/주식 주 다를 수	예 株價(주가) 예 特殊(특수)

住 往	살 주 갈 왕	예 住宅(주택) 예 往來(왕래)

汁 什	즙 즙 열사람 십	예 果汁(과즙) 예 什長(십장)

陳 陣	늘어놓을 진 진칠 진	예 陳列(진열) 예 陣營(진영)

捉 促	잡을 착 재촉할 촉	예 捕捉(포착) 예 督促(독촉)

責 靑	꾸짖을 책 푸를 청	예 責望(책망) 예 靑史(청사)

締	맺을 체	예 締交(체교)
諦	살필 체	예 諦念(체념)

觸	닿을 촉	예 接觸(접촉)
燭	촛불 촉	예 華燭(화촉)

總	다 총	예 總選(총선)
聰	귀 밝을 총	예 聰明(총명)

追	따를 추	예 追究(추구)
退	물러날 퇴	예 進退(진퇴)

蓄	모을 축	예 貯蓄(저축)
畜	기를 축	예 家畜(가축)

充	가득할 충	예 充滿(충만)
允	허락할 윤	예 允許(윤허)

衝	부딪칠 충	예 衝突(충돌)
衡	저울 형	예 均衡(균형)

側	곁 측	예 側近(측근)
測	헤아릴 측	예 測量(측량)

舵	키 타	예 舵器(타기)
駝	낙타 타	예 駱駝(낙타)

坦	평탄할 탄	예 平坦(평탄)
但	다만 단	예 但只(단지)

湯	끓일 탕	예 湯藥(탕약)
渴	목마를 갈	예 渴症(갈증)

澤	못 택	예 潤澤(윤택)
擇	가릴 택	예 採擇(채택)

牌	패 패	예 牌子(패자)
稗	피 패	예 稗史(패사)

爆	터질 폭	예 爆發(폭발)
瀑	폭포 폭	예 瀑布(폭포)

恨	한 한	예 怨恨(원한)
限	한정할 한	예 限界(한계)

肛	항문 항	예 肛門(항문)
肝	간 간	예 肝腸(간장)

核	씨 핵	예 核心(핵심)
該	갖출/마땅 해	예 該當(해당)

還	돌아올 환	예 還甲(환갑)
環	고리 환	예 環境(환경)

侯	제후 후	예 諸侯(제후)
候	기후 후	예 徵候(징후)

悔	뉘우칠 회	예 悔改(회개)
梅	매화나무 매	예 梅花(매화)

欠	하품 흠	예 欠乏(흠핍)
欽	공경할 흠	예 欽仰(흠앙)

羲	복희씨 희	예 羲和(희화)
義	옳을 의	예 義人(의인)

鋼	강철 강	예 鋼鐵(강철)	書	글 서	예 書房(서방)
綱	벼리 강	예 綱領(강령)	晝	낮 주	예 晝夜(주야)
網	그물 망	예 魚網(어망)	畫	그림 화	예 畫家(화가)

卷	책 권	예 卷數(권수)	衰	쇠할 쇠	예 衰退(쇠퇴)
券	문서 권	예 券面(권면)	衷	속마음 충	예 衷心(충심)
拳	주먹 권	예 拳銃(권총)	哀	슬플 애	예 哀惜(애석)

鬼	귀신 귀	예 鬼神(귀신)	膝	무릎 슬	예 膝下(슬하)
塊	덩어리 괴	예 塊土(괴토)	勝	이길 승	예 勝利(승리)
愧	부끄러울 괴	예 慙愧(참괴)	騰	오를 등	예 騰落(등락)

領	거느릴 령	예 首領(수령)	識	알 식	예 識見(식견)
頒	나눌 반	예 頒布(반포)	織	짤 직	예 織物(직물)
頌	칭송할 송	예 頌歌(송가)	職	직분 직	예 職位(직위)

戊	천간 무	예 戊午(무오)	失	잃을 실	예 失敗(실패)
茂	무성할 무	예 茂林(무림)	矢	화살 시	예 嚆矢(효시)
戌	개 술	예 甲戌年(갑술년)	夭	일찍 죽을 요	예 夭折(요절)

博	넓을 박	예 博士(박사)	緣	인연 연	예 因緣(인연)
傅	스승 부	예 師傅(사부)	綠	푸를 록	예 草綠(초록)
傳	전할 전	예 傳受(전수)	錄	기록할 록	예 記錄(기록)

辨	분별할 변	예 辨別(변별)	玉	구슬 옥	예 珠玉(주옥)
辯	말씀 변	예 辯論(변론)	王	임금 왕	예 帝王(제왕)
辦	힘쓸 판	예 辦公費(판공비)	壬	북방 임	예 壬辰(임진)

査	조사할 사	예 調査(조사)	遙	멀 요	예 遙遠(요원)
香	향기 향	예 香味(향미)	謠	노래 요	예 歌謠(가요)
杳	아득할 묘	예 杳然(묘연)	搖	흔들 요	예 搖動(요동)

姙 誕 任	아이 밸 임 낳을 탄 맡길 임	예 姙娠(임신) 예 誕妄(탄망) 예 任事(임사)

暫 漸 斬	잠시 잠 점점 점 벨 참	예 暫時(잠시) 예 漸次(점차) 예 斬首(참수)

栽 裁 載	심을 재 마를 재 실을 재	예 栽培(재배) 예 裁斷(재단) 예 載籍(재적)

亭 享 亨	정자 정 누릴 향 형통할 형	예 亭子(정자) 예 享樂(향락) 예 亨通(형통)

摘 滴 適	딸 적 물방울 적 맞을 적	예 摘出(적출) 예 滴下(적하) 예 適任(적임)

推 堆 椎	밀 추 흙무더기 퇴 쇠몽둥이/등골 추	예 推薦(추천) 예 堆肥(퇴비) 예 脊椎(척추)

浸 沈 沒	잠길/적실 침 잠길 침 빠질 몰	예 浸透(침투) 예 沈默(침묵) 예 沒入(몰입)

胎 始 治	아이 밸 태 비로소 시 다스릴 치	예 胎中(태중) 예 始作(시작) 예 治下(치하)

巴 肥 把	꼬리 파 살찔 비 잡을 파	예 巴人(파인) 예 肥厚(비후) 예 把守(파수)

編 遍 偏	엮을 편 두루 편 치우칠 편	예 改編(개편) 예 普遍(보편) 예 偏食(편식)

弊 幣 蔽	폐단 폐 화폐 폐 가릴 폐	예 弊端(폐단) 예 幣物(폐물) 예 隱蔽(은폐)

眩 炫 弦	어지러울 현 밝을 현 시위 현	예 眩亂(현란) 예 炫煌(현황) 예 弦樂(현악)

夾 峽 來	낄 협 골짜기 협 올 래	예 夾刀(협도) 예 峽村(협촌) 예 來年(내년)

護 穫 獲	보호할 호 거둘 확 얻을 획	예 保護(보호) 예 收穫(수확) 예 獲得(획득)

渾 軍 揮	흐릴 혼 군사 군 휘두를 휘	예 渾儀(혼의) 예 軍丁(군정) 예 揮劍(휘검)

晃 滉 煌	밝을 황 깊을 황 빛날 황	예 晃然(황연) 예 李滉(이황) 예 輝煌(휘황)

薰	향풀 훈	예 薰氣(훈기)
熏	불길 훈	예 熏香(훈향)
勳	공 훈	예 勳章(훈장)

吸	마실 흡	예 呼吸(호흡)
吹	불 취	예 鼓吹(고취)
次	버금 차	예 次席(차석)

儉	검소할 검	예 儉素(검소)
險	험할 험	예 險難(험난)
檢	검사할 검	예 點檢(점검)
劍	칼 검	예 劍客(검객)

末	끝 말	예 末路(말로)
未	아닐 미	예 未來(미래)
昧	어두울 매	예 三昧(삼매)
味	맛 미	예 味覺(미각)

漠	사막 막	예 沙漠(사막)
模	법 모	예 模範(모범)
幕	장막 막	예 天幕(천막)
墓	무덤 묘	예 墓地(묘지)
募	모을 모	예 募集(모집)
慕	사모할 모	예 思慕(사모)
暮	저물 모	예 日暮(일모)

惟	생각할 유	예 思惟(사유)
維	벼리/유지할 유	예 維持(유지)
推	밀 추	예 推進(추진)
唯	오직 유	예 唯一(유일)
誰	누구 수	예 誰何(수하)
稚	어릴 치	예 稚出(치졸)
堆	쌓을 퇴	예 堆積(퇴적)

[1~20] 다음 한자(漢字)의 뜻은 무엇입니까?

01 控

① 속이 비다 ② 당기다 ③ 배부르다
④ 정성 ⑤ 어리석다

07 汲

① 마시다 ② 모이다 ③ 잠기다
④ 긷다 ⑤ 빠지다

02 競

① 삼가다 ② 같다 ③ 떨리다
④ 다투다 ⑤ 굳다

08 瓜

① 손톱 ② 오이 ③ 기와
④ 상처 ⑤ 자르다

03 抗

① 구덩이 ② 겨루다 ③ 묻다
④ 비다 ⑤ 뒷간

09 頌

① 거느리다 ② 소유하다 ③ 칭송하다
④ 용서하다 ⑤ 나누다

04 璽

① 비 ② 너 ③ 옥새
④ 고리 ⑤ 주석

10 昧

① 끝 ② 아니다 ③ 어둡다
④ 맛 ⑤ 누이

05 孤

① 손톱 ② 오이 ③ 여우
④ 의심하다 ⑤ 외롭다

11 兎

① 토끼 ② 면하다 ③ 내치다
④ 노력하다 ⑤ 늦다

06 囊

① 주머니 ② 속 ③ 적다
④ 돌보다 ⑤ 치마

12 栢

① 치다 ② 맏이 ③ 측백
④ 핍박하다 ⑤ 힘쓰다

정답 01 ② 02 ④ 03 ② 04 ③ 05 ⑤ 06 ① 07 ④ 08 ② 09 ⑤ 10 ③ 11 ① 12 ③

13 傅

① 넓다　② 전하다　③ 엷다
④ 스승　⑤ 문서

14 辦

① 말씀　② 힘들이다　③ 분별하다
④ 다투다　⑤ 명석하다

15 衷

① 쇠하다　② 슬프다　③ 겉
④ 모범　⑤ 속마음

16 姙

① 맡기다　② 임신하다　③ 위임하다
④ 양육하다　⑤ 품삯

17 歪

① 기울다　② 아니다　③ 부르다
④ 바르다　⑤ 막히다

18 撒

① 통하다　② 버리다　③ 즐기다
④ 거느리다　⑤ 뿌리다

19 膝

① 무성하다　② 이기다　③ 무릎
④ 오르다　⑤ 어깨

20 斬

① 잠시　② 베다　③ 점점
④ 젖다　⑤ 졸지에

[21~50] 다음 단어들의 '□'에 공통으로 들어갈 알맞은
한자(漢字)는 어느 것입니까?

21 □鍊, □工, □冶

① 短　② 緞　③ 鍛
④ 湍　⑤ 祖

22 繁□, 養□, 增□

① 榮　② 殖　③ 蝕
④ 湜　⑤ 惺

23 □羅, □膜, 漁□

① 網　② 葬　③ 沫
④ 鼓　⑤ 船

24 嚴□, □酷, □虐

① 塾　② 苛　③ 自
④ 稼　⑤ 賈

25 □言, □臣, □戒

① 忠　② 甄　③ 衍
④ 艮　⑤ 諫

26 □揚, 上□, □載

① 揭　② 偈　③ 浮
④ 剖　⑤ 攷

27 氷□, 油□, 製□

① 瓜　② 價　③ 控
④ 菓　⑤ 橘

28 祕□, □別, □宴

① 密　② 送　③ 壽
④ 鼠　⑤ 訣

29 □滅, □亂, 崩□

① 櫃　② 傀　③ 潰
④ 噴　⑤ 煉

30 □倫, □德, □子

① 痲　② 悖　③ 戮
④ 悼　⑤ 淇

31 貯□, □積, 含□

① 吐　② 蓄　③ 扱
④ 足　⑤ 歐

32 □生, □舞, 妙□

① 歌　② 躬　③ 漱
④ 妓　⑤ 熊

33 □煙, 滿□, □怯

① 喫　② 哨　③ 羨
④ 溟　⑤ 窒

34 缺□, 窮□, □人

① 然　② 逼　③ 乏
④ 嫡　⑤ 睿

35 □夢, □敎, □氣

① 煙　② 錫　③ 栢
④ 撈　⑤ 胎

36 □報, □者, 間□

① 蝶　② 諜　③ 葉
④ 牒　⑤ 枼

37 晚□, 午□, 聖□

① 函　② 勵　③ 馳
④ 餐　⑤ 倡

38 自□, □笑, □弄

① 嘲　② 肅　③ 楨
④ 戲　⑤ 談

39 □問, □詢, □議

① 玩　② 踊　③ 穗
④ 諮　⑤ 阜

정답　26 ①　27 ④　28 ⑤　29 ③　30 ②　31 ②　32 ④　33 ①　34 ③　35 ⑤　36 ②　37 ④　38 ①　39 ④

40

□器, 靑□, □印

① 瓷   ② 炙   ③ 咨
④ 滋   ⑤ 藉

41

□全, 不□, □當

① 鑿   ② 佃   ③ 掘
④ 遁   ⑤ 穩

42

氣□, 火□, □硝

① 瀑   ② 焰   ③ 謬
④ 玟   ⑤ 壤

43

血□, 唾□, □體

① 昱   ② 笙   ③ 液
④ 壺   ⑤ 腔

44

把□, 掌□, □手

① 捉   ② 匣   ③ 嶽
④ 扱   ⑤ 握

45

浸□, 侵□, 腐□

① 羹   ② 透   ③ 湜
④ 蝕   ⑤ 套

46

□戈, □鼻, 矛□

① 盾   ② 戟   ③ 皐
④ 荀   ⑤ 伎

47

報□, 應□, □酌

① 漱   ② 狩   ③ 戍
④ 酬   ⑤ 嫂

48

人□, 水□, 紅□

① 蒐   ② 遜   ③ 蔘
④ 茶   ⑤ 原

49

恐□, □悚, 驚□

① 惶   ② 璜   ③ 潢
④ 湟   ⑤ 幌

50

沃□, □農, 反□

① 遝   ② 査   ③ 杳
④ 杳   ⑤ 畓

사자성어

呵呵大笑 가가대소	소리를 크게 내어 웃음 ㈜ 홍연대소(哄然大笑)
家家戶戶 가가호호	각 집과 각 호(戶). 즉, 집집마다
街談巷說 가담항설	길거리에 떠도는 소문. 세상의 풍문 ㈜ 가담항어(街談巷語)
★ 苛斂誅求 가렴주구	세금 같은 것을 가혹하게 거두어들이고 물건을 강제로 청구하여 국민을 못 살게 구는 일
佳人薄命 가인박명	아름다운 여자는 기박(奇薄)한 운명을 타고남 ㈜ 미인박명(美人薄命)
刻苦勉勵 각고면려	몹시 애쓰고 힘씀 ㈜ 각고정려(刻苦精勵)
刻骨難忘 각골난망	뼛속에 새겨 두고 잊지 않는다는 뜻으로, 남에게 입은 은혜가 마음속 깊이 새겨져 잊히지 아니함 ㈜ 백골난망(白骨難忘)
刻骨銘心 각골명심	뼛속에 새기고 마음속에 새긴다는 뜻으로, 마음속 깊이 새겨서 잊지 않음
刻骨痛恨 각골통한	뼈에 사무쳐 마음속 깊이 맺힌 원한 ㈜ 각골지통(刻骨之痛)
★★ 角者無齒 각자무치	뿔이 있는 놈은 이가 없다는 뜻으로, 한 사람이 모든 복을 겸하지는 못함
刻舟求劍 각주구검	강물에 칼을 떨어뜨리게 되자 배에 칼이 떨어진 곳을 새겨 놓고 나중에 칼을 찾았다는 고사에서 유래. 어리석고 융통성이 없는 것을 비유
艱難辛苦 간난신고	몹시 힘이 들고 쓰라린 고통이나 갖은 고초(苦楚)를 다 겪음

肝腦塗地 간뇌도지	참살(慘殺)을 당하여 간(肝)과 뇌(腦)가 땅바닥에 으깨어진다는 뜻으로, 국사(國事)에 목숨을 돌보지 않고 힘을 다함

★**甘呑苦吐** 감탄고토	달면 삼키고 쓰면 뱉는다는 뜻으로, 사리(事理)의 옳고 그름을 따지지 않고 자기 비위에 맞으면 좋아하고, 맞지 않으면 싫어한다는 말

★**肝膽相照** 간담상조	마음과 마음을 서로 비춰볼 정도로 서로 마음을 터놓고 사귀는 것. 간담(肝膽)은 간과 쓸개로 마음을 말함

甲男乙女 갑남을녀	갑(甲)이란 남자와 을(乙)이란 여자라는 뜻으로, 평범한 사람을 말함 ⊕ 선남선녀(善男善女), 장삼이사(張三李四), 필부필부(匹夫匹婦)

竿頭之勢 간두지세	매우 위태한 상황에 놓임 ⊕ 누란지위(累卵之危)

剛木水生 강목수생	마른 나무에서 물을 내게 한다는 뜻으로, 아무것도 없는 사람에게 없는 것을 내놓으라고 강요함 ⊕ 乾木水生(건목수생)

渴而穿井 갈이천정	목이 말라야 우물을 판다는 뜻으로, 이미 때가 늦은 것을 일컬음 ⊕ 임갈굴정(臨渴掘井)

康衢煙月 강구연월	번화한 거리의 안개 낀 흐릿한 달이란 뜻으로, 태평한 시대의 평화로운 풍경을 말함

感慨無量 감개무량	마음에서 느끼는 감동이나 느낌이 끝이 없음

剛柔兼全 강유겸전	굳셈과 부드러움을 모두 갖춤. 즉, 성품이 굳세면서도 부드러움

甘言利說 감언이설	남의 비위에 맞도록 꾸민 달콤한 말과 이로운 조건을 붙여 꾀는 말

剛毅木訥 강의목눌	의지(意志)가 굳고 용기(勇氣)가 있으며 꾸밈이 없고 말수가 적은 사람을 비유함 ⊕ 교언영색(巧言令色)

感之德之 감지덕지	감사하게 여기고 덕으로 여긴다는 뜻으로, 대단히 고맙게 여기는 것을 말함

江湖煙波 강호연파	강이나 호수 위에 안개처럼 보얗게 이는 잔물결. 곧, 대자연(大自然)의 풍경

改過遷善 개과천선	허물을 고치고 착하게 변함 🌀 회과천선(悔過遷善)
車水馬龍 거수마룡	거마(車馬)의 왕래가 흐르는 물이나 길게 늘어진 용처럼 끊임없이 많음
蓋棺事定 개관사정	관(棺)의 뚜껑을 덮고서야 일이 정해짐. 사람이 죽은 뒤에야 비로소 그 사람이 살아 있었을 때의 가치를 알 수 있음
居安思危 거안사위	편안할 때 위태로움을 생각함 🌀 유비무환(有備無患) 🔴 망양보뢰(亡羊補牢)
開門揖盜 개문읍도	일부러 문을 열어 놓고 도둑을 청한다는 뜻으로, 스스로 화를 불러들인다는 말 🌀 개문납적(開門納賊)
擧案齊眉 거안제미	밥상을 들어 눈썹과 나란히 하여 놓았다는 고사에서 유래한 말로, 아내가 남편을 깍듯이 공경함
改善匡正 개선광정	좋도록 고치고 바로잡음
去者日疎 거자일소	서로 멀리 떨어져 있으면 사이가 멀어짐
蓋世之才 개세지재	세상을 뒤덮을 만한 재주. 또는 그러한 재주를 가진 사람 🌀 발산개세(拔山蓋世)
去者必返 거자필반	떠난 자는 반드시 돌아옴 🔴 회자정리(會者定離)
客反爲主 객반위주	손이 도리어 주인이 됨 🌀 주객전도(主客顚倒)
★ **乾坤一擲** 건곤일척	흥망성패(興亡成敗)를 걸고 단판싸움을 함
★★ **去頭截尾** 거두절미	머리와 꼬리를 잘라버린다는 뜻으로, 앞뒤의 잔사설을 빼놓고 요점(要點)만을 말함
★ **格物致知** 격물치지	사물의 이치를 연구하여 자기의 지식을 확고하게 함

隔世之感 격세지감	세대(世代)를 거른 듯한 느낌. 즉, 다른 세대가 된 듯 몹시 달라진 느낌

見蚊拔劍 견문발검	모기를 보고 칼을 뺀다는 뜻으로, 조그만 일에 허둥지둥 덤비는 것을 말함 유 노승발검(怒蠅拔劍)

擊壤之歌 격양지가	땅을 두드리며 부르는 노래. 매우 살기 좋은 시절

見物生心 견물생심	물건을 보면 갖고 싶은 욕심이 생김을 이르는 말

★ **牽強附會** 견강부회	이치에 맞지 않는 것을 억지로 끌어다 붙임

堅如金石 견여금석	굳기가 쇠나 돌과 같다는 말

★ **見利忘義** 견리망의	이익을 보면 의리(義理)를 잊음 반 견리사의(見利思義)

犬猿之間 견원지간	개와 원숭이의 사이처럼 대단히 사이가 나쁜 관계

★★★ **見利思義** 견리사의	눈앞에 이익(利益)을 보거든 먼저 그것을 취함이 의리(義理)에 합당(合當)한지를 생각하라는 말

見危授命 견위수명	나라가 위태로울 때는 자신의 목숨까지도 바침 유 견위치명(見危致命)

犬馬之勞 견마지로	개나 말의 하찮은 수고라는 뜻으로, 임금이나 나라에 충성을 다하려는 노력을 낮추어 이르는 말

堅忍不拔 견인불발	굳게 참고 버티어 마음을 빼앗기지 아니함

犬馬之誠 견마지성	임금이나 나라에 바치는 정성. 자기의 정성을 낮추어 일컫는 말

犬兔之爭 견토지쟁	빠른 개가 날쌘 토끼를 잡다가 둘 다 죽자 나무꾼이 개와 토끼를 모두 얻음. 제삼자가 이익을 보는 것을 말함 유 어부지리(漁夫之利)

結跏趺坐 결가부좌	승려나 수행인이 앉는 한 자세 ㈜ 전가부좌(全跏趺坐)
★ **結者解之** 결자해지	맺은 사람이 풀어야 한다는 뜻으로, 자기가 저지른 일은 스스로 해결해야 한다는 말
★★★ **結草報恩** 결초보은	죽어서라도 은혜를 갚음 ㈜ 각골난망(刻骨難忘)
謙讓之德 겸양지덕	겸손하고 사양하는 미덕
兼人之勇 겸인지용	몇 사람을 당해낼 만한 용기
輕擧妄動 경거망동	경솔하고 망령(妄靈)된 행동
傾國之色 경국지색	한 나라의 형세를 기울어지게 할 만한 뛰어나게 아름다운 미인

耕當問奴 경당문노	농사는 마땅히 머슴에게 물어야 한다는 뜻으로, 모르는 일은 잘 아는 사람에게 물어야 한다는 말
經世濟民 경세제민	세상을 다스리고 백성을 구제함
敬而遠之 경이원지	존경하면서도 가까이하지는 않음 ※ 경원(敬遠 : 겉으로는 존경하는 체하면서 실제로는 가까이하지 않는다는 뜻도 있음)
鏡中美人 경중미인	거울 속의 미인이란 뜻으로, 실속이 없는 일을 가리킴
敬天勤民 경천근민	하늘을 공경하고 백성을 다스리기에 부지런함
驚天動地 경천동지	하늘을 놀라게 하고 땅을 뒤흔든다는 뜻으로, 세상을 몹시 놀라게 함
敬天愛人 경천애인	하늘을 공경하고 사람을 사랑함

經天緯地 經천위지	하늘을 날로 하고 땅을 씨로 한다는 뜻으로, 온 천하를 경륜(經綸)하여 다스림

★★ 高談峻論 고담준론	고상(高尙)하고 준엄(峻嚴)한 담론(談論)

繼繼承承 계계승승	자자손손이 대를 이어 감

高臺廣室 고대광실	높은 대(臺)와 넓은 집이란 뜻으로, 굉장히 크고 좋은 집을 말함

鷄口牛後 계구우후	닭의 주둥이와 소의 꼬리라는 뜻으로, 큰 단체의 꼴찌보다는 작은 단체의 우두머리가 되는 것이 오히려 나음

苦肉之策 고육지책	자기 몸을 상해가면서까지 꾸며 내는 계책. 어려운 상태에서 벗어나기 위해 어쩔 수 없이 꾸며 내는 계책 ㈜ 고육지계(苦肉之計)

★★ 鷄卵有骨 계란유골	달걀에도 뼈가 있다는 뜻으로, 복이 없는 사람은 아무리 좋은 기회를 만나도 덕을 보지 못함

★★★ 孤立無援 고립무원	고립(孤立)되어 구원(救援)받을 데가 없음

鷄鳴狗盜 계명구도	비굴하게 남을 속이는 하찮은 재주. 또는 그런 재주를 가진 사람을 이르는 말

膏粱珍味 고량진미	기름진 고기와 좋은 곡식으로 만든 음식이란 뜻으로 아주 맛있는 음식

股肱之臣 고굉지신	임금이 가장 믿고 중히 여기는 신하 ※ 고굉(股肱 : 다리와 팔)

孤立無依 고립무의	고립되어 의지할 데가 없음 ㈜ 고성낙일(孤城落日)

★ 孤軍奮鬪 고군분투	외로운 군력(軍力)으로 분발하여 싸운다는 뜻으로, 홀로 여럿을 상대로 하여 싸움

鼓腹擊壤 고복격양	한 노인이 배를 두드리고 땅을 치면서 요임금의 덕을 찬양하고 태평을 즐긴 고사에서 유래한 말. 태평세월(太平歲月)을 의미함

孤城落日 고성낙일	외딴 성에서 해마저 지려 한다는 뜻으로, 도움이 없는 고립된 상태를 말함

★★ 骨肉相爭 골육상쟁	뼈와 살이 서로 싸운다는 말로, 동족이나 친족끼리 서로 싸우는 것을 비유함 유 골육상잔(骨肉相殘), 골육상전(骨肉相戰)

姑息之計 고식지계	제 아내와 자식만을 위한 계책이란 뜻으로, 당장의 편안함만을 꾀하는 일시적인 방편

公卿大夫 공경대부	공경(公卿 : 三公과 九卿)이나 대부(大夫)의 지위에 있는 사람들. 벼슬이 높은 사람들

★★ 高屋建瓴 고옥건령	높은 지붕 위에서 물을 담은 독을 기울여 쏟으면 그 내리쏟는 물살은 무엇으로도 막기 힘들다는 뜻으로, 기세가 왕성함을 이르는 말

共倒同亡 공도동망	같이 넘어지고 함께 망함. 운명을 같이함

★★ 孤掌難鳴 고장난명	외손뼉은 울리지 않는다는 뜻으로, 혼자만의 힘으로는 어떤 일을 하기가 어렵다는 것을 비유함

★★ 空理空論 공리공론	헛된 이치와 논의란 뜻으로, 사실에 맞지 않은 이론과 실제와 동떨어진 논의

★★ 苦盡甘來 고진감래	괴로움이 다하면 즐거움이 온다는 말

公明正大 공명정대	공명하고 정대함. 떳떳함

曲學阿世 곡학아세	학문을 왜곡하여 세속에 아부함

★ 空前絶後 공전절후	비교할 만한 것이 이전에도 없고 이후에도 없음 유 전무후무(前無後無)

汩沒無暇 골몰무가	한 가지 일에 빠져 조금도 틈이 없음 유 골골무가(汩汩無暇)

空中樓閣 공중누각	공중의 누각이라는 뜻으로, 근거없는 가공의 사물

過恭非禮 과공비례	지나치게 공손한 것은 예가 아니라는 뜻으로, 지나친 공손은 도리어 실례가 된다는 말

誇大妄想 과대망상	턱없이 과장하여 그것을 믿는 망령된 생각

★★ 過猶不及 과유불급	정도를 지나침은 미치지 못한 것과 같음 ㊤ 과여불급(過如不及)

瓜田李下 과전이하	오이밭에서는 신을 고쳐 신지 않고, 오얏나무 밑에서는 갓을 고쳐 쓰지 않음. 의심받을 일은 하지 말라는 뜻

管鮑之交 관포지교	춘추시대 제(齊)나라의 관중(管仲)과 포숙(鮑叔)이 매우 사이좋게 교제하였다는 고사에서, 친구 사이의 매우 다정하고 허물없는 교제를 말함

刮目相對 괄목상대	눈을 비비고 서로 대한다는 말로, 남의 학식이나 재주가 갑자기 크는 것을 보고 그에 대한 인식을 새롭게 함

光明正大 광명정대	언행이 떳떳하고 정당함

光陰如流 광음여류	세월의 흐름이 흐르는 물과 같이 빠름 ㊤ 광음유수(光陰流水)

曠日持久 광일지구	헛되이 날을 보내며 오래 버팀

矯角殺牛 교각살우	소의 뿔을 바로잡으려다 소를 죽임. 작은 일로 인해 큰일을 그르침. 결점이나 흠을 고치려다가 수단이 지나쳐서 일을 그르치는 것을 비유함

巧言令色 교언영색	남의 환심을 사려고 아첨하는 교묘한 말과 보기 좋게 꾸미는 얼굴빛

敎外別傳 교외별전	선종(禪宗)에서 경전(經典) 등의 문자나 말에 의하지 않고 석존(釋尊)의 오도(悟道)를 마음에서 마음으로 전하는 것

★ 膠柱鼓瑟 교주고슬	비파나 거문고의 기러기발을 아교로 붙여 놓으면 음조를 바꾸지 못하여 한 가지 소리밖에 내지 못하듯이, 고지식하여 융통성이 전혀 없음

敎學相長 교학상장	남을 가르치는 일과 스승에게서 배우는 일이 서로 자기의 학문을 길러 줌

救世濟民	세상을 구하고 민생을 구제함
구세제민	

★ 口尙乳臭	입에서 아직 젖내가 난다는 뜻으로, 언행이 매우 유치함
구상유취	

九曲肝腸	굽이굽이 사무친 마음속
구곡간장	

★★ 口耳之學	남에게 들은 것을 그대로 남에게 전할 정도(程度)밖에 되지 않는 천박(淺薄)한 학문(學問)
구이지학	

救國干城	나라를 구원하는 방패와 성이란 뜻으로, 나라를 구하여 지키는 믿음직한 군인이나 인물을 비유함
구국간성	

九回之腸	장이 뒤틀릴 정도로 괴롭고 고통스러움. 뒤틀려 꼬부라진 모양
구회지장	

狗尾續貂	담비의 꼬리가 모자라 개의 꼬리로 잇는다는 뜻으로, 훌륭한 것 위에 보잘것없는 것이 잇따름
구미속초	

★★★★ 九牛一毛	여러 마리의 소의 털 가운데서 한 가닥의 털. 곧, 아주 큰 물건 속에 있는 아주 작은 물건
구우일모	

口腹之計	먹고 살아가는 방법
구복지계	

九折羊腸	아홉 번 꺾인 양의 창자란 뜻에서, 꼬불꼬불하고 험한 산길을 말함
구절양장	

口蜜腹劍	입으로는 달콤한 소리를 하면서 마음속에 칼을 품음. 겉으로는 친절한 듯하나 속으로는 해칠 생각을 품는 것을 말함
구밀복검	

國泰民安	나라는 태평하고 백성은 평안함
국태민안	

★ 九死一生	거의 죽을 뻔하다가 겨우 살아남. 대단히 위태로움
구사일생	

群鷄一鶴	많은 닭 가운데의 한 마리의 학. 많은 평범한 사람들 중의 뛰어난 인물 ⊕ 계군일학(鷄群一鶴), 계군고학(鷄群孤鶴)
군계일학	

軍令泰山 군령태산	군대의 명령은 태산같이 무거움

君臣有義 군신유의	오륜(五倫)의 하나로, 임금과 신하에게는 의(義)가 있어야 한다는 말

群雄割據 군웅할거	많은 영웅들이 각지에 자리 잡고 서로 세력을 다툼

君爲臣綱 군위신강	삼강(三綱)의 하나로, 임금은 신하의 모범이 되어야 한다는 말

★★ **君子三樂** 군자삼락	맹자가 말한 군자의 세 가지 즐거움. 부모가 살아 계시고 형제가 무고한 것, 하늘에 부끄러울 것이 없는 것, 천하의 뛰어난 인재를 얻어 교육하는 것

屈而不伸 굴이불신	굽히고는 펴지 아니함

窮餘之策 궁여지책	매우 궁(窮)한 나머지 짜낸 계책 ⊕ 궁여일책(窮餘一策)

權謀術數 권모술수	사람을 속이는 임기응변(臨機應變)의 모략과 수단

權不十年 권불십년	아무리 높은 권세도 십 년을 가지 못한다는 말

勸善懲惡 권선징악	착한 일을 권장하고 악한 일을 징계함

★ **捲土重來** 권토중래	흙먼지를 날리며 다시 온다는 뜻으로, 한 번 패한 자가 힘을 돌이켜 전력을 다하여 다시 쳐들어옴

貴鵠賤鷄 귀곡천계	따오기를 귀하게 여기고 닭을 천하게 여김. 즉 먼 데 있는 것을 귀하게 여기고 가까운 데 있는 것을 천하게 여김

橘化爲枳 귤화위지	회남(淮南)의 귤이 회북(淮北)으로 가면 변하여 탱자가 된다는 뜻으로, 사람도 경우·처지에 따라 그 기질이 변함

貴耳賤目 귀이천목	귀를 귀하게 여기고 눈을 천하게 여김. 먼 곳에 있는 것을 귀하게 여기고, 가까운 것을 천하게 여김

極惡無道 극악무도	아주 악하고 도리에 완전히 어긋나있음

金石盟約 금석맹약	쇠나 돌 같은 굳은 약속(約束)

克己復禮 극기복례	자기의 사욕을 극복하고 예(禮)를 회복함

今昔之感 금석지감	지금과 옛적을 비교하여 생각할 때 그 차이가 심함을 보고 느끼는 감정 ㉥ 격세지감(隔世之感)

★ 近墨者黑 근묵자흑	먹을 가까이하는 사람은 검어진다는 뜻으로, 나쁜 사람을 가까이하면 그 버릇에 물들기 쉽다는 말 ㉥ 근주자적(近朱者赤)

金石之交 금석지교	쇠나 돌처럼 굳고 변함없는 교제 ㉥ 금석지계(金石之契)

近朱者赤 근주자적	붉은색을 가까이하는 사람은 붉어지게 됨 ㉥ 근묵자흑(近墨者黑)

金城鐵壁 금성철벽	쇠로 된 성과 철로 만든 벽이라는 뜻으로, 방어시설이 아주 견고한 성 ㉥ 금성탕지(金城湯池)

★★ 金科玉條 금과옥조	금옥(金玉)과 같이 몹시 귀중한 법칙이나 규정

金城湯池 금성탕지	쇠로 만든 성과 그 둘레에 파 놓은 뜨거운 물로 가득 찬 못. 방어시설이 잘되어 있는 성을 말함 ㉥ 금성철벽(金城鐵壁)

金蘭之契 금란지계	친구 사이의 매우 두터운 정을 이르는 말 ㉥ 금석지계(金石之契)

錦繡江山 금수강산	비단 위에 수(繡)를 놓은 듯 아름다운 산천(山川). 우리나라 강산의 아름다움을 일컫는 말

錦上添花 금상첨화	비단 위에다 꽃을 얹는다는 뜻으로, 좋은 일이 겹침 ㉠ 설상가상(雪上加霜)

琴瑟之樂 금슬지락	부부 사이가 좋은 것. 금슬(琴瑟)은 거문고와 비파로, 부부 또는 부부사이를 말함

今始初聞
금시초문

바로 지금 처음으로 들음

奇想天外
기상천외

보통으로는 생각할 수 없는 기발한 생각이나 그런 모양

錦衣夜行
금의야행

비단옷을 입고 밤에 다닌다는 뜻으로, 아무 보람이 없는 행동을 비유함

起承轉結
기승전결

한시에서 시구를 구성하는 방법. 글을 짜임새 있게 짓는 형식

錦衣玉食
금의옥식

비단옷, 옥과 같이 흰 쌀밥이란 뜻으로, 사치스런 의식(衣食)을 가리킴
유 호의호식(好衣好食)
반 악의악식(惡衣惡食)

奇巖怪石
기암괴석

기이한 바위와 괴이한 돌

錦衣還鄕
금의환향

비단옷을 입고 고향으로 돌아온다는 뜻으로, 출세를 하여 고향에 돌아옴

杞人之憂
기인지우

기(杞)나라 사람이 하늘이 무너져 내리지 않을까 걱정했다는 고사에서 유래한 말로, 장래의 일에 대한 쓸데없는 걱정을 말함

金枝玉葉
금지옥엽

금으로 된 가지와 옥으로 된 잎사귀라는 뜻으로, 임금의 자손이나 집안, 혹은 귀여운 자손을 비유함

幾至死境
기지사경

거의 죽을 지경에 이름

氣高萬丈
기고만장

기격(氣格)의 높이가 만 발이나 된다는 뜻으로, 기운이 펄펄 나는 모양을 말함

氣盡脈盡
기진맥진

힘을 모두 써서 지쳐 쓰러질 것 같은 상태가 됨

起死回生
기사회생

사경(死境)에서 일어나 되살아남. 곧, 중병(重病)으로 죽을 뻔하다가 도로 회복되어 살아남

其臭如蘭
기취여란

매우 가까운 친구 사이

騎虎之勢 기호지세	범을 타고 달리는 듯한 기세라는 뜻으로, 중도에서 그만둘 수 없는 형세를 나타내는 말

★★★★ 難兄難弟 난형난제	누가 형인지 누가 아우인지 분간하기 어렵다는 뜻으로, 두 사물의 낫고 못함을 분간하기 어려울 때를 비유하는 말

吉凶禍福 길흉화복	길흉(吉凶)과 화복(禍福)

南柯一夢 남가일몽	남쪽 가지에서의 꿈이란 뜻으로, 덧없는 꿈이나 한때의 헛된 부귀영화를 이르는 말

落落長松 낙락장송	가지가 축축 길게 늘어지고 키가 큰 소나무

★ 南橘北枳 남귤북지	남쪽 땅의 귤나무를 북쪽에 옮겨 심으면 탱자 나무로 변한다는 뜻으로, 사람도 그 처해 있는 곳에 따라 선하게도 되고 악하게도 됨을 이르는 말

落木寒天 낙목한천	낙엽 진 나무와 차가운 하늘. 곧, 추운 겨울철을 말함

★ 南男北女 남남북녀	예전부터 우리나라에서 남쪽 지방(地方)은 남자(男子)가 잘나고, 북쪽 지방(地方)은 여자(女子)가 곱다는 뜻으로 일러 내려오는 말

落花流水 낙화유수	떨어지는 꽃과 흐르는 물. 가는 봄의 경치, 또는 영락(零落)한 상황을 말함. 남녀 사이에 서로 그리는 정이 있다는 비유로도 쓰임

男負女戴 남부여대	남자는 등에 지고 여자는 머리에 인다는 뜻. 가난한 사람들이 떠돌아다니면서 사는 것

難攻不落 난공불락	공격하기가 어려워 함락(陷落)되지 않음

★ 囊中之錐 낭중지추	주머니 속에 든 송곳은 끝이 뾰족하여 밖으로 나옴. 뛰어난 재주를 가진 사람은 숨기려 해도 저절로 드러난다는 뜻

亂臣賊子 난신적자	나라를 어지럽히는 신하와 어버이를 해치는 자식을 일컫는 말

囊中取物 낭중취물	주머니 속에 지닌 물건을 꺼낸다는 뜻으로, 아주 쉬운 일이나 손쉽게 얻을 수 있는 일을 비유하는 말

內憂外患 내우외환	나라 안팎의 근심 걱정

內柔外剛 내유외강	사실은 마음이 약한데도 외부에는 강하게 나타남 빤 내강외유(內剛外柔)

怒氣衝天 노기충천	성난 기색(氣色)이 하늘을 찌를 정도라는 뜻으로, 잔뜩 성이 나 있음을 말함

路柳墻花 노류장화	누구나 꺾을 수 있는 길가의 버들과 담 밑의 꽃으로, 창부(娼婦)를 가리키는 말

勞心焦思 노심초사	마음으로 애를 쓰며 속을 태움 유 초심고려(焦心苦慮)

綠楊芳草 녹양방초	푸른 버들과 아름다운 풀

綠衣紅裳 녹의홍상	연두 저고리에 다홍 치마. 젊은 여자의 곱게 치장한 복색(服色)

論功行賞 논공행상	세운 공을 논정(論定)하여 상을 줌

弄假成眞 농가성진	장난삼아 한 것이 참으로 한 것 같이 됨

雷聲霹靂 뇌성벽력	천둥소리와 벼락을 아울러 이르는 말 유 뇌정벽력(雷霆霹靂)

★ **累卵之勢** 누란지세	달걀을 포개어 놓은 것과 같은 몹시 위태로운 형세를 말함 유 누란지위(累卵之危), 위여누란(危如累卵)

能小能大 능소능대	작은 일에도 능하고 큰일에도 능하다는 뜻으로, 모든 일에 두루 능함

多岐亡羊 다기망양	달아난 양(羊)을 찾으려 할 때에 길이 여러 갈래여서 끝내 양을 잃었다는 것에서 유래한 말. 방침(方針)이 많아서 도리어 갈 바를 모름

★★★★★ **多多益善** 다다익선	많을수록 더욱 좋음

多才多能 ★★ 다재다능	재능이 많다는 말
斷機之敎 단기지교	학문을 중도에서 그만두는 것은 짜던 베의 날을 끊는 것과 같다는 가르침 ㊀ 단기지계(斷機之戒), 맹모단기(孟母斷機)
單刀直入 ★ 단도직입	한칼로 바로 적진에 쳐들어간다는 뜻으로, 문장 등에서 요점을 바로 말하여 들어감 ㊀ 일침견혈(一針見血)
簞食瓢飮 단사표음	대바구니의 밥과 표주박의 물이란 뜻으로, 변변치 못한 음식, 소박한 생활을 비유하는 말 ㊀ 단표누항(簞瓢陋巷)
堂狗風月 당구풍월	당구삼년(堂狗三年)에 폐풍월(吠風月). 즉, 서당 개 삼 년에 풍월을 짓는다는 속담
螳螂拒轍 당랑거철	사마귀가 팔을 벌리고 수레바퀴를 막는다는 뜻으로, 제 분수도 모르고 강적에게 반항함
當然之事 당연지사	당연한 일

大驚失色 대경실색	크게 놀라서 얼굴빛을 잃음 ㊀ 대경실성(大驚失性)
大器晚成 대기만성	큰 솥이나 큰 종 같은 것을 주조(鑄造)하는 데는 시간이 오래 걸리듯이 크게 될 사람은 늦게 이루어진다는 말
大同小異 대동소이	다른 점보다는 같은 점이 많음 ㊀ 오십보백보(五十步百步)
大聲痛哭 대성통곡	큰 목소리로 슬피 욺 ㊀ 방성대곡(放聲大哭)
大義滅親 대의멸친	대의를 위해서는 부모와 형제도 돌아보지 않음
大義名分 대의명분	정당한 명분
大慈大悲 대자대비	불교 용어로, 넓고 커서 끝이 없는 자비를 말함

徒勞無益	한갓 애만 쓰고 이로움이 없음
도로무익	유 도로무공(徒勞無功)

同價紅裳	같은 값이면 다홍치마. 같은 조건이면 좀 더 나은 것을 선택함
동가홍상	

道聽塗說	길에서 듣고 길에서 말한다는 뜻으로, 길거리에 떠돌아다니는 뜬소문
도청도설	

同苦同樂	같이 고생하고 같이 즐김. 괴로움과 즐거움을 함께 함
동고동락	

塗炭之苦	진흙탕에 빠지고 숯불에 타는 듯한 고생
도탄지고	

同工異曲	재주는 같으나 취미가 다름. 곧 모두 기교는 훌륭하나 그 내용이 다르다는 말
동공이곡	유 동공이체(同工異體)

獨不將軍	혼자서는 장군이 못 된다는 뜻으로, 남과 협조해야 한다는 말. 제 생각대로 혼자서 처리하는 사람, 혹은 따돌림을 받는 사람을 말함
독불장군	

東頭西尾	제사를 지내면서 제수(祭需)를 진설(陳設)할 때, 생선의 경우는 머리를 동쪽으로 놓고 꼬리를 서쪽으로 놓는 것을 말함
동두서미	

讀書三到	책을 읽는 데에는 눈으로 보고, 입으로 읽고, 마음으로 깨우쳐야 한다는 말
독서삼도	

棟梁之材	마룻대와 들보가 될 만한 재목이라는 뜻에서, 한 집이나 한 나라를 맡아 다스릴 만한 훌륭한 인재를 말함
동량지재	

讀書三昧	오직 책 읽기에만 골몰하는 일
독서삼매	

★★★★★ 東問西答	동쪽에서 묻는데 서쪽에서 대답한다는 뜻으로, 묻는 말에 대하여 아주 딴판의 소리로 대답함
동문서답	

獨也靑靑	홀로 푸름. 혼탁한 세상에서 홀로 높은 절개를 드러내고 있음을 말함
독야청청	

同病相憐	같은 병을 앓는 사람끼리 서로 가엾게 여긴다는 뜻으로, 처지가 비슷한 사람끼리 서로 동정함
동병상련	반 동상이몽(同床異夢)

東奔西走 ★★
동분서주

사방으로 이리저리 바삐 돌아다님

燈火可親 ★★★★★
등화가친

가을밤은 서늘하여 등불을 가까이 하여 글 읽기에 좋다는 말

同床異夢
동상이몽

같은 잠자리에서 다른 꿈을 꾼다는 뜻으로, 같은 처지에 있으면서도 목표가 저마다 다름
🔄 동병상련(同病相憐)

馬脚露出
마각노출

말의 다리가 드러남. 숨기려던 정체가 드러남

凍足放尿 ★
동족방뇨

언 발에 오줌 눈다는 뜻. 잠시의 효력이 있을 뿐, 마침내는 더 나쁘게 될 일을 함. 고식지계(姑息之計)를 비웃는 말

馬耳東風 ★
마이동풍

봄바람이 말의 귀에 스쳐도 아무 감각이 없듯이, 남의 말을 귀담아듣지 아니하고 지나쳐 흘려버림
🔄 우이독경(牛耳讀經)

杜門不出
두문불출

문을 닫고 나오지 않는다는 뜻으로, 세상과의 인연을 끊고 은거함

莫上莫下
막상막하

위도 없고 아래도 없다는 뜻으로, 우열의 차가 없다는 말
🔄 난형난제(難兄難弟)

得失相半
득실상반

얻고 잃는 것이 서로 반이라는 뜻으로, 이로움과 해로움이 서로 마찬가지임

莫逆之友
막역지우

서로의 뜻을 거스르지 않는 친한 벗

登高自卑
등고자비

높은 곳에 올라가려면 낮은 곳에서부터 오름. 일을 하는 데는 반드시 순서를 밟아야 함. 지위가 높아질수록 스스로를 낮춘다는 뜻도 있음

萬頃蒼波
만경창파

한없이 넓고 푸른 바다. 만경(萬頃)은 '만 이랑', 창파(蒼波)는 '푸른 파도'라는 뜻

燈下不明
등하불명

등잔 밑이 어둡다는 뜻으로, 가까이 있는 것을 모름

萬古不滅
만고불멸

오랜 세월을 두고 사라지지 않음

萬古不變 만고불변	오랜 세월을 두고 변하지 않음

晚時之歎 만시지탄	때늦은 한탄이라는 뜻으로, 기회를 놓친 것이 원통하여 탄식하는 것을 말함

萬古常靑 만고상청	오랜 세월 동안 언제나 푸름

★ **滿身瘡痍** 만신창이	온몸이 성한 데 없는 상처(傷處)투성이라는 뜻으로, 아주 형편(形便)없이 엉망임을 형용(形容)해 이르는 말

萬古風霜 만고풍상	오랫동안 겪어 온 갖가지 고생 ※ 풍상(風霜 : 바람과 서리로서 세상의 어려움)

滿場一致 만장일치	모든 사람의 의견이 같음

萬事休矣 만사휴의	모든 일이 끝났다는 뜻으로, 모든 일이 전혀 가망이 없음 ⊕ 노이무공(勞而無功)

晚秋佳景 만추가경	늦가을의 아름다운 경치

萬壽無疆 만수무강	오래 살아 끝이 없다는 뜻으로, 장수를 축복하는 말

亡命圖生 망명도생	망명(亡命)하여 삶을 꾀함

萬里長天 만리장천	아득히 높고 먼 하늘

罔極之恩 망극지은	다함이 없는 임금이나 부모의 큰 은혜

萬事太平 만사태평	어리석어서 모든 일에 아무 걱정이 없이 지냄을 비웃는 말

★ **忘年之交** 망년지교	나이 차이를 잊고 허물없이 서로 사귐 ⊕ 망년교(忘年交), 망년지우(忘年之友), 망년우(忘年友)

亡羊補牢	양을 잃고 우리를 고친다는 말로, 속담 중 '소 잃고 외양간 고친다'와 같은 뜻
망양보뢰	

★★ 面從腹背	앞에서는 복종하고 마음속으로는 배반한다는 뜻으로, 겉으로는 복종하면서 속으로는 배반하는 것을 말함 ㉤ 양봉음위(陽奉陰違)
면종복배	

★★ 亡羊之歎	갈림길에서 양을 잃고 탄식한다는 뜻으로 학문의 길이 여러 갈래로 나눠져 있어 진리를 찾기 어려움 ㉤ 다기망양(多岐亡羊)
망양지탄	

滅私奉公	사적(私的)인 것을 버리고 공적(公的)인 것을 위하여 힘써 일함
멸사봉공	

茫然自失	정신을 잃고 어리둥절한 모양
망연자실	

★★ 明鏡止水	맑은 거울과 조용한 물이란 뜻으로, 고요하고 잔잔한 마음을 비유함
명경지수	

望雲之情	구름을 바라보며 그리워한다는 뜻으로, 타향에서 고향에 계신 부모를 그리워함
망운지정	

名實相符	명목(名目)과 실상(實相)이 서로 부합함
명실상부	

妄自尊大	아주 건방지게 자기만 잘났다고 뽐내며 남을 업신여김
망자존대	

★★ 明若觀火	밝기가 불을 보는 것과 같다는 뜻으로, 어떤 사실이 불을 보듯이 환함 ㉤ 불문가지(不問可知)
명약관화	

麥秀之嘆	무성하게 자라는 보리를 보고 탄식한다는 뜻으로, 고국의 멸망에 대한 탄식을 말함 ㉤ 망국지탄(亡國之歎)
맥수지탄	

命在頃刻	목숨이 경각(頃刻 : 아주 짧은 시간)에 있다는 뜻으로, 거의 죽게 되거나 거의 숨이 넘어갈 지경에 이름
명재경각	

★★ 孟母三遷	맹자의 어머니가 맹자를 제대로 교육하기 위하여 집을 세 번이나 옮겼다는 뜻으로, 교육에는 주위 환경이 중요하다는 가르침
맹모삼천	

目不識丁	속담 '낫 놓고 기역 자도 모른다.'는 말과 같음 ㉤ 일자무식(一字無識)
목불식정	

目不忍見 목불인견	차마 눈으로 볼 수 없을 정도로 참혹하거나 딱한 상황

★ **無知蒙昧** 무지몽매	아는 것이 없이 어리석음

無不通知 무불통지	환히 통하여 알지 못하는 것이 없음

刎頸之交 문경지교	목이 달아나는 한이 있어도 마음이 변치 않을 만큼 친한 교제. 생사를 함께 하는 친한 사이 윤 금란지계(金蘭之契)

武陵桃源 무릉도원	속세를 떠난 별천지(別天地). 도연명(陶淵明)의 도화원기(桃花源記)에서 유래한 말

文房四友 문방사우	종이·붓·먹·벼루의 네 문방구(文房具)

無所不知 무소부지	모르는 것이 없음 윤 박람강기(博覽强記)

★★★ **聞一知十** 문일지십	하나를 들으면 열을 안다는 뜻으로, 아주 총명함

無所不爲 무소불위	못하는 것이 없음. 흔히 권세를 마음대로 부리는 사람, 또는 그러한 경우에 쓰는 말

門前乞食 문전걸식	문 앞에서 음식을 구걸한다는 뜻으로, 이집 저집 돌아다니며 빌어먹는 것을 말함

無爲徒食 무위도식	아무 하는 일이 없이 먹기만 함. 게으르거나 능력이 없는 사람을 이르는 말

★★★ **門前成市** 문전성시	권세를 드날리거나 부자가 되어 집의 문 앞이 방문객으로 저자(市)를 이루다시피 한다는 말 윤 문정약시(門庭若市)

無障無碍 무장무애	아무런 장애가 없음

★ **勿失好機** 물실호기	좋은 기회를 놓치지 않음 윤 시불가실(時不可失)

物我一體 ★★	바깥 사물과 나, 객관(客觀)과 주관(主觀), 또는 물질계(物質界)와 정신계(精神界)가 어울려 한 몸으로 이루어진 그것
물아일체	

拍掌大笑	손뼉을 치면서 크게 웃음
박장대소	

物外閑人	세상 물정의 번잡함을 벗어나 한가하게 지내는 사람
물외한인	

班門弄斧	노반(춘추시대 노나라의 이름난 장인)의 문 앞에서 도끼를 자랑한다는 뜻으로, 실력도 없으면서 잘난 척함
반문농부	

美辭麗句	좋은 말과 화려한 글귀
미사여구	

伴食宰相	자리만 차지하고 있는 무능한 재상(대신)을 비꼬아 이르는 말
반식재상	

美風良俗	아름답고 좋은 풍속
미풍양속	

斑衣之戲 ★	때때옷을 입고 하는 놀이라는 뜻으로, 늙어서도 부모를 효양(孝養)함을 이르는 말. 부모를 위로하려고 색동 저고리를 입고 기어가 보임
반의지희	

博覽强記 ★	동서(東西) 고금(古今)의 서적(書籍)을 널리 읽고, 그 내용(內容)을 잘 기억(記憶)하고 있음
박람강기	

反哺之孝 ★	까마귀 새끼가 자란 뒤에 늙은 어미에게 먹이를 물어다 주는 효성(孝誠)이라는 뜻으로, 자식이 자라서 부모를 봉양(奉養)함
반포지효	

博而不精 ★★★	널리 알지만 능숙하거나 정밀하지 못함
박이부정	

拔本塞源	근본을 뽑고 근원을 막아 버린다는 뜻으로, 근본적인 차원에서 그 폐단을 없애 버림
발본색원	

博學多識	배워서 얻은 지식이 넓고 아는 것이 많음
박학다식	

發憤忘食 ★★	무엇을 이루려고 끼니조차 잊고 분발하여 노력함
발분망식	

傍若無人 방약무인	곁에 사람이 없는 것 같이 여긴다는 뜻으로, 주위의 다른 사람을 전혀 의식하지 않고 제멋대로 마구 행동함 ㉌ 오안불손(傲岸不遜)

★★★ 百年河淸 백년하청	중국의 황하(黃河)가 항상 흐려 맑을 때가 없다는 말로, 아무리 세월이 가도 일이 해결될 희망이 없음을 비유

方底圓蓋 방저원개	네모난 바닥에 둥근 뚜껑이란 뜻으로, 사물이 서로 맞지 않음

白頭如新 백두여신	머리가 파뿌리처럼 되기까지 교제하더라도 서로 마음이 안 통하면 새로 사귀기 시작한 사람과 같다는 말

方寸已亂 방촌이란	마음이 이미 혼란스러워졌다는 말로, 마음이 흔들린 상태에서는 어떠한 일도 계속할 수 없음

伯樂一顧 백락일고	백락이 한 번 돌아본다는 말로, 현명한 사람 또한 그 사람을 알아주는 자를 만나야 출세할 수 있음을 비유

杯盤狼藉 배반낭자	술잔과 접시가 마치 이리에게 깔렸던 풀처럼 어지럽게 흩어져 있음. 술을 마시고 한창 노는 모양이나 술자리가 파할 때의 모습

白龍魚服 백룡어복	흰 용이 물고기의 옷을 입는다는 말로, 신분이 높은 사람이 서민의 차림으로 다니다 위태로운 지경에 빠지게 됨을 비유

背水之陣 배수지진	(물러설 수 없도록) 물을 등지고 적을 치는 전법의 하나. 목숨을 걸고 싸우는 경우를 비유

百里負米 백리부미	백 리나 떨어진 먼 곳으로 쌀을 진다는 말로, 가난하게 살면서도 효성이 지극하여 갖은 고생을 하며 부모의 봉양을 잘하는 것을 비유

杯中蛇影 배중사영	술잔 속에 비친 뱀의 그림자란 뜻으로, 쓸데없는 의심을 품고 스스로 고민함을 비유

栢舟之操 백주지조	백주(栢舟)라는 시에서 유래된 것으로, 남편을 일찍 잃은 아내가 굳은 절개를 지키는 것을 비유한 말

白駒過隙 백구과극	흰 망아지가 빨리 달리는 것을 문틈으로 본다는 뜻으로, 인생과 세월의 덧없고 짧음을 이르는 말

★★★★★ 白面書生 백면서생	오로지 글만 읽고 세상일에 경험이 없는 젊은이를 이르는 말

한자성어	뜻
白手乾達 백수건달	아무것도 없이 난봉을 부리고 돌아다니는 사람
伯牙絶絃 백아절현	백아(伯牙)가 친구의 죽음을 슬퍼하여 거문고 줄을 끊었다는 고사에서 유래한 말로, 참다운 벗의 죽음을 슬퍼함을 이르는 말
白雲孤飛 백운고비	타향(他鄕)에서 고향(故鄕)에 계신 부모(父母)를 생각함. 유 망운지정(望雲之情)
百戰百勝 백전백승	백 번 싸워 백 번 이긴다는 뜻으로, 싸울 때마다 반드시 이긴다는 말
伯仲之勢 백중지세	우열의 차이가 없이 엇비슷함 유 춘란추국(春蘭秋菊)
百八煩惱 백팔번뇌	불교에서 나온 말로 인간의 과거, 현재, 미래에 걸친 108가지 번뇌를 뜻함
兵家常事 병가상사	전쟁에서 이기고 지는 일은 흔히 있는 일이므로 실패해도 낙심하지 말라는 뜻
兵死之也 병사지야	전쟁에서 사람은 죽는다는 말로, 전쟁은 목숨을 던질 각오를 하고 해야 된다는 뜻
報怨以德 보원이덕	원수에게 덕으로 보답하라는 말
福輕乎羽 복경호우	복(福)은 새의 깃털보다 가벼움. 자기 마음가짐을 어떻게 가지느냐에 따라 행복하게 된다는 말
覆車之戒 복차지계	앞의 수레가 넘어져 엎어지는 것을 보고 뒤 수레는 미리 경계하여 엎어지지 않도록 함. 앞사람을 거울삼아 실패하지 말라는 뜻
★★ 富貴在天 부귀재천	부귀(富貴)는 하늘이 부여(附與)하는 것이라 사람의 힘으로는 어찌할 수 없음을 이르는 말
婦言是用 부언시용	여자의 말을 무조건 옳게 쓴다는 뜻으로, 줏대 없이 여자의 말을 잘 듣는 것을 비유
夫唱婦隨 부창부수	남편이 주장하고 아내가 이에 따름. 가정에서의 부부 화합의 도리를 이르는 말

附和雷同 부화뇌동	우렛소리에 맞춰 함께 한다는 뜻으로, 자신의 뚜렷한 소신 없이 남이 하는 대로 따라감

不飛不鳴 불비불명	날지도 않고 울지도 않는다는 말로, 큰 일을 하기 위해 오랫동안 조용히 때를 기다린다는 뜻

北山之感 북산지감	북산의 감개함이라는 말로, 나랏일로 인해 부모님을 제대로 봉양하지 못하는 것을 비유 ⊕ 보우지차(鴇羽之嗟)

★ 不遠千里 불원천리	천 리 길도 멀다 하지 않는다는 뜻으로, 먼 길인데도 개의치 않고 열심히 달려감을 이르는 말

焚書坑儒 분서갱유	중국 진시황이 민간의 서적을 불사르고 유생을 구덩이에 묻어 죽인 일

鵬程萬里 붕정만리	붕새가 날아갈 길이 만 리라는 뜻으로, 머나먼 노정, 또는 사람의 매우 양양한 장래를 비유적으로 이르는 말

釜中之魚 부중지어	솥 안의 물고기. 눈앞에 닥칠 위험도 모른 채 쾌락에 빠져 있는 사람을 이르는 말

誹謗之木 비방지목	헐뜯고 나무란다는 뜻으로, 백성들이 임금에게 고통을 호소하고 소원을 고하는 나무 기둥. 즉 백성의 마음을 파악해서 올바른 정치를 하는 것

不俱戴天 불구대천	하늘을 같이 이지 못한다는 뜻으로, 이 세상에서 같이 살 수 없을 만큼 큰 원한을 비유하여 이르는 말

非一非再 비일비재	같은 일이 한두 번이 아니고 많음

不老長生 불로장생	늙지 않고 오래 삶

比肩繼踵 비견계종	어깨가 맞닿고 다리가 부딪칠 정도로 많은 사람으로 북적거리고 있는 모양을 이름. 또는 뒤이어 연달아 끊어진 곳이 없음

★ 不問曲直 불문곡직	굽음과 곧음을 묻지 않는다는 뜻으로, 옳고 그름을 가리지 않고 함부로 일을 처리(處理)함

悲憤慷慨 비분강개	슬프고 분한 마음이 가득함

牝鷄之晨	암탉이 새벽을 알린다. 즉, 여자가 남편을 업신여겨 집안일을 자기 마음대로 처리함을 비유
빈계지신	

死灰復燃	다 탄 재에 다시 불이 붙었다는 뜻으로, 세력을 잃었던 사람이 다시 세력을 잡음
사회부연	

貧者一燈	가난하더라도 정성을 다해 부처님에게 바친 등불 하나가 만 개의 등불보다 공덕이 크다는 뜻으로, 참다운 마음과 정성이 소중함
빈자일등	

事不如意	일이 뜻대로 되지 않음
사불여의	

氷炭不容	서로 용납할 수 없는 얼음과 숯. 두 사물이 서로 화합할 수 없음
빙탄불용	

沙上樓閣	모래 위의 누각이라는 뜻으로, 오래 유지되지 못할 일이나 실현 불가능한 일
사상누각	

四顧無親	사방을 둘러보아도 친한 사람이 없음. 의지할 사람이 없음 ㈜ 무원고립(無援孤立)
사고무친	

四書三經	유교의 경전인 사서(논어, 맹자, 중용, 대학)와 삼경(시경, 서경, 주역)을 말함
사서삼경	

★ 四面楚歌	사방이 다 적에게 둘러싸인 경우와 도움이 없이 고립된 상태를 이르는 말
사면초가	

★ 四通五達	길이나 교통망·통신망 등이 사방으로 막힘없이 통함 ㈜ 사통팔달(四通八達)
사통오달	

事半功倍	일은 반(半)만 하고도 공은 배(倍)나 된다는 뜻으로, 들인 힘은 적고 성과는 많음
사반공배	

事必歸正	모든 일은 결국에 가서는 반드시 정리(正理)로 돌아감
사필귀정	

四分五裂	이리저리 아무렇게나 나눠지고 찢어짐. 천하가 매우 어지러움
사분오열	

山窮水盡	산이 막히고 물줄기가 끊어짐. 막다른 경우 ㈜ 산진수궁(山盡水窮)
산궁수진	

山紫水明 산자수명	산은 자줏빛이고 물은 맑다는 뜻으로, 산수(山水)의 경치가 매우 아름다움 ㈜ 산명수려(山明水麗)
★★★★ **山戰水戰** 산전수전	산에서 싸우고 물에서 싸웠다는 뜻으로, 세상일에 경험이 많음
山海珍味 산해진미	산과 바다에서 나는 재료로 만든 맛 좋은 음식
★★★★★ **殺身成仁** 살신성인	목숨을 바쳐 인(仁)을 이룸
三綱五倫 삼강오륜	유교의 도덕에서 기본이 되는 세 가지의 강령과 다섯 가지의 도리(군위신강, 부위부강, 부위자강, 군신유의, 부자유친, 부부유별, 장유유서, 붕우유신)
★ **三顧草廬** 삼고초려	인재를 맞기 위해 참을성 있게 힘쓰는 것을 말함
★ **森羅萬象** 삼라만상	우주(宇宙) 안에 있는 온갖 사물(事物)과 현상(現象)

★★ **三旬九食** 삼순구식	한 달에 아홉 끼를 먹을 정도로 매우 가난한 생활을 말함. 삼순(三旬)은 30일로 한 달, 구식(九食)은 아홉 끼를 뜻함
★★★ **三人成虎** 삼인성호	세 사람이면 없던 호랑이도 만든다는 뜻으로, 거짓말이라도 여러 사람이 말하면 사실로 믿기 쉽다는 말
三日遊街 삼일유가	과거(科擧)에 급제(及第)한 사람이 사흘 동안 온 거리를 돌아다니는 것을 말함
★★ **三日天下** 삼일천하	사흘 간의 천하라는 뜻으로, 권세(權勢)의 허무(虛無)를 일컫는 말
三從之道 삼종지도	여자는 어렸을 때는 아버지를 따르고, 시집을 가서는 남편을 따르고, 남편이 죽으면 아들을 따라야 한다는 유교의 규범
三尺童子 삼척동자	키가 석 자에 불과한 자그만 어린아이. 무식한 사람을 비유하는 말로도 쓰임
三遷之教 삼천지교	맹자의 어머니가 아들의 교육을 위해 거처를 세 번 옮겼다는 말로, 생활 환경이 교육에 중요함을 말함

喪家之狗 ★★ 상가지구	초상집의 개라는 뜻으로, 별 대접(待接)을 받지 못하는 사람을 이르는 말. 여위고 지친 수척한 사람

生者必滅 생자필멸	생명이 있는 것은 반드시 죽음. 세상만사의 덧없음

傷弓之鳥 상궁지조	한 번 놀란 사람이 조그만 일에도 겁을 내어 위축됨을 비유하는 말

席藁待罪 ★ 석고대죄	거적을 깔고 엎드려 벌(罰)주기를 기다린다는 뜻으로, 죄과(罪過)에 대한 처분(處分)을 기다림

上漏下濕 상루하습	위에서는 비가 새고 아래에서는 습기가 차오름. 가난한 집을 비유하는 말

先見之明 선견지명	앞일을 미리 내다보는 밝은 지혜

桑田碧海 ★★ 상전벽해	뽕나무 밭이 변하여 푸른 바다가 되었다는 뜻으로, 세상일의 변천이 심하여 사물이 바뀜

先公後私 ★★ 선공후사	공사(公事)를 먼저 하고 사사(私事)를 뒤로 미룸

上通下達 상통하달	아랫사람이 윗사람에게 의사를 통함

善男善女 선남선녀	선량한 남녀. 즉, 보통 사람 ㊠ 갑남을녀(甲男乙女), 장삼이사(張三李四), 초동급부(樵童汲婦), 필부필부(匹夫匹婦)

塞翁得失 새옹득실	한때의 이로움이 장래의 해가 되기도 하고, 이와 반대의 경우도 있다는 말로, 새옹지마(塞翁之馬)에서 유래 ㊠ 새옹화복(塞翁禍福)

仙風道骨 선풍도골	신선(神仙)의 풍채와 도인(道人)의 골격이란 뜻으로, 남달리 뛰어나게 고아(高雅)한 풍모(風貌)를 말함

塞翁之馬 ★ 새옹지마	인생의 길흉화복(吉凶禍福)이란 항상 바뀌어 예측할 수 없다는 말

舌芒於劍 설망어검	혀가 칼보다 날카롭다는 뜻으로, 매서운 변설(辯舌)을 이르는 말 ㊠ 설망우검(舌芒于劍)

雪膚花容	눈같은 살결과 꽃같은 얼굴. 미인을 말함
설부화용	

★★ 雪上加霜	눈 위에 서리가 덮인다는 뜻으로, 불행한 일이 거듭하여 겹침을 비유함. 엎친 데 덮친 격
설상가상	

說往說來	말만 오고 간다는 뜻으로, 서로 자신의 주장을 내세우며 옥신각신하는 것을 말함
설왕설래	

誠心誠意	참되고 성실한 마음과 뜻
성심성의	

盛者必衰	불교 용어로, 세상 일은 무상하여 한 번 성한 것은 반드시 쇠하기 마련이라는 말
성자필쇠	

世俗五戒	화랑의 다섯 가지 계율. 사군이충, 사친이효, 교우이신, 임전무퇴, 살생유택
세속오계	

歲寒三友	추운 겨울의 세 벗. 소나무, 대나무, 매화나무
세한삼우	

小貪大失	작은 것을 탐하다가 큰 것을 잃음
소탐대실	

束手無策	손을 묶어 놓아 방책이 없다는 뜻으로, 손을 묶은 듯이 꼼짝할 수 없음
속수무책	

送舊迎新	묵은 해를 보내고 새해를 맞음 ⨁ 송영(送迎)
송구영신	

★★ 松茂栢悅	소나무가 무성하면 잣나무가 기뻐한다는 뜻으로 벗이 잘되는 것을 기뻐함을 비유하여 이르는 말
송무백열	

首丘初心	여우가 죽을 때 머리를 자기 살던 굴로 향한다는 뜻으로, 고향을 그리워하는 마음 ⨁ 首邱(수구)
수구초심	

首尾一貫	처음부터 끝까지 변함없이 일을 해나감 ⨁ 시종일관(始終一貫)
수미일관	

壽福康寧	장수하고 행복하며 건강하고 평안함
수복강녕	

手不釋卷 ★★★★ 수불석권	손에서 책을 놓지 않는다는 뜻으로, 늘 책을 가까이하여 학문(學問)을 열심히 함

壽則多辱 수즉다욕	오래 살면 욕되는 일이 많다는 말

首鼠兩端 수서양단	수서(首鼠)는 구멍에서 머리만 내밀고 엿보는 쥐를 말함. 머뭇거리며 진퇴(進退)·거취(去就)를 결정짓지 못하고 관망하는 상태

宿虎衝鼻 숙호충비	잠자는 범의 코를 찌른다는 뜻으로, 불리함을 자초한다는 말 ⑪ 타초경사(打草驚蛇)

袖手傍觀 수수방관	팔짱을 끼고 곁에서 보고만 있다는 뜻으로, 직접 간여하지 않고 그대로 버려둠

夙興夜寐 숙흥야매	아침 일찍 일어나고 밤늦게 잠자리에 든다는 뜻으로, 책임을 다하기 위해 애쓰고 노력하는 모습

修身齊家 수신제가	자신의 몸을 닦고 집안을 바로 잡음

脣亡齒寒 순망치한	입술이 없으면 이가 시리다는 뜻으로, 가까운 사람 가운데 한 사람이 없으면 다른 사람도 위험하게 됨

水魚之交 ★★★★★ 수어지교	물과 고기의 사이처럼 떨어질 수 없는 특별한 친분 ⑪ 수어지친(水魚之親)

脣齒之勢 순치지세	입술과 이처럼 서로 의지하고 돕는 형세

水滴穿石 수적천석	물방울이 돌을 뚫는다는 말. 아무리 하찮은 것일지라도 이를 계속하면 결국 어떤 성과를 얻게 됨

乘勝長驅 승승장구	싸움에서 이긴 기세를 타고 계속 적을 몰아침

守株待兔 수주대토	농부가 토끼가 그루터기에 부딪쳐 죽은 것을 잡은 후, 그곳만 지키고 있었다는 데서 유래. 한 가지 일에 매달려 변화와 발전을 모르는 사람

是是非非 시시비비	옳은 것을 옳다고 하고, 그른 것을 그르다고 함. 즉, 옳고 그름을 가리어 밝힘. 잘잘못이란 뜻도 있음

★ **尸位素餐** 시위소찬	재덕(才德)이나 공적(功績)도 없이 높은 자리에 앉아 녹만 받는다는 뜻으로, 자기(自己) 직책(職責)을 다하지 않음을 이르는 말
始終如一 시종여일	처음부터 끝까지 한결같아서 변함이 없음 ⊕ 종시여일(終始如一)
始終一貫 시종일관	처음부터 끝까지 한결같이 관철함 ⊕ 종시일관(終始一貫)
食少事煩 식소사번	먹을 것은 적고 할 일은 많음
★★ **識字憂患** 식자우환	글자를 아는 것이 도리어 근심이 됨
信賞必罰 신상필벌	상을 줄 만한 사람에게는 반드시 상을 주고, 벌을 줄 만한 사람에게는 반드시 벌을 줌. 상벌(賞罰)을 공정하고 엄중히 하는 일
身言書判 신언서판	인물을 선택하는 네 가지 조건으로, 신수·말씨·글씨·판단력을 말함
信之無疑 신지무의	믿어 의심함이 없음
神人共怒 신인공노	신과 사람이 함께 노한다는 뜻으로, 누구나 분노할 만큼 도저히 용납될 수 없음 ⊕ 천인공노(天人共怒)
神出鬼沒 신출귀몰	귀신과 같이 홀연히 나타났다가 홀연히 사라짐. 자유자재로 출몰하여 그 변화를 쉽게 헤아릴 수 없음
身土不二 신토불이	몸과 땅은 둘이 아니라는 뜻으로, 사람은 자신이 사는 땅에서 자란 농산물을 먹어야 체질에 맞음
實事求是 실사구시	실제의 일에서 진리를 추구한다는 뜻으로, 사실에 의거하여 진리를 탐구하는 것을 말함
深思熟考 심사숙고	깊이 생각하고 곰곰이 생각함
深山幽谷 심산유곡	깊은 산의 으슥한 골짜기

心心相印 심심상인
마음이 서로 도장을 찍은 듯 말이 없어도 마음과 마음이 서로 통하는 것을 말함
유 이심전심(以心傳心), 불립문자(不立文字)

十伐之木 십벌지목
열 번 찍어서 안 넘어가는 나무가 없음

十匙一飯 십시일반
열 사람이 한 술씩 보태면 한 사람 먹을 분량이 된다는 뜻으로, 여러 사람이 힘을 합하면 한 사람을 구제하기는 쉽다는 말

★★ **十中八九** 십중팔구
열이면 그 가운데 여덟이나 아홉은 그러함
유 십상팔구(十常八九)

★ **阿鼻叫喚** 아비규환
불교에서 말하는 아비지옥. 뜻하지 않은 사고가 발생하여 많은 사람이 괴로움을 당하여 울부짖는 참상

★★★★ **我田引水** 아전인수
자기 논에 물 대기. 자신에게만 이롭게 되도록 생각하거나 행동함

阿修羅場 아수라장
불교에서 아수라왕이 제석천과 싸운 마당을 뜻하는데, 싸움 등으로 큰 혼란에 빠진 곳을 비유함

惡木不陰 악목불음
나쁜 나무에는 그늘이 생기지 않는다는 말로, 덕망이 없는 사람에게는 바랄 것이 없다는 말

★★★ **眼高手卑** 안고수비
눈은 높으나 손은 낮다는 뜻으로, 눈은 높으나 실력(實力)은 따라서 미치지 못함. 이상(理想)만 높고 실천(實踐)이 따르지 못함

安分知足 안분지족
자기 분수에 만족함

★★★★★ **安貧樂道** 안빈낙도
가난한 생활을 하면서도 편안한 마음으로 도를 즐겁게 지킴

眼中之釘 안중지정
눈에 박힌 못이라는 뜻으로, 나에게 해를 끼치는 사람. 또는 몹시 싫거나 미워서 항상 눈에 거슬리는 사람(눈엣가시)을 비유

★★★★ **眼下無人** 안하무인
눈 아래에 사람이 없다는 뜻으로, 사람됨이 교만(驕慢)하여 남을 업신여김을 이르는 말

暗中摸索 암중모색
어둠 속에서 손으로 더듬어 찾는다는 뜻으로, 어림짐작으로 찾는다(혹은 추측한다)는 말

殃及池魚	재앙이 연못 속 고기에 미친다는 뜻으로, 이유 없이 재앙을 당하는 것을 비유하는 말
앙급지어	

魚魯不辨	'魚'자와 '魯'자를 식별하지 못한다는 뜻으로, 매우 무식함을 이르는 말 ㈜ 어로막변(魚魯莫辨)
어로불변	

★★ 藥房甘草	무슨 일이나 빠짐없이 끼임. 반드시 끼어야 할 사물(事物)
약방감초	

★★ 漁父之利	두 사람이 이해관계로 다투는 사이에 엉뚱한 딴 사람이 이득을 보는 경우를 일컬음 ㈜ 어부지리(漁夫之利)
어부지리	

良禽擇木	현명한 새는 좋은 나무를 가려서 둥지를 친다는 뜻으로, 현명한 사람은 자기 재능을 키워 줄 훌륭한 사람을 가려서 섬김
양금택목	

★★★★★ 言中有骨	말 속에 뼈가 있다는 뜻으로, 예사(例事)로운 표현(表現) 속에 만만치 않은 뜻이 들어 있음
언중유골	

羊頭狗肉	양 머리를 걸어놓고 개고기를 판다는 뜻으로, 겉과 속이 일치하지 않음
양두구육	

★ 言行一致	말과 행동(行動)이 같음. 말한 대로 행동(行動)함
언행일치	

梁上君子	대들보 위의 군자라는 뜻으로, 집 안에 들어온 도둑을 비유함
양상군자	

掩耳盜鐘	자기만 듣지 않으면 남도 듣지 못한다고 생각하는 어리석은 행동. 또는 얕은 수로 남을 속이려 함
엄이도종	

★★ 良藥苦口	효험이 좋은 약은 입에 쓰다는 뜻으로, 충언은 귀에는 거슬리나 자신에게 이롭다는 말
양약고구	

餘桃之罪	같은 행동이라도 사랑을 받을 때와 미움을 받을 때 상대방에게 각각 다르게 받아들여질 수 있음
여도지죄	

養虎遺患	호랑이를 길러서 근심을 가진다는 뜻으로, 스스로 화를 자초한다는 말
양호유환	

緣木求魚	나무에 올라가서 물고기를 구함. 목적이나 수단이 일치하지 않아 성공이 불가능함. 또는 허술한 계책으로 큰일을 도모함
연목구어	

烏飛梨落	까마귀 날자 배 떨어진다. 아무 관계도 없는 일이 공교롭게도 때가 같아 억울하게 의심을 받게 됨
오비이락	

玉石俱焚	옥과 돌이 함께 불탄다는 뜻으로, 선악의 구분 없이 함께 멸망함
옥석구분	

五里霧中	오 리나 되는 짙은 안개 속에 있다는 뜻으로, 무슨 일에 대해 알 길이 없음
오리무중	

玉石混淆	옥과 돌이 함께 뒤섞여 있다는 뜻으로, 선과 악, 좋은 것과 나쁜 것이 함께 섞여 있음
옥석혼효	

吾鼻三尺	내 코가 석자. 내 사정이 급하기 때문에 남의 사정을 돌볼 겨를이 없음
오비삼척	

屋下架屋	지붕 밑에 또 지붕을 만든다는 뜻으로, 독창성 없이 전 시대인의 것을 모방만 함을 경계하여 이르는 말
옥하가옥	

吳越同舟	오나라 사람과 월나라 사람이 한 배에 타고 있다는 뜻으로, 어려운 상황에서는 원수라도 협력하게 됨
오월동주	

★★★★ 溫故知新	옛것을 익히고 그것으로 미루어 새것을 안다는 뜻
온고지신	

烏有先生	상식적으로는 도저히 있을 수 없는 사람. 있는 것처럼 꾸며 만든 인물
오유선생	

★ 蝸角之爭	달팽이의 더듬이 위에서 싸운다는 뜻으로, 매우 하찮은 일로 다투는 것. 또는 좁은 범위 안에서 싸우는 일
와각지쟁	

烏合之卒	질서 없이 어중이떠중이가 모인 군중을 뜻함. 또는 제각기 보잘것없는 수많은 사람
오합지졸	

★★ 臥薪嘗膽	섶에 눕고 쓸개를 맛본다는 뜻으로, 원수를 갚기 위해 괴로움과 어려움을 참고 견딤
와신상담	

屋上架屋	지붕 위에 집을 세운다는 뜻으로, 쓸데없이 중복하여 볼품없게 만듦
옥상가옥	

玩物喪志	쓸데없는 물건을 가지고 노는 데 정신이 팔려 소중한 뜻을 잃는 것을 말함
완물상지	

外柔內剛 ★★	겉으로 보기에는 부드러우나 속은 꿋꿋하고 강(强)함
외유내강	

牛刀割鷄 ★★	소 잡는 칼로 닭을 잡는다는 뜻으로, 작은 일을 하면서 동작이 지나치게 큼을 비유
우도할계	

遼東之豕	요동의 돼지라는 뜻으로, 견문이 좁고 오만한 탓에 하찮은 공을 득의양양하여 자랑함을 비유
요동지시	

遇事生風	원래는 젊은이들이 기개 있게 일을 처리함을 뜻하였으나, 지금은 무슨 일마다 시비를 일으키기 좋아한다는 뜻으로도 쓰임
우사생풍	

要領不得	사물의 중요한 부분을 잡을 수 없다는 뜻으로, 말이나 글의 요령을 잡을 수 없음
요령부득	

右往左往 ★★★	오른쪽으로 갔다 왼쪽으로 갔다 하며 종잡지 못함. 사방(四方)으로 왔다 갔다함
우왕좌왕	

燎原之火	들판의 불길 같은 엄청난 기세 ㉆ 세여파죽(勢如破竹)
요원지화	

羽翼已成	깃과 날개가 이미 자랐다는 말로 성숙해졌다는 뜻
우익이성	

欲速不達	빨리하고자 하면 도달하지 못한다는 뜻으로, 어떤 일을 급하게 하면 도리어 이루지 못함
욕속부달	

羽化登仙	땅에 발을 붙이고 살게 되어 있는 사람이 날개가 돋친 듯 날아올라 신선이 된다는 뜻. 일종의 이상, 동경이라 할 수 있음
우화등선	

龍頭蛇尾	용의 머리에 뱀의 꼬리라는 말로, 시작은 거창했지만 결국엔 보잘것없음
용두사미	

旭日昇天	아침 해가 떠오른다는 뜻으로, 떠오르는 아침 해처럼 세력(勢力)이 성대(盛大)해짐을 이르는 말
욱일승천	

愚公移山	남들이 어리석게 여겨도 한 가지 일을 소신 있게 하면 언젠가는 목적을 달성할 수 있음
우공이산	

運用之妙	송(宋)나라의 용장 악비(岳飛)가 말한 '그때그때 변하는 상황에 따라 활용하고 대처하는 것은 사람의 마음에 달린 것이다'에서 유래한 말
운용지묘	

遠交近攻 원교근공	먼 나라와 친교를 맺고 가까운 나라를 공략하는 정책

有備無患 유비무환	준비가 있으면 근심할 것이 없음

怨入骨髓 원입골수	원한이 뼈에 사무친다는 뜻으로, 원한이 마음속 깊이 맺혀 잊을 수 없다는 말

孺子可教 유자가교	젊은이는 가르칠 만하다는 뜻으로, 열심히 공부하려는 아이를 칭찬하는 말

★ **遠禍召福** 원화소복	화를 멀리하고 복을 불러들임 유 거안사위(居安思危)

有口無言 유구무언	입은 있으나 말이 없다는 뜻으로, 변명할 말이 없음

月下氷人 월하빙인	월하노인(月下老人)과 빙상인(氷上人)이 합쳐진 말로, 결혼 중매인을 뜻함

★★ **類類相從** 유유상종	사물(事物)은 같은 무리끼리 따르고, 같은 사람은 서로 찾아 모인다는 뜻

★★ **韋編三絶** 위편삼절	독서를 열심히 함. 한 책을 되풀이하여 숙독함

有志竟成 유지경성	굳건한 뜻이 있으면 반드시 이루어낸다는 말

有教無類 유교무류	가르침에는 차별이 없다는 말로, 배우고자 하는 사람에게는 누구에게나 배움의 문이 개방되어 있다는 뜻

有名無實 유명무실	이름만 그럴듯하고 실속은 없음

柔能制剛 유능제강	어떤 상황에 대처할 때 강한 힘으로 억누르는 것이 이기는 것 같지만 부드러움으로 대응하는 것에 당할 수는 없다는 뜻

遺臭萬年 유취만년	냄새가 만 년을 간다는 뜻으로, 더러운 이름을 후세에 오래도록 남김 반 유방백세(流芳百世)

陰德陽報 음덕양보	사람이 보지 않는 곳에서 좋은 일을 베풀 경우에 나중에라도 반드시 그 일이 드러나서 보답을 받게 됨
★泣斬馬謖 읍참마속	눈물을 머금고 마속의 목을 벤다는 뜻으로, 사랑하는 신하를 법(法)대로 처단하여 질서를 바로잡음을 이르는 말
應對如流 응대여류	물 흐르듯 응대한다는 뜻으로, 언변이 능수능란하다는 의미
應接不暇 응접불가	아름다운 경치가 계속 나타나 인사할 틈도 없다는 뜻으로, 여유가 없을 만큼 매우 바쁜 상황을 비유
疑心暗鬼 의심암귀	마음속에 의심이 생기면 갖가지 무서운 망상이 잇달아 일어나 불안해짐. 선입관은 판단을 빗나가게 함
以管窺天 이관규천	대롱 구멍으로 하늘을 엿봄. 좁은 소견으로 사물을 살펴 보았자 그 전체의 모습을 파악할 수 없음
移木之信 이목지신	위정자가 나무 옮기기로 백성들을 믿게 한다는 뜻으로, 남을 속이지 아니한 것을 밝힘. 또는 약속을 실행함을 의미

以心傳心 이심전심	말이나 글로 전하지 않고 마음에서 마음으로 전한다는 말로, 마음과 마음이 서로 통한다는 뜻
泥田鬪狗 이전투구	진흙탕에서 싸우는 개. 이익을 차지하기 위하여 물골사납게 싸우는 경우
理判事判 이판사판	뾰족한 방법이 없어 막다른 상황에 이름
以暴易暴 이포역포	횡포한 사람으로 횡포한 사람을 바꾼다는 말로, 바꾸기 전의 사람과 바꾼 뒤의 사람이 꼭 같이 횡포하다는 뜻
益者三友 익자삼우	사귀어 자기에게 유익한 세 부류의 벗이라는 뜻으로, 정직한 사람, 친구의 도리를 지키는 사람, 지식이 있는 사람을 이르는 말
人生朝露 인생조로	인생은 아침 이슬과 같이 덧없음 ⑪ 생자필멸(生者必滅)
因循姑息 인순고식	① 구습(舊習)을 고치지 않고 눈앞의 편안함만을 취함. ② 일을 행함에 있어 결단력 없이 우물쭈물함 ⑪ 고식지계(姑息之計)

一家之言	학자들 가운데 누가 보아도 깜짝 놀랄 정도로 독자적인 학문체계를 이룬 사람
일가지언	

一觸卽發	한 번 건드리기만 해도 폭발할 것 같이 몹시 아슬아슬하고 위급한 상태
일촉즉발	

一刻千金	매우 짧은 시간도 천금과 같은 큰 가치가 있음
일각천금	

一以貫之	하나의 이치로써 모든 일을 꿰뚫음
일이관지	

★★★★★ 一擧兩得	한 가지 일을 하여 두 가지 이익을 얻음
일거양득	

一瀉千里	강물이 빨리 흘러가 단번에 천 리를 간다는 뜻으로, 일이 거침없이 신속하게 진행됨
일사천리	

一網打盡	한꺼번에 모조리 잡음
일망타진	

★★ 一日三省	하루의 일 세 가지를 살핀다는 뜻으로, 하루에 세 번씩 자신(自身)의 행동(行動)을 반성(反省)함
일일삼성	

★★ 一面之交	한 번 서로 인사를 한 정도(程度)로 아는 친분(親分)
일면지교	

一字千金	글자 하나의 값이 천금의 가치가 있다는 말. 심금을 울릴 정도로 아주 훌륭한 글씨나 문장
일자천금	

一鳴驚人	평소에 묵묵히 있던 사람이 갑자기 사람을 놀라게 할 만한 일을 해냄
일명경인	

一場春夢	한바탕의 봄꿈처럼 헛된 영화(榮華)나 덧없는 일 ⑪ 남가일몽(南柯之夢), 한단지몽(邯鄲之夢)
일장춘몽	

日暮途遠	날은 저물고 갈 길은 멀다는 뜻으로, 나이가 늙어서도 할 일이 많음
일모도원	

一針見血	한 번에 침을 놓아 피를 봄. 일의 본질을 파악하여 한 번에 정곡을 찌름
일침견혈	

日就月將 일취월장	날마다 달마다 성장(成長)하고 발전(發展)한다는 뜻으로, 학업(學業)이 날이 가고 달이 갈수록 진보(進步)함을 이름

低首下心 저수하심	머리를 낮게 하고 마음을 아래로 향하게 한다는 뜻으로, 남에게 머리 숙여 복종하는 것을 말함

一敗塗地 일패도지	단 한 번 싸움에 패하여 전사자의 으깨진 간과 뇌가 흙과 범벅이 되어 땅을 도배한다는 뜻으로, 여지없이 패하여 재기불능이 된 상태

前車可鑑 전거가감	앞 수레가 엎어진 것을 보고 뒷 수레가 엎어지지 않도록 경계한다는 말로, 과거의 실패를 거울삼아 이를 경계해야 함

★ **一攫千金** 일확천금	한꺼번에 많은 돈을 얻는다는 뜻으로, 노력(努力)함이 없이 벼락부자(-富者)가 되는 것

積小成大 적소성대	작은 것도 쌓이면 크게 됨

自暴自棄 자포자기	절망 상태에 빠져서 자신을 버리고 돌보지 않음

★★ **赤手空拳** 적수공권	맨손과 맨주먹이란 뜻으로, 아무것도 가진 것이 없음

自畵自讚 자화자찬	자기가 그린 그림을 스스로 칭찬한다는 뜻으로, 자기가 한 일을 스스로 자랑함

★★★★ **電光石火** 전광석화	번갯불이나 부싯돌의 불이 번쩍이는 것처럼, 극히 짧은 시간, 아주 신속한 동작, 일이 매우 빠른 것을 가리킴

★★★ **作心三日** 작심삼일	마음먹은 게 삼일(三日)을 못 간다는 뜻으로, 결심(決心)이 얼마 되지 않아 흐지부지된다는 말

★ **戰戰兢兢** 전전긍긍	벌벌 떨며 매우 두려워함

★★ **張三李四** 장삼이사	장 씨의 셋째 아들과 이 씨의 넷째 아들이란 뜻으로, 성명(姓名)이나 신분(身分)이 뚜렷하지 않은 평범(平凡)한 사람들

★ **輾轉反側** 전전반측	누워서 이리저리 뒤척거리며 잠을 못 이룸

前車覆轍 전차복철	앞 수레의 엎어진 바퀴 자국이란 뜻으로, 앞사람의 실패나 실패의 전례를 거울삼아 주의하라는 교훈

井中之蛙 정중지와	우물 안 개구리. 견문이 좁아서 넓은 세상의 사정을 모름 ⓤ 정저지와(井底之蛙)

前虎後狼 전호후랑	앞문의 호랑이를 막으니 뒷문의 이리가 나온다는 말로, 하나의 재난을 피하자 또 다른 재난이 나타나는 것을 비유

糟糠之妻 조강지처	술지게미나 쌀겨와 같은 험한 음식을 함께 먹은 아내. 가난할 때부터 함께 고생해 온 아내를 의미

★★★★ 轉禍爲福 전화위복	화(禍)가 바뀌어 오히려 복이 됨 ⓤ 새옹위복(塞翁爲福)

★★★ 朝令暮改 조령모개	아침에 영을 내리고 저녁에 고친다는 말로, 일관성 없는 정책을 빗대어 쓰는 말

★★★ 切磋琢磨 절차탁마	옥, 돌, 상아 따위를 자르고 쪼아 갈고 닦아서 빛낸다는 뜻으로, 학문·덕행을 갈고 닦음

朝名市利 조명시리	명성은 조정에서 다투고 이익은 시장에서 다투라는 뜻으로, 무슨 일이든 적당한 장소에서 행하라는 말

★ 切齒腐心 절치부심	이를 갈고 마음을 썩인다는 뜻으로, 대단히 분(憤)하게 여기고 마음을 썩임

★ 朝變夕改 조변석개	아침저녁으로 뜯어고친다는 뜻으로, 계획(計劃)이나 결정(決定) 따위를 자주 바꾸는 것을 이름

點鐵成金 점철성금	나쁜 것을 고쳐서 좋은 것으로 만듦

★ 朝三暮四 조삼모사	간사한 꾀로 남을 속여 희롱함을 이르는 말. 눈앞에 당장 나타나는 차별만을 알고 그 결과가 같음을 모름

漸入佳境 점입가경	경치나 문장·사건이 갈수록 재미있게 전개됨

朝雲暮雨 조운모우	아침에는 구름, 저녁에는 비라는 뜻으로, 남녀의 언약(言約)이 굳은 것. 또는 남녀의 정교(情交)

鳥足之血 조족지혈	새발의 피. 매우 적은 분량 ⑨ 구우일모(九牛一毛)

★★ **竹馬故友** 죽마고우	어릴 때 대나무 말을 타고 함께 놀던 친구라는 뜻으로, 어렸을 때 친하게 사귄 사이를 의미

終南捷徑 종남첩경	종남산(終南山)이 지름길이라는 뜻으로, 쉽게 출세하거나 목적을 달성할 수 있는 지름길을 이르는 말

晝夜不息 주야불식	낮이나 밤이나 쉬지 않음. 매우 열심히 함

★★ **坐不安席** 좌불안석	자리에 편안히 앉지 못한다는 뜻으로, 마음에 불안(不安)이나 근심 등이 있어 한자리에 오래 앉아 있지 못함

衆寡不敵 중과부적	적은 수가 많은 수를 대적하지 못함

★★ **左之右之** 좌지우지	왼쪽으로 돌렸다 오른쪽으로 돌렸다 한다는 뜻으로, 사람이 어떤 일이나 대상(對象)을 제 마음대로 처리(處理)하거나 다루는 것

★★ **衆口難防** 중구난방	많은 사람이 마구 떠들어대는 소리는 막기가 어려움. 여러 사람이 마구 지껄이는 것을 이르는 말

晝耕夜讀 주경야독	낮에는 농사짓고, 밤에는 글을 읽는다는 뜻으로, 어려운 상황 속에서도 꿋꿋이 공부함

★★ **走馬看山** 주마간산	말을 타고 달리며 산천을 구경한다는 뜻으로, 자세히 살피지 아니하고 대충 보고 지나감

走馬加鞭 주마가편	달리는 말에 채찍질한다는 속담의 한역. 형편이나 힘이 한창 좋을 때에 더욱 힘을 더한다는 말. 힘껏 하는데도 자꾸 더 하라고 격려함

中原逐鹿 중원축록	넓은 들판에서 사슴을 쫓는다는 뜻으로, 제위(帝位)를 다툼. 정권을 다툼. 어떤 지위를 얻기 위해 서로 경쟁함

酒池肉林 주지육림	술로 연못을 이루고 고기로 숲을 이룬다는 뜻으로, 지극히 호사스럽고 방탕한 술잔치를 이르는 말

衆醉獨醒 중취독성	세상의 모든 사람이 불의와 부정을 저지르고 있지만 혼자 깨끗한 삶을 산다는 뜻

曾參殺人	터무니없는 말이라도 여러 사람이 되풀이하면 믿지 않을 수 없음
증삼살인	

忠言逆耳	충고하는 말은 귀에 거슬린다는 뜻으로, 정성스럽고 바른 말은 듣기 싫어함
충언역이	

指鹿爲馬	사슴을 가리켜 말이라고 함. 사실이 아닌 것을 끝까지 우겨서 사실로 만들어 강압적으로 인정하게 함
지록위마	

創業守成	일을 시작하기는 쉬우나 이룬 것을 지키기는 어렵다는 말
창업수성	

紙上談兵	종이 위에서 병법을 말한다는 뜻으로, 이론에만 밝을 뿐 실제적인 지식은 없는 경우에 사용
지상담병	

滄海一粟	푸른 바닷속에 있는 좁쌀 한 톨이라는 뜻. 크고 넓은 것 가운데에 있는 아주 작고 보잘것없는 것을 의미
창해일속	

池魚之殃	화(禍)가 엉뚱한 곳에 미침. 상관없는 일의 재난에 휩쓸림 유 횡래지액(橫來之厄)
지어지앙	

★ 天高馬肥	하늘이 높고 말이 살찐다는 뜻으로, 하늘이 맑고 곡식이 무르익는 가을을 이르는 말
천고마비	

至楚北行	초나라에 이르려고 하면서 북쪽으로 간다는 말로, 생각과 행동이 상반되는 것. 혹은 방향이 틀린 것을 뜻하는 말
지초북행	

天道是非	세상의 불공정을 한탄하고 하늘의 정당성을 의심하는 말
천도시비	

此日彼日	이날 저 날 하고 자꾸 미루기만 함 유 차월피월(此月彼月)
차일피일	

★ 千慮一失	지혜로운 사람이라도 많은 생각을 하다 보면 하나쯤은 실책이 있을 수 있다는 말
천려일실	

車載斗量	수레에 싣고 말로 잰다는 뜻으로, 아주 흔하거나 쓸모없는 평범한 것이 많이 있음 유 거재두량(車載斗量)
차재두량	

千慮一得	어리석은 사람이라도 많은 생각을 하면 한 가지쯤은 좋은 것이 나올 수 있음
천려일득	

★ 天佑神助 천우신조	하늘이 돕고 신이 도움
★★ 千載一遇 천재일우	천 년에 한 번 온 기회. 좀처럼 만나기 어려운 기회
★ 天眞爛漫 천진난만	천진함이 넘친다는 뜻으로, 조금도 꾸 밈없이 아주 순진(純眞)하고 참됨
靑雲之志 청운지지	푸른 구름의 뜻을 품음. 높은 지위에 오르려는 욕망을 비유 ㊀ 능운지지(陵雲之志)
天衣無縫 천의무봉	천사의 옷은 꿰맨 흔적이 없다는 뜻으 로, 시나 문장 등이 매우 자연스러워 일 부러 꾸민 데가 없음. 또는 완전무결함
靑天白日 청천백일	맑게 갠 대낮. 원죄가 판명되어 무죄가 되는 일을 뜻함
靑天霹靂 청천벽력	맑은 하늘에서 치는 날벼락이라는 뜻으 로, 뜻밖에 갑자기 일어난 큰 사고를 이르는 말

靑出於藍 청출어람	쪽에서 나온 푸른 물감이 쪽보다 푸르 다는 뜻으로, 제자가 스승보다 나음
焦眉之急 초미지급	눈썹에 불이 붙은 급한 상태. 아주 화 급한 상태
★★★★★ 寸鐵殺人 촌철살인	한 치의 쇠로 사람을 죽임. 간단한 말 로 사람을 감동시킴. 또는 사물의 급소 를 찌름
秋高馬肥 추고마비	가을 하늘이 높으니 말은 살찐다는 뜻 으로, 당나라의 초기 시인 두심언의 시 에 나옴
★★ 推己及人 추기급인	자신의 처지를 미루어 다른 사람의 형 편을 헤아린다는 뜻
★★★ 追遠報本 추원보본	조상의 덕을 추모(追慕)하여 제사를 지내고, 자기의 태어난 근본을 잊지 않 고 은혜를 갚음
春秋筆法 춘추필법	공정한 태도로 준엄하게 비판하는 기 술 방식

草綠同色 초록동색	풀빛과 녹색은 같은 색이라는 뜻으로, 모양과 처지가 비슷하거나 인연이 있는 것끼리는 같은 편임을 비유 ㊠ 유유상종(類類相從)
天壤之差 천양지차	하늘과 땅 차이. 매우 큰 차이
癡人說夢 치인설몽	어리석은 사람이 꿈 이야기를 한다는 뜻으로, 허황된 말을 지껄임. 또는 어리석은 일
七步之才 칠보지재	일곱 걸음을 옮기는 사이에 시를 지을 수 있는 재주라는 뜻으로, 뛰어난 글재주를 이름
七縱七擒 칠종칠금	일곱 번 놓아주고 일곱 번 사로잡음. 곧 마음대로 잡고 놓아 주는 자유자재한 전술의 비상한 재주를 일컫는 말
沈魚落雁 침어낙안	여인이 너무 아름다워 물고기가 잠기고 기러기가 떨어진다는 뜻으로, 아름다운 미인을 형용하는 말
快刀亂麻 쾌도난마	어지럽게 뒤얽힌 삼의 가닥을 잘드는 칼로 베어 버린다는 뜻으로, 무질서한 상황을 통쾌하게 풀어 놓는 것을 말함

★★ **他山之石** 타산지석	다른 산에서 난 나쁜 돌도 자기의 구슬을 가는 데에 소용이 된다는 뜻으로, 남의 하찮은 언행일지라도 배울 것이 있다는 뜻
卓上空論 탁상공론	탁자 위에서만 펼치는 헛된 논리. 실천성이 없는 허황된 이론 ㊠ 궤상공론(机上空論)
貪官汚吏 탐관오리	탐관(탐욕스런 관리)과 오리(더러운 관리). 탐욕이 많고 청렴하지 못한 관리
泰山北斗 태산북두	태산과 북두성이란 뜻에서, 남에게 존경을 받는 뛰어난 인물을 말함. 태두(泰斗), 산두(山斗)
兎死狗烹 토사구팽	토끼를 잡고 나면 사냥개는 삶아먹는다는 뜻으로, 필요할 때는 이용하고 이용 가치가 떨어졌을 때는 홀대하거나 제거하는 것을 말함
★ **兎死狐悲** 토사호비	토끼가 죽자 여우가 슬퍼한다는 뜻으로, 같은 무리의 불행을 슬퍼함의 비유 ㊠ 호사토읍(狐死兎泣)
吐哺握髮 토포악발	위정자가 민심을 수렴하고 정무에 힘쓰느라 잠시도 편안함이 없음. 또는 훌륭한 인재를 잃지 않으려고 애쓰는 것을 비유

破顔大笑	얼굴에 매우 즐거운 표정을 지어 크게 한바탕 웃음
파안대소	

表裏不同	겉과 속이 다름
표리부동	

破釜沈船	밥 짓는 가마솥을 부수고 돌아갈 배도 가라앉힌다는 뜻으로, 결사의 각오로 싸움터에 나서거나 최후의 결단을 내림을 비유하는 말
파부침선	

豹死留皮	표범은 죽어서 가죽을 남긴다는 뜻으로, 사람은 죽어서 이름을 남겨야 함
표사유피	

★ 破竹之勢	적을 거침없이 물리치고 쳐들어가는 당당한 기세
파죽지세	

★★ 風前燈火	바람 앞에 등불이란 뜻으로, 매우 위급한 상황
풍전등화	

平地風波	고요한 땅에 바람과 물결을 일으킨다는 뜻으로, 공연한 일을 만들어서 뜻밖의 분쟁이나 시끄러운 사건을 일으킴
평지풍파	

風樹之嘆	바람과 나무의 탄식이란 뜻으로, 효도를 다 하지 못한 자식의 슬픔을 의미
풍수지탄	

抱腹絶倒	배를 안고 넘어질 정도로 몹시 웃음
포복절도	

皮骨相接	살가죽과 뼈가 맞붙을 정도로 몹시 마름 ㈌ 훼척골립(毀瘠骨立)
피골상접	

飽食暖衣	배불리 먹고 따뜻하게 입음 ㈌ 금의옥식(錦衣玉食)
포식난의	

匹夫之勇	하찮은 남자의 용기라는 뜻으로, 소인이 깊은 생각 없이 혈기만 믿고 용기를 함부로 부리는 것을 말함
필부지용	

暴虎馮河	맨손으로 범에게 덤비고 걸어서 황하를 건넌다는 뜻으로, 죽음을 두려워하지 않는 무모한 용기를 비유함
포호빙하	

★ 夏爐冬扇	여름의 화로와 겨울의 부채. 격이나 철에 맞지 않거나 쓸데없는 사물을 비유하는 말
하로동선	

下石上臺	아랫돌을 빼서 윗돌 괴고 윗돌 빼서 아랫돌 괸다. 임시변통으로 이리저리 둘러맞춤
하석상대	

★合縱連橫	공수(攻守) 동맹의 뜻
합종연횡	

★★鶴首苦待	학의 목처럼 목을 길게 늘여 몹시 기다림
학수고대	

亢龍有悔	절정에 이른 용은 자칫 후회하기 쉬움. 영달을 다한 자는 더 이상 오를 수 있는 길도 없으며, 쇠퇴할 염려가 있으므로 삼가라는 말
항룡유회	

漢江投石	한강에 돌 던지기. 지나치게 미미하여 전혀 효과가 없음
한강투석	

恒産恒心	재산이 있어야 마음의 여유가 생김
항산항심	

邯鄲之夢	인생과 영화의 덧없음(노생이 한단이란 곳에서 잠을 잤는데, 부귀영화를 누리는 꿈을 꾸었지만 깨어 보니 밥을 짓는 동안이었다는 데에서 유래)
한단지몽	

偕老同穴	살아서는 함께 늙고 죽어서는 같은 무덤에 묻힘. 생사를 같이 하는 부부의 사랑의 맹세
해로동혈	

★邯鄲之步	한단(邯鄲)에서 걸음걸이를 배운다는 뜻으로, 제 분수를 잊고 무턱대고 남을 흉내내다가 이것저것 다 잃음을 비유하여 이르는 말
한단지보	

解語花	'말을 아는 꽃'이라는 뜻으로, '미녀(美女)'를 일컫는 말. 또는 '기생(妓生)'을 달리 이르는 말
해어화	

★汗牛充棟	수레에 실으면 소가 땀을 흘릴 정도이고 방 안에 쌓으면 들보에 닿을 정도란 뜻으로, 책이 매우 많음 ㊤ 오거지서(五車之書)
한우충동	

海翁好鷗	바닷가 갈매기를 좋아하는 바닷가 노인. 친하게 지내던 새도 잡으려고 하면 그것을 알고 가까이하지 않음
해옹호구	

咸興差使	함흥은 지명으로, 함흥에 갔던 어긋난 사신이란 뜻임. 한 번 간 사람이 돌아오지 않거나 소식이 없음을 일컫는 말
함흥차사	

行雲流水	떠가는 구름과 흐르는 물이란 뜻으로, 어떤 것에도 구애됨이 없이 사물에 따라 순응함. 또는 일정한 형체 없이 늘 변함
행운유수	

行不由徑	지름길이나 뒤안길을 가지 않고 큰길을 걷는다는 뜻으로, 정정당당히 일함
행불유경	

虎視眈眈	날카로운 눈빛으로 형세를 바라보며 기회를 노린다는 뜻으로, 어떤 일에 대비하여 방심하지 않는 모습을 말함
호시탐탐	

★ 懸頭刺股	상투를 천장에 달아매고, 송곳으로 허벅다리를 찔러서 잠을 깨운다는 뜻으로, 학업(學業)에 매우 힘씀을 이르는 말
현두자고	

浩然之氣	하늘과 땅 사이의 가득 찬 원기. 자유롭고 유쾌한 마음. 공명정대하여 조금도 부끄러움이 없는 용기
호연지기	

螢雪之功	갖은 고생을 하며 부지런히 학문을 닦아서 이룬 공
형설지공	

胡蝶之夢	장자가 나비가 되어 날아다닌 꿈으로, 물아(物我)의 구별을 잊음. 또는 인생의 덧없음을 비유 🈺 물심일여(物心一如)
호접지몽	

★★ 螢窓雪案	반딧불이 비치는 창과 눈에 비치는 책상(冊床)이라는 뜻으로, 어려운 가운데서도 학문(學問)에 힘씀을 비유한 말
형창설안	

★ 魂飛魄散	넋이 날아가고 넋이 흩어진다는 뜻으로, 몹시 놀라 어찌할 바를 모름
혼비백산	

虛張聲勢	헛되이 목소리의 기세만 높인다는 뜻으로, 실력이 없으면서도 허세로만 떠벌림
허장성세	

和光同塵	빛을 감추고 속세의 티끌과 같이한다는 뜻으로, 자기의 재능을 감추고 속세의 사람들과 어울려 동화함을 이르는 말
화광동진	

狐假虎威	여우가 호랑이의 위엄을 빌린다는 뜻으로, 남의 권세를 빌려 위세를 부림
호가호위	

畫龍點睛	용을 그려 넣고 마지막으로 눈을 그려 넣음. 가장 긴요한 부분을 끝내어 완성시킴
화룡점정	

呼兄呼弟	서로를 형, 아우라 부른다는 뜻으로, 가까운 친구 사이를 일컬음
호형호제	

畫蛇添足	뱀에 발을 덧붙여 그림. 쓸데없는 군일을 하다가 도리어 실패함
화사첨족	

★★★ **花朝月夕** 화조월석	'꽃이 핀 아침과 달 밝은 저녁'이란 뜻으로, '경치가 가장 좋은 때'를 이르는 말. 또는 음력 2월 보름과 8월 보름밤. 봄과 가을	**朽木糞牆** 후목분장	썩은 나무는 조각할 수 없고, 썩은 벽은 칠할 수 없다는 말로, 의지가 썩은 사람은 가르칠 수 없음
昏定晨省 혼정신성	자식이 부모님께 아침, 저녁으로 잠자리를 보살펴드림 ㈌ 반포지효(反哺之孝)	**後生可畏** 후생가외	젊은 후배들은 선배들의 가르침을 배워 어떤 훌륭한 인물이 될지 모르기 때문에 가히 두렵다는 말
和氏之璧 화씨지벽	화씨가 발견한 구슬이라는 뜻으로, 천하의 귀중한 보배를 일컬음. 뛰어난 인재를 비유하는 말	**胸有成竹** 흉유성죽	대나무를 그리기 전에 마음속에 이미 완성된 대나무 그림이 있음. 일을 시작하기 전에 어떻게 처리할지 이미 계산되어 있음
畫虎類狗 화호유구	서툰 솜씨로 어려운 일을 하려다 도리어 잘못되는 것을 이르는 말. 결과가 목적과 어긋남	**換腐作新** 환부작신	낡은 것을 바꾸어 새것으로 만듦
換骨奪胎 환골탈태	타인의 글의 형식을 모방하면서 변화시켜 원래 것보다 더 뛰어나게 함. 전보다 나아져서 딴 사람처럼 됨	**會者定離** 회자정리	만남이 있으면 반드시 헤어짐이 있음 ㈌ 무상전변(無常轉變) ㈏ 거자필반(去者必返)
紅爐點雪 홍로점설	화로 위에 눈을 조금 뿌렸다는 뜻으로, 큰 일을 함에 있어 작은 힘으로는 아무런 도움이 되지 않음 ㈌ 이란투석(以卵投石)		

[1~18] 다음 성어(成語)에서 '□'에 들어갈 알맞은 한자(漢字)는 어느 것입니까?

01 桑□之鄕

① 核   ② 棺   ③ 梓
④ 椿   ⑤ 槪

02 臥□嘗膽

① 僕   ② 芋   ③ 楮
④ 俎   ⑤ 薪

03 囊中之□

① 瑕   ② 駁   ③ 撑
④ 錐   ⑤ 揖

04 夏爐冬□

① 越   ② 堀   ③ 幇
④ 隅   ⑤ 扇

05 □柱鼓瑟

① 膠   ② 轎   ③ 昆
④ 咳   ⑤ 楷

06 陵遲處□

① 轄   ② 斬   ③ 坪
④ 兌   ⑤ 懺

07 乾坤一□

① 轉   ② 戰   ③ 陟
④ 擲   ⑤ 離

08 去頭□尾

① 竊   ② 截   ③ 節
④ 至   ⑤ 絶

09 切磋□磨

① 濯   ② 啄   ③ 琢
④ 坼   ⑤ 濁

10 走馬加□

① 策   ② 篇   ③ 片
④ 鞭   ⑤ 偏

11 □越同舟

① 訛   ② 奧   ③ 吳
④ 鈺   ⑤ 碁

12 玉石俱□

① 焚   ② 糞   ③ 忿
④ 扉   ⑤ 芬

13　高談□論

① 咀　　② 汪　　③ 稽
④ 泛　　⑤ 峻

14　□物喪志

① 婉　　② 頑　　③ 玩
④ 腕　　⑤ 阮

15　怨入骨□

① 粹　　② 燧　　③ 瘦
④ 髓　　⑤ 蒐

16　一□打盡

① 輓　　② 網　　③ 鞁
④ 棉　　⑤ 麵

17　井中之□

① 魏　　② 媛　　③ 瘟
④ 渦　　⑤ 蛙

18　□海一粟

① 滄　　② 娼　　③ 脊
④ 硝　　⑤ 撤

[19~29] 다음 성어(成語)의 뜻풀이로 적절한 것은 어느 것입니까?

19　曲突徙薪

① 헛된 일
② 도시에서 고학함
③ 좀도둑을 엄벌함
④ 화를 미연에 방지함
⑤ 어떤 일이 생길 조짐이 보임

20　戰戰兢兢

① 상한 음식을 먹고 토함
② 강에서 가벼운 배를 타고 감
③ 몹시 두려워 벌벌 떨며 조심함
④ 언행이 신중하지 못하고 가벼움
⑤ 죽기를 각오하고 힘을 다해 반대함

21　波瀾萬丈

① 무너지기 쉬운 헛된 것
② 일의 진행이 변화가 심함
③ 어떤 상황을 간절히 기다림
④ 어려운 여건에도 열심히 공부함
⑤ 우열을 가리기 어려울 정도로 비슷함

22　啞然失色

① 하지 못하는 일이 없음
② 백성들이 태평세월을 누림
③ 남의 행동을 덩달아 따라함
④ 뜻밖의 일에 얼굴빛이 변할 정도로 놀람
⑤ 아랫사람에게 묻기를 부끄러워하지 않음

23 汗牛充棟

① 길거리에 떠도는 소문
② 하나를 들어서 열을 앎
③ 이름과 실상이 잘 맞음
④ 가지고 있는 책이 매우 많음
⑤ 상대의 물음과 전혀 상관없는 엉뚱한 대답

24 袖手傍觀

① 혼자서는 일하기 어려움
② 많이 알지만 정밀하지 못함
③ 곰곰이 따져 사려 깊이 처신함
④ 간섭하거나 거들지 않고 그대로 버려둠
⑤ 학식이 있는 것이 오히려 근심을 사게 됨

25 尸位素餐

① 도를 편안함으로 여겨 탐내다
② 높은 자리에 앉아서 하는 일 없이 놀고먹다
③ 제사에 관심이 없고 젯밥에만 관심이 있다
④ 무슨 일을 빙자하여 거기서 이득을 얻는다
⑤ 노력은 하지 않고 죽은 조상에게 제사만 올리다

26 天佑神助

① 하늘이 돕고 신이 돕다
② 길을 가다가 우연히 만나다
③ 하늘은 스스로 돕는 자를 돕는다
④ 착한 일을 많이 하면 복을 받는다
⑤ 하늘을 우러러 한 점 부끄러움이 없다

27 三顧草廬

① 소 잃고 외양간 고치다
② 전원에서 편안하게 즐기다
③ 집 근처에 편의 시설이 있다
④ 인재를 맞기 위해 참을성 있게 노력하다
⑤ 화를 세 번 참으면 어떤 재앙도 막을 수 있다

28 解語花

① 과거에 장원 급제한 사람
② 꽃의 말을 이해하는 재주꾼
③ 말로 설명할 수 없는 아름다운 꽃
④ 사람의 말을 알아듣는 꽃, 즉 미인
⑤ 널리 여러 책을 읽고 박학한 사람

29 纖纖玉手

① 미인의 고운 손
② 사소한 하나하나의 동작
③ 아무것도 가진 것이 없음
④ 어떤 일을 당하여 옆에서 보고만 있음
⑤ 난봉을 부리고 돌아다니는 사람

[30~50] 다음의 뜻을 가장 잘 나타낸 성어(成語)는 어느 것입니까?

30 탁하고 게을러 쓸모없는 사람

① 轉禍爲福   ② 面從腹背
③ 臥薪嘗膽   ④ 鶴首苦待
⑤ 朽木糞牆

31 학문이나 인격을 갈고닦음

① 朝變夕改 ② 切磋琢磨
③ 魂飛魄散 ④ 邯鄲之步
⑤ 孤軍奮鬪

32 굽이굽이 사무친 마음속

① 安貧樂道 ② 結者解之
③ 懸頭刺股 ④ 九曲肝腸
⑤ 藥房甘草

33 한 권의 책을 몇십 번이나 되풀이해서 읽음

① 格物致知 ② 苛斂誅求
③ 韋編三絕 ④ 甘呑苦吐
⑤ 博而不精

34 좋은 일에는 흔히 방해되는 일이 많음

① 一筆揮之 ② 好事多魔
③ 指呼之間 ④ 鷄鳴狗盜
⑤ 如履薄氷

35 어떤 일이 한때 많이 생겨남

① 束手無策 ② 緣木求魚
③ 茫然自失 ④ 雨後竹筍
⑤ 千差萬別

36 뼈를 가루로 만들고 몸을 부서뜨림

① 換骨奪胎 ② 咸興差使
③ 朝令暮改 ④ 狐假虎威
⑤ 粉骨碎身

37 마음에 아무 거리낌이 없고 솔직함

① 虛心坦懷 ② 泥田鬪狗
③ 水到渠成 ④ 捲土重來
⑤ 破廉恥漢

38 제 마음대로 휘두르다

① 右往左往 ② 左之右之
③ 寸鐵殺人 ④ 三人成虎
⑤ 螢窓雪案

39 이상은 높으나 행동은 그것을 따르지 못한다

① 高談峻論 ② 眼高手卑
③ 高屋建瓴 ④ 孤立無援
⑤ 藥房甘草

40 가혹하게 세금을 거두거나
백성의 재물을 억지로 빼앗음

① 格物致知 ② 苛斂誅求
③ 韋編三絕 ④ 甘呑苦吐
⑤ 螢窓雪案

41 고상하고 준엄한 담론

① 高談峻論 ② 眼高手卑
③ 高屋建瓴 ④ 玩物喪志
⑤ 孤軍奮鬪

42 용모가 환하고 아름다워 딴 사람처럼 됨

① 博而不精 ② 溫故知新
③ 衆口難防 ④ 換骨奪胎
⑤ 識字憂患

정답 **31** ② **32** ④ **33** ③ **34** ② **35** ④ **36** ⑤ **37** ① **38** ② **39** ② **40** ② **41** ① **42** ④

43 남의 세력을 빌어 위세를 부림

① 狐假虎威　　② 合縱連橫
③ 松茂栢悅　　④ 夏爐冬扇
⑤ 兎死狐悲

44 부모님을 모시고자 하나 이미 돌아가심을 한탄함

① 破竹之勢　　② 風樹之嘆
③ 天眞爛漫　　④ 天佑神助
⑤ 明鏡止水

45 눈썹이 타게 될 만큼 위급한 상태

① 明若觀火　　② 孤掌難鳴
③ 焦眉之急　　④ 席藁待罪
⑤ 物我一體

46 제자가 스승보다 나은 것을 비유

① 牛刀割鷄　　② 千載一遇
③ 寸鐵殺人　　④ 輾轉反側
⑤ 靑出於藍

47 조금도 거침없이 빨리 진행됨

① 遠禍召福　　② 尸位素餐
③ 一攫千金　　④ 一瀉千里
⑤ 切齒腐心

48 기회를 노리며 형세를 살핌

① 虎視眈眈　　② 森羅萬象
③ 三顧草廬　　④ 四通五達
⑤ 風前燈火

49 원수를 갚으려고 온갖 괴로움을 참고 견딤

① 高談峻論　　② 反哺之孝
③ 苛斂誅求　　④ 凍足放尿
⑤ 臥薪嘗膽

50 아주 쉬운 일 또는 손쉽게 얻을 수 있음

① 破廉恥漢　　② 膠柱鼓瑟
③ 空理空論　　④ 良藥苦口
⑤ 囊中取物

정답　43 ①　44 ②　45 ③　46 ⑤　47 ④　48 ①　49 ⑤　50 ⑤

不患人之不己知, 患其無能也.

"남이 나를 알아주지 않음을 걱정하지 말고, 내가 능력이 없음을 걱정하라."

– 《논어》, 〈학이(學而)〉

상공회의소 한자 1급

최신 기출 동형 모의고사

- 제1회 모의고사
- 제2회 모의고사
- 정답 및 해설

質勝文則野, 文勝質則史, 文質彬彬, 然後君子.

"바탕이 형식을 이기면 투박하고, 형식이 바탕을 이기면 겉치레에 흐른다.

바탕과 형식이 잘 어우러져야 비로소 군자다."

– ≪논어≫, 〈옹야(雍也)〉

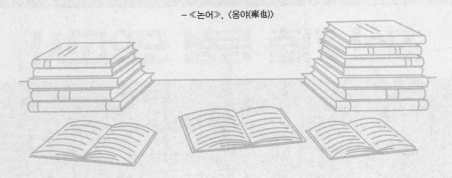

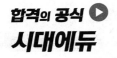

국가공인 자격검정
제1회 상공회의소 한자 시험 [1급] 문제지

형별	A형	제한 시간	80분	수험번호		성 명	

※ 다음 중 가장 알맞은 것을 고르시오.

〈제1영역〉 한자(漢字)

[1~11] 다음 한자(漢字)의 음(音)은 무엇입니까?

01 罹
① 미 ② 리 ③ 비 ④ 사 ⑤ 라

02 胄
① 주 ② 우 ③ 위 ④ 추 ⑤ 구

03 咼
① 괘 ② 왈 ③ 설 ④ 걸 ⑤ 얼

04 咽
① 인 ② 읍 ③ 명 ④ 원 ⑤ 흡

05 娑
① 소 ② 파 ③ 수 ④ 삭 ⑤ 사

06 蠱
① 문 ② 고 ③ 충 ④ 혈 ⑤ 골

07 獗
① 널 ② 꾕 ③ 격 ④ 궐 ⑤ 출

08 饋
① 귀 ② 아 ③ 식 ④ 사 ⑤ 궤

09 偍
① 첩 ② 투 ③ 경 ④ 인 ⑤ 동

10 堵
① 도 ② 자 ③ 저 ④ 벽 ⑤ 역

11 伺
① 선 ② 사 ③ 수 ④ 서 ⑤ 소

[12~18] 다음 음(音)을 가진 한자는 무엇입니까?

12 선
① 煙 ② 燃 ③ 珊 ④ 煽 ⑤ 迅

13 악
① 擘 ② 齷 ③ 暈 ④ 闕 ⑤ 弛

14 저
① 診 ② 彫 ③ 詛 ④ 詔 ⑤ 籌

15 초
① 剿 ② 秤 ③ 燥 ④ 弴 ⑤ 箾

16 판
① 隊 ② 返 ③ 利 ④ 阪 ⑤ 勃

17 교
① 驕 ② 檀 ③ 驛 ④ 驗 ⑤ 撥

18 요
① 垌 ② 暹 ③ 撓 ④ 胤 ⑤ 稜

[19~25] 다음 한자(漢字)와 음(音)이 같은 한자는 어느 것입니까?

19 燁
① 蝶 ② 葉 ③ 燭 ④ 甄 ⑤ 躍

20 曳
① 函 ② 屑 ③ 閃 ④ 裔 ⑤ 醋

21 腺
① 抽 ② 喘 ③ 殮 ④ 陜 ⑤ 羨

22 瀋
① 勘 ② 督 ③ 准 ④ 叡 ⑤ 曆

23 鋤
① 俎 ② 措 ③ 裸 ④ 鼠 ⑤ 嘲

24 毬
① 坵 ② 髮 ③ 瑗 ④ 尾 ⑤ 毫

25 坑
① 冗 ② 荳 ③ 兎 ④ 羹 ⑤ 寵

[26~36] 다음 한자(漢字)의 뜻은 무엇입니까?

26 諱 : ① 메우다 ② 꺼리다
③ 흘리다 ④ 끼우다
⑤ 말하다

27 頸 : ① 목 ② 혀
③ 발 ④ 피부
⑤ 장기

28 桶 : ① 표 ② 끈
③ 통 ④ 솥
⑤ 널빤지

29 霞 : ① 안개 ② 노을
③ 연기 ④ 구름
⑤ 서리

30 晷 : ① 무지개 ② 환하다
③ 비치다 ④ 별자리
⑤ 그림자

31 蔔 : ① 보리 ② 딸기
③ 오이 ④ 포도
⑤ 자두

32 塚 : ① 마당 ② 무덤
③ 그늘 ④ 비석
⑤ 안방

33 獐 : ① 참새 ② 여우
③ 노루 ④ 사자
⑤ 자라

34 肪 : ① 살찌다 ② 나누다
③ 세우다 ④ 버리다
⑤ 기르다

35 剩 : ① 쓰다 ② 적다
③ 남다 ④ 베다
⑤ 타다

36 款 : ① 무리 ② 위로
③ 용서 ④ 정성
⑤ 사례

[37~43] 다음의 뜻을 가진 한자(漢字)는 무엇입니까?

37 치다
① 踊 ② 撞 ③ 劬 ④ 升 ⑤ 伎

38 밝다
① 披 ② 斡 ③ 旱 ④ 催 ⑤ 彰

39 쏟다
① 汰 ② 洗 ③ 溟 ④ 瀉 ⑤ 波

40 가마
① 脘 ② 膝 ③ 屑 ④ 宏 ⑤ 輿

41 꾀꼬리
① 鵲 ② 鶯 ③ 蘆 ④ 鴨 ⑤ 鳩

42 모으다
① 蒐 ② 紹 ③ 耗 ④ 餘 ⑤ 胥

43 기쁘다
① 繪 ② 擦 ③ 怡 ④ 劾 ⑤ 玩

[44~50] 다음 한자(漢字)와 뜻이 비슷한 한자는 어느 것입니까?

44 渾
① 汽 ② 濁 ③ 澹 ④ 瀝 ⑤ 彌

45 寵
① 愛 ② 撮 ③ 簒 ④ 毅 ⑤ 倡

46 捺
① 桓 ② 簒 ③ 繡 ④ 渦 ⑤ 押

47 隕
① 墮 ② 勝 ③ 喝 ④ 瘤 ⑤ 嬪

48 斌
① 虔 ② 陪 ③ 彬 ④ 毘 ⑤ 粂

49 燦
① 嶼 ② 煥 ③ 燃 ④ 燥 ⑤ 燒

50 稱
① 稠 ② 穫 ③ 觀 ④ 称 ⑤ 棲

〈제2영역〉 어휘(語彙)

[51~53] 다음 한자어(漢字語)와 그 새김의 방식이 같은 한자어는 어느 것입니까?

〈보기〉 年少 : ① 高山　② 下車
　　　　　③ 往來　④ 日出
　　　　　⑤ 讀書

'年少'처럼 그 새김의 방식이 '주어와 서술어의 관계'로 짜여진 한자어는 '日出(해가 뜨다)'이다. 따라서 정답 ④를 골라 답란에 표기하면 된다.

51　瘦瘠 : ① 朦朧　② 堪耐
　　　　　③ 渦紋　④ 贖罪
　　　　　⑤ 亂髮

52　攙頭 : ① 美人　② 曲肱
　　　　　③ 撻罰　④ 遝至
　　　　　⑤ 嵌竇

53　喫煙 : ① 酷暑　② 琢磨
　　　　　③ 祈禱　④ 鞍鞴
　　　　　⑤ 叩頭

[54~56] 다음 한자어(漢字語)의 음은 무엇입니까?

54　讒誣 : ① 참무　② 참람
　　　　　③ 재무　④ 첨모
　　　　　⑤ 난무

55　彬蔚 : ① 우울　② 빈우
　　　　　③ 삼울　④ 빈연
　　　　　⑤ 빈울

56　竄匿 : ① 찬약　② 잠착
　　　　　③ 은닉　④ 찬닉
　　　　　⑤ 차익

[57~59] 다음 음(音)을 가진 한자어(漢字語)는 무엇입니까?

57　만수 : ① 漫劉　② 鉛搜
　　　　　③ 輭轆　④ 延獸
　　　　　⑤ 晚椿

58　배척 : ① 拜錐　② 排斥
　　　　　③ 兢懼　④ 胚胎
　　　　　⑤ 悽絶

59　구로 : ① 耆老　② 舊領
　　　　　③ 胡虜　④ 構梁
　　　　　⑤ 駒隙

[60~64] 다음 한자(漢字)와 음(音)이 같은 한자는 어느 것입니까?

60　撤床 : ① 涌溢　② 鐵像
　　　　　③ 鎔鑑　④ 弛縱
　　　　　⑤ 恰豫

61　塵世 : ① 陣勢　② 陣株
　　　　　③ 滿洲　④ 塵遊
　　　　　⑤ 晚秋

348 · 시대에듀 상공회의소 한자 1급 2주 격파

62 捕鯨 : ① 憧憬 ② 鵠俟
③ 包裝 ④ 諧俳
⑤ 包莖

63 凹鏡 : ① 凹凸 ② 妖魅
③ 曜魄 ④ 腰硬
⑤ 堯舜

64 間諜 : ① 肝腎 ② 剖訴
③ 簡帖 ④ 敷設
⑤ 縛蝶

[65~66] 다음 괄호 속 한자(漢字)의 음(音)이 다르게 발음되는 것은?

65 ① (推)戴 ② (推)尋
③ 類(推) ④ (推)薦
⑤ (推)敲

66 ① 充(塡) ② 裝(塡)
③ (塡)塞 ④ (塡)然
⑤ (塡)撫

[67~69] 다음 한자어(漢字語)의 뜻풀이로 가장 적절한 것은 어느 것입니까?

67 削黜
① 몰래 침범함
② 이웃 나라와 싸움
③ 임금이 멀리 도망감
④ 벼슬을 빼앗고 내쫓음
⑤ 더 높은 벼슬을 내려줌

68 雁帛
① 기러기의 행렬
② 멀리서 온 편지
③ 날아가는 기러기
④ 멀리 떨어져 있는 거리
⑤ 먼 곳으로 날아가는 기러기

69 闖入
① 기회를 엿봄
② 문으로 밀어 넣음
③ 느닷없이 함부로 들어옴
④ 어떤 일에 온 정신이 빠짐
⑤ 이쪽과 저쪽 사이에 들어감

[70~72] 다음의 뜻에 맞는 한자어(漢字語)는 어느 것입니까?

70 바둑판
① 楸板 ② 蓋板
③ 古陵 ④ 秤板
⑤ 楸枰

71 옛날까지 걸침
① 亘古 ② 訐古
③ 緣故 ④ 萬古
⑤ 棉亘

72 일의 시초나 근원
① 汎濫 ② 僭濫
③ 猥濫 ④ 濫觴
⑤ 濫罰

73 水□, □蟲, 公□, 被□
　　① 殺　② 氣　③ 害　④ 質　⑤ 任

74 □所, □牀, 就□, □臺
　　① 職　② 枕　③ 沈　④ 舞　⑤ 寢

75 金□, □數, □面, 半□
　　① 牌　② 額　③ 賞　④ 側　⑤ 傳

76 □縮, □張, 屈□, 追□
　　① 伸　② 身　③ 服　④ 萎　⑤ 甲

77 □査, □問, □議, 原□
　　① 調　② 意　③ 因　④ 審　⑤ 疑

78 □啄, □奪, □製, □皮
　　① 手　② 矗　③ 剝　④ 譎　⑤ 翕

79 沃□, 墓□, 田□, □券
　　① 杳　② 査　③ 迻　④ 畓　⑤ 番

80 □悚, 驚□, 唐□, □感
　　① 幌　② 璜　③ 潢　④ 慌　⑤ 惶

81 偶數 : ① 函數　② 點數
　　　　　③ 奇數　④ 倍數
　　　　　⑤ 頻數

82 左遷 : ① 右翼　② 喬遷
　　　　　③ 右邊　④ 遷移
　　　　　⑤ 遷居

83 却下 : ① 受理　② 受諾
　　　　　③ 引受　④ 受領
　　　　　⑤ 受惠

84 未洽 : ① 缺如　② 康寧
　　　　　③ 合黨　④ 雄渾
　　　　　⑤ 滿足

85 削黜 : ① 輔弼　② 絶讚
　　　　　③ 除授　④ 削除
　　　　　⑤ 添削

[86~90] 다음 성어(成語)에서 '□'에 들어갈 알맞은 한자(漢字)는 어느 것입니까?

86 上下□石

① 掌　② 撐　③ 據　④ 之　⑤ 屑

87 宋□之仁

① 壤　② 孃　③ 釀　④ 襄　⑤ 攘

88 班門弄□

① 斧　② 父　③ 釜　④ 夫　⑤ 附

89 □名市利

① 各　② 曹　③ 早　④ 祖　⑤ 朝

90 黔驢□技

① 呼　② 也　③ 之　④ 吾　⑤ 阿

[91~95] 다음 성어(成語)의 뜻풀이로 적절한 것은 어느 것입니까?

91 黜陟幽明

① 어리석은 자만 내쫓음
② 국가와 사회를 위해 일함
③ 유능한 인재만 선별하여 뽑음
④ 시험 성적이 좋은 사람을 뽑음
⑤ 어리석은 자를 내쫓고 유능한 인재를 뽑아 씀

92 春秋筆法

① 봄과 가을의 첫 달
② 경쟁하는 대상이 많음
③ 춘추 시대와 전국 시대
④ 대의명분을 밝혀 세우는 큰 의리
⑤ 대의명분을 밝혀 세우는 사필의 준엄한 논법

93 捐金沈珠

① 사회에 기부를 함
② 부귀를 탐하지 않음
③ 남을 도와주기 위해 내는 돈
④ 목숨을 걸고 어떤 일을 대처함
⑤ 작은 일을 게을리하면 재앙이 닥침

94 欲巧反拙

① 욕심을 부리다가 망함
② 안 좋은 일은 모두 남을 탓함
③ 집안 살림이 점점 나아지고 있음
④ 모든 일을 잘하려고 부단히 노력함
⑤ 잘하려는 마음이 지나치면 오히려 못할 수 있음

95 席不暇暖

① 매우 바쁨
② 매우 빠름
③ 매우 따뜻함
④ 날마다 자리 정돈을 함
⑤ 자리를 옮기지 않고 한 곳에 있음

[96~100] 다음의 뜻을 가장 잘 나타낸 성어(成語)
는 어느 것입니까?

96 두 일을 함께 겸하기는 어려움
① 冬扇夏爐   ② 牽強附會
③ 戴盆望天   ④ 教外別傳
⑤ 班門弄斧

97 재물이 넉넉한 사람은 일을 하거나 성공하
기 쉬움
① 長袖善舞   ② 長幼有序
③ 助長拔苗   ④ 苛斂誅求
⑤ 喙長三尺

98 고지식하여 조금도 융통성이 없음
① 暴虎馮河   ② 磨斧爲針
③ 九曲肝腸   ④ 凍足放尿
⑤ 膠柱鼓瑟

99 나라가 잘 다스려지고 있음
① 龜背刮毛   ② 魚遊釜中
③ 首鼠兩端   ④ 道不拾遺
⑤ 鯨戰蝦死

100 공상으로 마음의 위안을 얻음
① 波瀾萬丈   ② 望梅解渴
③ 亡羊補牢   ④ 尸位素餐
⑤ 揭斧入淵

<제3영역> 독해(讀解)

[101~110] 다음 문장에서 밑줄 친 한자어(漢字語)
의 음(音)은 무엇입니까?

101 군중은 부정한 입시에 憤慨했다.
① 분개   ② 분노
③ 분발   ④ 분열
⑤ 반발

102 소금물의 濃度를 조절해야 한다.
① 염도   ② 농도
③ 온도   ④ 습도
⑤ 용도

103 그는 비밀을 漏泄하여 징계를 받았다.
① 파다   ② 선포
③ 광고   ④ 누설
⑤ 소문

104 서류에 도장 捺印하여 제출했다.
① 날인   ② 직인
③ 확인   ④ 낙인
⑤ 봉인

105 우리나라의 된장은 醱酵 식품이다.
① 효소   ② 효모
③ 발효   ④ 효과
⑤ 수효

106 그 작가는 자신의 인생관에 대해 담담히 <u>披瀝</u>했다.

① 자랑　　　② 발표

③ 회고　　　④ 추억

⑤ 피력

107 이 지역은 지켜야 할 최후의 <u>堡壘</u>다.

① 보루　　　② 보호

③ 보전　　　④ 보류

⑤ 본부

108 야외로 나가 가을의 정취를 <u>滿喫</u>했다.

① 만발　　　② 만취

③ 만연　　　④ 만끽

⑤ 만족

109 그 노예의 얼굴이 화재 사고로 <u>畸形</u>이 되었다.

① 상형　　　② 기형

③ 성형　　　④ 조형

⑤ 변형

110 이제는 일본의 <u>殘滓</u>를 청산해야 한다.

① 잔상　　　② 잔류

③ 잔재　　　④ 잔여

⑤ 잔해

[111~115] 다음 문장에서 밑줄 친 한자어(漢字語)의 뜻풀이로 가장 적절한 것은 어느 것입니까?

111 속이 훤히 보이는 <u>酬酌</u>에 넘어갔다.

① 남의 말·행동·계획을 낮잡아 이르는 말

② 사실이 아닌 말

③ 일부러 부풀려 말함

④ 한 사람만 일방적으로 말함

⑤ 말이나 기교를 마음대로 부림

112 그들은 권력의 <u>庇護</u>를 받았다.

① 서로 감싸줌

② 감싸 보호함

③ 원래대로 유지함

④ 마음이 조여 무서움

⑤ 힘들어서 도움을 받음

113 세계 곳곳에는 아직도 <u>飢餓</u>에 허덕이는 어린이들이 많다.

① 못 먹어서 배가 아픔

② 굶주림에 시달려 일함

③ 굶주림에 시달리는 아이

④ 먹을 것이 없어 배를 곯는 것

⑤ 정상과는 다른 모습으로 태어난 아이

114 재해를 입은 <u>罹災民</u>에게 구호품을 전달하였다.

① 죄를 지은 사람

② 병에 걸린 사람

③ 자포자기한 사람

④ 재해를 입은 사람

⑤ 온갖 불행한 일을 겪은 사람

115 경기 패배로 그 팀은 사기가 <u>沮喪</u>되었다.

① 기운을 잃음

② 막아서 못하게 함

③ 기분이 좋지 않음

④ 더 노력하지 않음

⑤ 점점 마음이 꺼려짐

[116~120] 다음 문장에서 빈칸에 들어갈 가장 적절한 한자어(漢字語)는 어느 것입니까?

116 훈련 시에는 □□상자를 준비해야 한다.

① 購急   ② 構急

③ 球急   ④ 求急

⑤ 救急

117 방문해주신 □□께서는 단상에 오르시기 바랍니다.

① 來賓   ② 客賓

③ 內賓   ④ 愛人

⑤ 內房

118 그는 늘 독립운동가의 후손이라는 □□에 차 있었다.

① 肯定   ② 矜知

③ 矜持   ④ 肯志

⑤ 兢知

119 □□□이 전국으로 확산되지 않도록 방역을 철저히 해야 한다.

① 轉染病   ② 傳染病

③ 專染病   ④ 傳炎病

⑤ 傳厭病

120 □□가 주전자 뚜껑을 들썩거리게 했다.

① 增氣   ② 贈寄

③ 蒸汽   ④ 蒸氣

⑤ 蒸熱

[121~125] 다음 문장에서 밑줄 친 한자어(漢字語)의 한자표기(漢字表記)가 바르지 않은 것은 어느 것입니까?

121 ① <u>患亂</u>을 ② <u>克服</u>하기 위해 ③ <u>創造主</u>에게 ④ <u>企圖</u>하고 있는 우리들을 ⑤ <u>凌蔑</u>하지 마시오.

122 지난 ① <u>聖灘節</u>에 ② <u>峽谷</u>에서 ③ <u>遭難</u>된 사람이 어제 ④ <u>隣近</u>에서 ⑤ <u>救助</u>되었다.

123 사회생물학적 ① <u>慣點</u>으로 보면 인간은 다른 ② <u>社會</u> ③ <u>體制的</u> ④ <u>動物</u>과 생물학적으로 ⑤ <u>同等</u>하다.

124 근대의 모든 ① <u>帝國主義的</u> ② <u>膨脹</u>은 새로운 에너지원을 ③ <u>確保</u>하려는 ④ <u>榮域</u>의 ⑤ <u>生産</u>이었다.

125 ① <u>便宜</u>와 ② <u>效率</u>을 위해 ③ <u>人權</u>을 ④ <u>犧牲</u>하는 교각살우의 ⑤ <u>遇</u>를 범해선 안 된다.

[126~135] 다음 문장에서 밑줄 친 단어(單語)를 한자(漢字)로 바르게 쓴 것은 어느 것입니까?

126 태평양은 <u>망망대해</u>로 아득하다.
① 茫茫大海　　② 望茫大海
③ 望望大海　　④ 茫茫台海
⑤ 茫茫太海

127 호텔에서는 숙박하는 신혼부부에게 원앙 <u>금침</u>을 제공했다.
① 衾寢　　② 禽枕
③ 錦枕　　④ 金枕
⑤ 衾枕

128 고대 이집트는 <u>찬란</u>한 역사를 가지고 있다.
① 輝煌　　② 燦爛
③ 燦煌　　④ 讚爛
⑤ 贊爛

129 식사를 거부하는 것은 <u>거식증</u>의 초기 증세다.
① 拒蝕症　　② 距食症
③ 拒識症　　④ 拒食症
⑤ 据飾症

130 예전에 <u>여염</u>의 처자들은 일 년에 한 번 바깥 구경하기도 힘들었다고 한다.
① 麗簾　　② 餘炎
③ 閭閻　　④ 麗艶
⑤ 如剡

131 비행기는 대량 <u>수송</u>에 유리한 운송 수단이다.
① 手送　　② 輸送
③ 隨送　　④ 配送
⑤ 輸誦

132 <u>엽록체</u>는 식물이 광합성을 할 수 있게 한다.
① 葉綠體　　② 葉錄替
③ 葉彔體　　④ 曄綠體
⑤ 燁綠滯

133 그들을 이 일의 원인 제공자로 <u>매도</u>하는 것은 잘못이다.
① 罵到　　② 罵導
③ 埋到　　④ 罵倒
⑤ 煤倒

134 강대국이 인접 나라 영토를 서서히 <u>잠식</u>해 나갔다.
① 潛食　　② 蠶食
③ 蠶殖　　④ 蠶蝕
⑤ 潛飾

135 여행을 떠날 때 날씨 걱정을 했는데 괜한 <u>기우</u>였다.
① 氣宇　　② 祈優
③ 氣憂　　④ 杞雨
⑤ 杞憂

136 <u>어린아이</u>가 하는 짓이 기특하다.

① 男兒   ② 嬰兒

③ 女兒   ④ 迎阿

⑤ 影兒

137 그는 <u>사실과 다른 말</u>에 크게 분노했다.

① 遺設   ② 類說

③ 遊說   ④ 謬說

⑤ 諭說

138 가만히 살펴보니 그는 <u>까다롭고 고집이 셌다.</u>

① 剛愎   ② 强愎

③ 疆愎   ④ 崗復

⑤ 剛復

139 <u>떠들썩한 웃음소리</u>는 좀처럼 그치지를 않았다.

① 洪笑   ② 爆笑

③ 哄笑   ④ 大笑

⑤ 泓笑

140 형은 그 집으로 <u>느닷없이 함부로 들어갔다.</u>

① 闖人   ② 閒入

③ 突進   ④ 闖發

⑤ 闖入

인공 ㉠ <u>降雨</u>란 구름층은 형성되어 있으나 대기 중에 ㉡ <u>응결핵</u> 또는 ㉢ <u>빙정핵</u>이 적어 구름 방울이 빗방울로 성장하지 못할 때 인위적으로 인공의 '비씨'를 ㉣ <u>뿌려</u> 특정 지역에 강수를 유도하는 것이다. 그러나 ㉤ <u>구름 한 점 없는 하늘</u>에서 비를 내리게 할 수는 없으므로 인공 증우란 말이 이론적으로 더 ㉥ <u>타당</u>하다.

141 ㉠의 '降'자와 독음이 다른 것은?

① 霜降   ② 下降

③ 降伏   ④ 昇降

⑤ 降臨

142 ㉡과 ㉢의 한자표기가 바르게 짝지어진 것은?

① ㉡ 凝結核   ㉢ 氷晶核

② ㉡ 疑結核   ㉢ 永晶核

③ ㉡ 應缺核   ㉢ 水晶核

④ ㉡ 凝約核   ㉢ 氷品核

⑤ ㉡ 凝集核   ㉢ 氷唱核

143 문맥상 ㉣에 가장 알맞은 말은?

① 收去   ② 播種

③ 探集   ④ 分布

⑤ 散髮

144 ㉤과 관련이 없는 한자는?

① 淸   ② 濁

③ 淑   ④ 澹

⑤ 澄

145 ㉥의 한자표기가 바른 것은?

① 茶堂　　② 他黨

③ 應當　　④ 妥當

⑤ 宜當

[146~150] 다음 글을 읽고 물음에 답하시오.

> ㉠정이 생기는 과정을 조건화 과정에 따라 분석하면 다음과 같다. 사람은 누구나 자기 자신에 대하여 각별한 ㉡정서 반응을 보이게 된다. 따라서 자기 자신이라는 ㉢자극과 이에 대한 각별한 정서 반응은 ㉣必然적이고 자연스러운 ㉤關係를 가지고 있다고 하겠다. 물론 사람은 본능적으로 남을 향해서는 이와 같은 각별한 정서 ㉥反應을 보이지 않는다. 그러나 반복적인 ㉦接觸과 공동 경험을 통해 상대방과 존재라는 자극과 자신의 삶이라는 자극은 하나로 합치되며, ㉧結局 자신에 대해 보여 주었던 정서 반응을 상대방의 존재에 대하여도 보이는 것이다. 즉 '정이 생긴다.'라는 것은 ㉨자신과 상대방을 합치시켜 자신에게만 보여 주던 정서 반응을 상대방에게도 보여 주는 ㉩현상을 말한다.

146 ㉠이 뜻하는 한자표기가 바른 것은?

① 精　　② 晴

③ 情　　④ 請

⑤ 靜

147 ㉡과 ㉢의 한자표기가 바르게 짝지어진 것은?

① ㉡ 精書　㉢ 磁極

② ㉡ 情序　㉢ 刺克

③ ㉡ 靜緒　㉢ 刺極

④ ㉡ 情緒　㉢ 刺戟

⑤ ㉡ 情誓　㉢ 刺剋

148 ㉣~㉧의 독음이 바르지 않은 것은?

① ㉣ 필연

② ㉤ 관계

③ ㉥ 반응

④ ㉦ 접촉

⑤ ㉧ 결판

149 ㉨과 가장 관계 깊은 사자성어는?

① 口蜜腹劍

② 拈華微笑

③ 頂門一鍼

④ 轉禍爲福

⑤ 西施捧心

150 ㉩의 한자표기가 바른 것은?

① 懸賞　　② 現象

③ 現狀　　④ 現像

⑤ 現想

국가공인 자격검정
제2회 상공회의소 한자 시험 [1급] 문제지

형별	A형	제한 시간	80분	수험번호		성 명	

※ 다음 중 가장 알맞은 것을 고르시오.

〈제1영역〉 한자(漢字)

[1~11] 다음 한자(漢字)의 음(音)은 무엇입니까?

01 驪
① 마 ② 말 ③ 혁 ④ 패 ⑤ 려

02 帽
① 모 ② 무 ③ 송 ④ 건 ⑤ 파

03 繡
① 선 ② 수 ③ 루 ④ 종 ⑤ 주

04 眷
① 구 ② 견 ③ 강 ④ 권 ⑤ 설

05 拉
① 리 ② 라 ③ 노 ④ 립 ⑤ 랍

06 奢
① 선 ② 사 ③ 루 ④ 권 ⑤ 랍

07 汁
① 종 ② 장 ③ 수 ④ 한 ⑤ 즙

08 叱
① 진 ② 지 ③ 질 ④ 찰 ⑤ 타

09 披
① 편 ② 파 ③ 피 ④ 타 ⑤ 풍

10 銜
① 함 ② 한 ③ 수 ④ 가 ⑤ 형

11 辜
① 고 ② 구 ③ 기 ④ 소 ⑤ 선

[12~18] 다음 음(音)을 가진 한자는 무엇입니까?

12 교
① 董 ② 餃 ③ 鍋 ④ 勍 ⑤ 喀

13 병
① 瞥 ② 髈 ③ 繃 ④ 檳 ⑤ 謗

14 순
① 熄 ② 鍔 ③ 淞 ④ 珣 ⑤ 嚥

15 전
① 闡 ② 舵 ③ 痘 ④ 礡 ⑤ 鐫

16 랑
① 媤 ② 傋 ③ 詮 ④ 狼 ⑤ 聚

17 황
① 錐 ② 堆 ③ 滉 ④ 婆 ⑤ 犧

18 접
① 蝶 ② 輅 ③ 錨 ④ 魃 ⑤ 拭

[19~25] 다음 한자(漢字)와 음(音)이 같은 한자는 어느 것입니까?

19 軋
① 椀 ② 斡 ③ 瓛 ④ 腥 ⑤ 峠

20 湃
① 帛 ② 襟 ③ 賠 ④ 遼 ⑤ 潭

21 汐
① 晳 ② 磯 ③ 燉 ④ 乭 ⑤ 憺

22 燎
① 蔞 ② 蓼 ③ 蚊 ④ 卑 ⑤ 霹

23 渣
① 樣 ② 逃 ③ 纏 ④ 篩 ⑤ 雕

24 坑
① 兀 ② 穹 ③ 兎 ④ 羹 ⑤ 炯

25 綏
① 惰 ② 奄 ③ 兪 ④ 阻 ⑤ 堅

[26~36] 다음 한자(漢字)의 뜻은 무엇입니까?

26 腋 : ① 겨드랑이 ② 팔뚝
③ 어깨 ④ 가슴
⑤ 허리

27 鷗 : ① 말 ② 오리
③ 갈매기 ④ 개미
⑤ 독수리

28 雹 : ① 노을 ② 구름
③ 연기 ④ 우박
⑤ 서리

29 豕 : ① 꿀벌 ② 돼지
③ 원숭이 ④ 염소
⑤ 나방

30 訣 : ① 게으르다 ② 쓰다
③ 세우다 ④ 기르다
⑤ 헤어지다

31 蝗 : ① 나비 ② 벼룩
③ 메뚜기 ④ 지네
⑤ 지렁이

32 薑 : ① 생강 ② 배추
③ 감자 ④ 사과
⑤ 딸기

33 粥 : ① 국　　　② 죽
　　　　　③ 쌀　　　④ 떡
　　　　　⑤ 밥

34 柿 : ① 감나무　② 대나무
　　　　　③ 산초나무　④ 소나무
　　　　　⑤ 배나무

35 匙 : ① 숟가락　② 젓가락
　　　　　③ 사기그릇　④ 그릇
　　　　　⑤ 칼

36 獐 : ① 참새　　② 여우
　　　　　③ 노루　　④ 사자
　　　　　⑤ 자라

[37~43] 다음의 뜻을 가진 한자(漢字)는 무엇입니까?

37 무덤
　　　① 坪　② 締　③ 棧　④ 塚　⑤ 侑

38 포도
　　　① 鈞　② 麴　③ 葡　④ 櫃　⑤ 溺

39 고양이
　　　① 描　② 狗　③ 狐　④ 猫　⑤ 雀

40 제비
　　　① 雁　② 鳩　③ 鵲　④ 鷗　⑤ 燕

41 원숭이
　　　① 狙　② 犀　③ 毓　④ 脂　⑤ 駐

42 돕다
　　　① 弼　② 奠　③ 詔　④ 稷　⑤ 疹

43 힘줄
　　　① 腿　② 腸　③ 腎　④ 膜　⑤ 腱

[44~50] 다음 한자(漢字)와 뜻이 비슷한 한자는 어느 것입니까?

44 胚
　　　① 絨　② 腔　③ 姙　④ 膨　⑤ 媛

45 捺
　　　① 押　② 簒　③ 渦　④ 作　⑤ 繡

46 幡
　　　① 淪　② 氓　③ 牘　④ 旄　⑤ 燎

47 崩
　　　① 煦　② 壞　③ 賄　④ 曙　⑤ 颺

48 朽
　　　① 崑　② 腐　③ 訥　④ 樊　⑤ 秘

49 携
　　　① 提　② 摘　③ 際　④ 揚　⑤ 振

50 懶
　　　① 賊　② 揀　③ 訌　④ 怠　⑤ 孩

〈제2영역〉 어휘(語彙)

[51~53] 다음 한자어(漢字語)와 그 새김의 방식이
같은 한자어는 어느 것입니까?

〈보기〉 年少 : ① 高山　② 下車
③ 往來　④ 日出
⑤ 讀書
'年少'처럼 그 새김의 방식이 '주어와 서술어의 관
계'로 짜여진 한자어는 '日出(해가 뜨다)'이다. 따라
서 정답 ④를 골라 답란에 표기하면 된다.

51　戀窩 : ① 瘦瘠　② 囹圄
③ 謟諛　④ 遒勁
⑤ 茨牆

52　握力 : ① 腕章　② 還却
③ 摩擦　④ 剝奪
⑤ 脫帽

53　噴沫 : ① 感情　② 逮捕
③ 採薇　④ 角逐
⑤ 葡萄

[54~56] 다음 한자어(漢字語)의 음은 무엇입니까?

54　闡明 : ① 천명　② 천궁
③ 천직　④ 천박
⑤ 천추

55　絢爛 : ① 현상　② 현란
③ 찬란　④ 현직
⑤ 대란

56　關鍵 : ① 관계　② 관광
③ 관건　④ 관습
⑤ 건전

[57~59] 다음 음(音)을 가진 한자어(漢字語)는 무
엇입니까?

57　고혈 : ① 浹洽　② 齷齪
③ 殄破　④ 炸裂
⑤ 孤孑

58　발우 : ① 嬰孩　② 臆測
③ 鉢釪　④ 拂拭
⑤ 柴峴

59　포복 : ① 枇杷　② 硼素
③ 病牀　④ 匍匐
⑤ 惹端

[60~64] 다음 한자(漢字)와 음(音)이 같은 한자는
어느 것입니까?

60　濃醬 : ① 農幣　② 憑依
③ 籠檻　④ 珪璋
⑤ 聾昧

61　咳唾 : ① 咳嗽　② 解剖
③ 解排　④ 劫捕
⑤ 海駝

62 岡巒 : ① 講洙　② 搜涎
　　　　③ 延獸　④ 晚軸
　　　　⑤ 江灣

63 倍尺 : ① 拜錐　② 悽切
　　　　③ 背信　④ 胚胎
　　　　⑤ 排斥

64 簿牒 : ① 剖尖　② 浮貼
　　　　③ 俯聽　④ 敷高
　　　　⑤ 縛茅

[65~66] 다음 괄호 속 한자(漢字)의 음(音)이 다르게 발음되는 것은?

65 ① (龜)鼈　② (龜)裂
　　③ (龜)鑑　④ (龜)甲
　　⑤ (龜)船

66 ① (槌)骨　② (槌)打
　　③ (槌)擊　④ 紙(槌)
　　⑤ (槌)子

[67~69] 다음 한자어(漢字語)의 뜻풀이로 가장 적절한 것은 어느 것입니까?

67 坼封
　① 봉해져 있는 편지를 뜯음
　② 음식을 많이 먹음
　③ 고치는 것을 꺼림
　④ 음식을 쪼아 먹음
　⑤ 속을 터놓고 이야기함

68 狼狽
　① 살이 찐 배
　② 쓰러져 죽음
　③ 개가 소리 내어 짖음
　④ 성미가 깐깐하고 고집이 셈
　⑤ 계획하거나 기대한 일이 실패해 딱하게 됨

69 詢問
　① 썩어 문드러짐
　② 자주 성질을 부림
　③ 진하게 화장을 함
　④ 행동거지에 조심성이 없어 미움을 받음
　⑤ 임금이 신하나 백성에게 무엇을 물어봄

[70~72] 다음의 뜻에 맞는 한자어(漢字語)는 어느 것입니까?

70 임금의 죽음
　① 晏駕　② 晏寧
　③ 晏息　④ 晏眠
　⑤ 晏然

71 사람으로서 떳떳하게 지켜야 할 도리
　① 倫擬　② 彝倫
　③ 徒輩　④ 悖倫
　⑤ 比倫

72 관직에 있지 않은 일반 백성
　① 黔炭　② 黔中
　③ 寡默　④ 黔黎
　⑤ 默認

73 洶□, □湧, □急
　　① 洶　② 鳩　③ 素　④ 竊　⑤ 俗

74 □給, 年□, 薄□
　　① 坼　② 姙　③ 雌　④ 俸　⑤ 狙

75 □告, □音, □聞
　　① 父　② 剖　③ 噴　④ 敷　⑤ 訃

76 報□, 應□, □酬
　　① 淳　② 旬　③ 酬　④ 盾　⑤ 綏

77 □致, □北, 被□
　　① 極　② 南　③ 害　④ 拉　⑤ 服

78 □擢, 選□, 簡□
　　① 渤　② 跋　③ 易　④ 拔　⑤ 坊

79 □害, □止, □喪
　　① 迹　② 沮　③ 笛　④ 剪　⑤ 鐘

80 隱□, □世, □甲
　　① 遁　② 乙　③ 現　④ 豫　⑤ 凱

81 飢餓 : ① 緊張　② 厭世
　　　　　③ 灌木　④ 飽食
　　　　　⑤ 經度

82 普遍 : ① 卑怯　② 尊稱
　　　　　③ 特殊　④ 未熟
　　　　　⑤ 騷亂

83 眞實 : ① 疏遠　② 勝利
　　　　　③ 模倣　④ 縮小
　　　　　⑤ 虛僞

84 初聲 : ① 前進　② 希望
　　　　　③ 終聲　④ 知的
　　　　　⑤ 直系

85 減退 : ① 供給　② 實質
　　　　　③ 增進　④ 決議
　　　　　⑤ 低俗

[86~90] 다음 성어(成語)에서 '□'에 들어갈 알맞은 한자(漢字)는 어느 것입니까?

86 角者無□

① 供 ② 齒 ③ 利 ④ 的 ⑤ 治

87 去頭□尾

① 決 ② 絶 ③ 籍 ④ 迎 ⑤ 截

88 結□報恩

① 早 ② 宗 ③ 指 ④ 草 ⑤ 惠

89 口□腹劍

① 印 ② 蜜 ③ 因 ④ 泳 ⑤ 逸

90 手不□卷

① 釋 ② 汐 ③ 析 ④ 省 ⑤ 爽

[91~95] 다음 성어(成語)의 뜻풀이로 적절한 것은 어느 것입니까?

91 如履薄氷

① 얇게 언 얼음
② 언 신발을 신음
③ 추운 겨울날 먼 길을 떠남
④ 살얼음을 밟은 것처럼 위험함
⑤ 내년 여름에 먹을 얼음을 보관함

92 春樹暮雲

① 어진 임금과 충성스런 신하
② 멀리 있는 친구를 그리워 함
③ 멀리 있는 친구가 가까이 있음
④ 오랫동안 헤어졌다가 다시 만남
⑤ 겉보기만 그럴 듯하고 속은 변변치 않음

93 猫項懸鈴

① 그림의 떡
② 우물 안의 개구리
③ 매우 위급한 상태
④ 마음으로 애쓰며 속을 태움
⑤ 실행하지 못할 것을 헛되이 논의함

94 尸位素餐

① 일을 잘하는 기술자
② 작은 일에 큰 도구를 씀
③ 일의 진행이 변화가 심함
④ 실력도 없으면서 잘난 척함
⑤ 높은 자리에 앉아 하는 일 없이 놀고먹음

95 密雲不雨

① 일의 조짐만 보이고 그 일은 닥치지 아니함
② 오로지 글만 읽고 세상일에 경험이 없는 이
③ 조건이 갖춰지면 자연스럽게 일이 이루어짐
④ 대의명분을 밝혀 세우는 사필의 준엄한 논법
⑤ 잘하려는 마음이 지나치면 오히려 못할 수 있음

[96~100] 다음의 뜻을 가장 잘 나타낸 성어(成語)는 어느 것입니까?

96 고요하고 잔잔한 마음
① 望雲之情　　② 亡羊之歎
③ 螳螂拒轍　　④ 斷機之敎
⑤ 明鏡止水

97 몹시 귀중한 법칙이나 규정
① 極惡無道　　② 君子三樂
③ 金科玉條　　④ 囊中之錐
⑤ 亂臣賊子

98 혼자의 힘만으로 어떤 일을 이루기 어려움
① 曲學阿世　　② 池魚之殃
③ 轉禍爲福　　④ 孤掌難鳴
⑤ 藥房甘草

99 벗이 잘되는 것을 기뻐함
① 松茂栢悅　　② 歲寒三友
③ 孟母三遷　　④ 南橘北枳
⑤ 管鮑之交

100 일관성 없는 정책
① 漸入佳境　　② 袖手傍觀
③ 朝令暮改　　④ 焚書坑儒
⑤ 茫然自失

[101~110] 다음 문장에서 밑줄 친 한자어(漢字語)의 음(音)은 무엇입니까?

101 그는 여러 가지 복잡한 문제로 <u>苦悶</u>하다 보니 머리가 아팠다.
① 번민　　② 고민
③ 설파　　④ 주장
⑤ 갈등

102 야생동물이 사는 <u>棲息</u>지는 개발에 신중해야 한다.
① 접시　　② 서식
③ 수렵　　④ 개척
⑤ 습식

103 그녀의 모습은 초라하고 <u>儒弱</u>해 보였다.
① 나약　　② 연약
③ 당당　　④ 취약
⑤ 쇠약

104 컴퓨터 오류로 시스템 운영에 <u>障碍</u>가 발생했다.
① 내포　　② 전기
③ 신고　　④ 고장
⑤ 장애

105 우리 중 누가 부모님을 <u>扶養</u>할지 의견이 분분했다.
① 부목　　② 부양
③ 부인　　④ 부의
⑤ 부정

106 붉은 앵두가 濃厚하게 익었다.
① 농후　　② 신랄
③ 진색　　④ 화려
⑤ 농염

107 법당에는 脇侍 보살이 모셔져 있다.
① 협당　　② 협의
③ 협곡　　④ 협정
⑤ 협시

108 그는 사고로 膈膜이 손상되어 병원에 입원했다.
① 격막　　② 조직
③ 장기　　④ 척추
⑤ 각막

109 모처럼 薔薇 한 다발을 샀다.
① 국화　　② 들꽃
③ 장미　　④ 수국
⑤ 백합

110 駱駝 고기는 특별한 맛이 있다.
① 타조　　② 돼지
③ 명마　　④ 낙타
⑤ 오리

[111~115] 다음 문장에서 밑줄 친 한자어(漢字語)의 뜻풀이로 가장 적절한 것은 어느 것입니까?

111 소설을 읽을 때 사건의 梗槪(을/를) 파악하는 것이 중요하다.
① 결과
② 원인
③ 배후
④ 발단
⑤ 줄거리

112 올해로 할아버지의 연세는 白壽이시다.
① 99세
② 100세
③ 101세
④ 102세
⑤ 105세

113 오후가 되어서야 診療가 끝났다.
① 선생이 학생을 가르치는 일
② 선임이 후임을 가르치는 일
③ 부모가 자식을 심하게 다그치는 일
④ 의사가 환자를 진찰하고 치료하는 일
⑤ 친구끼리 크게 다투고 싸우는 일

114 부엉이 울음이 間歇的으로 들렸다.
① 매개물이 없이 바로 연결됨
② 매개체를 통하여 연결됨
③ 소리의 크기가 보통을 넘음
④ 같은 일을 되풀이함
⑤ 일정한 간격으로 되풀이함

115 그 계획서에 다섯 번째 <u>款項</u>에 문제가 있어 삭제했다.

① 조목
② 제목
③ 마무리
④ 줄거리
⑤ 명령을 적은 내용

[116~120] 다음 문장에서 빈칸에 들어갈 가장 적절한 한자어(漢字語)는 어느 것입니까?

116 피해자에게 손해를 □□하고 용서를 빌었다.

① 怨讐　　② 還收
③ 拜相　　④ 賠償
⑤ 背信

117 □□으로 전염되는 질병이 다수 있다.

① 唾腋　　② 疾患
③ 唾液　　④ 唾臭
⑤ 惰性

118 그의 □□스러운 행동은 친구들의 원성을 샀다.

① 僭藍　　② 僭濫
③ 讒濫　　④ 讒藍
⑤ 譏濫

119 백성들 덕분에 □□를 격퇴할 수 있었다.

① 魏覆　　② 倭寇
③ 矮軀　　④ 飜寇
⑤ 飜覆

120 요즘엔 □□을 구입하는 사람이 거의 없다.

① 全姪　　② 佃姪
③ 廛帙　　④ 全帙
⑤ 佃帙

[121~125] 다음 문장에서 밑줄 친 한자어(漢字語)의 한자표기(漢字表記)가 바르지 않은 것은 어느 것입니까?

121 대기업이 ① <u>中小企業</u>을 ② <u>倂合</u>하는 방식에는 여러 가지가 있지만, 대기업의 ③ <u>杏本</u>과 중소기업의 아이디어가 만날 때 ④ <u>同伴</u> 상승 ⑤ <u>效果</u>가 크다.

122 ① <u>呼吸</u>은 ② <u>酸素</u>가 폐 속에 있는 ③ <u>肺胞</u>의 막을 통해 ④ <u>血液</u>안에 ⑤ <u>湧解</u>되는 현상이다.

123 이전 ① <u>室內</u> ② <u>裝飾</u>을 ③ <u>踏襲</u> 말고 창의적 ④ <u>計劃</u>을 ⑤ <u>竪粒</u>하시오.

124 현대는 ① <u>精報化</u> 시대로 들어서면서 다양한 ② <u>美術作品</u>, ③ <u>文化製品</u> 중에서 ④ <u>信賴</u> 여부를 ⑤ <u>區分</u>할 수 있는 일이 매우 중요해졌다.

125 빈번한 ① 駐宅 ② 擔保 ③ 貸出은 ④ 沈滯된 경제가 그 ⑤ 原因이다.

[126~135] 다음 문장에서 밑줄 친 단어(單語)를 한자(漢字)로 바르게 쓴 것은 어느 것입니까?

126 이 소설은 주인공 성격이 잘 묘사되어 있다.
① 廟祠　　　　② 妙思
③ 猫寫　　　　④ 描寫
⑤ 卯仕

127 기차가 기적소리를 내며 들어오고 있다.
① 奇籍　　　　② 汽笛
③ 紀蹟　　　　④ 汽赤
⑤ 妓籍

128 새로운 세상을 동경한 그는 날로 미쳐갔다.
① 動徑　　　　② 同庚
③ 東京　　　　④ 瞳憬
⑤ 憧憬

129 그는 죽은 사람의 환영을 보았다.
① 歡迎　　　　② 桓楹
③ 幻影　　　　④ 還影
⑤ 桓盈

130 빗줄기가 분무처럼 창 안쪽으로 들어왔다.
① 奮武　　　　② 噴霧
③ 氛霧　　　　④ 奮霧
⑤ 噴茂

131 그 환자는 천식 증세로 다시 병원에 입원했다.
① 天識　　　　② 賤息
③ 喘息　　　　④ 喘食
⑤ 擅息

132 임차인이 계약을 포기하면 위약금을 물어야 한다.
① 抱氣　　　　② 砲技
③ 抛期　　　　④ 抛棄
⑤ 捕棄

133 질산은 염산, 황산과 함께 인지도 높은 대표 3대 강산이다.
① 窒珊　　　　② 膣酸
③ 膣散　　　　④ 窒酸
⑤ 窒散

134 독약을 먹어서 위독하므로 가족에게 기별하시오.
① 棄別　　　　② 記別
③ 記苅　　　　④ 起別
⑤ 奇別

135 그의 초췌한 모습에서 궁곤한 생활을 엿볼 수 있었다.
① 梢贅　　　　② 蕉萃
③ 稍膵　　　　④ 憔悴
⑤ 醮締

[136~140] 다음 문장에서 밑줄 친 단어(單語)나 어구(語句)의 뜻을 가장 잘 나타낸 한자(漢字) 또는 한자어(漢字語)는 어느 것입니까?

136 회사 책임자는 그 문제를 <u>날쌔고 빠르게</u> 처리했다.

① 緻密   ② 耽溺
③ 迂廻   ④ 迅速
⑤ 臣屬

137 그녀는 <u>눈물 자국</u>만 보일 뿐 어떠한 원망도 하지 않았다.

① 缺漏   ② 痕沫
③ 汾海   ④ 澄汰
⑤ 淚痕

138 과일은 <u>즙을 짜는</u> 것이 영양가가 높다.

① 着眼   ② 掘鑿
③ 搾汁   ④ 媒質
⑤ 過食

139 마을에 <u>괴이하면서도 놀라운</u> 일이 벌어졌다.

① 怪異   ② 氣絶
③ 氣勢   ④ 恐怖
⑤ 現像

140 소수의 의견을 대다수 의견으로 <u>여기고</u> 있다.

① 間接   ② 間奏
③ 看做   ④ 詰朝
⑤ 建議

[141~145] 다음 글을 읽고 물음에 답하시오.

대한상공회의소에서 시행하는 워드 프로세서 시험에 대한 질문 중 ㉠頻度수가 높은 질문 몇 가지를 제시하면 다음과 같습니다.
(1) 문서 작성 시 기본 글꼴을 ㉡혼용해서 사용하면 안 되나요?
(2) 시험 문제에 (㉢)가(이) 있습니다. 이런 경우 원본대로 작성해야 하나요? 아니면 수정해서 작성해도 되나요?
(3) 제목에 도형 추가는(은) 표를 이용해야 하나요?
(4) 아래 ㉣여백이 너무 많아 줄 간격을 180으로 맞추어 작성하면 ㉤감점이 되나요?

141 ㉠의 독음이 바른 것은?

① 빈부   ② 빈도
③ 빈민   ④ 빈잔
⑤ 빈곤

142 ㉡의 한자표기가 바른 것은?

① 混亂   ② 混勇
③ 婚勇   ④ 混線
⑤ 混用

143 문맥상 ㉢에 가장 알맞은 말은?

① 誤打   ② 誤解
③ 錯誤   ④ 重複
⑤ 空欄

144 ㉣ '여백'의 한자표기가 바른 것은?

① 餘百 　　② 飮白
③ 餘白 　　④ 飯百
⑤ 飯佰

145 ㉤ '감점'의 '점'과 같은 한자가 사용된 것은?

① 漸次 　　② 焦點
③ 店鋪 　　④ 粘液
⑤ 獨占

[146~150] 다음 글을 읽고 물음에 답하시오.

발주자는 하도급 내용을 심사할 때에는 당해 하도급 용역의 성질 및 ㉠ <u>履行</u>의 ㉡ 난이, 용역량의 ㉢ 다과, 하도급 계약 ㉣ <u>締結</u> 방법 및 계약 상대자와 하도급자의 의견 등을 ㉤ <u>참작</u> 심사하여야 한다. 특별한 사유가 없는 한 신청한 날로부터 5일 이내에 그 결과를 계약 상대자에게 알려야 한다.

146 ㉠의 독음이 바른 것은?

① 이행 　　② 하행
③ 동행 　　④ 방행
⑤ 파행

147 ㉡의 한자표기가 바른 것은?

① 歎易 　　② 難易
③ 難以 　　④ 難移
⑤ 亂易

148 문맥상 ㉢에 대한 뜻을 나타낸 것은?

① 차와 과자
② 손님을 대접함
③ 여러 가지 음식
④ 수효의 많음과 적음
⑤ 수효가 많을수록 좋음

149 ㉣의 독음이 바른 것은?

① 체념 　　② 결과
③ 체결 　　④ 결정
⑤ 성사

150 ㉤의 한자표기가 바른 것은?

① 參酌 　　② 慙怍
③ 慙勺 　　④ 慘酌
⑤ 參爵

〈제1영역〉 한자(漢字)

1	②	2	①	3	③	4	①	5	⑤
6	②	7	④	8	⑤	9	③	10	①
11	②	12	④	13	②	14	③	15	①
16	④	17	①	18	③	19	②	20	④
21	⑤	22	③	23	④	24	①	25	④
26	②	27	①	28	③	29	③	30	⑤
31	④	32	②	33	③	34	①	35	③
36	④	37	②	38	⑤	39	④	40	⑤
41	②	42	①	43	③	44	②	45	①
46	⑤	47	①	48	③	49	②	50	④

01 풀이 罹 걸릴 리(이)

02 풀이 胄 투구 주

03 풀이 卨 사람 이름 설

04 풀이 咽 목구멍 인/삼킬 연/목멜 열

05 풀이 娑 춤출 사/사바 세상 사

06 풀이 蠱 뱃속 벌레 고

07 풀이 獗 날뛸 궐

08 풀이 饋 보낼 궤

09 풀이 俓 지름길 경

10 풀이 堵 담 도

11 풀이 伺 엿볼 사

12 ❹ 煽 – 부채질할 선
풀이
① 煙 – 연기 연

② 燃 – 탈 연

③ 珊 – 산호 산

⑤ 迅 – 빠를 신

13 ❷ 齷 – 악착할 악
풀이
① 孽 – 서자 얼

③ 暈 – 무리 훈

④ 關 – 가로막을 알

⑤ 弛 – 늦출 이

14 ❸ 詛 – 저주할 저
풀이
① 諺 – 언문 언

② 彫 – 새길 조

④ 詔 – 조서 조

⑤ 籌 – 살 주

15 ❶ 剿 – 끊을 초
풀이
② 秤 – 저울 칭

③ 燥 – 마를 조

④ 弼 – 도울 필

⑤ 箚 – 찌를 차

16 ❹ 阪 – 언덕 판
풀이
① 隊 – 무리 대/떨어질 추

② 返 – 돌이킬 반

③ 刹 – 절 찰

⑤ 勃 – 노할 발

17 ❶ 驕 – 교만할 교
풀이
② 檀 – 박달나무 단
③ 驛 – 역 역
④ 驗 – 시험 험
⑤ 撥 – 다스릴 발

18 ❸ 撓 – 어지러울 뇨(요)
풀이
① 坰 – 들 경
② 暹 – 햇살 치밀 섬
④ 胤 – 자손 윤
⑤ 稜 – 모날 릉(능)

19 **풀이** 燁 – 빛날 엽
① 蝶 – 나비 접
② 葉 – 잎 엽
③ 燭 – 촛불 촉
④ 甄 – 질그릇 구울 견
⑤ 躍 – 뛸 약

20 **풀이** 曳 – 끌 예
① 函 – 함 함
② 屑 – 가루 설
③ 閃 – 번쩍일 섬
④ 裔 – 후손 예
⑤ 醋 – 초 초

21 **풀이** 腺 – 샘 선
① 抽 – 뽑을 추
② 喘 – 숨찰 천
③ 殮 – 염할 렴
④ 陝 – 땅 이름 섬
⑤ 羨 – 부러워할 선

22 **풀이** 濬 – 깊을 준
① 勘 – 헤아릴 감
② 督 – 감독할 독
③ 准 – 준할 준
④ 叡 – 밝을 예
⑤ 曆 – 책력 력

23 **풀이** 鋤 – 호미 서
① 俎 – 도마 조
② 措 – 둘 조
③ 裸 – 벗을 나
④ 鼠 – 쥐 서
⑤ 嘲 – 비웃을 조

24 **풀이** 毬 – 공 구
① 坵 – 언덕 구
② 髮 – 터럭 발
③ 瑗 – 구슬 원
④ 尾 – 꼬리 미
⑤ 毫 – 터럭 호

25 **풀이** 坑 – 구덩이 갱
① 亢 – 높을 항
② 荳 – 콩 두
③ 兔 – 토끼 토
④ 羹 – 국 갱
⑤ 寵 – 사랑할 총

26 ❷ 諱 – 꺼릴 휘
풀이
① 메우다 – 塡(메울 전)
③ 흘리다 – 流(흐를 류), 蕩(흘릴 탕)
④ 끼우다 – 嵌(끼울 감)
⑤ 말하다 – 說(말씀 설), 語(말씀 어),
　　　　　 話(말씀 화), 誦(욀 송)

27 ❶ 頸 – 목 경
풀이
② 혀 – 舌(혀 설)
③ 발 – 足(발 족)
④ 피부 – 膚(살갗 부)
⑤ 장기 – 臟(오장 장)

28 ❸ 桶 – 통 통
풀이
① 표 – 票(표 표), 標(표할 표)
② 끈 – 絃(줄 현), 繩(노끈 승)
④ 솥 – 鼎(솥 정), 鍑(솥 복)
⑤ 널빤지 – 板(널빤지 판)

29 ❷ 霞 – 노을 하
풀이
① 안개 – 霧(안개 무)
③ 연기 – 煙/烟(연기 연)
④ 구름 – 雲(구름 운)
⑤ 서리 – 霜(서리 상)

30 ❺ 晷 – 그림자 귀
풀이
① 무지개 – 虹(무지개 홍), 蝀(무지개 동)
② 환하다 – 晥(환할 환)
③ 비치다 – 映(비칠 영), 照(비칠 조),
        暎(비칠 영)
④ 별자리 – 宿(별자리 수)

31 ❹ 蔔 – 포도 도
풀이
① 보리 – 麥(보리 맥)
② 딸기 – 苺(딸기 매)
③ 오이 – 瓜(오이 과)
⑤ 자두 – 李(오얏 리)

32 ❷ 塚 – 무덤 총
풀이
① 마당 – 場(마당 장)
③ 그늘 – 陰(그늘 음)
④ 비석 – 碑(비석 비), 碣(비석 갈)
⑤ 안방 – 閨(안방 규)

33 ❸ 獐 – 노루 장
풀이
① 참새 – 雀(참새 작)
② 여우 – 狐(여우 호)
④ 사자 – 獅(사자 사), 猊(사자 예)
⑤ 자라 – 鰲(자라 오), 鼈(자라 별)

34 ❶ 肪 – 살찔 방
풀이
② 나누다 – 頒(나눌 반), 班(나눌 반),
        配(나눌 배), 別(나눌 별),
        分(나눌 분)
③ 세우다 – 竪(세울 수), 建(세울 건)
④ 버리다 – 廢(버릴 폐), 棄(버릴 기),
        抖(버릴 반), 捨(버릴 사),
        捐(버릴 연)
⑤ 기르다 – 飼(기를 사), 養(기를 양),
        育(기를 육)

35 ❸ 剩 – 남을 잉
풀이
① 쓰다 – 需(쓸 수), 用(쓸 용), 費(쓸 비)
② 적다 – 寡(적을 과), 尠(적을 사),
        少(적을 소)
④ 베다 – 刈(벨 예), 誅(벨 주), 斬(벨 참),
        割(벨 할)
⑤ 타다 – 乘(탈 승)

36 ❹ 款 – 정성 관
풀이

① 무리 – 群(무리 군), 黨(무리 당),
　　　　隊(무리 대), 徒(무리 도),
　　　　等(무리 등), 類(무리 류),
　　　　們(무리 문), 輩(무리 배),
　　　　曹(무리 조), 衆(무리 중),
　　　　彙(무리 휘)
② 위로 – 慰(위로할 위)
③ 용서 – 赦(용서할 사), 恕(용서할 서)
⑤ 사례 – 謝(사례할 사)

37 **풀이**
① 踊 – 뛸 용
② 撞 – 칠 당
③ 劤 – 힘셀 근
④ 升 – 되 승
⑤ 伎 – 재간 기

38 **풀이**
① 披 – 헤칠 피
② 斡 – 돌 알
③ 早 – 이를 조
④ 催 – 재촉할 최
⑤ 彰 – 드러날 창

39 **풀이**
① 汰 – 일 태
② 洗 – 씻을 세
③ 溟 – 바다 명
④ 瀉 – 쏟을 사
⑤ 波 – 물결 파

40 **풀이**
① 脘 – 위 완
② 膝 – 무릎 슬
③ 脣 – 입술 순
④ 宏 – 클 굉
⑤ 輿 – 수레 여

41 **풀이**
① 鵲 – 까치 작
② 鶯 – 꾀꼬리 앵
③ 蘆 – 갈대 로
④ 鴨 – 오리 압
⑤ 鳩 – 비둘기 구

42 **풀이**
① 蒐 – 모을 수
② 紹 – 이을 소
③ 耗 – 소모할 모
④ 餘 – 남을 여
⑤ 胥 – 서로 서

43 **풀이**
① 繪 – 그림 회
② 擦 – 문지를 찰
③ 怡 – 기쁠 이
④ 劾 – 꾸짖을 핵
⑤ 玩 – 희롱할 완

44 **풀이** 渾 – 흐릴 혼
① 汽 – 물 끓는 김 기
② 濁 – 흐릴 탁
③ 澹 – 맑을 담
④ 瀝 – 스밀 력
⑤ 彌 – 미륵 미

45 풀이 寵 – 사랑할 총
① 愛 – 사랑 애
② 撮 – 모을/사진 찍을 촬
③ 纂 – 모을 찬
④ 毅 – 굳셀 의
⑤ 倡 – 광대 창

46 풀이 捺 – 누를 날
① 桓 – 굳셀 환
② 纂 – 모을 찬
③ 繡 – 수놓을 수
④ 渦 – 소용돌이 와
⑤ 押 – 누를 압

47 풀이 隕 – 떨어질 운
① 墮 – 떨어질 타
② 勝 – 이길 승
③ 喝 – 꾸짖을 갈
④ 瘤 – 혹 류
⑤ 嬪 – 아내/궁녀 벼슬 이름 빈

48 풀이 斌 – 빛날 빈
① 虔 – 공경할 건
② 陪 – 모실 배
③ 彬 – 빛날 빈
④ 毘 – 도울 비
⑤ 紊 – 어지러울/문란할 문

49 풀이 燦 – 빛날 찬
① 嶼 – 섬 서
② 煥 – 빛날 환
③ 燃 – 탈 연
④ 燥 – 마를 조
⑤ 燒 – 불사를 소

50 풀이 稱 – 일컬을 칭
① 稠 – 빽빽할 조
② 穫 – 거둘 확
③ 觀 – 볼 관
④ 稱 – 일컬을 칭
⑤ 棲 – 깃들일 서

<제2영역> 어휘(語彙)

51	①	52	②	53	⑤	54	①	55	⑤
56	④	57	③	58	②	59	①	60	②
61	①	62	⑤	63	④	64	③	65	⑤
66	⑤	67	④	68	②	69	③	70	⑤
71	①	72	④	73	③	74	⑤	75	②
76	①	77	④	78	③	79	④	80	⑤
81	③	82	②	83	①	84	⑤	85	③
86	②	87	④	88	①	89	⑤	90	③
91	⑤	92	⑤	93	④	94	⑤	95	①
96	③	97	①	98	⑤	99	④	100	②

51 풀이
瘦 여윌 수, 瘠 여윌 척: 유사 관계
朦 몽롱할 몽, 朧 몽롱할 롱: 유사 관계

52 풀이
擡 들 대, 頭 머리 두: 술목 관계
曲 굽을 곡, 肱 팔뚝 굉: 술목 관계

53 풀이
喫 먹을 끽, 煙 연기 연: 술목 관계
叩 두드릴 고, 頭 머리 두: 술목 관계

54 **풀이** 讒 참소할 참, 誣 속일 무
없는 말을 지어내어 남을 헐뜯음.

55 **풀이** 彬 빛날 빈, 蔚 고을 이름 울
문채가 찬란함.

56 **풀이** 竄 숨을 찬, 匿 숨길 닉
몰래 달아나 숨음.

57 **풀이** 만수: 輓 끌/애도할 만, 輸 보낼 수
① 漫 흩어질 만, 劉 죽일 류
② 鉛 납 연, 搜 찾을 수
④ 延 늘일 연, 獸 짐승 수
⑤ 晩 늦을 만, 椿 참죽나무 춘

58 **풀이** 배척: 排 밀칠 배, 斥 물리칠 척
① 拜 절 배, 錐 송곳 추
③ 兢 떨릴 긍, 懼 두려워할 구
④ 胚 아기 밸 배, 胎 아이 밸 태
⑤ 悽 슬퍼할 처, 絕 끊을 절

59 **풀이** 구로: 耆 늙을 구, 老 늙을 로
② 舊 예 구, 領 거느릴 령
③ 胡 되 호, 虜 사로잡을 로
④ 構 얽을 구, 梁 들보 량
⑤ 駒 망아지 구, 隙 틈 극

60 **풀이** 撤 거둘 철, 床 평상 상
① 涌 물 솟을 용, 溢 넘칠 일
② 鐵 쇠 철, 像 모양 상
③ 鎔 쇠 녹일 용, 鑑 거울 감
④ 弛 늦출 이, 縱 세로 종
⑤ 恰 흡사할 흡, 豫 미리 예

61 **풀이** 塵 티끌 진, 世 세상 세
① 陣 진 칠 진, 勢 형세 세
② 陣 진 칠 진, 株 그루 주
③ 滿 찰 만, 洲 물가 주
④ 塵 티끌 진, 遊 놀 유
⑤ 晩 늦을 만, 秋 가을 추

62 **풀이** 捕 잡을 포, 鯨 고래 경
① 憧 동경할 동, 憬 깨달을/동경할 경
② 鵠 고니/과녁 곡, 俟 기다릴 사
③ 包 쌀 포, 裝 꾸밀 장
④ 諧 화할 해, 俳 배우 배
⑤ 包 쌀 포, 莖 줄기 경

63 **풀이** 凹 오목할 요, 鏡 거울 경
① 凹 오목할 요, 凸 볼록할 철
② 妖 요사할 요, 魅 매혹할 매
③ 曜 빛날 요, 魄 넋 백
④ 腰 허리 요, 硬 굳을 경
⑤ 堯 요임금 요, 舜 순임금 순

64 **풀이** 間 사이 간, 諜 염탐할 첩
① 肝 간 간, 腎 콩팥 신
② 剖 쪼갤 부, 訴 호소할 소
③ 簡 대쪽 간, 帖 문서 첩
④ 敷 펼 부, 設 베풀 설
⑤ 縛 얽을 박, 蝶 나비 접

65 **풀이**
① 推 밀 추, 戴 일 대
② 推 밀 추, 尋 찾을 심
③ 類 무리 유, 推 밀 추
④ 推 밀 추, 薦 천거할 천
⑤ 推 밀 퇴, 敲 두드릴 고

66 **풀이**
① 充 채울 충, 塡 메울 전
② 裝 꾸밀 장, 塡 메울 전
③ 塡 메울 전, 塞 막힐 색
④ 塡 메울 전, 然 그러할 연
⑤ 塡 진정할 진, 撫 어루만질 무

67 **풀이** 削黜(삭출): 削 깎을 삭, 黜 내칠 출

68 **풀이** 雁帛(안백): 雁 기러기 안, 帛 비단 백

69 **풀이** 闖入(틈입): 闖 엿볼 틈, 入 들 입

70 **풀이** 楸枰(추평): 楸 가래나무 추,
枰 바둑판 평
① 楸 가래나무 추, 板 널빤지 판: 가래나무와
널빤지.
② 蓋 덮을 개, 板 널빤지 판: 서까래, 부연,
목반자 등의 위에 까는 널빤지. 옷장이나
책장 등의 맨 위에 모양을 내기 위하여 댄
나무 판.
③ 古 옛 고, 陵 언덕 릉: 옛 능
④ 秤 저울 칭, 板 널빤지 판: 저울의 한쪽 끝에
물건을 올려놓도록 둔, 접시 모양의 그릇.

71 **풀이** 亘古(긍고): 亘 뻗칠 긍, 古 옛 고
② 訃 부고 부, 古 옛 고: 사람이 죽은 것을
알리는 통지.
③ 緣 인연 연, 故 연고 고: 일의 까닭. 사람들
사이에 맺어지는 관계.
④ 萬 일만 만, 古 옛 고: 매우 먼 옛날. 세상에
비길 데가 없음.
⑤ 棉 목화 면, 亘 뻗칠 긍: 끊임없이 이어져
뻗침.

72 **풀이** 濫觴(남상): 濫 넘칠 남, 觴 잔 상
① 汎 넓을 범, 濫 넘칠 람: 물이 넘쳐 흐름.
바람직하지 못한 것들이 크게 나돎.
② 僭 주제넘을 참, 濫 넘칠 람: 하는 짓이 분수
에 지나침.
③ 猥 외람할 외, 濫 넘칠 람: 하는 짓이 분수에
넘침
⑤ 濫 넘칠 남, 罰 벌할 벌: 이유 없이 함부로
벌주는 일.

73 **풀이** 水害(수해), 害蟲(해충), 公害(공해),
被害(피해)
① 殺 죽일 살/빠를 쇄
② 氣 기운 기
③ 害 해할 해
④ 質 바탕 질
⑤ 任 맡길 임

74 **풀이** 寢所(침소), 寢牀(침상), 就寢(취침),
寢臺(침대)
① 職 직분 직
② 枕 베개 침
③ 沈 잠길 침
④ 舞 춤출 무
⑤ 寢 잘 침

75 **풀이** 金額(금액), 額數(액수), 額面(액면),
半額(반액)
① 牌 패 패
② 額 이마 액
③ 賞 상줄 상
④ 側 곁 측
⑤ 傳 전할 전

76 **풀이** 伸縮(신축), 伸張(신장), 屈伸(굴신),
　　　追伸(추신)
　① 伸 펼 신
　② 身 몸 신
　③ 服 옷 복
　④ 萎 시들 위
　⑤ 甲 갑옷 갑

77 **풀이** 審査(심사), 審問(심문), 審議(심의),
　　　原審(원심)
　① 調 고를 조
　② 意 뜻 의
　③ 因 인할 인
　④ 審 살필 심
　⑤ 疑 의심할 의

78 **풀이** 剝啄(박탁), 剝奪(박탈), 剝製(박제),
　　　剝皮(박피)
　① 手 손 수
　② 矗 우거질 촉
　③ 剝 벗길 박
　④ 譎 속일 휼
　⑤ 翕 합할 흡

79 **풀이** 沃畓(옥답), 墓畓(묘답), 田畓(전답),
　　　畓券(답권)
　① 杳 아득할 묘
　② 査 조사할 사
　③ 遝 뒤섞일 답
　④ 畓 논 답
　⑤ 番 차례 번

80 **풀이** 惶悚(황송), 驚惶(경황), 唐惶(당황),
　　　惶感(황감)
　① 幌 휘장 황
　② 璜 패옥 황
　③ 潢 웅덩이 황
　④ 慌 어리둥절할 황
　⑤ 惶 두려울 황

81 **풀이** 偶數(우수) ↔ 奇數(기수)

82 **풀이** 左遷(좌천) ↔ 喬遷(교천)
　① 右翼(우익) ↔ 左翼(좌익)
　③ 右邊(우변) ↔ 左邊(좌변)

83 **풀이** 却下(각하) ↔ 受理(수리)
　② 受諾(수락) ↔ 拒絶(거절)/拒否(거부)
　③ 引受(인수) ↔ 引渡(인도)

84 **풀이** 未洽(미흡) ↔ 滿足(만족)

85 **풀이** 削黜(삭출) ↔ 除授(제수)
　② 絶讚(절찬) ↔ 酷評(혹평)
　④ 削除(삭제) ↔ 添加(첨가)

86 **풀이** 上下撑石(상하탱석) – 몹시 꼬이는 일
을 당하여 임시변통으로 이리저리 맞추어서 겨
우 유지해 감.
上 위 상, 下 아래 하, 撑 버틸 탱, 石 돌 석

87 **풀이** 宋襄之仁(송양지인) – 하찮은 인정.
宋 성씨 송, 襄 도울 양,
之 어조사 지, 仁 어질 인

88 **풀이** 班門弄斧(반문농부) – 자기의 실력을
생각지 않고 당치 않게 덤비는 것.
班 나눌 반, 門 문 문,
弄 희롱할 농, 斧 도끼 부

89 풀이 朝名市利(조명시리) – 무슨 일이든 알맞은 곳에서 하여야 함.
朝 아침 조, 名 이름 명,
市 저자 시, 利 이로울 리

90 풀이 黔驢之技(검려지기) – 겉치레뿐이고 보잘것없는 솜씨.
黔 검을 검, 驢 당나귀 려,
之 어조사 지, 技 재주 기

91 풀이 黜 내칠 출, 陟 오를 척,
幽 그윽할 유, 明 밝을 명

92 풀이 春 봄 춘, 秋 가을 추,
筆 붓 필, 法 법 법

93 풀이 捐 버릴 연, 金 쇠 금,
沈 잠길 침, 珠 구슬 주

94 풀이 欲 하고자 할 욕, 巧 공교할 교,
反 돌이킬 반, 拙 옹졸할 졸

95 풀이 席 자리 석, 不 아닐 불,
暇 틈 가, 暖 따뜻할 난

96 풀이
① 冬扇夏爐(동선하로) – 때에 맞지 않아 쓸모없이 된 사물을 가리킴. 아무 쓸모없는 물건.
② 牽強附會(견강부회) – 이치에 맞지 않는 말을 억지로 끌어 붙여 자기에게 유리하게 함.
③ 戴盆望天(대분망천) – 한 번에 두 가지 일을 함께 하기 어려움.

④ 敎外別傳(교외별전) – 선종에서 말이나 문자를 쓰지 않고, 따로 마음에서 마음으로 진리를 전하는 일.
⑤ 班門弄斧(반문농부) – 자기의 실력을 생각지 않고 당치 않게 덤비는 것.

97 풀이
① 長袖善舞(장수선무) – 재물이 넉넉한 사람은 일을 하거나 성공하기가 쉬움.
② 長幼有序(장유유서) – 오륜의 하나로, 어른과 어린이 사이의 도리는 엄격한 차례가 있고 복종해야 할 질서가 있음.
③ 助長拔苗(조장발묘) – 빠른 성과를 보려고 무리하게 다른 힘을 더하여 도리어 그것을 해치게 됨.
④ 苛斂誅求(가렴주구) – 세금을 가혹하게 거두어들이고, 무리하게 재물을 빼앗음.
⑤ 喙長三尺(훼장삼척) – 허물이 드러나서 감추려야 감출 수가 없음.

98 풀이
① 暴虎馮河(포호빙하) – 용기는 있으나 무모함.
② 磨斧爲針(마부위침) – 아무리 어려운 일이라도 끊임없이 노력하면 반드시 이룰 수 있음.
③ 九曲肝腸(구곡간장) – 깊은 마음속 또는 시름이 쌓인 마음속.
④ 凍足放尿(동족방뇨) – 잠시 동안만 효력이 있을 뿐 효력이 바로 사라짐.
⑤ 膠柱鼓瑟(교주고슬) – 고지식하여 조금도 융통성이 없음.

99 풀이

① 龜背刮毛(귀배괄모) – 불가능한 일을 무리하게 하려고 함.

② 魚遊釜中(어유부중) – 지금은 살아 있기는 하여도 생명이 얼마 남지 않음.

③ 首鼠兩端(수서양단) – 머뭇거리며 진퇴나 거취를 정하지 못하는 상태.

④ 道不拾遺(도불습유) – 법이 잘 지켜져 나라가 태평함.

⑤ 鯨戰蝦死(경전하사) – 강한 자끼리 서로 싸우는 통에 아무 상관도 없는 약한 자가 해를 입음.

100 풀이

① 波瀾萬丈(파란만장) – 사람의 생활이나 일의 진행이 여러 가지 곡절과 시련이 많고 변화가 심함.

② 望梅解渴(망매해갈) – 공상으로 마음의 위안을 얻음.

③ 亡羊補牢(망양보뢰) – 이미 어떤 일을 실패한 뒤에 뉘우쳐도 아무 소용이 없음.

④ 尸位素餐(시위소찬) – 하는 일 없이 국가의 녹을 축내는 정치인.

⑤ 揭斧入淵(게부입연) – 쓸데없는 짓을 함.

〈제3영역〉 독해(讀解)

101	①	102	②	103	④	104	①	105	③
106	⑤	107	①	108	④	109	②	110	③
111	①	112	②	113	④	114	④	115	①
116	⑤	117	①	118	③	119	②	120	④
121	④	122	①	123	①	124	④	125	⑤
126	①	127	⑤	128	②	129	④	130	③
131	②	132	①	133	④	134	②	135	⑤
136	②	137	④	138	①	139	③	140	⑤
141	③	142	①	143	④	144	②	145	④
146	③	147	④	148	⑤	149	②	150	②

101 풀이 憤 분할 분, 慨 슬퍼할 개

102 풀이 濃 짙을 농, 度 법도 도

103 풀이 漏 샐 루(누), 泄 샐 설

104 풀이 捺 누를 날, 印 도장 인

105 풀이 醱 술 괼 발, 酵 삭힐 효

106 풀이 披 헤칠 피, 瀝 스밀 력

107 풀이 堡 작은 성 보, 壘 보루 루

108 풀이 滿 찰 만, 喫 먹을 끽

109 풀이 畸 뙈기밭 기, 形 모양 형

110 풀이 殘 잔인할 잔, 滓 찌꺼기 재

111 풀이 酬 갚을 수, 酌 술 부을 작

112 풀이 庇 덮을 비, 護 도울 호

113 풀이 飢 주릴 기, 餓 주릴 아

114 **풀이** 罹 걸릴 이, 災 재앙 재, 民 백성 민

115 **풀이** 沮 막을 저, 喪 잃을 상

116 **풀이** 救急(구급) – 위급한 상황에서 구하여 냄. 병이 위급할 때 우선 목숨을 구하기 위한 처치를 함.

117 **풀이** 來賓(내빈) – 모임에 공식적으로 초대를 받고 온 사람.

118 **풀이** 矜持(긍지) – 자신의 능력을 믿음으로써 가지는 당당함.

119 **풀이** 傳染病(전염병) – 전염성을 가진 병들을 통틀어 말함.

120 **풀이** 蒸氣(증기) – 물이 열을 받아서 기체 상태로 된 것. 액체나 고체가 증발 또는 승화하여 생긴 기체.

121 **풀이** 祈 빌 기, 禱 빌 도

122 **풀이** 聖 성인 성, 誕 낳을 탄, 節 마디 절

123 **풀이** 觀 볼 관, 點 점 점

124 **풀이** 領 거느릴 영, 域 지경 역

125 **풀이** 愚 어리석을 우

126 **풀이** 茫 아득할 망, 茫 아득할 망, 大 큰 대, 海 바다 해

127 **풀이** 衾 이불 금, 枕 베개 침

128 **풀이** 燦 빛날 찬, 爛 빛날 란

129 **풀이** 拒 막을 거, 食 밥 식, 症 증세 증

130 **풀이** 閭 마을 려, 閻 마을 염

131 **풀이** 輸 보낼 수, 送 보낼 송

132 **풀이** 葉 잎 엽, 綠 푸를 록, 體 몸 체

133 **풀이** 罵 꾸짖을 매, 倒 넘어질 도

134 **풀이** 蠶 누에 잠, 食 먹을 식

135 **풀이** 杞 구기자 기, 憂 근심 우

136 **풀이**
① 男兒(남아) – 남자아이.
② 嬰兒(영아) – 어린아이.
③ 女兒(여아) – 여자아이.
④ 迎阿(영아) – 알랑거림.

137 **풀이**
③ 遊說(유세) – 자기 의견 또는 자기 소속 정당의 주장을 선전하며 돌아다님.
④ 謬說(유설) – 이치에 어긋나거나 잘못된 말. 또는 그런 학설.

138 **풀이**
① 剛愎(강퍅) – 성미가 깐깐하고 고집이 셈.

139 **풀이**
② 爆笑(폭소) – 여럿이 폭발하듯 갑자기 웃는 웃음.
③ 哄笑(홍소) – 매우 크게 웃거나 떠들썩하게 웃음.
④ 大笑(대소) – 크게 웃음.

140 **풀이**
③ 突進(돌진) – 거침없이 곧장 나아감.
④ 闖發(틈발) – 기회를 타서 일어남.
⑤ 闖入(틈입) – 기회를 타서 느닷없이 함부로 들어감.

141 풀이
① 霜 서리 상, 降 내릴 강
② 下 아래 하, 降 내릴 강
③ 降 항복할 항, 伏 엎드릴 복
④ 昇 오를 승, 降 내릴 강
⑤ 降 내릴 강, 臨 임할 림

142 풀이
㉡ 凝 엉길 응, 結 맺을 결, 核 씨 핵
㉢ 氷 얼음 빙, 晶 맑을 정, 核 씨 핵

143 풀이 播種(파종) – 곡식이나 채소 등을 키우기 위하여 논밭에 씨를 뿌림.
① 收去(수거) – 거두어 감.
③ 採集(채집) – 널리 찾아서 얻거나 캐거나 잡아 모으는 일.
④ 分布(분포) – 일정한 범위에 흩어져 퍼져 있음.
⑤ 散髮(산발) – 머리를 풀어 헤침.

144 풀이
① 淸 맑을 청
② 濁 흐릴 탁
③ 淑 맑을 숙
④ 澹 맑을 담
⑤ 澄 맑을 징

145 풀이
① 茶 차 다, 堂 집 당
② 他 다를 타, 黨 무리 당
③ 應 응할 응, 當 마땅 당
④ 妥 온당할 타, 當 마땅 당
⑤ 宜 마땅 의, 當 마땅 당

146 풀이
① 精 정할 정
② 晴 갤 청
③ 情 뜻 정
④ 請 청할 청
⑤ 靜 고요할 정

147 풀이
㉡ 情 뜻 정, 緖 실마리 서
㉢ 刺 찌를 자, 戟 창 극

148 풀이
① ㉣ 必 반드시 필, 然 그럴 연
② ㉤ 關 관계할 관, 係 맬 계
③ ㉥ 反 돌이킬 반, 應 응할 응
④ ㉦ 接 이을 접, 觸 닿을 촉
⑤ ㉧ 結 맺을 결, 局 판 국

149 풀이
① 口蜜腹劍(구밀복검) – 말로는 친한 듯하나 속으로는 해칠 생각이 있음.
② 拈華微笑(염화미소) – 말로 통하지 아니하고 마음에서 마음으로 전하는 일.
③ 頂門一鍼(정문일침) – 따끔한 충고나 교훈.
④ 轉禍爲福(전화위복) – 재앙과 근심, 걱정이 바뀌어 오히려 복이 됨.
⑤ 西施捧心(서시봉심) – 함부로 흉내내다가 웃음거리가 됨.

① 懸 달 현, 賞 상 줄 상 – 무엇을 모집하거나 구하거나 사람을 찾는 일 등에 현금이나 물품 등을 내걺.

② 現 나타날 현, 象 코끼리 상 – 눈앞에 나타나 보이는 사물의 형상. 본질이나 객체의 외면에 나타나는 상.

③ 現 나타날 현, 狀 형상 상 – 현재의 상태. 또는 지금의 형편.

④ 現 나타날 현, 像 모양 상 – 어떠한 형상으로 나타냄. 또는 그 형상.

⑤ 現 나타날 현, 想 생각 상 – 보고 듣는 데 관련하여 일어나는 생각.

국가공인 자격검정
제2회 상공회의소 한자 시험 [1급] 정답 및 해설

〈제1영역〉 한자(漢字)

1	⑤	2	①	3	②	4	④	5	⑤
6	②	7	⑤	8	③	9	③	10	①
11	①	12	②	13	②	14	④	15	⑤
16	④	17	③	18	①	19	②	20	③
21	①	22	②	23	④	24	④	25	⑤
26	①	27	③	28	④	29	②	30	⑤
31	③	32	①	33	②	34	①	35	①
36	③	37	④	38	③	39	④	40	⑤
41	①	42	①	43	④	44	③	45	①
46	④	47	②	48	②	49	①	50	④

01 **풀이** 驪 당나귀 려

02 **풀이** 帽 모자 모

03 **풀이** 繡 수놓을 수

04 **풀이** 眷 돌볼 권

05 **풀이** 拉 끌 랍

06 **풀이** 奢 사치할 사

07 **풀이** 汁 즙 즙

08 **풀이** 叱 꾸짖을 질

09 **풀이** 披 헤칠 피

10 **풀이** 銜 재갈 함

11 **풀이** 辜 허물 고

12 ❷ 餃 – 경단 교
풀이
① 菫 – 진흙 근

③ 鍋 – 노구솥 과
④ 勍 – 셀 경
⑤ 喀 – 토할 객

13 ❷ 昺 – 불꽃/밝을 병
풀이
① 瞥 – 깜짝할 별
③ 繃 – 묶을 붕
④ 檳 – 빈랑나무 빈
⑤ 謗 – 헐뜯을 방

14 ❹ 珣 – 옥 이름 순
풀이
① 熄 – 불 꺼질 식
② 鍔 – 칼날 악
③ 淞 – 강 이름 송
⑤ 嚥 – 삼킬 연

15 ❺ 鐫 – 새길 전
풀이
① 闡 – 밝힐 천
② 舵 – 키 타
③ 痘 – 역질 두
④ 礪 – 숫돌 려

16 ❹ 狼 – 이리 랑
풀이
① 媤 – 시집 시
② 傭 – 품 팔 용
③ 詮 – 설명할 전
⑤ 聚 – 모을 취

17 ❸ 滉 – 깊을 황
   풀이
   ① 錐 – 송곳 추
   ② 堆 – 쌓을 퇴
   ④ 婆 – 할머니 파
   ⑤ 犠 – 희생 희

18 ❶ 蝶 – 나비 접
   풀이
   ② 輅 – 수레 로
   ③ 錨 – 닻 묘
   ④ 魃 – 가뭄 귀신 발
   ⑤ 拭 – 씻을 식

19 풀이 軋 – 삐걱거릴 알
   ① 椀 – 주발 완
   ② 斡 – 돌 알
   ③ 璵 – 옥 여
   ④ 腥 – 비릴 성
   ⑤ 峠 – 고개 상

20 풀이 湃 – 물결칠 배
   ① 帛 – 비단 백
   ② 褓 – 포대기 보
   ③ 賠 – 물어줄 배
   ④ 遼 – 멀 료
   ⑤ 潭 – 못/깊을 담

21 풀이 汐 – 조수 석
   ① 晳 – 밝을 석
   ② 磯 – 물가 기
   ③ 燉 – 불빛 돈
   ④ 乭 – 이름 돌
   ⑤ 憺 – 참담할 담

22 풀이 燎 – 횃불 료
   ① 蔞 – 산쑥 루
   ② 蓼 – 여뀌 료
   ③ 蚊 – 모기 문
   ④ 卑 – 낮을 비
   ⑤ 霹 – 벼락 벽

23 풀이 渣 – 찌꺼기 사
   ① 樣 – 모양 양
   ② 逃 – 달아날/도망할 도
   ③ 纏 – 얽을 전
   ④ 篩 – 체 사
   ⑤ 雕 – 독수리/새길 조

24 풀이 坑 – 구덩이 갱
   ① 亢 – 높을 항
   ② 穹 – 하늘 궁
   ③ 兎 – 토끼 토
   ④ 羹 – 국 갱
   ⑤ 炯 – 빛날 형

25 풀이 綏 – 편안할 수
   ① 惰 – 게으를 타
   ② 奄 – 문득 엄
   ③ 俞 – 대답할 유
   ④ 阻 – 막힐 조
   ⑤ 竪 – 세울 수

26 ❶ 腋 – 겨드랑이 액
   풀이
   ② 팔뚝 – 臂(팔뚝 비)
   ③ 어깨 – 肩(어깨 견)
   ④ 가슴 – 胸(가슴 흉), 膈(가슴 격), 臆(가슴 억)
   ⑤ 허리 – 腰(허리 요)

27 ❸鷗 – 갈매기 구
풀이
① 말 – 馬(말 마)
② 오리 – 鴨(오리 압)
④ 개미 – 蟻(개미 의)
⑤ 독수리 – 鷲(독수리 취)

28 ❹雹 – 우박 박
풀이
① 노을 – 霞(노을 하)
② 구름 – 雲(구름 운)
③ 연기 – 煙/烟(연기 연)
⑤ 서리 – 霜(서리 상)

29 ❷豕 – 돼지 시
풀이
① 꿀벌 – 蜂(벌 봉)
③ 원숭이 – 狙(원숭이 저)
④ 염소 – 羜(염소 전)
⑤ 나방 – 蛾(나방 아)

30 ❺訣 – 이별할 결
풀이
① 게으르다 – 惰(게으를 타)
② 쓰다 – 需(쓸 수), 用(쓸 용), 費(쓸 비)
③ 세우다 – 竪(세울 수), 建(세울 건)
④ 기르다 – 飼(기를 사), 養(기를 양), 育(기를 육)

31 ❸蝗 – 메뚜기 황
풀이
① 나비 – 蝴(나비 호), 蝶(나비 접)
② 벼룩 – 蚤(벼룩 조)
④ 지네 – 蚣(지네 공)
⑤ 지렁이 – 蚓(지렁이 인)

32 ❶薑 – 생강 강
풀이
② 배추 – 菘(배추 숭)
③ 감자 – 藷(감자 저)
④ 사과 – 苹(사과 평)
⑤ 딸기 – 莓(딸기 매)

33 ❷粥 – 죽 죽
풀이
① 국 – 羹(국 갱)
③ 쌀 – 米(쌀 미)
④ 떡 – 餠(떡 병)
⑤ 밥 – 飯(밥 반)

34 ❶柿 – 감나무 시
풀이
② 대나무 – 竹(대나무 죽)
③ 산초나무 – 椒(산초나무 초)
④ 소나무 – 松(소나무 송)
⑤ 배나무 – 梨(배나무 리)

35 ❶匙 – 숟가락 시
풀이
② 젓가락 – 箸(젓가락 저)
③ 사기그릇 – 瓷(사기그릇 자)
④ 그릇 – 器(그릇 기)
⑤ 칼 – 刀(칼 도)

36 ❸獐 – 노루 장
풀이
① 참새 – 雀(참새 작)
② 여우 – 狐(여우 호)
④ 사자 – 狻(사자 산)
⑤ 자라 – 鼈(자라 별), 鱉(자라 별)

37 풀이

① 坪 – 들 평
② 締 – 맺을 체
③ 棧 – 사다리 잔
④ 塚 – 무덤 총
⑤ 佾 – 줄 춤 일

38 풀이

① 鈞 – 서른 근 균
② 麴 – 누룩 국
③ 葡 – 포도 포
④ 櫃 – 궤 궤
⑤ 溺 – 빠질 닉

39 풀이

① 描 – 그릴 묘
② 狗 – 개 구
③ 狐 – 여우 호
④ 猫 – 고양이 묘
⑤ 雀 – 참새 작

40 풀이

① 雁 – 기러기 안
② 鳩 – 비둘기 구
③ 鵲 – 까치 작
④ 鷗 – 갈매기 구
⑤ 燕 – 제비 연

41 풀이

① 狙 – 원숭이 저
② 犀 – 무소 서
③ 毓 – 기를 육
④ 脂 – 기름 지
⑤ 駐 – 머무를 주

42 풀이

① 弼 – 도울 필
② 奠 – 정할/제사 전
③ 詔 – 조서 조, 소개할 소
④ 稷 – 피 직
⑤ 疹 – 마마 진

43 풀이

① 腿 – 넓적다리 퇴
② 腸 – 창자 장
③ 腎 – 콩팥 신
④ 膜 – 꺼풀/막 막
⑤ 腱 – 힘줄 건

44 풀이 胚 – 아이 밸 배

① 絨 – 가는 베 융
② 腔 – 속 빌 강
③ 姙 – 아이 밸 임
④ 膨 – 부를 팽
⑤ 媛 – 여자 원

45 풀이 捺 – 누를 날

① 押 – 누를 압
② 纂 – 모을 찬
③ 渦 – 소용돌이 와
④ 作 – 지을 작
⑤ 繡 – 수놓을 수

46 풀이 幡 – 깃발 번

① 淪 – 빠질 륜
② 氓 – 백성 맹
③ 犢 – 송아지 독
④ 旒 – 깃발 류
⑤ 燎 – 횃불 료

47 **풀이** 崩 – 무너질 붕
① 煦 – 따뜻하게 할 후
② 壞 – 무너질 괴
③ 賄 – 재물/뇌물 회
④ 暳 – 별 반짝일 혜
⑤ 飇 – 폭풍 표

48 **풀이** 朽 – 썩을 후
① 崑 – 산 이름 곤
② 腐 – 썩을 부
③ 訥 – 말 더듬거릴 눌
④ 樊 – 울타리 번
⑤ 祕 – 숨길 비

49 **풀이** 携 – 이끌 휴
① 提 – 끌 제
② 摘 – 딸 적
③ 際 – 즈음 제
④ 揚 – 날릴 양
⑤ 振 – 떨칠 진

50 **풀이** 懶 – 게으를 나
① 賊 – 도둑 적
② 揀 – 가릴 간
③ 訌 – 어지러울 홍
④ 怠 – 게으를 태
⑤ 孩 – 어린아이 해

〈제2영역〉 어휘(語彙)

51	⑤	52	①	53	③	54	①	55	②
56	③	57	⑤	58	③	59	④	60	③
61	⑤	62	⑤	63	⑤	64	②	65	②
66	③	67	①	68	⑤	69	⑤	70	①
71	②	72	④	73	①	74	④	75	⑤
76	③	77	④	78	④	79	②	80	①
81	④	82	③	83	⑤	84	③	85	③
86	②	87	⑤	88	④	89	②	90	①
91	④	92	②	93	⑤	94	⑤	95	①
96	⑤	97	③	98	④	99	①	100	③

51 **풀이**
戇 어리석을 당, 窩 움집 와: 수식 관계
茨 지붕 일 자, 牆 담 장: 수식 관계

52 **풀이**
握 쥘 악, 力 힘 력: 수식 관계
腕 팔뚝 완, 章 글 장: 수식 관계

53 **풀이**
噴 뿜을 분, 沫 물거품 말: 술목 관계
採 캘 채, 薇 장미 미: 술목 관계

54 **풀이** 闡 밝힐 천, 明 밝을 명
사실이나 의사를 분명하게 드러내서 밝힘.

55 **풀이** 絢 무늬 현, 爛 빛날 란
눈이 부시게 찬란함.

56 **풀이** 關 관계할 관, 鍵 자물쇠/열쇠 건
사물의 가장 중요한 곳. 빗장과 자물쇠.

57 〔풀이〕 고혈: 孤 외로울/부모 없을 고, 孑 외로울 혈
① 浹 두루 미칠/물 넘칠 협, 洽 흡족할 흡
② 齷 악착할 악, 齪 악착할 착
③ 殄 다할 진, 破 깨트릴 파
④ 炸 터질 작, 裂 찢을 렬

58 〔풀이〕 발우: 鉢 바리때 발, 釪 창고달 우
① 嬰 어린아이 영, 孩 어린아이 해
② 臆 가슴 억, 測 헤아릴 측
④ 拂 떨칠 불, 拭 씻을 식
⑤ 柴 섶 시, 峴 고개 현

59 〔풀이〕 포복: 匍 길 포, 匐 길 복
① 枇 비파나무 비, 杷 비파나무 파
② 硼 붕사 붕, 素 본디/흴 소
③ 病 병 병, 牀 평상 상
⑤ 惹 이끌 야, 端 끝 단

60 〔풀이〕 濃 짙을 농, 醬 장 장
① 農 농사 농, 幣 화폐 폐
② 憑 기댈 빙, 依 의지할 의
③ 籠 대바구니 농, 欌 장롱 장
④ 珪 홀 규, 璋 홀 장
⑤ 聾 귀먹을 농, 昧 어두울 매

61 〔풀이〕 咳 기침 해, 唾 침 타
① 咳 기침 해, 嗽 기침할 수
② 解 풀 해, 剖 쪼갤 부
③ 解 풀 해, 排 밀칠 배
④ 劾 꾸짖을 핵, 捕 잡을 포
⑤ 海 바다 해, 駝 낙타 타

62 〔풀이〕 岡 산등성이 강, 巒 뫼 만
① 講 외울 강, 洙 강 이름 수
② 搜 찾을 수, 涎 침 연
③ 延 늘일 연, 獸 짐승 수
④ 晩 늦을 만, 軸 굴대 축
⑤ 江 강 강, 灣 물굽이 만

63 〔풀이〕 倍 곱 배, 尺 자 척
① 拜 절 배, 錐 송곳 추
② 悽 슬퍼할 처, 切 끊을 절
③ 背 등/배반할 배, 信 믿을 신
④ 胚 아이 밸 배, 胎 아이 밸 태
⑤ 排 밀칠 배, 斥 물리칠 척

64 〔풀이〕 簿 문서 부, 牒 편지 첩
① 剖 쪼갤 부, 尖 뾰족할 첨
② 浮 뜰 부, 貼 붙일 첩
③ 俯 구부릴 부, 聽 들을 청
④ 敷 펼 부, 卨 사람 이름 설
⑤ 縛 얽을 박, 茅 띠 모

65 〔풀이〕
① 龜 거북 귀, 鼈 자라 별
② 龜 터질 균, 裂 찢을 열
③ 龜 거북 귀, 鑑 거울 감
④ 龜 거북 귀, 甲 갑옷 갑
⑤ 龜 거북 귀, 船 배 선

66 〔풀이〕
① 槌 망치 추, 骨 뼈 골
② 槌 망치 추, 打 칠 타
③ 槌 망치 퇴, 擊 칠 격
④ 紙 종이 지, 槌 망치 추
⑤ 槌 망치 추, 子 아들 자

67 **풀이** 坼封(탁봉): 坼 터질 탁, 封 봉할 봉

68 **풀이** 狼狽(낭패): 狼 이리 랑, 狽 이리/낭패할 패

69 **풀이** 詢問(순문): 詢 물을 순, 問 물을 문

70 **풀이** 晏駕(안가): 晏 늦을 안, 駕 멍에 가
② 晏 늦을 안, 寧 편안 녕: 천하가 잘 다스려져서 태평함.
③ 晏 늦을 안, 息 쉴 식: 편히 쉼.
④ 晏 늦을 안, 眠 잘 면: 아침 늦게까지 잠.
⑤ 晏 늦을 안, 然 그럴 연: 마음이 편안하고 침착한 모양.

71 **풀이** 彝倫(이륜): 彝 떳떳할 이, 倫 인륜 륜
① 倫 인륜 윤, 擬 비길 의: 비슷함.
③ 徒 무리 도, 輩 무리 배: 함께 어울려 같은 짓을 하는 패 또는 무리.
④ 悖 거스를 패, 倫 인륜 륜: 인간의 도리에 어긋남.
⑤ 比 견줄 비, 倫 인륜 륜: 비교하여 같은 또래나 종류가 될 만함.

72 **풀이** 黔黎(검려): 黔 검을 검, 黎 검을 려
① 黔 검을 검, 炭 숯 탄: 품질이 낮아 화력이 약한 숯.
② 黔 검을 검, 中 가운데 중: 중국 당나라 때의 군 및 도의 이름으로 지금의 쓰촨성 동남부 지역.
③ 寡 적을 과, 默 잠잠할 묵: 입이 무겁고 침착함.
⑤ 默 잠잠할 묵, 認 알 인: 말 없는 가운데 넌지시 승인함.

73 **풀이** 洶洶(흉흉), 洶湧(흉용), 洶急(흉급)
① 洶 용솟음칠 흉
② 鳩 비둘기 구
③ 素 본디/흴 소
④ 竊 훔칠 절
⑤ 俗 풍속 속

74 **풀이** 俸給(봉급), 年俸(연봉), 薄俸(박봉)
① 坼 터질 탁
② 姙 아이 밸 임
③ 雌 암컷 자
④ 俸 녹 봉
⑤ 狽 이리/낭패할 패

75 **풀이** 訃告(부고), 訃音(부음), 訃聞(부문)
① 父 아비 부
② 剖 쪼갤 부
③ 噴 뿜을 분
④ 敷 펼 부
⑤ 訃 부고 부

76 **풀이** 報酬(보수), 應酬(응수), 酬酌(수작)
① 淳 순박할 순
② 旬 열흘 순
③ 酬 갚을 수/주
④ 盾 방패 순
⑤ 綏 편안할 수

77 **풀이** 拉致(납치), 拉北(납북), 被拉(피랍)
① 極 다할/극진할 극
② 南 남녘 남
③ 害 해할 해
④ 拉 끌 랍(납)
⑤ 服 옷 복

78 풀이 拔擢(발탁), 選拔(선발), 簡拔(간발)
① 渤 바다 이름 발
② 跋 밟을 발
③ 易 바꿀 역/쉬울 이
④ 拔 뽑을 발
⑤ 坊 동네 방

79 풀이 沮害(저해), 沮止(저지), 沮喪(저상)
① 迹 자취 적
② 沮 막을 저
③ 笛 피리 적
④ 剪 자를 전
⑤ 鐘 쇠북 종

80 풀이 隱遁(은둔), 遁世(둔세), 遁甲(둔갑)
① 遁 숨을 둔
② 乙 새 을
③ 現 나타날 현
④ 豫 미리 예
⑤ 凱 개선할 개

81 풀이 飢餓(기아) ↔ 飽食(포식)

82 풀이 普遍(보편) ↔ 特殊(특수)

83 풀이 眞實(진실) ↔ 虛僞(허위)

84 풀이 初聲(초성) ↔ 終聲(종성)

85 풀이 減退(감퇴) ↔ 增進(증진)

86 풀이 角者無齒(각자무치) – 뿔이 있는 놈은 이가 없다는 뜻으로, 한 사람이 모든 복을 겸하지는 못함.
角 뿔 각, 者 놈 자, 無 없을 무, 齒 이 치

87 풀이 去頭截尾(거두절미) – 머리와 꼬리를 잘라버린다는 뜻으로, 앞뒤의 잔사설을 빼놓고 요점(要點)만을 말함.
去 갈 거, 頭 머리 두,
截 끊을 절, 尾 꼬리 미

88 풀이 結草報恩(결초보은) – 죽어서라도 은혜를 갚음.
結 맺을 결, 草 풀 초,
報 갚을 보, 恩 은혜 은

89 풀이 口蜜腹劍(구밀복검) – 말로는 친한 듯하나 속으로는 해칠 생각이 있음.
口 입 구, 蜜 꿀 밀, 腹 배 복, 劍 칼 검

90 풀이 手不釋卷(수불석권) – 손에서 책을 놓지 않는다는 뜻으로, 늘 책을 가까이하여 학문(學問)을 열심히 함.
手 손 수, 不 아닐 불, 釋 풀 석, 卷 책 권

91 풀이 如 같을 여, 履 밟을 리,
薄 엷을 박, 氷 얼음 빙

92 풀이 春 봄 춘, 樹 나무 수,
暮 저물 모, 雲 구름 운

93 풀이 猫 고양이 묘, 項 항목 항, 懸 매달 현,
鈴 방울 령

94 풀이 尸 주검 시, 位 자리 위,
素 본디/흴 소, 餐 밥 찬

95 풀이 密 빽빽할 밀, 雲 구름 운,
不 아닐 불, 雨 비 우

96 풀이

① 望雲之情(망운지정) – 구름을 바라보며 그리워한다는 뜻으로, 타향에서 고향에 계신 부모를 그리워함.

② 亡羊之歎(망양지탄) – 갈림길에서 양을 잃고 탄식한다는 뜻으로 학문의 길이 여러 갈래로 나눠져 있어 진리를 찾기 어려움.

③ 螳螂拒轍(당랑거철) – 사마귀가 팔을 벌리고 수레바퀴를 막는다는 뜻으로, 제 분수도 모르고 강적에게 반항함.

④ 斷機之敎(단기지교) – 학문을 중도에서 그만두는 것은 짜던 베의 날을 끊는 것과 같다는 가르침.

⑤ 明鏡止水(명경지수) – 고요하고 잔잔한 마음.

97 풀이

① 極惡無道(극악무도) – 아주 악하고 도리에 완전히 어긋나있음.

② 君子三樂(군자삼락) – 맹자가 말한 군자의 세 가지 즐거움.

③ 金科玉條(금과옥조) – 몹시 귀중한 법칙이나 규정.

④ 囊中之錐(낭중지추) – 주머니 속에 있는 송곳이란 뜻으로, 재능이 아주 빼어난 사람은 숨어 있어도 저절로 남의 눈에 드러난다는 뜻.

⑤ 亂臣賊子(난신적자) – 나라를 어지럽히는 신하와 어버이를 해치는 자식을 일컫는 말.

98 풀이

① 曲學阿世(곡학아세) – 학문을 왜곡하여 세속에 아부함.

② 池魚之殃(지어지앙) – 화(禍)가 엉뚱한 곳에 미침. 상관없는 일의 재난에 휩쓸림.

③ 轉禍爲福(전화위복) – 재앙과 근심, 걱정이 바뀌어 오히려 복이 됨.

④ 孤掌難鳴(고장난명) – 혼자의 힘만으로 어떤 일을 이루기 어려움.

⑤ 藥房甘草(약방감초) – 무슨 일이나 빠짐없이 끼임. 반드시 끼어야 할 사물(事物).

99 풀이

① 松茂栢悅(송무백열) – 벗이 잘되는 것을 기뻐함.

② 歲寒三友(세한삼우) – 추운 겨울의 세 벗. 소나무, 대나무, 매화나무.

③ 孟母三遷(맹모삼천) – 맹자의 어머니가 맹자를 제대로 교육하기 위하여 집을 세 번이나 옮겼다는 뜻으로, 교육에는 주위 환경이 중요하다는 가르침.

④ 南橘北枳(남귤북지) – 남쪽 땅의 귤나무를 북쪽에 옮겨 심으면 탱자나무로 변한다는 뜻으로, 사람도 그 처해 있는 곳에 따라 선하게도 되고 악하게도 됨을 이르는 말.

⑤ 管鮑之交(관포지교) – 친구 사이의 매우 다정하고 허물없는 교제를 말함.

100 풀이

① 漸入佳境(점입가경) – 경치나 문장·사건이 갈수록 재미있게 전개됨.
② 袖手傍觀(수수방관) – 팔짱을 끼고 곁에서 보고만 있다는 뜻으로. 직접 간여하지 않고 그대로 버려둠.
③ 朝令暮改(조령모개) – 일관성 없는 정책.
④ 焚書坑儒(분서갱유) – 중국 진시황이 민간의 서적을 불사르고 유생을 구덩이에 묻어 죽인 일.
⑤ 茫然自失(망연자실) – 정신을 잃고 어리둥절한 모양.

〈제3영역〉 독해(讀解)

101	②	102	②	103	①	104	⑤	105	②
106	①	107	⑤	108	①	109	③	110	④
111	⑤	112	①	113	④	114	⑤	115	①
116	④	117	③	118	②	119	②	120	④
121	③	122	④	123	⑤	124	①	125	③
126	④	127	②	128	⑤	129	③	130	②
131	③	132	④	133	④	134	⑤	135	④
136	④	137	⑤	138	③	139	①	140	③
141	②	142	②	143	①	144	③	145	②
146	①	147	②	148	④	149	③	150	①

101 풀이 苦 쓸 고, 悶 답답할 민

102 풀이 棲 깃들일 서, 息 쉴 식

103 풀이 懦 나약할 나, 弱 약할 약

104 풀이 障 막을 장, 礙 거리낄 애

105 풀이 扶 도울 부, 養 기를 양

106 풀이 濃 짙을 농, 厚 두터울 후

107 풀이 脇 겨드랑이 협, 侍 모실 시

108 풀이 膈 가슴 격, 膜 꺼풀/막 막

109 풀이 薔 장미 장, 薇 장미 미

110 풀이 駱 낙타 락, 駝 낙타 타

111 풀이 梗 줄기 경, 槪 대개 개

112 풀이 白 흰 백, 壽 목숨 수

113 풀이 診 진찰할 진, 療 병 고칠 료

114 풀이 間 사이 간, 歇 쉴 헐, 的 과녁 적

115 풀이 款 항목 관, 項 항목 항

116 **풀이** 賠償(배상) – 남에게 입힌 손해를 갚아 줌. 남의 권리를 침해한 사람이 그 손해를 물어 주는 일.

117 **풀이** 唾液(타액) – 입속의 침샘에서 분비되는 무색의 끈기 있는 소화액.

118 **풀이** 僭濫(참람) – 분수에 넘쳐 너무 지나침.

119 **풀이** 倭寇(왜구) – 13세기부터 16세기까지 우리나라 연안을 무대로 약탈을 일삼던 일본 해적.

120 **풀이** 全帙(전질) – 한 질로 된 책의 전부.

121 **풀이** 資 재물 자, 本 근본 본

122 **풀이** 溶 녹을 용, 解 풀 해

123 **풀이** 樹 나무 수, 立 설 립

124 **풀이** 情 뜻 정, 報 갚을/알릴 보, 化 될 화

125 **풀이** 住 살 주, 宅 집 택

126 **풀이** 描寫(묘사) – 어떤 대상이나 사물, 현상 따위를 언어로 서술하거나 그림을 그려서 표현함.

127 **풀이** 汽笛(기적) – 기차나 배 따위에서 증기를 내뿜는 힘으로 경적 소리를 내는 장치. 또는 그 소리.

128 **풀이** 憧憬(동경) – 어떤 것을 간절히 그리워 하여 그것만을 생각함.

129 **풀이** 幻影(환영) – 눈앞에 없는 것이 있는 것처럼 보이는 것.

130 **풀이** 噴霧(분무) – 물이나 약품 따위를 안개처럼 뿜어냄. 또는 그 물이나 약품 따위.

131 **풀이** 喘息(천식) – 기관지에 경련이 일어나는 병.

132 **풀이** 抛棄(포기) – 하려던 일을 도중에 그만두어 버림.

133 **풀이** 窒酸(질산) – 질소의 산소산. 질소와 산소, 수소로 된 강한 무기산의 하나로, 무색의 액체이며 질산염, 물감, 폭약 따위를 만드는 데 씀.

134 **풀이** 奇別(기별) – 다른 곳에 있는 사람에게 소식을 전함.

135 **풀이** 憔悴(초췌) – 병, 근심, 고생 따위로 얼굴이나 몸이 여위고 파리함.

136 **풀이**
① 緻密(치밀) – 자세하고 꼼꼼함.
② 耽溺(탐닉) – 어떤 일을 몹시 즐겨서 거기에 빠짐.
③ 迂廻(우회) – 곧바로 가지 않고 돌아감.
④ 迅速(신속) – 날쌔고 빠름.
⑤ 臣屬(신속) – 신하로서 예속되는 일.

137 **풀이**
① 缺漏(결루) – 여럿 가운데 함께 들어 있던 것이 빠져서 없어짐.
⑤ 淚痕(누흔) – 눈물 자국.

138 **풀이**
① 着眼(착안) – 어떤 일을 주의하여 봄. 또는 어떤 문제를 해결하기 위한 실마리를 잡음.

② 掘鑿(굴착) – 땅을 파거나 바위 등을 뚫음.

③ 搾汁(착즙) – 물기가 들어 있는 물체에서 즙을 짬. 또는 그 즙.

④ 媒質(매질) – 어떤 파동 또는 물리적 작용을 한곳에서 다른 곳으로 옮겨 주는 매개물.

⑤ 過食(과식) – 지나치게 많이 먹음.

139 풀이

① 怪異(괴이) – 정상적이지 않고 별나며 괴상함.

② 氣絕(기절) – 두려움, 놀람, 충격 따위로 한동안 정신을 잃음.

③ 氣勢(기세) – 기운차게 뻗치는 모양이나 상태.

④ 恐怖(공포) – 두렵고 무서움.

⑤ 現像(현상) – 노출된 필름이나 인화지를 약품으로 처리하여 상이 나타나도록 함.

140 풀이

① 間接(간접) – 중간에 매개가 되는 사람이나 사물 따위를 통하여 맺어지는 관계.

② 間奏(간주) – 한 악곡의 도중에 어떤 기분을 나타내기 위하여 연주하는 부분. 협주곡의 독주부에 끼인 관현악의 합주 부분이나 노래가 잠시 그친 사이에 연주되는 기악 반주 따위이다.

③ 看做(간주) – 상태, 모양, 성질 따위가 그와 같다고 봄. 또는 그렇다고 여김.

④ 詰朝(힐조) – 이른 아침. 이튿날(다음날)의 이른 아침.

⑤ 建議(건의) – 개인이나 단체가 의견이나 희망을 내놓음. 또는 그 의견이나 희망.

141 풀이 頻 자주 빈, 度 법도 도

142 풀이 혼용 – 混 섞을 혼, 用 쓸 용

143 풀이

① 誤 그르칠 오, 打 칠 타
② 誤 그르칠 오, 解 풀 해
③ 錯 어긋날 착, 誤 그르칠 오
④ 重 무거울 중, 複 겹칠 복
⑤ 空 빌 공, 欄 난간 란

144 풀이 餘 남을 여, 白 흰 백

145 풀이 ㉢ 減 덜 감, 點 점 점
① 漸 점점 점, 次 버금 차
② 焦 탈 초, 點 점 점
③ 店 가게 점, 鋪 펼/가게 포
④ 粘 붙을 점, 液 진 액
⑤ 獨 홀로 독, 占 점령할/점칠 점

146 풀이 이행 – 履 밟을 리(이), 行 다닐 행

147 풀이

① 歎 탄식할 탄, 易 쉬울 이
② 難 어려울 난, 易 쉬울 이
③ 難 어려울 난, 以 써 이
④ 難 어려울 난, 移 옮길 이
⑤ 亂 어지러울 난, 易 쉬울 이

148 풀이 다과 – 多 많을 다, 寡 적을 과

149 풀이 締 맺을 체, 結 맺을 결

150 풀이 참작 – 參 참여할 참,
酌 술 부을/잔질할 작

memo

memo

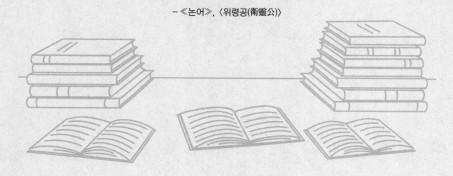

己所不欲, 勿施於人.

"내가 원하지 않는 것을 남에게 강요하지 마라."

– ≪논어≫, 〈위령공(衛靈公)〉

2025 시대에듀 상공회의소 한자 1급 2주 격파

개정11판1쇄 발행	2025년 01월 20일 (인쇄 2024년 10월 21일)
초 판 인 쇄	2014년 03월 28일
발 행 인	박영일
책 임 편 집	이해욱
편 저	한자문제연구소 · 노상학
편 집 진 행	박시현
표지디자인	김도연
편집디자인	장하늬 · 임창규
발 행 처	(주)시대고시기획
출 판 등 록	제10-1521호
주 소	서울시 마포구 큰우물로 75 [도화동 538 성지 B/D] 9F
전 화	1600-3600
팩 스	02-701-8823
홈 페 이 지	www.sdedu.co.kr
I S B N	979-11-383-8033-1 (13710)
정 가	23,000원

시대에듀와 함께하는
상공회의소 한자

상공회의소 한자 1급 2주 격파

- 스피드 합격! 2주 필승 전략
- 9~1급 배정한자 수록
- 최신 기출 동형 모의고사 3회분 제공
  (교재 2회 + CBT 1회)
- ALL DAY 쪽지시험 PDF 제공
- 시험 직전 막판 뒤집기(빅데이터 빈출 한자)

상공회의소 한자 2급 2주 격파

- 스피드 합격! 2주 필승 전략
- 9~2급 배정한자 수록
- 최신 기출 동형 모의고사 3회분 제공
  (교재 2회 + CBT 1회)
- ALL DAY 쪽지시험 PDF 제공
- 시험 직전 막판 뒤집기(빅데이터 빈출 한자)

상공회의소 한자 3급 2주 격파

- 스피드 합격! 2주 필승 전략
- 9~3급 배정한자 수록
- 최신 기출 동형 모의고사 3회분 제공
  (교재 2회 + CBT 1회)
- ALL DAY 쪽지시험 PDF 제공
- 시험 직전 막판 뒤집기(빅데이터 빈출 한자)

※ 도서의 이미지는 변동될 수 있습니다.

시대에듀와 함께하는
어문회 한자

어문회 한자능력검정시험 2급 한 권으로 끝내기

어문회 2급을 '한자 3박자 연상 학습법'으로 쉽고 확실하게!

- 한자능력검정시험 2급 배정한자 2,355자 수록
- 생생한 '어원 풀이'로 2급 한자 마스터!
- 다양한 출제 유형에 맞춰 정리한 '한자 응용하기'
- 출제 경향 완벽 분석! '최신 기출 동형 모의고사' 4회분 제공
- 빈출 한자만 모았다! '빅데이터 합격 한자'

어문회 한자능력검정시험 3급 한 권으로 끝내기

어문회 3급을 '한자 3박자 연상 학습법'으로 쉽고 재미있게!

- 한자능력검정시험 3급 배정한자 1,817자 수록
- 생생한 '어원 풀이'와 '한자 구조 풀이'로 3급 한자 마스터!
- 다양한 출제 유형에 맞춰 정리한 '한자 응용하기'
- 출제 경향 완벽 분석! '최신 기출 동형 모의고사' 3회분 제공
- 빈출 한자만 모았다! '빅데이터 합격 한자'

※ 도서의 이미지는 변동될 수 있습니다.

빅데이터 빈출 한자

합격을 위한 가장 빠르고 확실한 방법!

① **빅데이터를 기반으로** 상공회의소 한자 1급 **빈출 한자 완벽 분석!**

② **빈출 한자** 445자, **빈출 한자어** 100개, **빈출 사자성어** 100개 정리!

③ **빈출 한자 · 한자어 · 사자성어로** 시험 직전 막판 뒤집기!

빈출순으로 정리한 한자

※ 빈칸을 채워서 합격 한자책을 완성해 보세요.

	한자	훈·음		훈·음	한자
1	俓		1	지름길 경	
2	蠱		2	뱃속벌레 고 요염할 야	
3	獗		3	날뛸 궐	
4	饋		4	먹일 궤	
5	坰		5	들 경	
6	堵		6	담 도	
7	遝		7	뒤섞일 답	
8	乭		8	이름 돌	
9	臀		9	볼기 둔	
10	爹		10	아비 다	
11	擡		11	들 대	
12	剌		12	발랄할 랄	
13	擄		13	사로잡을 로	
14	彎		14	뫼 만	
15	蚊		15	모기 문	
16	靡		16	쓰러질 미	
17	憫		17	근심할 민	

	한자	훈·음			훈·음	한자
18	摹		18	본뜰 모	
19	旻		19	하늘 민	
20	氓		20	백성 맹	
21	鱉		21	자라 별	
22	伺		22	엿볼 사	
23	煽		23	부채질할 선	
24	乍		24	잠깐 사	
25	捿		25	깃들일 서	
26	藝		26	더러울 설	
27	蓑		27	도롱이 사	
28	鰲		28	자라 오	
29	齷		29	악착할 악	
30	嬰		30	어린아이 영	
31	殞		31	죽을 운	
32	玩		32	희롱할 완	
33	翫		33	장난할 완	
34	佾		34	춤출 일	
35	詛		35	저주할 저	
36	烝		36	김 오를 증	
37	脊		37	등마루 척	
38	剿		38	끊을 초	

	한자	훈·음			훈·음	한자
39	齷			39	악착할 착	
40	瘠			40	여윌 척	
41	擅			41	멋대로 할 천	
42	驟			42	달릴 취	
43	咤			43	꾸짖을 타	
44	坨			44	언덕 타	
45	慝			45	사특할 특	
46	闖			46	엿볼 틈	
47	宕			47	호탕할 탕	
48	罷			48	마칠 파	
49	爬			49	긁을 파	
50	愎			50	강퍅할 퍅	
51	絢			51	무늬 현	
52	蝴			52	나비 호	
53	輝			53	빛날 휘	
54	兇			54	흉악할 흉	
55	彰			55	밝을 창	
56	怡			56	기쁠 이	
57	隕			57	떨어질 운	
58	衰			58	쇠할 쇠/상복 최	
59	權			59	저울추 권	

	한자	훈·음		훈·음	한자
60	囑		60	부탁할 촉	
61	鯉		61	잉어 리	
62	咽		62	목멜 열	
63	穨		63	무너질 퇴	
64	舅		64	시아버지 구	
65	劫		65	위협할 겁	
66	拯		66	건질 증	
67	纏		67	얽을 전	
68	竄		68	숨을 찬	
69	淮		69	물 이름 회	
70	懋		70	무성할 무	
71	綏		71	편안할 수	
72	董		72	감독할 동	
73	曙		73	새벽 서	
74	瓣		74	외씨 판	
75	娑		75	사바 세상 사	
76	巍		76	높고 클 외	
77	撓		77	어지러울 뇨(요)	
78	輦		78	가마 련(연)	
79	芻		79	꼴 추	
80	彫		80	새길 조	

	한자	훈·음
81	雕	
82	稠	
83	勃	
84	輝	
85	悉	
86	苗	
87	鑑	
88	阪	
89	匙	
90	巽	
91	穗	
92	瀨	
93	誨	
94	棠	
95	轎	
96	檀	
97	暹	
98	喘	
99	績	
100	堊	
101	畝	

	훈·음	한자
81	독수리 조	
82	빽빽할 조	
83	노할 발	
84	빛날 휘	
85	다 실	
86	모 묘	
87	거울 감	
88	언덕 판	
89	숟가락 시	
90	부드러울 손	
91	이삭 수	
92	여울 뢰(뇌)	
93	가르칠 회	
94	아가위 당	
95	가마 교	
96	박달나무 단	
97	햇살 치밀 섬	
98	숨찰 천	
99	길쌈할 적	
100	흰흙 악	
101	이랑 무	

	한자	훈·음		훈·음	한자
102	吻		102	입술 문	
103	靡		103	쓰러질 미	
104	悶		104	번민할 민	
105	酋		105	우두머리 추	
106	套		106	씌울 투	
107	鉢		107	바리때 발	
108	潟		108	개펄 석	
109	坰		109	들 경	
110	稿		110	볏집 고	
111	殞		111	죽을 운	
112	唾		112	침 타	
113	觴		113	잔 상	
114	皐		114	언덕 고	
115	衛		115	지킬 위	
116	竊		116	훔칠 절	
117	剽		117	겁박할 표	
118	陶		118	질그릇 도	
119	扈		119	따를 호	
120	決		120	결단할 결	
121	庶		121	여러 서	
122	叩		122	두드릴 고	

	한자	훈·음			훈·음	한자
123	剛			123	굳셀 강	
124	謬			124	그르칠 류	
125	塡			125	메울 전	
126	摺			126	접을 접	
127	邂			127	만날 해	
128	嚬			128	찡그릴 빈	
129	哄			129	떠들썩할 홍	
130	蹙			130	닥칠 축	
131	逅			131	만날 후	
132	楸			132	가래나무 추	
133	軸			133	굴대 축	
134	撰			134	지을 찬	
135	聘			135	부를 빙	
136	寇			136	도적 구	
137	僭			137	주제넘을 참	
138	襲			138	엄습할 습	
139	焚			139	불사를 분	
140	讒			140	참소할 참	
141	煞			141	죽일 살	
142	涎			142	침 연	
143	穿			143	뚫을 천	

	한자	훈·음
144	勘	
145	剝	
146	惶	
147	訶	
148	覲	
149	緊	
150	殼	
151	墾	
152	艮	
153	喝	
154	龕	
155	彊	
156	薑	
157	凱	
158	漑	
159	羹	
160	虔	
161	鍵	
162	訣	
163	憬	
164	稼	

	훈·음	한자
144	헤아릴 감	
145	벗길 박	
146	두려울 황	
147	꾸짖을 가	
148	뵐 근	
149	긴할 긴	
150	껍질 각	
151	개간할 간	
152	그칠/괘이름 간	
153	꾸짖을 갈	
154	감실 감	
155	굳셀 강	
156	생강 강	
157	개선할 개	
158	물댈 개	
159	국 갱	
160	공경할 건	
161	자물쇠 건	
162	이별할 결	
163	깨달을 경	
164	심을 가	

	한자	훈·음
165	繭	
166	磬	
167	股	
168	膏	
169	袞	
170	顆	
171	灌	
172	魁	
173	宏	
174	攪	
175	毬	
176	鞠	
177	窟	
178	闕	
179	眷	
180	潰	
181	晷	
182	鈞	
183	橘	
184	棘	
185	隙	

	훈·음	한자
165	고치 견	
166	경쇠 경	
167	넓적다리 고	
168	기름 고	
169	곤룡포 곤	
170	낱알 과	
171	물댈 관	
172	괴수 괴	
173	클 굉	
174	어지러울 교	
175	공 구	
176	성 국	
177	굴 굴	
178	대궐 궐	
179	돌볼 권	
180	무너질 궤	
181	그림자 귀	
182	서른 근 균	
183	귤 귤	
184	가시 극	
185	틈 극	

	한자	훈·음		훈·음	한자
186	衾		186	이불 금	
187	矜		187	자랑할 긍	
188	冀		188	바랄 기	
189	嗜		189	즐길 기	
190	棋		190	바둑 기	
191	羈		191	굴레 기	
192	耆		192	늙을 기	
193	款		193	정성/항목 관	
194	乖		194	어그러질 괴	
195	管		195	대롱 관	
196	裙		196	치마 군	
197	筋		197	힘줄 근	
198	伎		198	재주 기	
199	窺		199	엿볼 규	
200	秧		200	모 앙	
201	喫		201	먹을 끽	
202	驕		202	교만할 교	
203	羌		203	종족 이름 강	
204	拏		204	붙잡을 나	
205	捺		205	누를 날	
206	囊		206	주머니 낭	

	한자	훈·음		훈·음	한자
207	拈		207	집을 념	
208	戴		208	일 대	
209	擡		209	들 대	
210	屠		210	죽일 도	
211	萄		211	포도 도	
212	蹈		212	밟을 도	
213	鍍		213	도금할 도	
214	憧		214	동경할 동	
215	兜		215	투구 두	
216	遁		216	숨을 둔	
217	遯		217	달아날 둔(돈)	
218	謄		218	베낄 등	
219	藤		219	등나무 등	
220	瀨		220	여울 뢰	
221	勒		221	굴레 륵	
222	壘		222	보루 루	
223	劉		223	죽일 류	
224	漏		224	샐 루	
225	罹		225	걸릴 리	
226	吝		226	아낄 린	
227	戮		227	죽일 륙	

	한자	훈·음		훈·음	한자
228	藍		228	쪽 람	
229	拉		229	끌 랍	
230	臘		230	섣달 랍	
231	亮		231	밝을 량	
232	黎		232	검을 려	
233	牢		233	우리 뢰	
234	療		234	병고칠 료	
235	陋		235	더러울 루	
236	瀝		236	스밀 력	
237	麓		237	산기슭 록	
238	籠		238	대바구니 롱	
239	隷		239	종/붙을 례	
240	憫		240	민망할 민	
241	蔓		241	덩굴 만	
242	撤		242	거둘 철	
243	旼		243	화할 민	
244	鍼		244	침 침	
245	薩		245	보살 살	
246	罵		246	꾸짖을 매	
247	蔑		247	업신여길 멸	
248	稗		248	피 패	

	한자	훈 · 음		훈 · 음	한자
249	萌		249	싹 맹	
250	頻		250	자주 빈	
251	痺		251	저릴 비	
252	趺		252	책상다리 할 부	
253	胚		253	아이 밸 배	
254	譜		254	족보 보	
255	撥		255	다스릴 발	
256	傅		256	스승 부	
257	潑		257	물 뿌릴 발	
258	醱		258	술괼 발	
259	珀		259	호박 박	
260	搬		260	옮길 반	
261	俳		261	배우 배	
262	幇		262	도울 방	
263	肪		263	기름 방	
264	樊		264	울타리 번	
265	傍		265	곁/기댈 방	
266	臂		266	팔 비	
267	斌		267	빛날 빈	
268	憑		268	기댈 빙	
269	閥		269	문벌 벌	

	한자	훈·음		훈·음	한자
270	癖		270	버릇 벽	
271	菩		271	보살 보	
272	輻		272	바퀴살 복	
273	敷		273	펼 부	
274	噴		274	뿜을 분	
275	丕		275	클 비	
276	沸		276	끓을 비	
277	竪		277	세울 수	
278	膝		278	무릎 슬	
279	紹		279	이을 소	
280	嶼		280	섬 서	
281	鼠		281	쥐 서	
282	僧		282	중 승	
283	徙		283	옮길 사	
284	詢		284	물을 순	
285	馴		285	길들일 순	
286	諡		286	시호 시	
287	柿		287	감나무 시	
288	撒		288	뿌릴 살	
289	湜		289	물 맑을 식	
290	娠		290	아이 밸 신	

	한자	훈·음
291	迅	
292	嫂	
293	棲	
294	泄	
295	纖	
296	宵	
297	傘	
298	珊	
299	庠	
300	壻	
301	裳	
302	審	
303	蟾	
304	翼	
305	寓	
306	穎	
307	凝	
308	疑	
309	運	
310	鳶	
311	溢	

	훈·음	한자
291	빠를 신	
292	형수 수	
293	깃들여 살 서	
294	샐 설	
295	가늘 섬	
296	밤 소	
297	우산 산	
298	산호 산	
299	학교 상	
300	사위 서	
301	치마 상	
302	살필 심	
303	두꺼비 섬	
304	날개 익	
305	붙어살 우	
306	이삭 영	
307	엉길 응	
308	의심할 의	
309	옮길 운	
310	솔개 연	
311	넘칠 일	

	한자	훈·음		훈·음	한자
312	叡		312	밝을 예	
313	搖		313	흔들 요	
314	閼		314	가로막을 알	
315	弛		315	느슨할 이	
316	頤		316	턱 이	
317	衙		317	마을 아	
318	鵝		318	거위 아	
319	魏		319	나라 이름 위	
320	巍		320	높고 클 외	
321	孼		321	서자 얼	
322	艾		322	쑥 애	
323	櫻		323	앵두 앵	
324	荏		324	들깨 임	
325	繹		325	풀 역	
326	椽		326	서까래 연	
327	瀛		327	바다 영	
328	瓔		328	옥돌 영	
329	纓		329	갓끈 영	
330	睿		330	슬기 예	
331	雍		331	화할 옹	
332	窩		332	움집 와	

	한자	훈·음
333	窯	
334	訛	
335	穢	
336	茸	
337	虞	
338	萎	
339	郁	
340	癒	
341	毓	
342	胤	
343	猿	
344	鎭	
345	籌	
346	廚	
347	詔	
348	腸	
349	酌	
350	謫	
351	棗	
352	阻	
353	梓	

	훈·음	한자
333	기와 굽는 가마 요	
334	그릇될 와	
335	더러울 예	
336	풀 날 용	
337	염려할 우	
338	시들 위	
339	성할 욱	
340	병 나을 유	
341	기를 육	
342	자손 윤	
343	원숭이 원	
344	진압할 진	
345	살 주	
346	부엌 주	
347	조서 조	
348	창자 장	
349	잔 돌릴 작	
350	귀양 갈 적	
351	대추 조	
352	막힐 조	
353	가래나무 재	

	한자	훈·음		훈·음	한자
354	奠		354	정할 전	
355	迪		355	나아갈 적	
356	炙		356	구울 자	
357	滋		357	불을 자	
358	雌		358	암컷 자	
359	雀		359	참새 작	
360	滓		360	찌꺼기 재	
361	咀		361	씹을 저	
362	澱		362	앙금 전	
363	鈿		363	비녀 전	
364	截		364	끊을 절	
365	澄		365	맑을 징	
366	做		366	지을 주	
367	疇		367	이랑 주	
368	胄		368	투구 주	
369	址		369	터 지	
370	疹		370	마마 진	
371	叱		371	꾸짖을 질	
372	窒		372	막힐 질	
373	輯		373	모을 집	
374	鍾		374	종 종	

	한자	훈·음			훈·음	한자
375	脂			375	기름 지	
376	刺			376	찌를 자	
377	茨			377	지붕 일 자	
378	增			378	불어날 증	
379	贈			379	보낼/줄 증	
380	沖			380	화할 충	
381	衷			381	속마음 충	
382	擲			382	던질 척	
383	醋			383	초 초	
384	慙			384	부끄러울 참	
385	稚			385	어릴 치	
386	娶			386	장가들 취	
387	鷲			387	독수리 취	
388	箚			388	찌를 차	
389	秤			389	저울 칭	
390	諜			390	염탐할 첩	
391	穉			391	어릴 치	
392	鑿			392	뚫을 착	
393	倡			393	광대 창	
394	陟			394	오를 척	
395	闡			395	밝힐 천	

	한자	훈·음		훈·음	한자
396	籤		396	제비 첨	
397	帖		397	표제 첩	
398	塚		398	무덤 총	
399	摠		399	모두 총	
400	寵		400	사랑할 총	
401	撮		401	모을 촬	
402	錐		402	송곳 추	
403	黜		403	내칠 출	
404	脆		404	연할 취	
405	仄		405	기울 측	
406	峙		406	언덕 치	
407	駝		407	낙타 타	
408	擢		408	뽑을 탁	
409	鐸		409	방울 탁	
410	蕩		410	방탕할 탕	
411	胎		411	아이 밸 태	
412	堆		412	쌓을 퇴	
413	辦		413	힘쓸 판	
414	坂		414	언덕 판	
415	唄		415	염불 소리 패	
416	肺		416	허파 폐	

	한자	훈·음		훈·음	한자
417	抛		417	던질 포	
418	貶		418	폄할 폄	
419	悖		419	거스를 패	
420	泡		420	거품 포	
421	葡		421	포도 포	
422	逋		422	도망갈 포	
423	披		423	헤칠 피	
424	弼		424	도울 필	
425	渾		425	섞일 혼	
426	晦		426	그믐 회	
427	虹		427	무지개 홍	
428	蝦		428	두꺼비/새우 하	
429	謔		429	희롱할 학	
430	笏		430	홀 홀	
431	梟		431	올빼미 효	
432	閒		432	틈 한	
433	諧		433	화할 해	
434	劾		434	꾸짖을 핵	
435	鞋		435	신 혜	
436	昊		436	하늘 호	
437	欠		437	하품 흠	

	한자	훈·음
438	膾	
439	酵	
440	喉	
441	嗅	
442	燻	
443	諱	
444	欽	
445	犧	

	훈·음	한자
438	회 회	
439	삭힐 효	
440	목구멍 후	
441	맡을 후	
442	연기 낄 훈	
443	꺼릴 휘	
444	공경할 흠	
445	희생 희	

빈출순으로 정리한 한자어

	한자어	독음	뜻풀이
1	珊瑚	산호	따뜻하고 얕은 바닷속 바위에 붙어서 사는 동물로, 나뭇가지 모양으로 살고 있음.
2	愎愎	팍팍	힘없이 자꾸 쓰러지는 모양.
3	擊毬	격구	말을 타고 달리며 막대기로 공을 치던 무예.
4	剛愎	강퍅	성격이 까다롭고 고집이 셈.
5	唾罵	타매	아주 더럽게 생각하고 경멸히 여겨 욕함.
6	扈衛	호위	궁궐을 지킴.
7	唾棄	타기	업신여기거나 아주 더럽게 생각하여 돌아보지 않고 버림.
8	歆饗	흠향	신명(神明)이 제물을 받아서 먹음.
9	脆弱	취약	무르고 약함.
10	潑剌	발랄	표정이나 행동이 밝고 활기가 있음.
11	沈澱	침전	액체 중에 있는 미세한 고체가 가라앉아서 바닥에 고임.
12	剽竊	표절	시나 글, 노래 등을 지을 때에 남의 작품의 일부를 몰래 따다 씀.
13	蠶食	잠식	누에가 뽕잎을 먹듯이 점차 조금씩 침략하여 먹어 들어감.
14	高邁	고매	높고 뛰어남.
15	軋轢	알력	서로 의견이 맞지 아니하여 사이가 안 좋거나 충돌하는 것.
16	皐陶	고요	중국 고대의 전설상의 인물로 순임금의 신하.

	한자어	독음	뜻풀이
17	索隱	색은	사물의 숨은 이치를 찾아냄.
18	矜肆	긍사	잰 체하여 제멋대로 행동함.
19	遝至	답지	한군데로 몰려들거나 몰려옴.
20	狀啓	장계	왕명을 받고 지방에 나가 있는 신하가 자기 관하의 중요한 일을 왕에게 보고하던 일.
21	蠱惑	고혹	아름다움이나 매력 같은 것에 홀려서 정신을 못 차림.
22	叱咤	질타	큰 소리로 꾸짖음.
23	琥珀	호박	지질 시대 나무의 진 등이 땅속에 묻혀서 탄소, 수소, 산소 등과 화합하여 굳어진 누런색 광물.
24	褻翫	설완	가까이 두고 즐겨 구경함.
25	疏宕	소탕	성질이 수더분하고 호탕함.
26	賄賂	회뢰	뇌물을 주고받음.
27	盤桓	반환	어정어정 머뭇거리면서 그 자리에서 멀리 떠나지 못하고 서성이는 일. 어떻게 할지 결정을 못 내리고 우물쭈물하는 일.
28	謬說	유설	이치에 어긋나거나 잘못된 말. 또는 그런 학설.
29	眷屬	권속	한집에 거느리고 사는 식구.
30	屬邦	속방	법적으로는 독립국이지만, 실제로는 정치·경제·군사 면에서 다른 나라에 지배되고 있는 국가.
31	充塡	충전	빈 곳이나 공간 등을 채움. 또는 채워서 메움.
32	矜持	긍지	자신의 능력을 믿음으로써 가지는 당당함.
33	削黜	삭출	벼슬을 빼앗고 내쫓음.
34	龜裂	균열	거북의 등에 있는 무늬처럼 갈라져 터짐. 친한 사이에 틈이 남.

	한자어	독음	뜻풀이
35	除授	제수	추천 절차를 밟지 않고 임금이 직접 벼슬을 내리던 일.
36	架空	가공	어떤 시설물을 공중에 설치함. 이유나 근거가 없이 꾸며 냄.
37	批評	비평	좋고 나쁨, 옳고 그름을 갈라 말함.
38	絕讚	절찬	지극히 칭찬함. 또는 그런 칭찬.
39	股慄	고율	무서워서 다리가 떨림.
40	柴扉	시비	사립짝을 달아서 만든 문.
41	堡壘	보루	적의 침입을 막기 위하여 돌이나 콘크리트 등으로 튼튼하게 쌓은 구축물.
42	慘憺	참담	끔찍하고 절망적임. 몹시 슬프고 괴로움.
43	沮喪	저상	기운을 잃음.
44	滿喫	만끽	마음껏 먹고 마심. 욕망을 마음껏 충족함.
45	龕室	감실	종교에서 신위 및 작은 불상 등을 모셔둔 곳.
46	變節	변절	절개나 지조를 지키지 않고 바꿈. 계절이 바뀜.
47	摺扇	접선	접었다 폈다 하게 된 부채.
48	乖愎	괴팍	붙임성이 없이 까다롭고 별남.
49	營繕	영선	건축물 등을 새로 짓거나 수리함.
50	邂逅	해후	오랫동안 헤어졌다가 뜻밖에 다시 만남.
51	窯址	요지	질그릇이나 사기그릇, 기와 등을 굽는 가마가 있던 옛터.
52	憑藉	빙자	남의 힘을 빌려서 의지함.
53	醋醬	초장	간장에 초를 타고 깨소금이나 잣가루를 뿌린 양념장의 한 가지.
54	披瀝	피력	생각하는 것을 털어놓고 말함.

	한자어	독음	뜻풀이
55	撥軍	발군	각 역참에 속하여 중요한 공문서를 교대 교대로 변방에 급히 전하던 군졸.
56	嚬蹙	빈축	눈살을 찌푸리고 얼굴을 찡그림. 남을 비난하거나 미워함.
57	擺撥	파발	조선 후기 공문서를 보내기 위한 통신 제도로서, 사람이 직접 가거나 말을 타고 소식을 전달하는 통신 수단.
58	豕牢	시뢰	돼지를 가두어 기르는 곳.
59	驛站	역참	중앙과 지방 사이의 명령 전달, 관리의 사행 및 운수를 뒷받침하기 위해 설치된 기관.
60	撤床	철상	음식상이나 제사상을 거두어 치움.
61	窺伺	규사	기회를 엿봄.
62	塡然	전연	큰북을 치거나 큰북 소리가 울리는 상태에 있음.
63	楸枰	추평	바둑판.
64	狼藉	낭자	여기저기 흩어져 어지러움.
65	龜趺	귀부	거북 모양으로 만든 비석의 받침돌.
66	杜撰	두찬	전거나 출처가 확실하지 못한 저술. 틀린 곳이 많은 작품.
67	巢窟	소굴	좋지 못한 짓을 하는 사람들이 활동의 근거지로 삼고 있는 곳.
68	剿襲	초습	남의 것을 덮쳐서 빼앗거나 하여 자기 것으로 함. 남의 말이나 글을 따다가 씀.
69	僭濫	참람	하는 짓이 분수에 지나침.
70	僭稱	참칭	자기의 신분에 넘치는 칭호를 자칭하거나 또는 그 칭호.
71	謬說	유설	이치에 어긋나거나 잘못된 말. 또는 그런 학설.
72	穿鑿	천착	구멍을 뚫음. 학문을 깊이 연구함.

	한자어	독음	뜻풀이
73	除夕	제석	섣달그믐날 밤. 음력 12월 말일.
74	閨秀	규수	남의 집 처녀를 정중하게 이르는 말. 학문과 재주가 뛰어난 여자.
75	賑撫	진무	도와주어 위로함.
76	歸寧	귀녕	시집간 딸이 친정에 가서 부모를 뵘.
77	棋盤	기반	바둑판.
78	鞭撻	편달	채찍으로 때림. 어떤 사람을 잘할 수 있도록 따끔하게 나무라는 것.
79	焚蕩	분탕	집안의 재산을 다 없애 버리는 것. 아주 야단스럽고 부산하게 소동을 일으킴.
80	曇天	담천	구름이 끼어서 흐린 하늘.
81	昂騰	앙등	물건값이 뛰어오름.
82	喝采	갈채	외침이나 박수 등으로 찬양이나 환영의 뜻을 나타냄.
83	揶揄	야유	남을 빈정거려 놀림. 또는 그런 말이나 몸짓.
84	濊貊	예맥	한족(韓族)을 형성한 예족과 맥족을 통틀어 이르는 말.
85	剔抉	척결	살을 긁어내고 뼈를 발라냄. 나쁜 부분이나 요소들을 깨끗이 없애 버림.
86	親狎	친압	버릇없이 너무 지나치게 친함.
87	諷諫	풍간	완곡한 표현으로 잘못을 고치도록 간함을 이름.
88	娑婆	사바	괴로움이 많은 인간 세계. 석가모니불이 교화하는 세계를 이름.
89	諱日	휘일	조상이 돌아가신 날.
90	拿捕	나포	죄인을 붙잡는 일. 사람이나 배, 비행기 등을 사로잡음.
91	驅使	구사	말이나 수사법, 기교, 수단 따위를 능숙하게 마음대로 부려 씀.

	한자어	독음	뜻풀이
92	躁鬱症	조울증	정신이 상쾌하고 흥분된 상태와 우울하고 억제된 상태가 교대로 나타나거나 둘 가운데 한쪽이 주기적으로 나타나는 병.
93	祛痰劑	거담제	가래를 묽게 하여 삭게 하는 약.
94	慰藉料	위자료	위법한 행위에 의하여 발생한 정신적 고통에 대한 손해 배상.
95	昇降機	승강기	건축물 내부의 수직 통로 안쪽에 설치된 한 쌍의 안내 레일을 따라 사람이나 화물을 상하로 옮기는 장치.
96	閼伽水	알가수	부처나 보살에게 공양하는 물.
97	手數料	수수료	국가·공공 단체가 타인을 위하여 공적 사무를 제공한 보상으로 징수하는 요금.
98	瞻星臺	첨성대	신라 선덕 여왕 때 세운 천문 기상 관측대.
99	斥候兵	척후병	적의 형편이나 지형 등을 정찰하고 탐색하는 임무를 맡은 병사.
100	蛋白質	단백질	우리 몸 안에서 새로운 세포를 구성하고 늙은 세포를 재생시키는 역할을 하는 영양소.

빈출순으로 정리한 사자성어

	성어	독음	뜻풀이
1	黔驢之技	검려지기	겉치레뿐이고 보잘것없는 솜씨.
2	群盲撫象	군맹무상	사물을 좁은 소견과 주관으로 잘못 판단함.
3	君子不器	군자불기	군자는 한 가지 용도로만 쓰이는 그릇과 같지 않다는 뜻으로, 덕이 있는 사람은 다방면에 통함을 이르는 말.
4	首鼠兩端	수서양단	머뭇거리며 진퇴나 거취를 정하지 못하는 상태.
5	門前雀羅	문전작라	권력이나 재물을 잃으면 찾아오는 사람이 드물어짐.
6	漸入佳境	점입가경	일이 점점 더 재미가 있음.
7	上下撐石	상하탱석	몹시 꼬이는 일을 당하여 임시변통으로 이리저리 맞추어서 겨우 유지해 감.
8	膠柱鼓瑟	교주고슬	고지식하여 조금도 융통성이 없음.
9	竿頭之勢	간두지세	매우 위태로운 형세.
10	暴虎馮河	포호빙하	범을 맨손으로 때려잡고 황허강을 걸어서 건넌다는 뜻으로, 죽음을 두려워하지 않는 무모한 용기.
11	磨斧爲針	마부위침	아무리 어려운 일이라도 끊임없이 노력하면 반드시 이룰 수 있음.
12	泥田鬪狗	이전투구	진흙탕에서 싸우는 개라는 뜻으로, 볼썽사납게 서로 헐뜯거나 이익을 차지하려고 지저분하게 다툼. 본뜻은 함경도 사람의 강인한 성격을 평한 말.
13	茫茫大海	망망대해	한없이 크고 넓은 바다.
14	戰戰兢兢	전전긍긍	몹시 두려워서 벌벌 떨며 조심함.

	성어	독음	뜻풀이
15	牽強附會	견강부회	이치에 맞지 않는 말을 억지로 끌어 붙여 자기에게 유리하게 함.
16	黜陟幽明	출척유명	성적이 좋은 관리는 승진시키고, 공적이 없는 관리는 내쫓음.
17	春秋筆法	춘추필법	대의명분을 밝혀 세우는 사필의 준엄한 논법을 비유하여 이르는 말.
18	捐金沈珠	연금침주	재물을 가벼이 보고 부귀를 탐하지 않음.
19	欲巧反拙	욕교반졸	너무 잘하려 하면 도리어 안 됨.
20	道不拾遺	도불습유	형벌이 준엄하여 백성이 법을 범하지 아니함.
21	冬扇夏爐	동선하로	때에 맞지 않아 쓸모없이 된 사물을 가리킴. 아무 쓸모 없는 물건.
22	魚遊釜中	어유부중	지금은 살아 있기는 하여도 생명이 얼마 남지 아니하였음을 이르는 말.
23	龜背刮毛	귀배괄모	불가능한 일을 무리하게 하려고 함.
24	戴盆望天	대분망천	한 번에 두 가지 일을 함께하기 어려움.
25	席不暇暖	석불가난	자리나 주소를 자주 옮기거나 매우 바쁘게 돌아다님.
26	烏飛梨落	오비이락	아무 관계도 없이 한 일이 공교롭게도 때가 같아 억울하게 의심을 받거나 난처한 위치에 서게 됨.
27	緣木求魚	연목구어	도저히 불가능한 일을 굳이 하려 함.
28	隔世之感	격세지감	오래지 않은 동안에 몰라보게 변하여 아주 다른 세상이 된 것 같은 느낌.
29	莫逆之友	막역지우	허물없이 아주 친한 친구.
30	燈火可親	등화가친	서늘한 가을밤은 등불을 가까이 하여 글 읽기에 좋음.
31	掩目捕雀	엄목포작	일을 건성으로 함.
32	西施捧心	서시봉심	함부로 흉내내다가 웃음거리가 됨.

	성어	독음	뜻풀이
33	赤手空拳	적수공권	아무것도 가진 것이 없음.
34	尸位素餐	시위소찬	자기 직책을 다하지 않음.
35	非禮勿視	비례물시	예가 아니면 보지도 말라는 말.
36	南柯一夢	남가일몽	덧없는 꿈이나 한때의 헛된 부귀영화를 이르는 말.
37	掩耳盜鐘	엄이도종	자기 귀를 막고 종을 훔침. 얕은 꾀로 남을 속이려는 어리석음. 나쁜 일을 하고 남의 비난은 듣기 싫어서 귀를 막지만 소용이 없음.
38	班門弄斧	반문농부	자신의 실력도 헤아리지 아니하고 어떤 일을 하려고 당찮게 덤비는 일.
39	鼓舌搖脣	고설요순	입심이 좋아 마구 지껄여댐.
40	揭斧入淵	게부입연	쓸데없는 짓을 함.
41	麻中之蓬	마중지봉	삼밭에서 자라는 쑥이 붙들어 주지 않아도 곧게 자라듯 사람도 주위 환경에 따라 선악이 다르게 될 수 있음.
42	口蜜腹劍	구밀복검	겉으로는 친절하나 마음속은 음흉한 것.
43	桑梓之鄕	상재지향	여러 대의 조상의 무덤이 있는 고향.
44	如履薄氷	여리박빙	아슬아슬하고 위험한 일.
45	宋襄之仁	송양지인	쓸데없이 베푸는 인정.
46	拈華微笑	염화미소	말로 통하지 아니하고 마음에서 마음으로 전하는 일.
47	長袖善舞	장수선무	재물이 넉넉한 사람은 일을 하거나 성공하기가 쉬움.
48	水到渠成	수도거성	학문을 열심히 하면 스스로 도를 깨닫게 됨.
49	輾轉不寐	전전불매	누워서 몸을 이리저리 뒤척이며 잠을 이루지 못함.
50	尾生之信	미생지신	미련하도록 약속을 굳게 지키는 것. 고지식하여 융통성이 없음.

	성어	독음	뜻풀이
51	白駒過隙	백구과극	인생이나 세월이 덧없이 짧음.
52	毛遂自薦	모수자천	자기가 자기를 추천함.
53	經年閱歲	경년열세	여러 해를 지냄.
54	漱石枕流	수석침류	실수를 인정하지 않고 억지를 부리는 태도.
55	曳尾塗中	예미도중	부귀롭지만 속박당하는 삶보다는 가난하지만 자유로운 삶이 좋다는 뜻.
56	汗牛充棟	한우충동	가지고 있는 책이 매우 많음.
57	捕風捉影	포풍착영	믿음직하지 않고 허황한 언행을 말함.
58	洛陽紙貴	낙양지귀	사람들의 환영을 받는 저작물이나 책을 가리킴.
59	含哺鼓腹	함포고복	먹을 것이 풍족하여 즐겁게 지냄.
60	訥言敏行	눌언민행	말은 느려도 실제 행동은 재빠르고 능란함.
61	一攫千金	일확천금	힘들이지 아니하고 단번에 많은 재물을 얻음. 또는 그 재물.
62	朽木糞牆	후목분장	어떤 일을 하고자 하는 의지와 기개가 없는 사람은 가르칠 수 없음.
63	懸梁刺股	현량자고	분발하여 열심히 공부함.
64	凍足放尿	동족방뇨	잠시 동안만 효력이 있을 뿐 효력이 바로 사라짐.
65	不俱戴天	불구대천	이 세상에서 같이 살 수 없을 만큼 큰 원한을 가진 원수.
66	密雲不雨	밀운불우	조건은 갖추어졌으나 아무런 일도 이루어지지 않아 답답함.
67	欲哭逢打	욕곡봉타	불평을 품고 있는 사람을 선동함.
68	十伐之木	십벌지목	열 번 찍어 안 넘어가는 나무가 없음.
69	粉骨碎身	분골쇄신	있는 힘을 다해 노력함. 또는 남을 위하여 수고를 아끼지 않음.
70	封庫罷職	봉고파직	부정을 저지른 관리를 파면하고 관고를 봉하여 잠그는 일.

	성어	독음	뜻풀이
71	朝名市利	조명시리	무슨 일이든 알맞은 곳에서 하여야 함.
72	生口不網	생구불망	아무리 곤궁하여도 그럭저럭 먹고살 수 있음.
73	淸白剛毅	청백강의	성품이 깨끗하고 뜻이 굳으며 씩씩함.
74	桂玉之艱	계옥지간	물가가 비싼 도시에서 고학하는 것.
75	斑衣之戲	반의지희	늙어서도 부모에게 효도함.
76	望梅解渴	망매해갈	매실을 바라보며 갈증을 해소한다는 뜻으로, 공상으로 마음의 위안을 얻는다는 말.
77	同歸殊塗	동귀수도	귀착점은 같으나 경로가 다름.
78	自繩自縛	자승자박	자기가 한 말과 행동에 자기 자신이 옭혀 곤란하게 됨.
79	點鐵成金	점철성금	나쁜 것을 고쳐서 좋은 것을 만듦.
80	一狐之腋	일호지액	아주 값이 비싼 물건.
81	蚌鷸之爭	방휼지쟁	서로 다투다가 곁에서 바라보던 제3자만 이롭게 하는 다툼.
82	伯牙絕絃	백아절현	자기를 알아주는 참다운 벗의 죽음을 슬퍼함.
83	邯鄲之步	한단지보	함부로 자기 본분을 버리고 남의 행위를 따라 하면 두 가지 모두 잃음.
84	笑裏藏刀	소리장도	겉으로는 웃고 있으나 마음속에는 해칠 마음을 품고 있음.
85	窮奢極侈	궁사극치	사치가 극도에 달함. 또는 아주 심한 사치.
86	接鸞鳳翅	접란봉시	수재가 함께 과거에 급제함.
87	櫛風沐雨	즐풍목우	오랜 세월을 객지에서 방랑하며 온갖 고생을 다함.
88	瓦釜雷鳴	와부뇌명	별로 아는 것도 없는 사람이 과장해서 말함.
89	隔靴搔癢	격화소양	일이 성에 차지 않는 안타까움.

	성어	독음	뜻풀이
90	閉目捕雀	폐목포작	제 눈을 가리면 참새가 나를 못 본다고 생각하는 어리석음.
91	以指測海	이지측해	양(量)을 헤아릴 줄 모르는 어리석음.
92	滄海一粟	창해일속	아주 많거나 넓은 것 가운데 있는 매우 하찮고 작은 것을 말함.
93	暮雲春樹	모운춘수	먼 곳에 있는 친구를 생각하는 정이 간절함을 이름.
94	苛斂誅求	가렴주구	세금을 가혹하게 거두어들이고, 무리하게 재물을 빼앗음.
95	鯨戰蝦死	경전하사	강한 자끼리 서로 싸우는 통에 아무 상관도 없는 약한 자가 해를 입음.
96	博而不精	박이부정	널리 알지만 능숙하거나 정밀하지 못함.
97	菽麥不辨	숙맥불변	사리 분별을 못하고 세상 물정을 잘 모름.
98	按圖索驥	안도색기	틀에 박힌 원칙보다 직접 경험하여 체득하는 것이 중요함.
99	吐哺握髮	토포악발	민심을 잡고 국가 행정에 관계되는 사무를 보살피기에 잠시도 편안함이 없음.
100	春雉自鳴	춘치자명	제 허물을 스스로 드러내어 화를 자초함.